H. Leuner, L. Kottje-Birnbacher,
U. Sachsse und M. Wächter

Gruppenimagination

Hanscarl Leuner, Leonore Kottje-Birnbacher,
Ulrich Sachsse und Martin Wächter

Gruppenimagination

Gruppentherapie
mit dem Katathymen Bilderleben

Unter Mitarbeit von Manfred Rust

Verlag Hans Huber, Bern Stuttgart Toronto

CIP-Kurztitelaufnahme der Deutschen Biliothek

Gruppenimagination : Gruppentherapie mit d.
katathymen Bilderleben / Hanscarl Leuner . . . Unter
Mitarb. von Manfred Rust. – 1. Aufl. – Bern ;
Stuttgart ; Toronto : Huber, 1986.
ISBN 3–456–81384–8

NE: Leuner, Hanscarl [Hrsg.]

1. Auflage 1986
© 1986 Verlag Hans Huber, Bern
Gesamtherstellung: Allgäuer Zeitungsverlag, Kempten
Printed in Germany

Inhaltsverzeichnis

Vorwort

Das Katathyme Bilderleben (KB), die von H. Leuner entwickelte Tagtraumtechnik der Einzelpsychotherapie, ist durch zwei hauptsächliche Wirkungskomponenten gekennzeichnet: die Erlebnisaktivierung durch symbolgetragene Imaginationen unter dem Schutz des Therapeuten und die gleichzeitige oder nachfolgende kognitive Bearbeitung nach dem Konzept der Tiefenpsychologie. Ausführliche Darstellungen mit Effizienzkontrollen und Einzelfallanalysen liegen vor (vergleiche Anhang I).

Gruppenimaginationen übertragen die wirkungsvollen Komponenten auf die Psychodynamik der Gruppe. Die Gruppenpsychotherapie mit dem Katathymen Bilderleben wird seit zwei Jahrzehnten bei der Weiterbildung von Psychotherapeuten und in der Behandlung von ambulanten und stationären Patienten angewandt. Das vorliegende Buch ist die erste umfassende Darstellung zweier Techniken dieses Verfahrens. Sie konzentriert sich auf zwei Schwerpunkte: die klinisch anschauliche Vermittlung des therapeutischen Vorgehens und die sorgfältige Durchleuchtung der konzeptuellen Ansätze nach dem derzeitigen Entwicklungsstand der Gruppendynamik. – Die anderweitig in Einzelarbeiten dargestellten statistischen und Einzelfallergebnisse treten dabei aus Raumgründen in den Hintergrund.

Es sei daran erinnert, daß die Anwendung der hier dargestellten emotional tiefgreifenden Methoden nur durch ausreichende Selbsterfahrung und Einübung der Therapie unter Supervision verantwortlich möglich ist (vergleiche Anhang II). – Wir danken Frau Edith Caspari für ihre wertvolle Hilfe beim Lesen der Korrekturen und Frau stud. jur. Sabine Foerster für ihre Hilfe beim Erstellen des Literaturverzeichnisses.

Göttingen, im Februar 1986   L. Kottje-Birnbacher
                                                              H. Leuner
                                                              U. Sachsse
                                                              H.-M. Wächter

Kapitel I Einführung in die Grundpositionen der Gruppentherapie mit dem Katathymen Bilderleben

H. Leuner

1. Was ist Katathymes Bilderleben?

1.1. Zur Vorgeschichte

Obgleich Lehrbücher über das Katathyme Bilderleben und zusammenfassende lexikalische Darstellungen vorliegen (vgl. Anhang I), sei zur Orientierung des Lesers und zur Erinnerung an die Grundlagen des Katathymen Bilderlebens das folgende Kapitel vorangestellt.

Der Begriff «katathym» geht auf H. MAIER (1912), Oberarzt von Eugen BLEU-LER, Zürich, zurück. Er soll die Abhängigkeit imaginativer Vorgänge von Affekten und Emotionen kennzeichnen (katá, griech., = gemäß, thymos = Seele, d. h. Emotionalität). In der Praxis hat sich auch der Name «Symboldrama» eingebürgert. Im englischsprachigen Raum wurde die Bezeichnung «Guided Affective Imagery» geprägt (LEUNER 1984).

Das Katathyme Bilderleben (KB) gilt als das «gegenwärtig am besten organisierte und systematisierte Verfahren der imaginativen Psychotherapie» (SINGER 1978). Es geht in seinem Konzept davon aus, daß spontane oder vom Therapeuten induzierte Imaginationen unbewußte Konflikte widerspiegeln, und zwar in Form tiefenpsychologischer Traumsymbole. Diese können im Kontext mit der Vorgeschichte des Patienten und dem therapeutischen Material eingeordnet werden oder entschlüsseln sich dem Patienten gegenüber häufig selbst (selbst-interpretierender Charakter des Verfahrens).

Das KB ist ein System gestaffelter Methoden und Regieprinzipien zur Handhabung des Tagtraumes in der Psychotherapie. Es baut auf der europäischen Tradition der Tiefenpsychologie und ihrer Entwicklung auf und gründet sich auf deren Konzepte und Vorerfahrungen mit Tagtraumimaginationen. Der systematische Ansatz dient (a) der wissenschaftlichen Untersuchung emotionaler Prozesse, (b) der Psychodiagnostik unbewußter Vorgänge, (c) der Förderung von Selbsteinsichten in diese und der Entwicklung eines emotional und affektiv getragenen therapeutischen Prozesses.

Das KB wurde frühzeitig unter didaktischen Gesichtspunkten aufgebaut. Insofern hat es eine klare Struktur mit Gliederung in Grund-, Mittel- und Oberstufe unter sorgfältiger Beachtung der Belastungsfähigkeit des Patienten und der «Dosierung» des affektgetragenen Materials.

Die Domäne des KB ist die Kurztherapie von 15–30 Sitzungen und die Krisenintervention. Aber auch längerdauernde, die Charakterstruktur wandelnde Behandlungen können in einem begrenzten Zeitraum durchgeführt werden. Das

KB hat sich im besonderen bei der Behandlung von Patienten mit niedrigem Bildungsgrad, solchen mit intellektueller Abwehr und bei Kindern und Jugendlichen bewährt. Primär als klinisches Therapieverfahren konzipiert, befaßt sich die Litcratur von heute mit mehr als 90 Publikationen und Büchern überwiegend mit klinischen Ergebnissen und Effizienzkontrollen bei Neurosen, Borderline-Fällen und bei Psychosomatosen.

1.2. Theoretisches Konzept des Katathymen Bilderlebens

Das tiefenpsychologische Konzept des KB ist breit. Dem Verfahren kann jedes Theorem der personalen Psychodynamik zugrunde gelegt werden. Es soll unbewußte Motivationen, die Bedeutung des Symbolismus, der Abwehrmechanismen und die Rolle von Übertragung und Gegenübertragung sowie die therapeutische Bedeutung der Freisetzung affektiver Impulse akzeptieren. Ich bin der Auffassung, daß die auf FREUD aufbauende und weiterentwickelte Psychoanalyse («Metapsychologie») eine befriedigende konzeptuelle Grundlage für die sich im KB phänomenologisch darstellende Psychodynamik bietet. Besonders die jüngeren Erkenntnisse von den «primären Objektbeziehungen» (VOLKAN 1978, u. a.), des «neuen Narzißmuskonzeptes» (KOHUT 1973; KERNBERG 1981) und die Regressionstheorie von BALINT (1970) haben entscheidende Beiträge geliefert. Aber auch die Lehre von C. G. JUNG, der ich viele Anregungen verdanke, kann dem KB zugrunde gelegt werden. Das Modell von den Archetypen scheint mir persönlich jedoch für eine weitgreifende individuelle genetische Analyse der KB-Imaginationen wenig geeignet. Ich berufe mich dabei auf experimentelle Erfahrungen mit der Symbolkonfrontation (LEUNER 1955).

1.3. Die Methode in der Einzelpsychotherapie

Die Anwendung des KB in der Therapie ist eingebettet in das Routinevorgehen der tiefenpsychologisch fundierten Psychotherapie. Die Grundsätze der hier reflektierten Einzeltherapie sollen auch dem KB-Gruppentherapeuten geläufig sein:

- sorgfältige Erhebung einer tiefenpsychologischen Anamnese
- deren Auswertung zur Klärung der Indikation
- Klärung der Behandlungsprognose
- Arbeitsbündnis mit dem Patienten
- begleitende konfliktzentrierte Gespräche
- Durcharbeiten des Tagtraummaterials
- ergänzend: Protokollführung und gestalterische Darstellung.

Die Dauer der KB-Sitzung liegt zwischen 15 und 40 Minuten im Rahmen einer 50-Minuten-«Stunde». Die Frequenz ist eine bis drei Sitzungen in der Woche (in besonderen Fällen auch vier bis fünf Sitzungen).

Der *initiale «Blumentest»* wird durchgeführt, um den Patienten zwanglos an die bislang unbekannte imaginative Ebene heranzuführen. Von hier aus kann die Brücke zu regelmäßigen Tagtraumsitzungen geschlagen werden.

Der Einleitung der Imaginationen wurde früher aus Sicherheitsgründen die sorgfältige Vorbereitung durch eine psychophysische Entspannung vorangestellt. Sie kann durch die ersten beiden Übungen des Autogenen Trainings erfolgen, einfacher durch ganz kurze Hinweise zur Selbstentspannung (ohne suggestiven Beiklang!). Häufig genügt jedoch die Anregung, sich bei geschlossenen Augen im entspannten Zustand eines der vom Therapeuten vage vorgegebenen Motive vorzustellen. Diese zwanglose Situation vermeidet eine ritualisierte Einführung, die als Aufforderung zur Leistung empfunden werden kann. Zwischen der Vorstellung (bzw. der sich daran anschließenden lebhaften Imagination) und dem psychophysischen Entspannungszustand scheint eine enge Korrelation zu bestehen. Die Einleitung der Imagination verstärkt nämlich den Entspannungszustand und dieser wiederum die Intensität der Phantasiebilder. In voller Ausprägung sind sie plastisch, farbig und dreidimensional. Bei einiger Übung kann der Proband sich in dieser «anderen Welt der Imaginationen» wie in einem quasirealen Raum bewegen und Handlungen und Leistungen vollziehen. Das imaginierte Szenarium wird bald autonom und kann vom Patienten nur andeutungsweise oder gar nicht willentlich beeinflußt werden («katathymes Bild»).

Setting und Führung: Der Patient liegt auf der Couch oder sitzt in einem bequemen Sessel, der Therapeut neben ihm, um seine begleitende Rolle deutlich zu machen. Der Proband wird gebeten, die aufkommenden Bilder so differenziert wie möglich zu beschreiben. Durch vorsichtig bestätigende Signale vermittelt der Therapeut, daß er dessen Schilderung mit Aufmerksamkeit folgt und die Szene sowie das emotionale Erleben des Patienten empathisch mitzuempfinden versucht. Der Führungsstil ist in der Regel zurückhaltend. Interpretationen werden während dieser «Erlebnisphase» so gut wie nicht gegeben. Die Interventionen des Therapeuten richten sich vielmehr zunächst darauf, den Patienten zur detaillierten Wahrnehmung sowohl der «Bilder» als auch des emotionalen Begleittones anzuleiten.

Strukturierung: Im Hinblick auf die Fülle aller möglichen Tagtrauminhalte war es sinnvoll, auf der Grundstufe eine Strukturierung des Erlebnisfeldes durch vorgegebene Standardmotive anzustreben (vgl. Tabelle 1). Dem jüngeren Therapeuten wird damit ein übersehbares Raster an die Hand gegeben, in dem sich der Tagtraum trotz der freigegebenen kreativen Entfaltungsmöglichkeit zunächst bewegt. Der fortgeschrittene Therapeut und der in das KB eingeübte Patient erhalten in der Mittelstufentechnik die Möglichkeit der freien assoziativen Entfaltung des Tagtraumes, der sich nun auch für verbale Einfälle und Assoziationen öffnet. Diese Technik überläßt dem Patienten die Eigensteuerung der zuzulassenden Inhalte und Affekte weitgehend. Sie ist für ihn anspruchsvoller, fordert einen höheren Grad an Selbständigkeit und setzt ihn nicht selten auch emotionaler Betroffenheit und Beunruhigung aus, verglichen mit der strukturierenden Führung anhand der Standardmotive der Grundstufentechnik. Diese vermeidet, den Patienten mit starken und brüsken Impulsen und archaischen Inhalten des Tagtraumes zu konfrontieren, und gibt damit einen höheren Grad an Sicherheit bei der «Dosierung» des imaginierten Konfliktmaterials. Dieses zweiphasige Vorgehen hat sich bei der Behandlung neurotischer und psychosomatischer Patienten als notwendig erwiesen und bewährt.

Obwohl die Standardmotive für die Gruppentherapie mit dem KB nur eine untergeordnete Rolle spielen, bildet das damit verbundene Prinzip auch hier die Grundlage des Verfahrens.

Sie werden vom Therapeuten wahlweise vorgegeben. Sie entstammen der Fülle der spontanen Trauminhalte der Patienten. Dabei hat der Therapeut die Alternative, Szenen aus der realen Konfliktsituation des Patienten einzustellen oder symbolische Einkleidungen gemäß den Standardmotiven zu wählen. Letztere Form hat gewisse Vorzüge:

a) Motive regen die Projektion unbewußter Konflikte und die Darstellung verdrängter Objektbeziehungen an, maskieren jedoch die Bedeutungsinhalte. Das entspricht dem Prinzip projektiver Tests, etwa dem des Rorschach; es handelt sich hier um die Gruppe der Landschaftsmotive Wiese, Bach, Berg oder auch Haus;

b) halbaufdeckende Motive loten symbolisch betrachtet die «Tiefen des Unbewußten» aus und fördern unter Umständen angsterregendes archaisches Material, wie z.B. bei der Einstellung des Waldrandes, einer Höhle oder eines Sumpfloches, aus denen sich Symbolgestalten spontan entwickeln;

c) die Einstellung von Objektbeziehungen kann symbolisch verkleidet sein oder in Form der personalen Begegnung mit Bezugspersonen erfolgen. Sie kann starke Reaktionen auslösen oder ungewünschte Abwehrmechanismen provozieren.

Dazu ist folgendes zu bemerken: Der Außenstehende befürchtet einerseits, die Freisetzung unbewußten Materials im KB fördere die Gefahr der Überschwemmung des Patienten, so daß sein Ich dieses nicht zu integrieren vermag. Andererseits besteht gelegentlich die Auffassung, dramatische Szenen mit archaischen Inhalten und starken Affekten seien für die Therapie besonders förderlich. Beide Auffassungen treffen nicht zu. Am wirkungsvollsten ist vielmehr eine Therapieführung, die sich einer langsamen, spontanen Freisetzung unbewußten Materials von der «Oberfläche» aus zuwendet und dramatische Szenen vermeidet. Dadurch ist eine schrittweise Bearbeitung des KB-Materials und seine Integration auf Dauer gewährleistet. Der Patient erlebt dann schon nach einigen Sitzungen außer der als angenehm empfundenen Entspannung auch eine Entlastung von neurotischer Beunruhigung und von Symptomen. Diese entlastende Wirkung des KB, die bei der Grundstufentechnik besonders deutlich ist, wird bei der Behandlung psychosomatisch Kranker wertvoll, die in der Regel auch eines Stückes unterstützender Therapie bedürfen (WILKE 1979).

1.4. Tagtraum-Symbolik

Zur Orientierung über einige grundlegende symbolische Inhalte der in den folgenden Kapiteln wiedergegebenen Beispiele aus der Gruppenpsychotherapie soll ein Überblick über die am häufigsten vorgegebenen Motive mit Erläuterungen angefügt werden. Auf die Bedeutungsinhalte und die Entschlüsselung der Bildsymbole im Kontext der Biographie des Individuums kann in diesem Zusammenhang aus Platzgründen leider nicht eingegangen werden. Ich muß diesbezüglich auf das «Lehrbuch des Katathymen Bilderlebens» (LEUNER 1985, Kap. 4) verweisen. Dort wird diese Fragestellung eingehend behandelt und werden praktische Hinweise zur Symbolbearbeitung gegeben.

Die Standardmotive lassen sich im einzelnen folgendermaßen auflisten und kommentieren:

Tab. 1: Die Instrumente der Interventionen im Katathymen Bilderleben (KB).

	Standardmotive	Struktur*	therapeutische Techniken	Regieprinzipien
Grundstufe	1. Wiese	br.	I. übendes Vorgehen	a. Versöhnen
	2. Bachlauf	m.	II. Entfaltung kreativer Imaginationen	b. Nähren
	3. Berg	br.		
	4. Haus	m.	Malen imaginativer Inhalte	
	5. Waldrand	br.		
Mittelstufe	6. Beziehungsperson	n.	III. Assoziatives Vorgehen	c. Schrittmacher
	7 Sexualität (Rosenbusch) (Mitgenommenwerden, Kutsche, Auto)	n.	IV. Nachttraum	d. Symbolkonfrontation
			V. Fokussierung akuter Konflikte	
		n.	VI. Inspektion des Körperinneren	
			VII. Befriedigung archaischer Bedürfnisse	
	8. Aggressivität (Löwe)		VIII. Durcharbeiten	
	9. Ich-Ideal	n.	IX. Übertragungsanalyse	
Oberstufe	10a. Höhle	br.	X. Kombination mit konventioneller Psychoanalyse	e. Erschöpfen und Mindern
	10b. Sumpfloch	n.		f. Magische Flüssigkeiten
	11. Vulkan			
	12. Foliant			
musikalisches KB (mKB)	(Fokussierung 1.–8. möglich)		III. Assoziatives Vorgehen	
KB in Gruppen (GKB)	(Fokussierung 1.–8. möglich)		Typ 1: Individuelle Phantasien Typ 2: Gruppenphantasien	Feedbacktechniken

* br.: breit; m.: mittelbreit; n.: eng

Die oben angeführten Motive der Grundstufe haben tiefenpsychologisch gesehen unterschiedlichen Bedeutungsinhalt und können damit unterschiedliche Konfliktkreise zur Projektion anregen. Ihre symbolische Bedeutung kann unter kollektiven Aspekten gesehen werden; sie ist in der Regel jedoch stark individuell geprägt und genetisch vielfältig determiniert. Je nach individueller Problematik und dem Ausmaß des neurotischen «Projektionsdruckes» werden die Motive mehr oder weniger eigenwillig oder pathologisch entstellt. Einige Motive erlauben vielfältige Projektionen, andere sind enger gefaßt, wie z. B. das Bergmotiv im Gegensatz zu dem der Wiese.

Wiese: Häufig einzustellendes Basismotiv zur Anregung des Tagtraumes. Von hier aus kann sich das KB individuell weiterentwickeln. Das Motiv der Wiese eignet sich wegen der überwiegend angenehmen Qualitäten als *Eingangsmotiv.* Es ruft Phantasien des Gartens Eden, des Sommersonnenscheines, der Fruchtbarkeit, der Möglichkeit, sich auszuruhen, Menschen zu begegnen und gemeinsamen Erlebens hervor. Neurotisch gestörte Personen projizieren jedoch hier bereits ihre Probleme. So kann die Wiese bei Depressiven unfruchtbar, braun und abgebrannt sein; Menschen mit zwanghafter Persönlichkeitsstruktur, die sich eingeengt fühlen, finden nicht selten eine kleine, von Stacheldraht eingezäunte Wiese. Ein 16jähriger Adoleszent sah auf der Wiese einen Bunker, wie man ihn im 2. Weltkrieg kannte, jedoch ohne Tür oder eine andere Öffnung. Er schien Symbol seiner Kontaktgestörtheit und Kommunikationsprobleme zu sein.

Bach: Andere, im Zusammenhang mit der Wiese spontan auftretende landschaftliche Motive wurden von mir nach vielen Versuchen aufgegriffen und weiterentwickelt. Der Patient wird gefragt, ob er sich auf der Wiese einen Bach vorstellen könne. Das gelingt in der Regel. Dabei gehen wir davon aus, daß der Bach als fließendes Gewässer von der Quelle bis zum Meer verfolgt werden kann, gewissermaßen als eine Leitlinie der *emotionalen Entwicklung und der Entfaltung der Person.* Der Patient wird gebeten, dem Bach je nach Wahl entweder stromauf zur Quelle hin oder stromab zur Mündung an das Meer zu folgen. Die *Rückkehr zur Quelle* signalisiert häufig symbolisch die «*Rückkehr zu den Ursprüngen*», wobei an die oralen Beziehungen zur mütterlichen Welt zu denken ist. Der klinische Eindruck herrscht vor, daß Hindernisse beim Trinken des Wassers aus der Quelle (z. B. weil aus der Quelle kein Wasser kommt, das Wasser schlecht schmeckt, man fürchtet, es könne giftig oder «verseucht» sein) auf eine frühe Störung im oralen Instinktbereich hinweisen. Bei der Verfolgung des Bachlaufes stromab stoßen Neurotiker häufig auf die von uns sogenannten *Verhinderungsmotive,* d. h. auf Situationen, in denen der freie Fluß des Baches behindert wird. Wir finden Sperrmauern, das Wasser fällt in ein tiefes Loch und verschwindet unter der Erde, ergießt sich in einen großen Stausee oder einen kleinen Teich, aus denen es nicht wieder abfließt. Im Verlauf der Behandlung werden diese Verhinderungsmotive immer weiter hinausgeschoben, bis schließlich der weitgehend gebesserte Patient ohne Schwierigkeiten den Lauf des Wassers bis zum Meer verfolgen kann. Dieses Motiv kann als wiederholt aufzusuchender Indikator für den Prozeßverlauf der Therapie dienen.

Berg: Die Aufgabe lautet, von der Wiese einen Berg zu erblicken und zu versuchen, diesen Berg − nach genauer Beschreibung − zu besteigen. Vom Gipfel soll der Patient einen Rundblick haben. Das Motiv des Berges schneidet im allgemeinen die *männlich-väterliche Welt* an und damit auch das *Autoritäts- und Rivalitätsproblem.* Eine Untersuchung von KORNADT (1958) beweist die statistisch signifikante Korrelation zwischen der Höhe des Berges und dem Anspruchsniveau des Probanden. Depressive Patienten haben entweder sehr niedrige Berge oder extrem hohe, die zu besteigen sie resignieren. Die Bewunderung männlicher Autorität oder die Angst vor männlicher Übermacht wird in Qualitäten geschildert, nach denen der Berg bei seiner Betrachtung emotional erlebt wird.

16

Die Unfähigkeit, einen Berg zu besteigen, weist auf eine Neurose erheblichen Grades hin, die mangelnde Bereitschaft dazu auf geringe Motivation, Leistungen zu vollbringen. – Die Fähigkeit, von dem Berg einen Rundblick nach allen Seiten zu haben, entspricht dem Verhalten des Gesunden. Der Gestörte hat Einschränkungen des Ausblickes, wobei Eigenschaften der wahrgenommenen Landschaften wiederum charakteristische Hinweise auf Störungsformen bieten.

Haus: FREUD wies bereits im Zusammenhang mit dem Hausmotiv im Traum auf den Ausdruck hin, einen Freund als «altes Haus» zu bezeichnen. Er empfahl, das Hausmotiv als Sinnbild der eigenen Person zu betrachten. Der Eintritt in ein Haus kann aber auch als Sexualmotiv (relativ gesehen) aufgefaßt werden.

Sich das Haus vorzustellen, gelingt in der Regel gut. Je nach Art der Störung kann es eine kleine Hütte sein, eine unbewohnte Scheune, ein feudales Wohnhaus, in dem sich die Wunschwelt des Betreffenden manifestiert, oder ein reines Zweckgebäude ohne Wohnräume. Aufschlußreich ist die Besichtigung des Inneren: der Küche, in der sich die orale Sphäre symbolisiert, der Wohnräume, des Schlafzimmers, des Inhaltes seiner Schränke mit Hinweisen auf Partnerbeziehungen und die ödipale Situation (Nebeneinander der Kleider des Patienten mit denen älterer Personen), des Bodens und des Kellers, wo man alte Erinnerungsstücke (z. B. Familienalben, Spielzeug usw.) finden kann. Auch die Abhängigkeit von den Eltern, Großeltern und anderen Personen kann im Motiv des Hauses zum Ausdruck kommen. Es führt in der Regel ganz unmittelbar auf die Problematik des Patienten hin und bedeutet eine nur sehr vorsichtig anzubietende *erhebliche Konfrontation* mit oft stärker verdrängten Konflikten.

Waldrand: Wir vermeiden zunächst, den Patienten in den Wald gehen zu lassen, der sich in der Nähe der Wiese befindet. Der Wald wird gemeinhin als Symbol des Unbewußten angesehen. Er kann einerseits, vor allem für Kinder, als bergender Ort der Sicherheit erlebt, von anderen als Ort drohender Gefahren betrachtet werden. Märchen geben wichtige Hinweise, wie das von Hänsel und Gretel.

Der *Eintritt in den Wald* kann problematisch und brüsk konfrontativ sein. Eine leicht depressiv verstimmte 20jährige Patientin mit ausgeprägten Konversionssymptomen begegnete im Wald einer Gruppe von ehemaligen Freunden, die alle durch einen unnatürlichen Tod ums Leben gekommen waren. Darunter befand sich auch eine ehemalige Mitpatientin, die Selbstmord begangen hatte und unserer Patientin in der Imagination giftige Beeren anbot mit der Bitte, ihr in den Tod zu folgen. Depressive verirren sich nicht selten im Wald und bringen dadurch den Therapeuten in Verlegenheit. – Um derartig unliebsame Zwischenfälle zu vermeiden, wird der Patient bei diesem Motiv angeleitet, von einer geschützten Stelle der Wiese aus in das Dunkel des Waldes zu blicken. Ihm wird vorausgesagt, daß früher oder später Gestalten menschlicher oder tierischer Art erscheinen und aus dem Wald heraustreten werden. Beide, so zeigt die Erfahrung, können identifiziert werden als dynamische Struktur, die C. G. JUNG als «Schatten» gekennzeichnet hat. Es sind unbewußte Verhaltenstendenzen und -wünsche, die vom Über-Ich des Patienten tabuisiert sind: z. B. wenn bei einem impotenten Mann ein «Revolverheld» aus dem Wald kommt, ein junges Mädchen einen verwahrlosten Landstreicher erkennt, ein anderes ein schüchternes Reh auf die Wiese kommen sieht, manchmal einen schlauen Fuchs; aber auch eine Maus und andere Tiere bis hin zur Schlange gewinnen Bedeutung. Allein, daß diese vorher «im Dunkeln schlummernden Gestalten» nun an das «Licht der Sonne» kommen, hat diagnostische und therapeutische Bedeutung.

Die *Motive der Mittelstufe* haben überwiegend konfrontierenden Charakter. Gezielte Einstellungen zur Klärung gewisser Konfliktbereiche werden in der Gruppentherapie mit dem KB allenfalls in der Kombination mit dem Psychodrama angewandt. In der gemeinsamen Gruppenphantasie spielt die Fokussierung bestimmter Motive und Szenen eine untergeordnete Rolle. Sie widerspricht dem freien assoziativen Fluß des szenischen Stromes der Imaginationen.

Begegnung mit Bezugspersonen: Vater, Mutter oder deren Ersatzgestalten, Geschwister, eigene Kinder und Vorgesetzte können in *symbolisch eingekleideter Form* (Elefant etwa als Vater, eine Kuh als Darstellung der nährenden mütterlichen Welt) oder aber als *Realpersonen* herbeizitiert werden. Das Verhalten der Gestalten gegenüber dem Patienten (Verhaltensbeobachtung) ist dann aufschlußreich, sobald versucht wird, sich ihnen zu nähern, sie anzusprechen und zu berühren, um damit die unbewußte Einstellung ihnen gegenüber zu erkennen und dem Patienten evident zu machen. Auch Familienszenen können eingestellt werden (Paar- und Familientherapie; KLESSMANN 1982; KOTTJE-BIRNBACHER 1981, 1982).

Motiv zur Prüfung der Einstellung zur Sexualität: Bei Männern haben wir auf das Gedicht von Goethe mit dem Titel «Sah ein Knab' ein Röslein stehn» zurückgegriffen und lassen den männlichen Patienten am Rand der Wiese sich einen Rosenbusch vorstellen. Dann bitten wir ihn, eine Rose abzupflücken und zu Hause auf den Tisch zu stellen. SINGER (1978) nimmt an, daß transkulturelle Wertnormen dem amerikanischen Mann verbieten, sich überhaupt mit Blumen zu befassen. – Ein 18jähriger «sah» kleine weiße Röschen, die «zu zart» waren, um abgepflückt zu werden; ein Mann mit weit zurückliegenden Eheproblemen fand nur eine verblühte Rose und im Hintergrund zwei «wilde Triebe», die ihn an seine außerehelichen Beziehungen erinnerten.

Bei Frauen hat sich folgendes Motiv bewährt: Der Therapeut regt eine Szene an, in der die Patientin nach einer ermüdenden Wanderung durch das katathyme Panorama auf einer Straße nach Hause gehen will. Ihr wird vorausgesagt, daß ein Auto oder – romantischer – eine Pferdekutsche kommen, anhalten und der Fahrer sie fragen werde, ob sie mitfahren wolle. Ihr wird also ein Angebot gemacht, das sie abschlagen kann (Freiheitsgrade!). Beispiele: Bei einem 18jährigen jungen Mädchen erscheint ein großer schwarzer Mercedes, gesteuert von einem Chauffeur in Livree. Im Fond sitzt ein alter, grauhaariger Herr, der ihr Großvater sein könnte. – Eine geschiedene, jetzt alleinstehende Frau mittleren Alters wird von dem dandyhaften Fahrer eines Sportcoupés aufgefordert einzusteigen. Er fährt mit ihr eine Seitenstraße in einen Wald hinein und schickt sich an, sie zu verführen.

Motiv zur Klärung der Einstellung zur Aggressivität: Das Motiv eines Löwen hat sich bewährt; der Löwe kann in freier Wildbahn existieren, er kann faul und träge daliegen und schlafen, er kann wegen seines schönen weichen Fells und seiner Katzenartigkeit als ungefährlich erscheinen und gern gestreichelt werden, im Zirkus durch einen brennenden Reifen springen, in einem Käfig sein und dort wütend hin- und herlaufen usw.

Die *Oberstufe* (für den voll ausgebildeten Therapeuten) hat vorwiegend Motive, die stark verdrängtes archaisches Material, vor allem Symbolgestalten fördern.

Motiv der Höhle: Der Betreffende wird, ähnlich wie beim Waldrand, angeleitet, zunächst eine Höhle zu imaginieren und vor dieser Höhle in sicherem Abstand zu verharren und abzuwarten, «was aus der Höhle herauskommt». Als «Öffnung der Erde» bietet dieses Motiv sich als «tiefergreifender» an als das Waldmotiv und löst eine stärkere Dynamik aus. Häufig kommen Riesen, Geister, aber auch Tiergestalten hervor. Sie weisen deutlich auf Verhaltenstendenzen hin, deren sich der Patient nicht bewußt ist, auch wenn er sie vielleicht im realen Leben agiert. Ein Patient mit einer Herzneurose beobachtete z. B., wie ein Bär aus der Höhle herauskam, sich auf die Wiese legte und einschlief. Er schien die physischen Kräfte des Patienten zu symbolisieren, zugleich aber auch die hintergründige Tendenz des immer arbeitsamen und fleißigen Mannes, faul und träge dahinzuleben, wie er es zur Zeit seiner Krankheit tat. – Die Höhle kann bei Betreten auch die Bedeutung des Introitus im sexuellen Sinn haben. Das Eintreten in die Höhle kann schließlich zur Begegnung mit der Wunderwelt des Erdinneren (unbewußte Triebtendenzen) mit Märcheninhalten führen, auch hier als Ausdruck tiefer, verdrängter Handlungsansätze und

Wunschwelten.

Motiv des Sumpfloches: Es wurde eingeführt aufgrund der Hypothese, daß morastige Erde Aspekte des analen «Partialtriebes» (FREUD) darstellt; Schlamm hat eine Beziehung zur «Urzeugung» und symbolisiert zugleich in unserer Zivilisation die häufig abgelehnte Schmutzwelt (anale Abwehr). – Damit verbindet sich auch der Aspekt der «Analerotik» mancher sexuell immaturer Personen.

Dem Patienten wird vorausgesagt, daß er am Rand der Wiese ein Sumpfloch finden werde. Er möge in sicherem Abstand bleiben und das Sumpfloch beobachten, aus dem sich irgendeine Gestalt erheben werde. In der Regel handelt es sich um heterosexuelle Gestalten; zunächst archaisch ein Frosch, eine Schlange, ein Riesenfisch, der zuschnappt, aber auch ein nackter Mann bei einem weiblichen Patienten o. ä. Der Therapeut versucht, die Gestalten auf die Wiese zu bringen, u. U. sie zu füttern usw. (vgl. unten).

Das hier geförderte Material löst häufig eine starke, angstbesetzte Dynamik aus. Deshalb wurde dieses Motiv in die Oberstufe verwiesen.

Hilfsmotive: In letzter Zeit sind eine Reihe von Hilfsmotiven entwickelt worden wie z. B. ein Vulkan [ein Familienalbum oder Foliant], ein Schiff, ein oder mehrere alleinstehende Bäume zur Darstellung der Repräsentanz naher Bezugspersonen und der Familienkonstellation.

1.5. Therapeutische Techniken

Die für die Einzeltherapie des KB angewandten Techniken lassen sich nur zum Teil auf das GKB übertragen. Die folgenden haben dabei besondere Bedeutung gewonnen.

(1) *Kreative Entfaltung eines Tagtraumes:* Die kreative Anreicherung des Bildmaterials kennzeichnet den therapeutischen Prozeß und kann als Maßstab des Fortschrittes der Therapie mit dem KB gelten. Die kreative Breite der imaginativen Inhalte nimmt von Sitzung zu Sitzung zu. Untersuchungen gemeinsam mit LANDAU (LANDAU, LEUNER 1978) haben außerordentlich positive Einblicke in die kreative Potenz des KB gegeben, die bislang noch kaum ausgeschöpft worden ist.

(2) *Das assoziative Vorgehen* (LEUNER 1964, 1985) wird in Analogie zu den freien Assoziationen der klassischen Psychoanalyse (bei dafür geeigneten Patienten) durch Aufgabe der protektiven Einstellung des Therapeuten zugelassen und entspricht einer lockeren, minimalen Strukturierung des Tagtraumes. Die Interventionen beschränken sich demgemäß auf die Förderung des assoziativen Flusses der Imaginationen. Statt mit Worten wird im KB auf der imaginativen Ebene assoziiert. Im Zusammenhang damit treten häufig Altersregressionen derart auf, daß der Patient sich spontan in einer Kindheitsszene wiederfindet und diese intensiv durchlebt, sei es als konfliktbesetzte Szene, sei es als eine harmonische Kindheitsszene vor dem Konflikt. Durch entsprechende Interventionen in der Besprechung der KB-Inhalte nach der Phase der Imaginationen im Gruppen-KB kann der Patient ferner angeregt werden, außer der regressiven Einstellung im Sinne genetischer Einfälle zum Tagtraum auch Einfälle aus seiner Alltagswelt zu assoziieren und den Bezug zwischen konfliktzentrierten Imaginationen und analogen Konstellationen in der Realität und zu seinen Symptomen herzustellen. Das assoziative Vorgehen wird im GKB am häufigsten angewandt.

Diese Methode trägt auch zur Durcharbeitung charakterlicher Fehlanpassung bei und kann dem Patienten die enge Verwobenheit der KB-Inhalte mit der Genese der Neurosen und den gegenwärtigen Fehleinstellungen verdeutlichen.   19

(3) *Befriedigung archaischer Bedürfnisse,* die zweite Dimension des KB: Unter Befriedigung archaischer Bedürfnisse verstehen wir eine dynamische Bewegung, wie sie analog seit langem aus der Spieltherapie bei Kindern bekannt ist und sich beim assoziativen Vorgehen des KB spontan einstellen kann. Gemeint ist die Zentrierung auf ein stark regressives, bislang unbefriedigt gebliebenes Bedürfnis in einer Szene tiefer, häufig beglückender Befriedigung im Sinne der therapeutischen Regression von BALINT (1970). Sie kann nur Bedeutung haben, wenn sich daraus eine Ich-Stärkung und eine progressive Bewegung in der Therapie ergibt (im Gegensatz zur pathologischen Regression). In oral befriedigenden Szenen fühlt sich der Patient beispielsweise zu einem Säugling regrediert und phantasiert, an der Brust einer idealen, spendenden Mutter zu liegen; in anal zentrierten Szenen spielt der intensive Umgang mit Schlamm, braunem Wasser usw. eine Rolle. Auch primär-narzißtische Zentrierung des KB, z. B. mit dem Erleben des Einsseins mit der Natur, mit dem All (im Sinne des ozeanischen Gefühls), kann unter ekstatischer Überhöhung zu einem «narzißtischen Ausgleich» im Sinne von KOHUT (1973) führen. Besonders bei der Behandlung der Grundstörungen und psychosomatischer Zustände spielt dieser regressive Nachvollzug gestörter emotionaler Entwicklungsphasen eine bedeutsame Rolle.

(4) *Durcharbeiten im KB:* Das Durcharbeiten bezieht sich auf Widerstände und den neurotisch bedingten Wiederholungszwang. Es spielt erst in längeren gruppentherapeutischen Passagen eine wichtige Rolle. Ziel des Durcharbeitens ist die Verhaltensmodifikation und Beeinflussung der neurotischen Charakterstruktur des Patienten. Entsprechend beziehen sich die dazugehörigen Techniken auf die Behandlung der charakterneurotischen Komponente oder narzißtische oder Borderline-Anteile. Die Durcharbeitungstechniken sind relativ kompliziert, und der Therapeut bedarf zu ihrer Anwendung ausreichender Weiterbildung und Selbsterfahrung. Ihre Anwendung im Rahmen der Methoden des GKB beschränkt sich wegen der extrem zurückhaltenden Interventionen des Therapeuten während der Phase der Imaginationen auf die nachfolgende verbale Bearbeitung.

Schlagwortartig kann das Durcharbeiten im KB durch folgende Schritte charakterisiert werden:

a) Klarifizieren der szenischen und emotionalen Wahrnehmung;
b) Spiegeln und Konfrontieren im Sinne der Gegenüberstellung mit den imaginierten Konfliktinhalten;
c) «Durchleben und Durchleiden» affektiv negativ besetzter Inhalte (z. B. mit Angst, Trauer usw.);
d) Assoziieren szenischer Bilder, der Altersregressionen sowie assoziativer Einfälle und Gedanken;
e) Verhaltensbeobachtung und die Förderung expansiven Handelns, um mit eigenem Verhalten oder dem von Symbolgestalten konfrontiert zu werden oder in expansiven Aktionen Freiheiten und neue emotionale Erfahrungen zu gewinnen sowie im Probehandeln ambivalent besetzte Probleme in der Imagination zu lösen. Diese Schritte haben teils Befriedigungscharakter, teils stellen sie zunächst eine Abwehr gegenüber Konflikten dar, bieten aber die Möglichkeit zur Neuerfahrung und Ausweitung der Grenzen des Ichs.
f) Deutende Hilfen als wichtige Kategorie zur Gewinnung von Einsichten sind häufig einer der letzten Schritte im Durcharbeitungsprozeß. Ihr Angebot steht in Beziehung zur Fähigkeit des Patienten, die konflikthaften Zusammenhänge reflektierend wahrzunehmen.

(5) *Übertragungsanalyse:* Die Analyse der Übertragungs- und Gegenübertragungsreaktion spielt im KB keine so zentrale Rolle wie in der Psychoanalyse. Ein großer Teil der affektiven Projektionen schlägt sich auf der Projektionsebene des Tagtraumes (in der Gruppe auf die Gruppenmitglieder oder das äußere Milieu der Gruppe) nieder. Erst spät und in kleinen Quanten erfolgt die Projektion relevanter Übertragungsgefühle auf den Therapeuten. Aber bereits subtilere Übertragungsphänomene zeichnen sich in KB-Szenen mehr oder weniger deutlich ab. Gelegentlich wachsen sie zu Übertragungswiderständen an, die die Therapie beeinträchtigen oder sogar unmöglich machen können. Der KB-Therapeut wird deshalb ausgebildet, die Übertragungsgefühle wahrzunehmen und korrespondierend seine eigenen Gegenübertragungsgefühle zu kontrollieren. Mißerfolge in der KB-Therapie, auch in der Gruppentherapie (z. B. die Omegaposition eines Gruppenmitglieds) erweisen sich fast immer als Folge einer nicht geklärten Gegenübertragung des Therapeuten. Deshalb mißt der Weiterbildungsplan zum KB-Gruppentherapeuten der Supervision große Bedeutung bei. Die damit verbundene Problematik wird in den folgenden Kapiteln zumindest gestreift. Die ausführliche Darstellung der Patienten-Therapeuten-Beziehung im Katathymen Bilderleben wird in ihren wesentlichen Facetten in dem obengenannten «Lehrbuch des Katathymen Bilderlebens» (Kap. 4.4.) behandelt.

(6) *Malen der imaginierten Inhalte:* Die KB-Therapie (auch die Gruppentherapie) kann wesentlich unterstützt werden dadurch, daß Patienten zu Hause oder in der Klinik einzelne Szenen malen oder in Ton modellieren.

Für die Einzeltherapie sind eine Reihe typischer Interventionstechniken bei der Führung des Tagtraumes vorgesehen. Diese spielen im Gruppenverfahren keine oder eine höchst untergeordnete Rolle. Von Bedeutung sind jedoch in dem vielgestaltigen Repertoire von Methoden, Techniken und Interventionen des KB die drei spontan sich einstellenden Erlebnisdimensionen, die zur Gewinnung der notwendigen Klarheit in der Verfolgung der Tagtrauminhalte, auch in der Gruppe, kurz zu nennen sind:

1. Dimension: Zentrierung auf Konfliktstrukturen im Sinne der Psychoanalyse

2. Dimension: Befriedigung archaischer Bedürfnisse im Sinne einer therapeutischen Regression zur Füllung triebbestimmter und affektiver Lücken in den emotionalen Entwicklungsphasen (primär-narzißtisch, oral, anal, ödipal)

3. Dimension: Förderung der imaginativen Kreativität als einen entscheidenden Parameter für die Ausweitung von Ich-Strukturen und Schwächung von einengenden Über-Ich-Ge- und Verboten.

Auf Einzelheiten dieser strukturell-dynamischen Bewegung kann wegen des begrenzten Raumes nicht eingegangen werden. Sie mögen aber verdeutlichen, daß in der imaginativen Therapie mit dem KB mehrere psychische Dimensionen zu reflektieren sind. Möglicherweise sind besonders die zweite und dritte Dimension Grund dafür, daß die Psychotherapie mit dem Katathymen Bilderleben trotz begrenzter Behandlungsdauer einen hohen Grad an Effizienz aufweist, wie kontrollierte Fallstudien (LEUNER 1983; LEUNER, LANG 1982) und ein Überblick von STURM (1985) zeigen.

1.6. Anwendungsbereiche

Das Einzel-KB wie das GKB haben einen breiten Anwendungsbereich. Indikationen sind: alle Formen neurotischer Entwicklungen und psychosomatischer Erkrankungen Erwachsener, ebenso im Kindes- und Jugendalter (LEUNER, HORN, KLESSMANN 1978). Ausgewählte Fälle von Borderline- und narzißtischen Störungen können vom erfahrenen Therapeuten mit Einschränkungen behandelt werden (LANG 1982; WÄCHTER 1982).

Spezielle Erfahrungen mit günstigen Ergebnissen liegen in der Einzeltherapie für folgende Indikationen vor:

- Krisenintervention (LEUNER 1982)
- Kurztherapie auch depressiver Neurosen und Phobien (WÄCHTER 1982; WÄCHTER, PUDEL 1980)
- charakterneurotische Anpassungsstörungen (HORN 1978, u. a.)
- Zwangsneurosen (KOCH 1969; SALVISBERG 1982)
- psychogene Psychosen (HOLFELD, LEUNER 1982)
- psychogene Organstörungen (KULESSA, JUNG 1979; WÄCHTER, PUDEL 1980)
- Herzneurosen (EIBACH 1982; SEITHE 1982)
- Colitis ulcerosa (WILKE 1979, 1982)
- psychogene Genitalstörungen bei Mann und Frau (ROTH 1983)
- Paartherapie (HENLE 1982; KOTTJE-BIRNBACHER 1981, 1982)
- Familientherapie (KLESSMANN 1982)

Gefahren: Das KB ist ein zum Teil sehr intensiv wirkendes, die Regression förderndes Verfahren. Vorbildung in allgemeiner Psychotherapie, Tiefenpsychologie und Weiterbildung zum KB-Therapeuten werden deshalb dringend empfohlen.

Kontraindikationen:
- mangelnde Intelligenz (IQ unter 85)
- Psychosen akuter und chronischer Art
- Formen der ausgeprägten Ich-Schwäche wie z. B.
- − schwere depressive Neurosen
- − ausgesprochen hysterische Neurosen
- − zum Teil Borderline- und narzißtische Syndrome

Zusammenfassung: Das Katathyme Bilderleben ist vom Autor aus der europäischen Tradition der Tiefenpsychologie und aus unsystematischen imaginativen Ansätzen entwickelt worden als ein klinisches Verfahren der Psychotherapie. Von seinen Anfängen her (LEUNER 1954) wurde es unter didaktischen Gesichtspunkten konzipiert und systematisch aufgebaut. Seine Kennzeichen sind: gute Lehrbarkeit, Begrenzung der Dauer der Therapien mit Schwerpunkt auf der Kurztherapie, hohe Evidenz in der Aufdeckung unbewußter Zusammenhänge, breites Indikationsspektrum aufgrund von Effizienzkontrollen in zum Teil kontrollierten Studien und Einzelfallanalysen. Mehrjährige Nachuntersuchungen liegen in größerer Zahl vor. Hauptindikationen sind alle Formen von Neurosen, Fehlverhaltensweisen, ausgewählte Boderline-Fälle und ausgewählte narzißtische Störungen, psychogene organische Störungen und eine Reihe von Psychosomatosen. Da das KB, auch in Form der Gruppenpsychotherapie unbewußtes Konfliktmaterial schnell freisetzt, bedarf seine Anwendung der sorgfältigen Weiterbildung zum KB-Gruppentherapeuten. Diese beruht auf der Grundlage ausreichender Selbst- und klinischer Erfahrung mit dem Einzel-KB.

2. Die Entwicklung der Gruppenverfahren und ihrer Konzepte

Die Anwendung des Katathymen Bilderlebens als Gruppenpsychotherapie geht historisch auf einen recht unkonventionellen, aber meines Erachtens heute noch interessanten Ansatz zurück. Gemeinsam mit NERENZ stellte sich in Gesprächen die Frage, ob und in welcher Weise das Anhören von Musik während des Katathymen Bilderlebens wirksam sei, d. h. welchen Einfluß «Hintergrundsmusik» auf die katathymen Imaginationen habe. NERENZ ging dieser Frage in einer Doktorarbeit (1965) nach und fand einige, nach klinischen Hypothesen zum Teil zu erwartende, aber darüber hinaus in ihrer Eigenart noch nicht bekannte und in ihrer Ausformung dementsprechend auch überraschende Phänomene. Daraus entstand zunächst die Einzeltherapie mit dem musikalischen Katathymen Bilderleben in der Gruppe. Dieses Verfahren hat nur bedingt mit Gruppentherapie im engeren Sinne zu tun. Es bleibt deshalb in diesem Band unberücksichtigt und ist an anderem Ort dargestellt worden (vgl. auch KREISCHE 1980).

2.1. Die gemeinsame Imagination der Gruppe

Die therapeutische Bedeutung gruppendynamischer Prozesse wurde mir aufgrund von Selbsterfahrungen und der zunehmenden gruppentherapeutischen Literatur (SCHINDLER 1957/1958; SLAVSON 1977; FOULKES, ANTHONY 1957; PREUSS 1972) evident als der wesentliche Promotor der Gruppenpsychotherapie. Die Einbeziehung des gruppendynamischen Prozesses, vielleicht sogar dessen Akzentuierung im gruppentherapeutischen Katathymen Bilderleben, schien zur Förderung des psychotherapeutischen Prozesses besonders erfolgversprechend. Auf der Suche nach einer entsprechenden Methode kam ich auf den Gedanken, der Patientengruppe eine gemeinsame, auf die Gruppenaktivität ausgerichtete Aufgabe zu stellen und diese in einer gemeinsamen Phantasie, die alle Teilnehmer vereinigt, auszutragen. Dazu war technisch erforderlich, daß die Gruppenmitglieder während der imaginativen Phase der Sitzung miteinander akustisch kommunizieren. Das bedingte ein besonderes räumliches Setting. Es ergab sich in einer sternförmigen Anordnung der Patienten oder Versuchspersonen, in der die Köpfe der auf dem Boden liegenden Personen so nahe wie möglich beieinander waren, um einander auch in der durch Entspannung herabgesetzten Vokalisation verstehen zu können. Die zweite Voraussetzung war, daß möglichst jeder der Teilnehmer − wenn auch vielleicht nur bruchstückhaft − in kurzen Sätzen seine jeweilige Imagination mitteilte. Diese würde die Imagination der anderen Gruppenteilnehmer stimulieren bzw. in irgendeiner Richtung beeinflussen. Es käme zu einem, wenn auch gekürzten, Gespräch über die Imaginationen des einzelnen und damit im Verbund auch der ganzen Gruppe.

Diese Hypothese von der Entwicklung einer gemeinsamen Gruppenphantasie bestätigte sich bereits bei den ersten Versuchen. Es war geradezu erstaunlich, wie sich eine Gruppe von fünf bis acht Personen bei diesem Setting mit einer gemein- 23 samen imaginativen Aufgabe in eine sie verbindende Phantasiewelt begeben konnte. Sie war fast immer in der Lage, ein vorher miteinander vereinbartes Grundthema gemeinsam abzuhandeln. Voraussetzung dafür schien allerdings, daß dieses Thema aufgabenorientiert oder wenigstens als eine gemeinsame Unternehmung themenzentriert ist.

Beispiele sind eine gemeinsame Bergbesteigung, die gemeinsame Besichtigung einer Burg oder eines Schlosses oder, abenteuerlicher: eine gemeinsame Safari in Afrika, eine gemeinsame Schiffsreise, Fahrt auf eine einsame Insel usw. – Gruppentherapeutisch ausgedrückt, wurde das von der Gruppe unter Einfluß des Therapeuten durch Diskussion erarbeitete gemeinsame Thema der Sitzung zur latenten Gruppenphantasie entwickelt (ARGELANDER 1968). Das KB ist in seiner Aktivierung der optischen Phantasie zweifellos in besonderem Maße geeignet, die Phantasie der Gruppe in der vorbewußten oder halbbewußten Art der Bildimagination manifest werden zu lassen. Wir haben bekanntlich den Vorteil der Analogie zu den projektiven Testverfahren, daß zwar vorbewußt bzw. nichtverbal, aber doch immerhin bildhaft, Konflikte dem Bewußtsein angenähert werden, jedoch die letzte bewußtseinsmäßige Konsequenz im Sinne verbaler und begrifflicher Klärung des Konfliktes zunächst hintangestellt bleibt.

In der praktischen Anwendung der gemeinsamen Gruppenphantasie wird dieser Vorgang meines Erachtens darin besonders deutlich, daß die im vorbewußten Bereich verbleibenden imaginativen Inhalte in besonderem Maße emotional geladen sind und die Gruppenteilnehmer veranlassen, über lange Strecken und immer wieder von neuem über ihre Erfahrungen zu berichten mit dem Bedürfnis, dafür offene Ohren zu finden. Einzelheiten des therapeutischen Prozesses und sein phasenweiser Verlauf werden später erörtert werden.

Wie in der Entwicklung therapeutischer Verfahren die Regel, wurde die Technik des Gruppentherapeutischen Katathymen Bilderlebens (wie es heute genannt wird) über eine lange Zeit empirisch bis in ihre zunehmenden Feinheiten bearbeitet. Eine Reihe von Therapeuten der Arbeitsgemeinschaft für Katathymes Bilderleben (AGKB), wie KOTTJE-BIRNBACHER, KREISCHE, KRETZER, PAHL, SACHSSE und WÄCHTER, widmeten sich ganz besonders der Aufgabe, die von mir anfänglich gelehrte Form der Gruppentherapie auszuüben und schließlich aufgrund ihrer zunehmend breiteren klinischen Erfahrung konzeptionell zu fundieren. Die Frucht dieser langjährigen gruppentherapeutischen Arbeit ist die in diesem Band ausführlich dargestellte Therapie mit den beiden Methoden und ihre theoretischen Konzepte in Anlehnung an die derzeit vorherrschenden gruppendynamischen Theorien.

Die zehnjährige Erfahrung der Weiterbildung im Katathymen Bilderleben hat zu überaus ermutigenden Ergebnissen des Gruppen-KB geführt. Sie betreffen vor allem den Wandel charakterneurotischer Probleme durch ein- oder zweimalige Teilnahme an fortlaufenden, zum Teil geschlossenen Gruppen (50 Doppelstunden an fünf bis sechs Wochenenden). Die Anwendung dieses Verfahrens bei Kranken erfordert eine etwas modifizierte Technik. Sie wird ergänzend abgehandelt.

2.2. Die Kombination der Gruppenimagination des Katathymen Bilderlebens mit dem Psychodrama

Die enge Beziehung zwischen dem Katathymen Bilderleben und anderen von der Phantasie getragenen psychotherapeutischen Behandlungsverfahren war schon früh bekannt. Auf der einen Seite ist es die Spieltherapie im Kindesalter, in der erlebnisstarke Phantasien im projektiven Vollzug manifest werden, z.B. in der Darstellung häuslicher Szenen. Wie im KB können auch hier lange Strecken nicht-interpretierter symbolischer Abläufe therapeutisch wirksam werden. Die andere, noch stärker verbreitete Methode ist neben der Gestaltungstherapie (Malen und Tonkneten) das Psychodrama. Es ist bekanntlich dadurch gekennzeichnet, daß im Gruppen-Setting Szenen nach der Art des Stegreifspieles nach gewissen psychologischen und therapeutischen Regeln dargestellt werden. Die dem Menschen eigentümliche Rollenfähigkeit kommt selbst dem dafür ganz unvorbereiteten Teilnehmer entgegen. So gelingt auch die Identifikation mit der für die jeweilige Szene in Frage stehenden Rolle in hohem Maße. Reale Szenen aus der Biographie oder aus der aktuellen Konfliktsituation eines Patienten können «durchgespielt» werden, aber auch jeder andere Inhalt von Erlebnischarakter kann «auf der Bühne» des Psychodramas zur Darstellung kommen. Das gilt ebenso für intrapsychische Vorgänge, die etwa durch die Einführung eines Hilfs-Ich oder «Alter ego» in Szene gesetzt werden können.

Geht man von dieser Grundstruktur des Psychodramas aus und vergleicht es mit den phantasiegetragenen imaginierten Szenen des Katathymen Bilderlebens, fallen zwei Unterschiede unmittelbar ins Auge. Im KB ist die optische Phantasie, zum Teil durch Vorstellungsmotive strukturiert, das tragende Medium der Projektion. Aber auch das sogenannte innerpsychische Drama, die Interaktion von imaginierten Real- und Symbolgestalten sind Ausdruck von Introjekten. Deshalb wurde schon früh der zum Begriff Katathymes Bilderleben synonym gebrauchte Name «Symboldrama» geprägt (LEUNER 1957). Die Grundhaltung des Patienten ist hier im Unterschied zum Psychodrama jedoch ausgesprochen introspektiv, eher kontemplativ. Damit ist die Wahrnehmung ausschließlich auf innerpsychisches Erleben zentriert. Die optisch-imaginative Wahrnehmungsebene wird ergänzt durch die der Gefühle und Affekte. Die Ebene der imaginierten Aktionen (Probehandeln) ist die wichtige Parallele zum Rollenspiel im Psychodrama. Im KB können gelegentlich sehr starke Gefühle und Affekte, bis hin zu triebartigen Durchbrüchen, ausgelöst und durchlebt und durchlitten werden.

Der Phantasie sind im Prinzip keine Grenzen gesetzt. Von den realen Szenen des Alltages über die Szenerie mit Symbolgestalten, Evozierung der verschiedensten Motive der Landschaft, der Begegnung mit phantastischen oder sehr regressiven Tiergestalten, bis hin zu phantasievollen Exkursionen in den stellaren Raum und in transzendente Kategorien, liegt die unerschöpfliche Breite der menschlichen Phantasie offen. Hinsichtlich dieser beiden Schwerpunkte, der ausschließlichen Introspektion und der Sprengung aller realitätsbezogener Grenzen, unterscheidet sich das KB vom Psychodrama. Jedoch ist diese Unterscheidung insofern relativ, als im KB die Einstellung realer Szenen und selbst ein imaginiertes Rollenspiel, auch ein Rollenwechsel, geübt werden können.

Keinen Zugang jedoch vermittelt das Katathyme Bilderleben zum unmittelbaren Erleben von Realerfahrungen. Die Kontrahenten der Aktionsszene sind nicht real greifbar. Die psychomotorische Aktion, der unmittelbare sprachliche Ausdruck von Gefühlen und Affekten, die interaktionelle Begegnung von Freund und Feind, das unmittelbare Handeln in einer Szene, welcher Art auch immer, ist als solches nicht möglich. Diese realbezogenen Darstellungs- und Beziehungsmöglichkeiten sind vielmehr die Domäne des Psychodramas.

Nachdem die Technik der Gruppenpsychotherapie mit dem Katathymen Bilderleben in Form der gemeinsamen Gruppenphantasie entwickelt worden war, lag es zweifellos für einen mit dem Verfahren des Psychodramas wohlvertrauten und in breiter Form weitergebildeten Therapeuten nahe zu versuchen, diese genannte Einschränkung des Katathymen Bilderlebens durch Transfer der optischen Imagination des GKB auf die Ebene der realitätsbezogenen Aktionen und Interaktionen des Psychodramas zu übertragen. Damit kann zweierlei gewonnen werden: (1) Der Patient wird aus der rein introspektiven, kontemplativen Ebene des Katathymen Bilderlebens herausgeführt auf die Ebene der realen Aktion und des rollentüchtigen Verhaltens. (2) Die psychodramatischen Darstellungen können jetzt von Erlebnismaterial ausgehen, das der unbewußten Phantasie (Imagination) des Patienten ganz unmittelbar entstammt. Im Gegensatz zu den vom Psychodrama-Therapeuten in der Regel überwiegend kognitiv gewonnenen Entwürfen der Ausgangsszene des Dramas kann dieser nun auf die spontan imaginierten Vorentwürfe des KB zurückgreifen. Sie sind in den vorangegangenen Gruppenphantasien des GKB aus der Latenz, dem Unbewußten der Patientengruppe, hervorgetreten. Ich würde darin eine fruchtbare und tiefergreifende Stimulierung der Psychodrama-Arbeit erblicken. Freilich verkenne ich nicht, daß der intuitiv veranlagte und sehr erfahrene Psychodrama-Therapeut seinerseits die zu spielende Szene und deren Ausgestaltung nicht ausschließlich kognitiv gewinnt. Vielmehr ist sie ausgelöst von empathischen und intuitiven Impulsen.

Mit anderen Worten: Beide Verfahren können sich in durchaus fruchtbarer Weise ergänzen. WÄCHTER, der einzige Autor, der sich mit dieser Kombination seit fast einem Jahrzehnt befaßt, hat sie therapeutisch-technisch durchentwickelt und theoretisch im Kapitel III dieses Bandes begründet.

In seinem Beitrag zeigt er die Analogien zwischen der Gruppenimagination mit dem Katathymen Bilderleben und dem Psychodrama hinsichtlich der psychologischen und tiefenpsychologischen Komponenten, der therapeutischen Wirkung und des Konzeptes der tiefenpsychologischen Fundierung auf. Deshalb erübrigt es sich, näher darauf einzugehen. Die Begründung dieser Kombination ergibt sich zunächst aus dem klinischen Urteil und nach den Indikationen. Wie der Erfahrene weiß, ist die vergleichende methodische Psychotherapie-Forschung schwierig, d.h. methodisch schwer zu bewerkstelligen. Dennoch wird der aufmerksame Leser die von WÄCHTER angekündigte Untersuchung zur quantitativen Belegung der Vorzüge der Kombination gegenüber dem GKB mit Interesse erwarten.

3. Würdigung der beiden Verfahren

Die gruppentherapeutischen Verfahren mit dem Katathymen Bilderleben haben unterschiedlichen therapeutisch-klinischen Stellenwert, und ihnen liegen unterschiedliche technische Strukturen und konzeptionelle Ansätze zugrunde. Das sie

Umfassende ist jedoch die tiefenpsychologische Fundierung mit überwiegender Bearbeitung latenter Konflikte. Der Leser wird sich an dieser Stelle und erst recht nach dem Studium weiterer Kapitel dieses Buches fragen, welcher der Methoden er sich zur Erfüllung der ihm gestellten therapeutischen Aufgaben zuwenden und in welcher er sich weiterbilden soll. Diese Frage läßt sich nicht allein in Abwägung der Indikationen der einzelnen Methoden beantworten. Die «persönliche Gleichung» eines Therapeuten, bedingt durch seine Struktur, seine berufliche Erfahrung und seine therapeutische Ausbildung, werden bei dieser Entscheidung eine Rolle spielen. Auch den aktuellen Stand seiner psychotherapeutischen Weiterbildung muß er berücksichtigen.

Das gemeinsame KB in der Gruppe (GKB) ist eine nach Auffassung der Experten anspruchsvolle, nicht selten unbewußte Konfliktbereiche auf genetisch früher Ebene ansprechende Therapie. Sie fordert vom Therapeuten Wahrnehmungseinstellungen in zwei Richtungen: in die Richtung der tiefenpsychologischen Dynamik, sich an der Symbolik des Gruppentraumes darstellend, und die Beobachtung des gruppendynamischen Prozesses. Eine dementsprechende Breite des Weiterbildungshintergrundes ist vom Therapeuten zu fordern, um die Therapie bei Patienten verantwortlich durchführen zu können. Technisch gesehen stellt das Durcharbeiten der Gesprächsphase nach der Gruppenphantasie Anforderungen an die Selbsterfahrung und vor allem einschlägige Weiterbildung des Therapeuten. Beide werden z. B. vom Institut für Katathymes Bilderleben, Göttingen, und ihren Gruppentherapeuten angeboten. Bei schweren Ich-strukturellen Störungen ist die Auswahl der Patienten und die Dosierung der erlebnisintensivierenden Interaktionen der Gruppe wichtig. Letztere fordern gelegentlich direkte Interventionen des Therapeuten. Auch ist zu bedenken, daß die Anwendung dieses Verfahrens zu Zwecken der Weiterbildung oder der Bearbeitung von Gruppenspannungen in Arbeitsteams jeweils unterschiedliche Bedingungen hat und im letzteren Fall leichter zu bewerkstelligen ist als in der Behandlung von Patienten. Die sehr gründliche und ins Detail gehende Darstellung dieses Verfahrens erleichtert die Einarbeitung und sollte die eigene Gruppenarbeit später begleiten.

Die Kombination von KB mit dem Psychodrama (KBPD) wendet sich wahrscheinlich am stärksten an Therapeuten, die primär am Psychodrama interessiert und darin weitergebildet sind. Auch diese Technik ist durchaus anspruchsvoll, wenn man bedenkt, daß gute Kenntnis, Erfahrung und Weiterbildung mit dem Gruppen-KB zur Begleitung und Bearbeitung des imaginativen Anteils der Gruppensitzung notwendig sind. Es spricht jedoch vieles dafür, daß die Techniken der beiden Komponenten, die der KB-Gruppe und die des anschließenden Psychodramas, gegenüber der Ausübung dieser Anteile in «Reinkultur» hier schlichter gehalten werden können. Beide Komponenten ergänzen einander. Die psychodramatische übernimmt schon einen Teil des Durcharbeitens des KB. Das betrifft wohl vor allem die Aktivierung prekärer gruppendynamischer Situationen oder die stärkere Aktivierung individueller Probleme, die ohne nachträgliches Durcharbeiten der aktuellen Phase nicht so leicht integriert werden können.

Kapitel II Das Gemeinsame Katathyme Bilderleben in der Gruppe (GKB)

L. Kottje-Birnbacher / U. Sachsse

1. Die gemeinsame Gruppenimagination

Die Therapie mit dem Gemeinsamen Katathymen Bilderleben in der Gruppe, deren Grundzüge in diesem Kapitel beschrieben werden sollen, stellt eine Variante der tiefenpsychologisch fundierten Gruppentherapie dar.[1] Sie unterscheidet sich von konventioneller tiefenpsychologisch fundierter Gruppentherapie durch die Einführung von Phasen, in denen die Gruppenteilnehmer aufgefordert werden, gemeinsam zu imaginieren, was einem Wechsel des Beziehungsmodus in gemeinsame Regression und Phantasietätigkeit entspricht. Es wird also vom Therapeuten ein strukturierender Parameter eingeführt, der ähnlich wie die üblichen Vorstrukturierungen − d.h. Schaffung eines geeigneten äußeren Rahmens und Vorgabe der sogenannten Grundregeln der tiefenpsychologischen Gruppentherapie (HEIGL-EVERS 1967) − die Arbeitsweise der Gruppe auf formaler Ebene regelt, aber keine inhaltliche Beeinflussung darstellt. Die Imaginationen dienen der Produktion von vorbewußtem und unbewußtem Material. Welches Material in ihnen zutage tritt, hängt von den Problemen der Teilnehmer und der Situation der Gruppe ab. Die katathymen Bilder entstehen dabei in einem Entspannungszustand als Folge einer kontrollierten Ich-Regression.[2] Sie ähneln Traumbildern, insofern sich in ihnen Konfliktsituationen, Wunschvorstellungen usw. in symbolisch verdichteter Form darstellen, meist unter starker emotionaler Beteiligung der Patienten (LEUNER 1974c, 1980 und 1982). Diesen Phasen der Imagination folgen Phasen der tiefenpsychologischen Aufarbeitung, in denen das Material assoziativ angereichert und durchgearbeitet wird. So entstehen bei der Arbeit mit dem GKB verschiedene Arbeitsebenen mit jeweils diagnostischem oder therapeutischem Schwerpunkt.

Im folgenden werden zunächst die Grundzüge der tiefenpsychologisch fundierten Gruppentherapie beschrieben, da diese den allgemeinen Rahmen für das GKB bilden. Danach werden das Setting des GKB und die dadurch bedingten Modifikationen des therapeutischen Vorgehens im einzelnen dargestellt.

---

[1] Die Gruppentherapie mit dem KB ist insofern als tiefenpsychologisch fundiert zu bezeichnen, als sie die Erklärungsprinzipien, Zielsetzungen und Methodik der psychoanalytischen Theorie verwendet. Diese hier gebrauchte Verwendung des Begriffs «tiefenpsychologisch fundiert» ist nicht zu verwechseln mit der spezielleren Bedeutung, die ihm im «Göttinger Modell» von HEIGL-EVERS und HEIGL (1975) zugelegt wird (vgl. SACHSSE und KOTTJE-BIRNBACHER 1985).

[2] Eine genauere Diskussion der Metapsychologie des GKB findet sich in Abschnitt 1.2.3.

1.1. Die Grundzüge der tiefenpsychologisch fundierten Gruppen-
psychotherapie

Bei jeder tiefenpsychologisch fundierten Arbeit geht es um «die Aufdeckung und Verarbeitung von Konflikten, in die das sich entwickelnde Ich in der Auseinandersetzung mit den unbewußten Triebimpulsen und der realen Umwelt, seinem Über-Ich und unter dem Druck hoher Ich-Idealforderungen geraten ist» (PREUSS 1975, S. 194). Dabei spielt das Prinzip der Übertragung[3] eine zentrale Rolle, also die Tatsache, daß infantile Bedürfnisse und Konflikte in späteren Beziehungen unbewußt wieder aktualisiert werden.

Im Gegensatz zur Einzeltherapie, in der sich die Übertragung ausschließlich auf den Therapeuten richtet, wird in der Gruppentherapie die Übertragung aufgespalten: alle Beziehungen, die sich innerhalb der Gruppe zwischen den Teilnehmern untereinander und zum Therapeuten entwickeln, enthalten Übertragungselemente (multipersonale Übertragung).[4] Der Teilnehmer findet in der Gruppe einen Raum, in dem er die für ihn typischen Beziehungs- und Konfliktmuster wiederherstellen kann. Diese Reinszenierung der individuellen Konflikte in der Übertragungs-Situation der Gruppe kommt zustande, indem er in selbstverständlicher Weise mit seinem gewohnten Verhalten auf die jeweilige Gruppensituation reagiert und ebenso selbstverständlich von anderen Teilnehmern das Verhalten erwartet, das seinen prägenden Erfahrungen entspricht (vgl. auch PREUSS 1972).

Man kann sagen, daß die Gruppe eine Art sozialen Mikrokosmos darstellt (YALOM 1974, S. 41), in dem interpersonales Lernen stattfindet. Der Teilnehmer gewinnt in der Gruppe ein differenzierteres Bild seines interpersonalen Verhaltens. Er erfährt, wie er auf andere wirkt, wie er gesehen wird; er spürt, was er selbst von anderen will, und was er anderen eventuell unbewußt antut (etwa durch subtiles Ausnutzen, unterschwellige Ablehnung, Konkurrieren, Verursachen von Schuldgefühlen, Verführen, Moralisieren, plötzlichen Rückzug). Im Laufe des Gruppenlernprozesses vermag er einzusehen, warum er sich so verhält, wie er sich verhält. Seine teils bewußten, teils unbewußten Bedürfnisse und Ängste werden ihm deutlich (etwa die Angst, gedemütigt, abgelehnt oder verlassen zu werden; die Angst, die Kontrolle zu verlieren, gewalttätig zu werden, sich nicht mehr abgrenzen zu können usw.). Schließlich können diese inneren Konflikte durch Exploration der Entwicklungsgeschichte auf frühere traumatische Konstellationen zurückgeführt werden.

---

3 Eine gründliche Explikation der hier verwendeten Begriffe der Psychoanalyse findet sich bei LAPLANCHE und PONTALIS (1972).

4 In der Einzeltherapie ist die Beziehung des Patienten zum Therapeuten weitgehend durch Übertragungsphänomene determiniert, da der Therapeut durch sein zurückhaltendes Verhalten sehr wenig objektive Auslöser für die Entwicklung der Übertragungsgefühle bietet. Im Unterschied dazu werden die Patienten in einer Gruppe immer Teilnehmer finden, deren Eigenschaften ihnen objektiv Anhaltspunkte für ihre Gefühle bieten, so daß die Situation in der Gruppe gleichzeitig durch eine realistische Wahrnehmung des andern und durch Übertragungsgefühle gekennzeichnet ist (KÖNIG 1976). Das Übertragungsmoment dieser Beziehungen äußert sich darin, daß Qualität oder Intensität der Affekte der auslösenden Situation nicht adäquat sind (GREENSON 1975).

a) Tiefenpsychologische Grundregeln

Voraussetzung dafür, daß diese Lernprozesse stattfinden können, ist eine psychotherapeutisch wirksame Gruppenstruktur, in der sich Übertragungsreaktionen voll entfalten können. Sie wird geschaffen durch die Setzung eines geeigneten äußeren Rahmens (geeignete Gruppengröße, Sitzungsdauer und -frequenz, Teilnehmerselektion) sowie durch die interne Strukturierung der Gruppe mittels der sogenannten Grundregeln der tiefenpsychologischen Gruppentherapie (HEIGL-EVERS 1967):

(1) Minimalstrukturierung: Der Therapeut gibt kein Thema und kein Ziel der Gruppe vor, übernimmt keine Autoritätsfunktionen, sondern hält sich zurück, indem er die Position eines teilnehmenden Beobachters einnimmt (Abstinenzprinzip).

(2) Freie Interaktionsregel und Schweigepflicht: Der Therapeut fordert die Teilnehmer auf, sich in der Gruppe so offen und frei zu äußern, wie es dem einzelnen möglich ist (HEIGL-EVERS & HEIGL 1972). Diese Aufforderung zur freien Interaktion entspricht der freien Assoziationsregel in der Einzeltherapie. Ihr steht die Aufforderung, nichts aus der Gruppe herauszutragen, als notwendige Ergänzung gegenüber.

(3) Eine weitere Regel, die von vielen Therapeuten für ambulante Therapien vorgeschlagen wird, bezieht sich auf die Vermeidung sozialer Kontakte außerhalb der Gruppe. Diese sind nicht erwünscht, weil die Dynamik, die in der Gruppe entsteht, auch in der Gruppe bearbeitet werden soll. Die Teilnahme an der Gruppe soll eine Lernmöglichkeit sein und kein Ersatz für eventuell fehlende menschliche Beziehungen. Bei stationären Gruppen im Rahmen einer Klinik ist diese Regel natürlich nicht durchführbar, für ambulante Gruppen scheint sie mir aber sinnvoll zu sein, weil hier schon durch die erheblich längere Dauer der Gruppe (meist mehrere Jahre) die Versuchung besteht, die Gruppe als Kontaktersatz zu benutzen. Die durch diese Regeln gegebenen Restriktionen der Kommunikation sollen gewährleisten, daß das therapeutische Potential der Gruppe erhalten bleibt.

b) Entwicklung der Gruppenstruktur

Um verständlich zu machen, wie die Vorgabe einer Minimalstrukturierung die Entwicklung von Übertragungsreaktionen fördert, sei die Anfangssituation neu zusammengestellter Gruppen genauer betrachtet.

Die Teilnehmer kennen sich zunächst nicht und wissen nicht, wie sie sich in einer therapeutischen Gruppe verhalten sollen. Der Therapeut hat ihnen im Vorgespräch die Grundregeln erklärt, gibt aber in der ersten Sitzung keine konkreten Anregungen oder sonstigen Hilfestellungen. Daher werden sich die Teilnehmer angespannt und unsicher fühlen. Jeder von ihnen ist mit unterschwelligen Ängsten in die Gruppe gekommen. Jeder möchte herausfinden, ob er von den andern akzeptiert oder abgelehnt wird (Angst vor Kränkung), ob er vor den andern bestehen kann (Angst vor Blamage) und ob die andern ihm bei der Verwirklichung seiner Ziele helfen können (Angst vor Enttäuschung) (vgl. HEIGL-EVERS 1978a).

In dieser Situation werden sich die Gruppenteilnehmer im allgemeinen miteinander bekanntmachen und versuchen, sich zu unterhalten. Dadurch können sie 31 peinliches Schweigen vermeiden und sich gleichzeitig etwas kennenlernen. Prinzipiell ist jedes Gesprächsthema möglich. Die Interessen und der soziale Hintergrund der Teilnehmer beeinflussen die Wahl des Themas, und psychodynamische Faktoren beeinflussen die Art, in der das gewählte Thema behandelt wird, und welche Aspekte von welchem Teilnehmer aufgegriffen werden.

In dem sich entwickelnden gemeinsamen Gespräch kommt es zu einem Wechselspiel zwischen Teilnehmern und Gruppe. Die Teilnehmer gestalten das Gespräch durch ihre Beiträge, und es wirkt auf sie zurück, indem es eine emotionale Reaktion in ihnen auslöst. Sie empfinden das Gespräch z. B. als anregend, beruhigend, beängstigend, befriedigend, frustrierend oder langweilig, und diese unterschiedlichen Empfindungen beeinflussen wiederum das Verhalten jedes einzelnen und motivieren ihn, etwas Bestimmtes zu sagen oder nicht zu sagen, das Gespräch zu vertiefen oder das Thema zu wechseln, sich persönlich einzubringen oder sich zurückzuziehen. Die sich laufend verändernde Gesprächssituation wirkt wiederum als Eindruck zurück, so daß sich ein dauerndes Wechselspiel zwischen jedem einzelnen und der Gruppe ergibt.

Dieses Wechselspiel läßt sich graphisch folgendermaßen veranschaulichen:

Situation 1: In einer Gruppe mit sechs Mitgliedern beteiligen sich zur Zeit A, B, C und E aktiv am Gespräch, während sich D und F zurückhalten.

Situation 2: In allen Teilnehmern löst das Gespräch eine gefühlsmäßige Reaktion aus, mit dem Ergebnis daß sich in ...

Situation 3: nun die Teilnehmer B, C, E und F beteiligen, während sich A zurückgezogen hat und D sich weiterhin nicht beteiligt, weil ihn das Thema nicht interessiert oder ängstigt.

Im weiteren Verlauf bilden sich allmählich spezifische Beziehungen zwischen den Teilnehmern heraus. Jeder entdeckt Ähnlichkeiten und Unterschiede zwischen sich und anderen Teilnehmern hinsichtlich Interessen, Einstellungen und Empfindungen, auf die er mit Sympathie oder Antipathie reagiert. Außerdem stellt jeder (bewußt oder unbewußt) Ähnlichkeiten fest zwischen dem Verhalten bestimmter Gruppenmitglieder und Personen außerhalb der Gruppe, die für ihn wichtig sind. Diese Ähnlichkeiten liefern die Basis für die Entstehung von Übertragungsbeziehungen.

Zusammenfassend kann man also sagen, daß die minimalstrukturierte Situation, in der es keine Verhaltensanweisungen gibt, jeden Gruppenteilnehmer dazu provoziert, sich in der für ihn typischen Weise zu verhalten, so daß Beziehungskonflikte sich im Hier und Jetzt der Gruppe äußern können. Diese Reaktivierung der Konflikte in der Gruppe bietet sodann den Ansatzpunkt zu ihrer Bearbeitung, d. h. zum Erkennen der Besonderheiten und Schwierigkeiten des eigenen Verhaltens, der dahinterstehenden Antriebsdynamik und der genetischen Zusammenhänge.

c) Aufgaben des Therapeuten

Durch die Einhaltung der tiefenpsychologischen Grundregeln ist eine therapeutische Gruppe im weitesten Sinn als tiefenpsychologisch fundiert zu betrachten. Der Therapeut kann allerdings innerhalb dieses Rahmens je nach seiner theoretischen Orientierung die Schwerpunkte der Arbeit unterschiedlich setzen.

Seine Aufgabe besteht ganz allgemein darin, die therapeutischen Wirkkräfte der Gruppe zu entwickeln und zu unterstützen. D.h. er muß alle in der Gruppe stattfindenden Prozesse beobachten, sie mit Hilfe seines tiefenpsychologischen und gruppendynamischen Wissens zu verstehen suchen und im richtigen Moment auf die richtige Art ansprechen. Seine Hauptfunktionen sind teilnehmende Beobachtung, psychoanalytische Schlußbildung und Deutung (HEIGL-EVERS & HEIGL 1972).

Das tragende Prinzip dieser Arbeitsweise ist die Abstinenzregel. Sie soll sicherstellen, daß das therapeutische Potential gewahrt bleibt und nicht in Objektbeziehungen und Triebbefriedigungen abfließt. Sie verlangt vom Therapeuten, daß er die therapeutische Situation nicht dazu benutzt, seine eigenen Bedürfnisse am Patienten zu befriedigen. Die Abstinenzregel fordert also vom Therapeuten persönliche Zurückhaltung und Neutralität, darüber hinaus betrifft sie aber das gesamte therapeutische Kommunikationssystem insofern, als von den Teilnehmern erwartet wird, daß sie ihren Kontakt miteinander auf verbale Äußerungen beschränken (ENKE 1971).

Trotz seiner persönlichen Zurückhaltung wirkt der Therapeut normbildend, denn die Gruppenmitglieder beachten sein Verhalten sehr genau und reagieren auf seine impliziten Erwartungen. So vermittelt der Therapeut z.B. durch sein eigenes Bemühen und seine Deutungen die implizite Erwartung, daß die Teilnehmer sich um das Verständnis der in ihnen selbst und in den anderen ablaufenden Prozesse bemühen sollen. Desgleichen fördert er eine vorurteilsfreie, akzeptierende Grundhaltung bei den Teilnehmern, indem er selbst alles Material akzeptiert und in Wertfragen neutral bleibt. Indem er nickt, lächelt, Interesse zeigt oder nachfragt, kann er die Beschäftigung mit einem Thema unterstützen; durch geringe Beteiligung, Skepsis oder Distanz kann er zeigen, daß ihm ein Thema weniger wichtig erscheint. So vermittelt der Therapeut den Teilnehmern durch sein Modell und durch soziale Verstärkung,[5] welches Verhalten er von ihnen erwartet. Auf diese Weise entsteht ein therapeutisch wirksames Normensystem, das im Detail jedoch viel Spielraum läßt für die Bildung unterschiedlicher Gruppenkulturen.[6]

---

5 Lernen durch Verstärkung und Lernen durch Imitation eines Modells sind die beiden wichtigsten Lernmechanismen bei Menschen. Es gibt positive und negative Verstärkungen: positive Verstärkung (also Belohnung im weitesten Sinne) führt zu einer Vermehrung und Intensivierung des verstärkten Verhaltens, während negative Verstärkung (also Abschreckung oder Strafe) zu einer Verminderung führt. Bei der sozialen Verstärkung bilden soziale Verhaltensweisen anderer Menschen die Bekräftigung (z.B. Anerkennung, Lob, Billigung, Interesse versus Ablehnung, Tadel, Verachtung, Ignorieren). Soziale Bekräftigung spielt besonders bei der Verhaltenssteuerung von Erwachsenen eine vorrangige Rolle (BANDURA 1969).

6 Unter einer «Gruppenkultur» versteht man die Gesamtheit der in einer Gruppe gültigen Normen. Diese Normen bilden sich aus durch wiederholte Interaktion der Teilnehmer miteinander als Kompromiß zwischen Bedürfnisbefriedigung und Angstabwehr. Die Normen, die z.B. hinsichtlich Nähe und Distanz, Dominanzstruktur oder Aktivität gelten, unterscheiden sich in verschiedenen

Neben dieser allgemeinen, normsetzenden Wirkung hat der Therapeut auch noch einen besonderen Einfluß. Durch die Auswahl des Materials und durch die Art, wie er es aufgreift, bestimmt er nämlich die Entwicklung der Gruppe auch inhaltlich. In seinen Interventionen kann er mehr auf die Gesamtgruppe oder auf die einzelnen Teilnehmer eingehen. Er kann die Objektbeziehungen, die Triebkonflikte oder die Konflikte zwischen psychischen Instanzen verstärkt beachten. Er kann die Übertragung zwischen den Gruppenmitgliedern multilateral bearbeiten oder sie als Übertragungsmittler der eigentlichen Übertragung auf den Therapeuten betrachten. Die Regression kann er durch besonders zurückhaltendes Verhalten und durch Deutung der unbewußten Phantasien fördern, oder er kann sie durch stärkere Aktivität, selektives Ansprechen von Gegenübertragungsgefühlen und Beschäftigung mit gruppendynamischen Prozessen auffangen. Auf welche Dimensionen der Therapeut insgesamt das Hauptgewicht legt, hängt von seiner theoretischen Orientierung und Ausbildung ab. In jedem Fall bestimmt er durch die Selektion des Materials in erheblichem Maß die Entwicklung der Gruppe[7] (KÖNIG 1977a).

1.2.   Die gemeinsame Gruppenimagination

Eine mögliche zusätzliche allgemeine Strukturierung von tiefenpsychologisch fundierten therapeutischen Gruppen bietet die Arbeit mit dem Gemeinsamen Katathymen Bilderleben (GKB). Durch sie wird eine deutliche Abgrenzung der Arbeitsebenen erreicht: zum einen die Ebene der katathymen Bilder – der Imaginationen – die im wesentlichen Material liefern, zum andern die Ebene der Aufarbeitung, auf der die tiefenpsychologische und gruppendynamische Durcharbeitung erfolgt. Auf die strukturellen und therapeutischen Auswirkungen der Arbeit mit dem GKB soll später eingegangen werden. Vorher möchte ich kurz das Setting des GKB beschreiben, um ein konkreteres Bild zu vermitteln.

Die einzelnen Sitzungen dauern zwei bis drei Stunden und gliedern sich nach einer Anwärmphase, in der die Gruppe wieder zusammenfindet, in die Phase der Themenfindung (etwa 10−15 Minuten), die Phase der Gruppenimagination (etwa 20−35 Minuten) und die Phase der Bearbeitung (etwa 60−90 Minuten).

In der ersten Phase geht es darum, ein Thema zu finden, mit dem sich die Gruppe in der Imagination auseinandersetzen will. Meist entsprechen die Themen recht genau der psychodynamischen Situation der Gruppe, d.h. in den Themenvorschlägen spiegeln sich die anstehenden Impulse bzw. Abwehrversuche und Kompromißbildungen. In der Anfangsphase werden häufig Themen gewählt, die relativ offen sind und ein Sich-Kennenlernen in konventionellem und vertrautem Rahmen begünstigen. Zum Beispiel imaginiert die Gruppe eine gemeinsame Wanderung oder ähnliches. In einer späteren Phase, in der die Bearbeitung aggressiver und libidinöser Beziehungen ansteht, könnte sich die Gruppe dagegen z.B. als Thema den Besuch einer Kirmes oder die Verwandlung der Teilnehmer in Tiere vornehmen. Wenn eine stark angstbesetzte Thematik die Gruppe be-

Gruppen erheblich voneinander. Sie variieren je nach der psychodynamischen Struktur der Teilnehmer.

7 Auf dieses Problem wird in Abschnitt 2 über theoretische Konzepte genauer eingegangen.

herrscht, werden häufig Themen vorgeschlagen, die der Vermeidung der Thematik dienen sollen, also Abwehrcharakter haben. So war z. B. bei einer Gruppe die Themenfindung sehr langwierig und schwierig, nachdem in der Sitzung zuvor eine erste vorsichtige Auseinandersetzung mit der Todesproblematik stattgefunden hatte, die durch die kürzliche Brustkrebsoperation einer Teilnehmerin in die Gruppe eingedrungen war. In dem KB der Sitzung zuvor war, von dem Thema «Blockhütte im Wald» ausgehend, ein großer Fisch geangelt und getötet worden und ein modriger, unheimlicher Keller untersucht worden. Als Thema für das folgende KB wurden «Mietshaus», «etwas zusammen spielen» und «eine Expedition zu einem anderen Planeten» vorgeschlagen – sozusagen als Kontrastprogramm und Vermeidung. Drei Teilnehmer plädierten allerdings für das Thema «Nachtwanderung» oder für die Fortsetzung der Untersuchung des Kellers vom vorigen Mal, und die Gruppe einigte sich schließlich auf das ganz offene Thema «Wanderung im Mittelgebirge».

Nach der Themenfindung folgt die Phase der Gruppenimagination. Die Teilnehmer legen sich dazu auf den Boden – sternförmig mit den Köpfen in der Mitte des Kreises – und entspannen sich mit Hilfe einiger Entspannungssuggestionen des Therapeuten. Nach kurzem Schweigen (etwa eine halbe bis eine Minute) beginnt ein Teilnehmer, indem er die Vorstellungen beschreibt, die sich inzwischen in ihm entwickelt haben. Andere schließen sich an, gestalten die Szene aus, führen neue Motive ein oder bieten eine gänzlich neue Szene an.

Während dieser Gruppenimagination überwiegt primärprozeßnahes[8] Geschehen, denn durch die Entspannung und die Beschäftigung mit Phantasien wird wie im Einzel-KB eine gewisse innere Regression gefördert, so daß sich in den Bildern vorbewußte und unbewußte Inhalte in symbolisch verschlüsselter Form äußern.

Durch die Aufforderung, diese Phantasien den andern mitzuteilen, wird allerdings eine gewisse Steuerung notwendig. Sie besteht zum einen in der bewußten sekundärprozeßhaften Verbalisierung der Bilder: Jeder Teilnehmer wird einen Teil der Bilder mitteilen. Einen Teil wird er aber auch für sich behalten, weil er meint, sie paßten nicht in den Zusammenhang, oder weil er sich schämt, sie mitzuteilen. Die Kommunikation wirkt regressionshemmend und somit steuernd. Zweitens muß jeder Teilnehmer wegen des ständigen wechselseitigen Austauschs der Phantasien seine Aufmerksamkeit aufteilen und neben der Entwicklung seiner eigenen Imaginationen die Beschreibungen der andern mitverfolgen. Die Imaginationen der andern werden mindestens zum Teil von seinen eigenen abweichen. So ist ständig eine Integration eigener und fremder Imaginationen bzw. eine Abgrenzung und Positionsbestimmung gegenüber den andern notwendig. Dies wirkt ebenfalls einer Regression entgegen, so daß diese generell geringer ist als bei der Einzelarbeit mit dem KB.[9]

---

8 Als Primärprozeß und Sekundärprozeß bezeichnet FREUD (1900) die beiden Funktionsweisen des psychischen Apparats. Der Primärprozeß ist dem Unbewußten zugeordnet, er beherrscht die Träume, seine wichtigsten Mechanismen sind Verschiebung und Verdichtung, er zielt auf sofortige Entladung psychischer Energie (Lustprinzip). Im Vorbewußten und Bewußten dagegen herrscht der Sekundärprozeß, in dem die Triebenergie gebunden ist, Triebbefriedigungen aufgeschoben werden können (Realitätsprinzip), bewußte Gedanken, Urteile und Entscheidungen stattfinden.

9 Die Thematik von Regression und Progression im GKB haben KREISCHE & SACHSSE (1978) genauer dargestellt.

Der Therapeut greift in diese Prozesse nicht ein, sondern beobachtet die Gruppenimagination hinsichtlich der sich in ihr äußernden Impulse, Wünsche, Ängste und Abwehrkonfigurationen und auch hinsichtlich der interaktionellen Struktur, also der Rollenverteilung und der Beziehungen zwischen den Teilnehmern.

Während die Imaginationen im wesentlichen Material liefern, dienen die Nachgespräche der tiefenpsychologischen Aufarbeitung. In der ersten Phase des Gesprächs nach Beendigung des GKB und der Rücknahme der Entspannung sitzen die Teilnehmer noch auf dem Boden, lassen das KB allmählich ausklingen und tragen einige Ergänzungen nach, z. B. vorher nicht geäußerte Bilder oder Gefühle. Der Therapeut hört dabei zunächst weiterhin zu und vervollständigt seine während der Imaginationsphase gebildeten Hypothesen über die derzeitige Thematik der Gruppe. Durch seine ruhige Aufmerksamkeit schafft er ein akzeptierendes Klima für alle Beiträge. Außerdem fragt er nach, um Gefühle deutlich herauszuarbeiten oder Situationen genauer zu klären, macht vorsichtig auf Zusammenhänge aufmerksam und zentriert durch seine Interventionen das Gespräch allmählich auf den derzeitigen Grundkonflikt der Gruppe.

Der Hauptteil des Nachgesprächs dient dann der Bearbeitung des im GKB deutlich gewordenen Konflikts der Gruppe und findet im Sitzen auf Stühlen oder Sesseln statt. Dieses Gespräch kann sich von den Bildinhalten lösen. Die Bilder dienen zur Aktualisierung eines Themas im Hier und Jetzt der Gruppe, das dann aber durch Bezüge zur früheren Entwicklung und heutigen realen Lebenswelt der Teilnehmer angereichert wird.

Das folgende Beispiel — ein Ausschnitt aus einem GKB einer Anfangsphase — soll zeigen, wie sich die Situation der Gruppe in den Imaginationen spiegelt.

Beispiel: Es handelt sich um das erste GKB und die zweite Gruppensitzung. Die Gruppe besteht aus vier Männern und vier Frauen. In der ersten Sitzung hat die Therapeutin die tiefenpsychologischen Grundregeln eingeführt und das Setting der KB-Gruppen erläutert. Ferner hatten sich die Teilnehmer miteinander bekannt gemacht, indem sie sich vorstellten und ihre Erwartungen und Befürchtungen bezüglich der Gruppenerfahrung miteinander besprachen.

In dieser zweiten Sitzung einigt sich die Gruppe darauf, im GKB eine *Wanderung im Mittelgebirge* zu unternehmen. (Die ersten Äußerungen werden detailliert wiedergegeben, um die vorsichtigen ersten Schritte in dem ungewohnten Medium nachvollziehbar zu machen. Der Rest des GKB wird zusammengefaßt.)

(1) Leo beginnt und schildert die Landschaft: Eine Gebirgswiese, in der Ferne ein dunkler Wald.

(2) Jürgen meint, die Gruppe ginge den Hang hinauf, jeder mit einem schweren Rucksack, es sei mühsam.

(3) Tom sieht Martin vor sich hergehen, Martin bestätigt das.

(4) Eva sieht sich selbst an einem Bach sitzen, sie sieht die anderen nicht.

(5) Martin meint, er sähe Eva. Er möchte aber nicht rufen, um sie nicht zu stören.

(6) Leo steht unschlüssig da.

(7) Jürgen schlägt vor, noch ein Stück zu gehen und dann zusammen ein Picknick zu machen.

(8) Tom und Leo unterstützen diese Idee. Tom meint aber, die Gruppe sei noch ganz verstreut.

(9) Uschi meldet sich, sie liegt auf der Wiese zwischen Blumen und träumt.

(10) Louise weiß nicht, wo sie ist, sie fühlt sich irgendwo abseits.

(11) Gerda meint, Uschi, Louise und sie selbst lägen auf der Wiese in der Sonne, in der Nähe der andern.

(12) Martin meint, Louise sei mitten in der Gruppe; sie alle würden sich jetzt in einem Kreis um den Picknickkorb lagern.

(13) Uschi schaut beim Auspacken des Picknicks zu und genießt es, nichts tun zu müssen.

(14) Tom läßt eine Rotweinflasche kreisen.

Dann spielen einige Federball, andere erfrischen sich im Bach. Es entwickeln sich verschiedene Spiele, aber dazwischen fühlen sich die Gruppenmitglieder ratlos, kalt, erschöpft oder schwindelig. Schließlich suchen sie eine Hütte, wo sie über Nacht bleiben können, denn es wird schon Abend. – So weit das GKB.

Die Gruppe versucht als erstes, sich zu orientieren. Sie sucht sich einen Platz, wo sie sich zusammenfinden kann. Ihre Aufgabe empfindet sie als schwierig, es geht mühsam bergauf, jeder Teilnehmer hat seinen Problemrucksack zu tragen (2), der dunkle Wald in der Ferne, das noch Unbekannte, Unbewußte wirkt bedrohlich (1).

Die Teilnehmer wissen nicht, wie sie miteinander zurechtkommen werden. Einige versuchen, sich andern zu nähern und Kontakt aufzunehmen (3, 5), andere grenzen sich ab (4, 9).

Jürgen versucht, das Kontaktproblem zu überspielen, indem er pauschal von «der Gruppe» spricht – er phantasiert alle einig und zusammen (2, 7).

Louise braucht Hilfe, um sich überhaupt selbst in der Situation zu finden (10). Sie möchte einen Platz zugewiesen bekommen, möchte von den andern einbezogen werden. Offenbar fühlt sie sich zu unsicher, um für sich selbst einen Platz beanspruchen zu können.

Gerda benutzt die Unsicherheit von Louise, um sich selbst mit einzubringen (11).

Martin wirkt unaufdringlich integrierend (5, 12) und verkörpert am deutlichsten eine für alle annehmbare Gruppennorm: «Wir wollen uns gegenseitig freundlich behandeln, und alle sollen einbezogen werden, aber wir wollen uns nicht zu nahe kommen und gegenseitig einengen.» Da er sich schon in der vergangenen Sitzung in dieser Art verhalten hat, wird er in diesem KB zum Führer der Gruppe: Tom schreibt ihm eine Führungsposition zu (3) und Martins Vorschlag (12) wird sofort von den andern aufgegriffen, wie auch seine späteren Vorschläge aus dem Teil des GKB, der hier nur summarisch zusammengefaßt ist. Die andern Teilnehmer hätten teils gern mehr Nähe (d. h. bei ihnen überwiegt die Angst, allein zu sein und ausgeschlossen zu werden), teils gern mehr Distanz (sie fürchten eher, von der Gruppe aufgesogen zu werden und ihre Eigenständigkeit zu verlieren) (vgl. RIEMANN [1975], «Depressive und schizoide Befürchtungen»). Martin verkörpert den akzeptablen Kompromiß.

Durch die Bildung dieser Norm versuchen die Teilnehmer, die in dieser Gruppe am stärksten hervortretende Angst zu bewältigen, werde ich von den andern akzeptiert oder nicht? Jeder wird akzeptiert, auch die besonders ängstlichen Teilnehmer (Louise und Gerda). Mit dieser Norm präsentiert sich die Gruppe für jeden Teilnehmer als gutwillig und hilfreich. Dadurch werden auch die Ängste, von den andern enttäuscht, bedrängt oder im Stich gelassen zu werden, eingedämmt.

Im Verlauf des KB wird allerdings schon der Abwehrcharakter der Norm deutlich: Die positiven Selbstdarstellungen und das freundliche Aufeinandereingehen können auf die Dauer nicht über die tatsächlich vorhandene Fremdheit und Unsicherheit hinwegtäuschen (Gefühle von Ratlosigkeit und Kälte). Die Teilnehmer haben das Bedürfnis, sich zu wärmen, sich zu verkriechen und die Situation zu beenden (die Bemerkung, daß es langsam dunkel wird, ist sicher auch als Signal an die Therapeutin zu verstehen, das KB zu beenden).

Das Nachgespräch müßte sich primär mit den Anfangsängsten der Teilnehmer und mit der partiellen Bewältigung dieser Ängste durch die Herausbildung der erwähnten Gruppennorm beschäftigen. Hier ging es aber zunächst nur darum, zu zeigen, wie sich die emotionale Dynamik der Gruppe im KB äußert.

1.3. Diagnostische und therapeutische Funktionen des GKB

Insgesamt ergeben sich in KB-Gruppen drei Arbeitsebenen, die sich durch den Grad der Regression bzw. der Präsenz von Ich-Funktionen und Abwehr voneinander unterscheiden: Das Liegen während des KB, das Auf-dem-Boden-Hocken während des Vorgesprächs und des ersten Teils des Nachgesprächs, schließlich das konventionelle Sitzen in der Hauptphase des Nachgesprächs.

Durch diese drei Ebenen ist eine äußere Strukturierung gegeben, die für die Teilnehmer einen gewissen Rückhalt darstellt. Sie sorgt dafür, daß das Angstniveau besonders in der Anfangsphase geringer ist als in tiefenpsychologisch fundierten Gesprächsgruppen. Dort ist die Angst ein wesentlicher Faktor für die Auslösung regressiven Verhaltens, während in KB-Gruppen die Dynamik durch die gemeinsamen Imaginationen initiiert wird.

Die Grundregel der Minimalstrukturierung und Abstinenz wird durch Einführung des GKB nicht wesentlich beeinträchtigt, da die inhaltliche Füllung dieser äußeren Vorstrukturierung ganz der Gruppe überlassen bleibt. Die Einleitung und Beendigung des GKB stellt eine formale Pflicht des Therapeuten dar, ebenso wie z. B. die Einhaltung der Sitzungsdauer und die Bereitstellung eines Raumes. Diese Strukturierungen implizieren aber keine inhaltliche Beeinflussung der Gruppe.

Für den Therapeuten bedeutet die Arbeit auf den unterschiedlichen Ebenen, daß seine diagnostischen und therapeutischen Funktionen auseinandertreten. Während der Phase der Imagination achtet er ganz auf die Beobachtung und psychoanalytische Schlußbildung, während der Aufarbeitung konzentriert er sich auf die richtige Dosierung und zeitliche Abfolge der Interventionen. Das heißt, daß der Therapeut sich während der Imaginationen in Ruhe seinen diagnostischen Überlegungen überlassen kann, ohne befürchten zu müssen, den richtigen Zeitpunkt für eine Intervention zu verpassen. Gleichzeitig kann sich dadurch ein längerer Gruppenprozeß ohne Beeinflussung durch den Therapeuten entwickeln. − Ein sofortiges Aufgreifen und Bearbeiten der auftauchenden Inhalte ist bei der Arbeit mit dem GKB nicht notwendig, da die Ereignisse des GKB wegen der im allgemeinen erheblichen Erlebnisintensität über einen längeren Zeitraum hinweg emotional gegenwärtig bleiben und in den Nachgesprächen dosiert bearbeitet werden können.

Der diagnostische Wert des GKB liegt in der plastischen Spiegelung der emotionalen Dynamik der Gruppe. Aussagekräftig sind sowohl die Grundstimmungen der vorgestellten Umgebung, als auch eventuelle Unstimmigkeiten zwischen Situationsschilderung und begleitendem Affekt (Hinweise auf Affektisolierungen oder Reaktionsbildungen), als auch das Verhalten der Gruppenmitglieder und das Verhalten der zusätzlich im GKB imaginierten Gestalten. (In diesen Gestalten äußern sich häufig abgewehrte eigene Impulse, Über-Ich-Repräsentanzen oder auch Übertragungsbilder des Therapeuten.) Auf die diagnostischen Implikationen des GKB wird im Kapitel 3.2. über Gruppenimaginationen genauer eingegangen.

Die imaginierten Bilder sind nicht nur für den Therapeuten eine diagnostische Hilfe, sondern sie werden auch für die Gruppenmitglieder unmittelbar therapeutisch wirksam. Vieles äußert sich in ihnen so prägnant, daß es unmittelbar einsichtig wird — zumindest für die nicht direkt betroffenen Gruppenteilnehmer. Deren Möglichkeiten, adäquates und präzises Feedback zu geben, werden dadurch erheblich vergrößert. Das wiederum bedeutet eine Verstärkung der Spiegelwirkung der Gruppe, die ein wesentlicher Faktor der Therapie ist. Denn dadurch, daß ein Teilnehmer sein eigenes Verhalten in der Gruppe und die Reaktionen der andern auf ihn bewußt registriert, wird es ihm möglich, Wahrnehmungsverzerrungen abzubauen, seine Selbsteinsicht zu verbessern und angemessener auf Erfordernisse der Realität einzugehen.

Eine weitere therapeutische Funktion des GKB liegt in der Intensivierung des gefühlsmäßigen Erlebens und der damit verbundenen Förderung der Gruppenkohäsion. Daß ein intensives gefühlsmäßiges Erleben eine Grundvoraussetzung jeder wirksamen Therapie ist, ist vielfach belegt (YALOM 1974) und unmittelbar einleuchtend: nur Erfahrungen, die einen Menschen innerlich berühren, können zu einer Weiterentwicklung führen; Einsichten, die rein kognitiv sind, bleiben unwirksam. Auch die Gruppenkohäsion ist eine zentrale Voraussetzung der Therapie. Sie entspricht der Beziehung zum Therapeuten in der Einzeltherapie, deren Wichtigkeit vielfach bestätigt ist (vgl. BALINT 1966). Nur in einer Atmosphäre grundsätzlichen Vertrauens und gegenseitiger Achtung kann man sich auf angst-, schuld- und schambesetzte Gefühle einlassen, und nur die Sicherheit, daß die Kommunikation dadurch nicht abreißt, hilft einem zu wagen, Konflikte auszutragen.

Je stärker ein Gruppenteilnehmer emotional in die Gruppe einbezogen ist, desto eher beachtet er das Feedback der andern. Insofern ist die Gruppenkohäsion eine entscheidende Voraussetzung für die therapeutische Wirksamkeit der Spiegelwirkung der Gruppe. Bei Diskrepanzen zwischen der Selbstwahrnehmung und dem Urteil der andern wird ein Teilnehmer umso weniger in der Lage sein, die Diskrepanz zu leugnen oder die Gruppe abzuwerten, je wichtiger ihm die Meinung der andern ist. Stattdessen wird er eher sein Selbstkonzept überprüfen und sich zu verändern suchen.

Da das GKB einen geschützten Raum bietet, in dem sich die Dynamik der Gruppe projektiv entfalten kann, intensiviert es das gefühlsmäßige Erleben und die Spiegelwirkung der Gruppe, also zwei wesentliche Wirkkräfte der Therapie. In den Imaginationen können sich sowohl die Konflikte deutlich darstellen, als auch neue Erlebnis- und Verhaltensmöglichkeiten erprobt werden, weil Ängste und Widerstände durch die symbolische Verschlüsselung, den Wegfall von Realitätsverpflichtungen und die reduzierte Verantwortlichkeit gemindert sind. Die Regression und emotionale Intensität der Bilder aktiviert zudem das kreative Potential der Teilnehmer.[10]

---

10 Daß das KB die Erlebnisintensität, das kreative Potential und die Selbsteinsicht der Patienten fördert, ist für die Einzeltherapie vielfach belegt (LEUNER 1985), ebenfalls für die Paartherapie (KOTT-JE-BIRNBACHER 1982, 1983) und für die Gruppenpsychotherapie (KREISCHE und SACHSSE 1978).

1.4. Zur Metapsychologie der Gruppenimagination

Das Katathyme Bilderleben (KB) basiert auf der Fähigkeit des Menschen zur Phantasie und Imagination, die seit altersher bekannt ist. Zur historischen Entwicklung des KB finden sich ausführliche Darstellungen bei LEUNER (1974c), WÄCHTER (1974) und KREISCHE (1977) sowie am Anfang dieses Buches. FREUDS Ergebnisse zur Phantasie wurden von SANDLER & NAGERA (1966) zusammengefaßt, erweitert und konzeptualisiert. Die Phantasie hat demnach einen Doppelaspekt: Sie kann zur Realitätsflucht wie zur Realitätsbewältigung dienen. Einerseits bleibt sie bei der schrittweisen Entwicklung des Realitätsprinzips als ein Bereich erhalten, der ganz dem Lustprinzip unterliegt (FREUD 1917) und dadurch eine Wunscherfüllung ermöglicht, die in der Realität vielleicht gerade verwehrt ist. Die Phantasie erfüllt damit eine wichtige Funktion in der individuellen Libidoökonomie: Sie ist eine Art Schutzraum, der bei unerträglichen Kränkungen oder Versagungen in der Realität aufgesucht werden kann. Im Extrem würde der Rückzug in die Phantasie zur Realitätsflucht.[11] Andererseits bietet die Phantasie die Möglichkeit zum inneren Probehandeln. Dadurch wird die Realitätsbewältigung wesentlich verbessert, so daß SANDLER & NAGERA von einer «Ich-Funktion der Imagination» sprechen. Auf diese Seite der katathymen Bilder haben LEUNER (1982) und KREISCHE (1976) verwiesen. Jedes katathyme Bild kann betrachtet werden unter dem Aspekt, ob (auch unbewußte) Wünsche hier befriedigt werden und welche Impulse zur Realitätsbewältigung im Bild enthalten sind. Die Kenntnis einer Phantasie gestattet nicht nur diagnostische Rückschlüsse auf den im Es andrängenden Triebwunsch, sondern auch auf die dem Ich zur Bewältigung dieses Triebwunsches verfügbaren Integrationsfunktionen (ARLOW 1963), da das Ich bei der Bildung einer Phantasie wie bei der Traumgestaltung versucht, die Forderungen des Es, des Über-Ich und der Realität zu vereinen (EIDELBERG 1945).[12] SANDLER & NAGERA sprechen parallel zur Traumarbeit von einer «Phantasie-Arbeit», die allerdings mehr sekundärprozeßhafte Elemente enthält als die erstere. Die katathymen Bilder sind projektive Manifestationen innerseelischer Prozesse, vergleichbar den projektiven Tests (LEUNER 1974c).[13] Sie entstehen unter dem Einfluß der Mechanismen des Primärprozesses, vor allem Verschiebung und Verdichtung, und sind als Symbole zu sehen. Ist die Literatur zur Phantasie und zur Imagination für das KB bisher nur ansatzweise verarbeitet, so liegen zur Symbolik mehrere Arbeiten vor, ohne daß die Auseinandersetzung mit

---

11 Der Aspekt der Realitätsflucht in die Ersatzbefriedigung einer wunscherfüllenden Phantasie durch das KB wird vertieft werden, wenn es im Kap. 3.5. um Formen des Agierens mit dem Setting geht.

12 Die Ergebnisse dieser Arbeiten sind für die diagnostische Interpretation der katathymen Bilder wertvoll (Kap. 3.2.).

13 «Projektion» wird dabei verwendet als ein «Ausdruck, der in einem sehr allgemeinen Sinne ... in der Psychologie verwendet wird und die Operation bezeichnet, durch die ein ... psychologischer Tatbestand nach außen verschoben und lokalisiert wird, ... vom Subjekt zum Objekt», nicht «im eigentlichen psychoanalytischen Sinne» als «Operation, durch die das Subjekt Qualitäten, Gefühle, Wünsche, sogar Objekte, die es verkennt oder in sich ablehnt, aus sich ausschließt und in dem Anderen, Person oder Sache, lokalisiert». (LAPLANCHE & PONTALIS 1972, S. 339–340.) – Die Projektion als Abwehrmechanismus tritt im KB sehr häufig auf. Im Kapitel über die Gruppenimagination (Kap. 3.2.) wird die diagnostische Erfassung, im Kapitel zur ersten Bearbeitungsphase (Kap. 3.3.) der therapeutische Umgang damit dargestellt werden.

diesem zentralen Aspekt als abgeschlossen gelten dürfte. LEUNER (1978a) und LANG (1979) haben die verfügbare Literatur über die Symbolik mit unterschiedlichen Akzenten auf das KB bezogen. LEUNER bezieht Ergebnisse der Gestaltpsychologie mit ein.[14] LORENZER (1983) hat selbst eine Brücke seiner Theorie zum KB geschlagen. Auf die Versuche von FROMM (1981), KREITLER (1965) und DANIS (1977), die Vielfalt des ubiquitären Phänomens «Symbol» (C. G. JUNG 1968) einer Ordnung zuzuführen, möchte ich den Interessierten noch hinweisen.

Das «Erleben» katathymer Bilder geschieht im Zustand leichter Versenkung. Dazu verweise ich auf die Literatur zur Hypnose (KRETSCHMER 1950, STOKVIS & LANGEN 1965) und zum autogenen Training (I. H. SCHULTZ 1979 und KRAPF 1973, 1978). Diese Versenkung fördert das Erreichen eines regressiven Zustandes, in dem die Schicht der katathymen Bilder zugänglich wird. (Vgl. auch Leuner 1982, S. 21f. und besonders Leuner 1985, S. 47ff.)

Zur Geschichte und therapeutischen Relevanz des Regressionsbegriffes liegt eine Arbeit von LEUNER (1978a) vor. Das KB ist eine kontrollierte Regression, eine Regression im Dienste der Therapie. Die Regression soll in der Therapie erkannt werden − es ist also eine Regression um der Progression willen (BALINT 1970). Nach WINNICOTT (1974) kann sich ein Mensch durch eine Regression von seinem «falschen Selbst», das ihm den Zugang zu seinem «wahren Selbst» versperrt, lösen. Dies kann nur in einer Situation geschehen, in der er sich beschützt fühlt. BALINT spricht von einer «arglosen Atmosphäre», die die «Geschäftsführung des falschen Selbst» nicht benötigt. Diese Atmosphäre ist bei der Arbeit mit dem GKB in den Phasen, in denen keine ausgeprägte negative Übertragung auf den Therapeuten besteht, durchaus gegeben. Sie wird durch das Setting, in dem der Therapeut während der Gruppenimagination nur als Rückhalt schweigend anwesend ist, gefördert. − Maligne Regressionen (BALINT 1970) sind Regressionen, die der Patient nicht mehr verläßt. Er versucht nicht, seine infantilen Wünsche und Bedürfnisse als solche zu erkennen und ihre begrenzte Erfüllbarkeit zu betrauern, sondern besteht auf einer Erfüllung derselben. Maligne Regressionen sind durch das KB meines Wissens bei sorgfältiger Indikationsstellung noch nicht ausgelöst worden, wohl aber bei einigen Borderline-Patienten, für deren Therapie das KB nicht geeignet ist (SACHSSE 1980a).[15]

Die bisher aufgeführten Begriffe sind für das KB der Einzeltherapie in der Zweiersituation von Patient und Therapeut erarbeitet worden, aber auf das KB der Gruppe unmittelbar übertragbar. Die Gruppenimagination ist eine Assoziationskette in Bildern (LEUNER 1964), wobei die Einzelglieder dieser Kette von mehreren Menschen stammen. Sie ist das Ergebnis eines vielschichtigen Kommunikationsprozesses, der in seinen Bestandteilen hier dargestellt sei:

Das einzelne Gruppenmitglied nimmt in sich im Zustand leichter Versenkung seine katathymen Bilder wahr und erlebt die zu diesen Bildern gehörenden Emotionen. Es faßt Wahrgenommenes und Empfundenes in Worte, um es den anderen Gruppenmitgliedern mitzuteilen. Damit löst es sich aus der rein passiv-rezeptiven Haltung des Erlebens primärprozeßhafter katathymer Bilder. Das Verbalisierte wird von den anderen aufgenommen und in ein eigenes Bild empathisch

---

14 Die klinische Bedeutung dieser Sicht wird im Kap. 3.3. zur ersten Bearbeitungsphase verdeutlicht werden.

15 In Abschnitt 7.1. zur Indikation wird hierauf genauer eingegangen werden.

transformiert, oder aber es beeinflußt das Bild, das der andere selbst gerade sieht. Wie weit jedes einzelne Gruppenmitglied sich beeinflussen läßt, ist abhängig von seiner individuellen Suggestibilität als einer Charaktereigenschaft und der gruppendynamischen Situation.[16] Im Zustand leichter Versenkung ist die Suggestibilität erhöht, so daß Gefühle der Macht- und Schutzlosigkeit entstehen können durch das Erleben, daß die eigenen Imaginationen beeinflußt werden. Der direkte Einfluß von Worten auf katathyme Bilder ist seit langem bekannt (LEUNER 1955 b).

2. Theoretische Konzepte der tiefenpsychologisch fundierten Gruppenpsychotherapie

Es gibt eine Fülle verschiedener Erklärungsmodelle, die versuchen, die in der tiefenpsychologisch fundierten Gruppentherapie stattfindenden Heilungsprozesse konzeptuell zu fassen. Da das theoretische Konzept erhebliche Auswirkungen auf die praktische Arbeit hat – insbesondere auf die Selektion der Prozesse, die vom Therapeuten bewußt wahrgenommen werden, für wichtig gehalten und in Interventionen angesprochen werden – kann diese Diskussion nicht vernachlässigt werden, man muß vielmehr versuchen, den eigenen Standort zu bestimmen.

Viele der vorgelegten Modelle sind inzwischen nur noch historisch interessant, weil sie monokausal einen Aspekt des Geschehens herausgreifen und alle andern Dimensionen vernachlässigen. Sie sind alle ad hoc aus der Praxis entwickelt worden und in der Regel nicht umfassend empirisch überprüft, sondern nur mit Hilfe einzelner herausgegriffener klinischer Beispiele veranschaulicht worden (SANDNER 1981). Diese Modelle konnten zwar gerade dadurch, daß sie eine einzige Dimension gründlich untersuchten, wichtige Anregungen geben und neue Perspektiven eröffnen, sie können heute aber weder als Erklärungsmodell für Gruppenprozesse noch als Handlungsanweisung für die Interventionstechnik des Therapeuten als ausreichend angesehen werden.

Die älteren theoretischen Konzepte beziehen sich meist nicht auf denselben Gegenstandsbereich, sondern betrachten unterschiedliche Einzelaspekte. Dagegen sind neuere Modelle, wie z.B. das «Göttinger Modell» von HEIGL-EVERS und HEIGL (1973, 1975) oder das «Segment-Modell» von KUTTER (1976) mehrdimensional konzipiert und können daher viele Einzelerkenntnisse der älteren Konzepte integrieren.

Ich möchte im folgenden einen kurzen strukturierten Überblick über die thematischen Bereiche geben, auf die sich die verschiedenen Modelle beziehen, wobei ich davon ausgehe, daß diese Bereiche wichtige Dimensionen der tiefenpsychologisch fundierten Gruppentherapie darstellen.

Der Gegenstandsbereich der tiefenpsychologisch fundierten Gruppentherapie kann strukturell in drei Dimensionen gegliedert werden:

(1) Die *psychische Ebene,* auf der Gruppenarbeit stattfindet, der Grad der Regression bzw. das psychische Funktionsniveau, das in einer Gruppe überwiegend dominiert. Es hat sich die Unterscheidung von drei unterschiedlichen Funk-

---

16 Hierauf wird in Abschnitt 3.5. (Agieren mit dem Setting) eingegangen, wenn es um die Verbindlichkeit des Themas und der Imaginationen für jedes einzelne Gruppenmitglied geht.

tionsebenen eingebürgert, die ich in Anlehnung an das Göttinger Modell (HEIGL-EVERS und HEIGL) und das Segment-Modell (KUTTER) als Ebene der manifesten Aktion, der Projektionen und der emotionalen Basis bezeichne. Die psychische Ebene hängt vor allem von folgenden Faktoren ab: der psychosozialen Kompetenz der Teilnehmer, dem Interventionsstil des Gruppenleiters, der spezifischen Gruppenkonstellation.

(2) Die sozialpsychologische Dimension der *Beziehungsstruktur*.[17] Wegen der großen Komplexität des Beziehungsnetzes in einer Gruppe muß immer entschieden werden, welche Beziehungen stärker beachtet und bearbeitet werden sollen. Die Selektion der relevanten Beziehungsstruktur hat großen Einfluß auf die Entwicklung einer Gruppe. Für die Selektion ist vor allem das Verhalten des Gruppenleiters maßgeblich. Man unterscheidet hier folgende Positionen: (1) die sogenannte Gruppenanalyse, bei der ausschließlich die Beziehung zwischen der Gesamtgruppe als Kollektivperson und dem Therapeuten bearbeitet wird; (2) die Analyse des einzelnen in der Gruppe, bei der der Therapeut mit den einzelnen Teilnehmern wie in der Einzeltherapie arbeitet und die Beziehungen der Teilnehmer untereinander und Gruppenphänomene außer acht läßt; sowie (3) die Arbeit mit der Gruppe als sozialem Mikrokosmos, bei der mit situationsspezifisch unterschiedlicher Gewichtung die Beziehungen der Teilnehmer untereinander und zum Therapeuten bearbeitet werden.

(3) Die Dimension der *zeitlichen und zielgerichteten Entwicklung*. Jede Gruppentherapie macht zumindest implizit Annahmen darüber, in welcher Weise sich die Gruppe und der einzelne Teilnehmer im Verlauf der Therapie idealerweise verändern sollten. Manche Autoren sprechen von verschiedenen Stadien der Gruppenentwicklung, die den Stadien der ontogenetischen Entwicklung von Kindern entsprechen sollen und verschiedene Regressionsstufen und Beziehungskonstellationen beinhalten sollen. Das Ziel der Gruppenarbeit wäre dann die Auflösung von Fixierungen in der kindlichen Entwicklung. Andere Autoren sprechen von zyklischen und dabei aufsteigenden Entwicklungsverläufen (z. B. BION 1970). Ziel wäre hier die allmähliche Progression zu bewußtem, eigenverantwortlichem Verhalten und die Überwindung projektiver Fehleinschätzungen von Situationen. Empirisch belegt sind die postulierten Verläufe nur sehr unzureichend mit einzelnen klinischen Beispielen. Was aber vor allem fehlt, ist die Verknüpfung von Prozeß- und Ergebnisvariablen. Es ist nicht klar, welches Verhalten von Gruppenleitern in welchen Situationen zu welchen Veränderungen führt, wieviel Einfluß der Gruppenleiter überhaupt auf die Gruppensituation und das Therapieergebnis hat,[18] und welche intermittierenden Variablen eine Rolle spielen. So

---

17 HEIGL-EVERS & HEIGL in HEIGL (1978) bezeichnen diese Dimension als «Pluralität».

18 LIEBERMAN (1976) meint in seinem Sammelreferat über Ergebnisse von Untersuchungen aus dem Bereich der Gruppentherapie, daß die Wichtigkeit des Gruppenleiters in der theoretischen Diskussion bei weitem überschätzt wird. Als Gründe dafür gibt er erstens empirische Untersuchungen an, nach denen die Erfahrenheit oder Unerfahrenheit des Gruppenleiters, seine theoretische Ausrichtung, seine Methodik oder auch nur das Vorhandensein eines Gruppenleiters verglichen mit Tonbandinstruktionen zu keinem signifikanten Unterschied in den Ergebnissen führe. Dabei muß man allerdings einschränkend bemerken, daß die meisten dieser Untersuchungen mit College-Studenten durchgeführt wurden, die Ausbildung der Gruppenleiter fast immer unzureichend war (sie waren oft nur zur Leitung dieser Gruppen kurz eingewiesen), und es sich fast ausschließlich um Kurz-Gruppen handelte, so daß die Ergebnisse auf übliche therapeutische Gruppen sicher nicht übertragbar sind.

Zweitens führt er pragmatische Gründe an, wieso der Beitrag von Gruppenleitern zum Gruppen-   43

gibt es hier viele ungeklärte Fragen, aber auch einige vielversprechende neuere Ansätze, auf die im folgenden noch eingegangen werden soll.

2.1. Psychische Funktionsebenen

a) Die Ebene der manifesten Interaktionen

Dies ist die Ebene der bewußten Interaktionen im Hier und Jetzt der Gruppe. Hier geht es um die realen Beziehungen zwischen den Teilnehmern, um Funktionen und Rollen, die die einzelnen in der Gruppe übernehmen, um Normen des Miteinander-Umgehens, um die Verteilung von Sympathien und Einflußmöglichkeiten, Kooperation, Rivalität usw.

Einer der ersten Psychoanalytiker, der sich intensiv mit dieser Ebene beschäftigt hat, war R. SCHINDLER (1957). Er hat für diese Ebene seine «sozio-dynamische Grundformel» entwickelt, eine Art Rollentheorie der therapeutischen Gruppe, in der er vier Grundpositionen unterscheidet: Alpha, Beta, Gamma und Omega. Sie stehen in einer dynamischen Wechselbeziehung zueinander und sind definiert durch ihre Funktion bei der gemeinsamen Aktion, die die Gruppe zur Bewältigung neurotischer Ängste unternimmt. Die Aktion richtet sich gegen einen «Gegner» außerhalb der Gruppe, der bestimmte angstbesetzte Impulse verkörpert, die die Gruppe abwehren muß.

Bei dieser Aktion übernimmt ein Teilnehmer die Führungsfunktion und wird zum Repräsentanten der Gruppeninitiative. Schindler bezeichnet ihn als Alpha. Gamma nennt er diejenigen Teilnehmer, die sich ohne Führungsanspruch in verschiedener Weise an der Aktion beteiligen. HEIGL-EVERS (1972) unterscheidet bei ihrer Differenzierung des SCHINDLERschen Modells drei Gamma-Funktionen:

- partizipierendes, identifikatorisches Verhalten
  (Gamma verhält sich in derselben Weise wie Alpha),
- kontrollierend-bestätigendes Verhalten
  (Gamma paßt darauf auf, daß Alpha sich tatsächlich so verhält, wie er versprochen hat, daß er also seinen eigenen Ansprüchen gerecht wird),
- komplementär bestätigendes Verhalten
  (wenn Alpha befiehlt, gehorcht Gamma; wenn er etwas gibt, nimmt Gamma; wenn er etwas braucht, hilft Gamma).

Die Gegenposition zu Alpha vertritt Omega. Omega identifiziert sich mit dem jeweiligen Gegner der Gruppe und wendet sich kritisch und aggressiv gegen

prozeß vermutlich überschätzt werde: die meisten Publikationen stammen von Gruppenleitern, die ihr Vorgehen schildern. Die Gruppenleiter erhalten Geld für ihre Teilnahme an der Gruppe, sie sollten also zur Legitimation von Bezahlung und Professionalisierung auch einen großen Beitrag leisten. Schließlich haben die Gruppenteilnehmer häufig magische Heilserwartungen, die als realistische Aussage über die Wichtigkeit des Gruppenleiters mißverstanden werden können. – Diese Faktoren können tatsächlich zu einer Überschätzung des Einflusses des Gruppenleiters führen. Andererseits sind seine indirekten Einflüsse, die über die Zusammenstellung der Gruppen, Festlegung des Settings usw. wirksam werden, hier noch nicht berücksichtigt.

Die Frage, welchen Beitrag der Gruppenleiter am Gruppengeschehen hat, scheint jedenfalls eine zentrale Frage zu sein, denn er ist die einzige wirklich unabhängige Variable des Gruppengeschehens, durch ihn können planmäßig Impulse eingegeben werden, in der Hoffnung, das Therapieergebnis (also die wichtigste abhängige Variable) in positiver Weise zu beeinflussen.

Alpha, weiß aber, daß er allein den andern gegenüber zu schwach ist, um seinen Standpunkt zu behaupten. Omega verkörpert die Gegenposition in geschwächter Form, er verkörpert den unterdrückten Impuls mit den zugehörigen Ängsten und Schuldgefühlen, während Alpha die Impulskontrolle und Abwehr vertritt.

Die Beta-Position schließlich steht etwas außerhalb der affektbestimmten Aktion der Gruppe. Beta verhält sich generell sachlich, realistisch und kompetent, gibt Anregungen, Ratschläge usw., ohne sich selbst affektiv zu beteiligen.

SCHINDLER (1960/1961) beschäftigt sich ausführlich mit der Wirkung der verschiedenen Positionen auf die Entfaltungs- und Lernmöglichkeiten der Teilnehmer in den jeweiligen Positionen. Er betont die Wichtigkeit, durch Deutung des Positionsgefüges eine dauerhafte Verfestigung zu verhindern und dadurch für jeden Teilnehmer alle Erfahrungsmöglichkeiten offenzuhalten. Auf diese Punkte und auf die verschiedenen Möglichkeiten therapeutischer Interventionen aus den verschiedenen gruppendynamischen Positionen heraus wird in dem Kapitel über das therapeutische Vorgehen näher eingegangen.

b) Die Ebene der Projektionen

Die beobachtbaren Interaktionen haben über ihren manifesten Gehalt hinaus Bedeutung, denn sie beleuchten die Erlebnisweise, die genetischen Erfahrungen und die Persönlichkeitsstruktur der Individuen.

Zur Projektionsebene gehören erstens die Übertragungsbeziehungen, die sich nach dem Vorbild früherer Bezugspersonen auf gegenwärtige formen, indem Eigenschaften früherer Bezugspersonen auf gegenwärtige Personen projiziert werden. So kann dann eine Therapiegruppe die Familienkonstellation spiegeln, und die früheren konflikthaften Beziehungen können in ihr bearbeitet werden.

Außer Objektbeziehungen können zweitens auch Ich-Anteile nach außen projiziert werden, z. B. Über-Ich- oder Ich-Ideal-Aspekte, libidinöse oder aggressive Triebimpulse oder auch Ich-Funktionen wie z. B. die Realitätsprüfung. Die verschiedenen psychischen Instanzen können sich durch diesen Projektionsvorgang in den verschiedenen Teilnehmern einer Gruppe aufgeteilt manifestieren, so daß man die Gruppe quasi als eine aus verschiedenen Individuen gebildete Kollektivperson ansehen kann (ARGELANDER 1972).

Einer der ersten, der sich mit den in Gruppen stattfindenden Familienübertragungen beschäftigte, war FOULKES (1974). Mit seinem Konzept der «Gruppenmatrix» hat er schon sehr früh ein differenzierteres zweidimensionales Modell vorgelegt, in das er außer den Übertragungsbeziehungen auch sozialpsychologische Vorstellungen einbezogen hat. Er analysiert nämlich die im Hier und Jetzt der Gruppe entstehenden Kommunikationsstörungen sowohl horizontal im interpersonalen Beziehungsnetz der Gruppe als auch vertikal hinsichtlich des internalisierten frühkindlichen Beziehungsnetzes, das sich in ihnen äußert.

Auf die Möglichkeit der Projektion psychischer Instanzen hat vor allem ARGELANDER (1968, 1972) aufmerksam gemacht. In seinem Strukturmodell der Gruppe faßt er die Gruppe als ein einheitliches Wesen auf, als eine Art Superperson, deren verschiedene Instanzen durch die Gruppenmitglieder verkörpert werden. Der Therapeut analysiert dann das «Gruppen-Ich», an dem jeder einzelne Teilnehmer teilhat. Ähnliche Vorstellungen findet man im Fokal-Konflikt-Modell von STOCK-WHITAKER & LIEBERMAN (1964). Im Fokal-Konflikt-Modell werden die Konflikte, die sich zwischen den in der Gruppe vorhandenen Wünschen, Ängsten und Abwehrmechanismen ergeben, mit dem Fokus auf den von der Gruppe gemeinsam erarbeiteten Lösungsmöglichkeiten analysiert.

c) Die Ebene der emotionalen Basis

Eine tragfähige emotionale Beziehung ist die Grundlage jeder sinnvollen Zusammenarbeit. Auf dieser Ebene der emotionalen Basis entwickelt sich der Zusammenhalt und das einheitliche Erleben der Gruppe, das meist nur unterschwellig empfunden wird, sich aber in gemeinsamen Gruppenphantasien manifestieren kann. In diesen Phantasien können sich die Teilnehmer in der Gruppe entweder sehr geborgen und beschützt oder auch äußerst bedroht und verletzbar fühlen. Da in diesen Phasen die individuellen Grenzen mehr oder weniger verschwimmen, werden keine differenzierten Beziehungen zu anderen Teilnehmern erlebt, sondern nur eine Beziehung zu der Gruppe als ganzer, die der symbiotischen Beziehung eines sehr kleinen Kindes zu seiner Mutter (im Sinne von M. MAHLER 1972) entspricht. Wie dort die Mutter wird hier die Gruppe als ein überaus mächtiges Gegenüber empfunden, das seine Macht entweder schützend und nährend oder frustrierend und zerstörerisch gebrauchen kann.

Mit dieser Ebene der emotionalen Basis haben sich besonders Autoren beschäftigt, die M. KLEIN (1962) verpflichtet sind. Hier sind vor allem BION (1971) und GRINBERG et al. (1960) zu nennen. BION hat drei «Grundannahmen» (basic assumptions) beschrieben, die das unbewußte Erleben auf dieser tief regressiven Ebene charakterisieren sollen. Die erste nennt er die Phase der Abhängigkeit, in ihr möchte die Gruppe versorgt und beschützt werden. Die zweite ist die Phase von Kampf und Flucht, in der die Gruppe sich bedroht fühlt. Die dritte ist die Phase der Paarbildung, in ihr blickt die Gruppe voller Erwartung und Hoffnung in die Zukunft und glaubt, daß es demnächst Haß, Verzweiflung und Zerstörung dank einer rettenden Idee oder eines Retters nicht mehr geben wird. Diese Grundeinstellungen sollen der Abwehr tiefer psychotischer Ängste (M. KLEIN 1932) dienen. Da jedoch die Ängste durch die Abwehrkonfiguration der «Grundannahmen» immer nur unvollkommen bewältigt werden können, kommt es nach dieser Konzeption zu einem immer wiederkehrenden Wechsel zwischen den drei Phasen.

* * *

Es scheint einleuchtend, daß alle drei psychischen Ebenen in der Gruppenarbeit eine Rolle spielen und auf allen Schwierigkeiten auftreten können. Je nach der inhaltlichen Ausrichtung der Gruppen sind die verschiedenen Ebenen aber unterschiedlich wichtig. So beschäftigen sich Arbeitsgruppen, gruppendynamische Laboratorien und TZI-Gruppen primär mit der bewußtseinsnahen Ebene der manifesten Interaktionen; tiefenpsychologisch fundierte Therapiegruppen dagegen beschäftigen sich im allgemeinen hauptsächlich mit den in der Gruppe stattfindenden Projektionen und analytische Gruppen mit den tief regressiven Zuständen der dritten Ebene.

2.2. Beziehungsstruktur

Das Netzwerk von möglichen Beziehungen in einer Gruppe ist sehr komplex. Bei einer Gruppe von acht Teilnehmern und einem Therapeuten ergeben sich bereits

36 mögliche Einzelbeziehungen ($\frac{n}{2} \cdot (n-1)$). Berücksichtigt man zusätzlich die Beziehungen der einzelnen Mitglieder zur Gruppe als ganzer und zu ständig vorhandenen Untergruppenbildungen, kompliziert sich die Situation weiterhin, so daß jeder, der mit Gruppen arbeitet, selegieren muß, auf welche Beziehungen er sich mit seiner Aufmerksamkeit vor allem konzentrieren will.

Die extremste Reduktion des Beziehungsnetzes ergibt sich, wenn man die Gruppe als Kollektivperson betrachtet und sich ausschließlich auf die dyadische Beziehung zwischen Therapeut und Gesamtgruppe konzentriert. Eine weitgehende Reduktion ergibt sich auch, wenn man sich auf die Beziehungen beschränkt, die sich zwischen den einzelnen Gruppenmitgliedern und dem Therapeuten ergeben (bei acht Teilnehmern sind dies acht Einzelbeziehungen) – unter Vernachlässigung der Beziehungen der Teilnehmer zueinander.

Beide Möglichkeiten sind von Pionieren der tiefenpsychologisch fundierten Gruppentherapie vertreten worden. Bei beiden werden aber die besonderen therapeutischen Möglichkeiten, die das Arbeiten mit Gruppen bietet, nur unvollständig genutzt. Therapeuten, die mit dem Einzelnen in der Gruppe arbeiten,[19] beschäftigen sich ganz mit der Problematik eines Teilnehmers, während die übrigen zuhören. In diesen Gruppen wird als gruppenspezifisches therapeutisches Agens nur die «emotionale Verstärkerwirkung der Gruppe» (BATTEGAY 1967) ausgenutzt, während die Regressions-, Übertragungs- und Feedback-Prozesse weitgehend ungenutzt bleiben.

Auf der andern Seite beschäftigen sich die Vertreter der «Gruppenanalyse»[20] ausschließlich mit den Aktionen der Gesamtgruppe und der Beziehung zwischen Therapeut und Gruppe. Die Behandlung der Gruppe soll sich indirekt auf die psychische Situation der einzelnen Teilnehmer auswirken. Durch die Reduktion der multipersonalen Situation der Gruppe auf eine Zwei-Personen-Situation werden jedoch viele Aspekte der sozialen Realität der Gruppe nicht genügend berücksichtigt, weder die Übertragungsbeziehungen zwischen den Gruppenteilnehmern, noch deren Lebenshintergrund mit ihrer individuellen, einzigartigen Problematik. Der Einzelne wird vielmehr nur als Teilobjekt oder Funktion des Gesamtobjekts Gruppe gesehen.

Bei diesem Vorgehen kommt es durch die ausschließlich gruppenzentrierten Interventionen zu einer tiefen Regression mit primärprozeßhaftem Erleben, oft mit partieller Aufhebung der Ich-Grenzen zwischen den Teilnehmern und symbiotischen Objektbeziehungen im Sinne M. MAHLERS (1972). Die Reduktion der interaktionellen Struktur hat also starke Auswirkungen auf die Ebene der psychischen Inhalte im Sinne einer Regressionsförderung.

Instruktive Beispiele für dieses Vorgehen sind bei GRINBERG et al. (1960) zu finden. Allerdings wird weder bei GRINBERG et al. noch bei BION deutlich, wie die Gruppe aus der tiefen Regression wieder herausfinden soll. Da sich die Interventionen des Therapeuten konstant nur auf die Gruppe als ganze und nur auf regressives Erleben beziehen, ist zu vermuten, daß die Gruppenteilnehmer sich

---

19 Z.B. SLAVSON (1969, deutsch 1977), WOLF & SCHWARZ (1962). Unter diese Kategorie fallen auch die erlebniszentrierten Verfahren, die aus tiefenpsychologischen Konzepten abgeleitet werden, wie z.B. Psychodrama (LEUTZ 1974) und Gestalttherapie (PERLS 1974).

20 Hier sind besonders ARGELANDER (1968, 1972), BION (1971), EZRIEL (1952), GRINBERG et al. (1960), STOCK-WHITAKER & LIEBERMAN (1964) zu nennen.

während der gesamten Dauer der Therapie nur als Teilobjekte des großen Gruppen-Ich empfinden und nur sehr frühe symbiotische Entwicklungsstufen reaktivieren können. Das heißt aber, daß die Gruppe nie die ödipale Stufe erreicht, auf der sich die Teilnehmer als unabhängige Personen wahrnehmen und miteinander auseinandersetzen können.

Von diesem Problem her stellt sich dann die Frage, ob diese starke Regression in hinreichendem Maße therapeutisch genutzt werden kann. Es ist schwer abzuschätzen, wie weit Erfahrungen, die in einer äußerst fremdartigen Gruppenrealität gemacht werden, auf die Lebensrealität bezogen werden können. Ich tendiere auf dem Hintergrund einer allgemeinen lerntheoretischen Argumentation zu einer eher skeptischen Einschätzung der therapeutischen Wirksamkeit, vor allem wegen der bei so starker Unterschiedlichkeit von Lernsituation und Anwendungssituation erheblichen Schwierigkeit des Transfers.

Auch YALOM (1974) beurteilt die therapeutische Wirksamkeit der ausschließlich gruppenzentrierten und stark regressionsfördernden Verfahren eher skeptisch (S. 158ff.). Die von BION beschriebenen Prozesse hält er für iatrogen: Durch dessen Arbeitsweise entstünden sehr spezielle Gruppen, «die sich einer sehr unklaren Aufgabe und einem rätselhaften Gruppenleiter gegenübersehen» (S. 160). Auch KUTTER (1978, S. 145) bezweifelt in einer kritischen Diskussion des Strukturmodells von ARGELANDER, daß die starke Regression die Ich-Entwicklung des einzelnen fördert.

Ohne diese Diskussion hier weiter verfolgen zu wollen, erscheint es mir doch wichtig festzustellen, daß die ausschließliche Konzentration auf einen Bereich, die durch die Anwendung eines entsprechend einseitig fokussierenden Modells entsteht, zu einer «Züchtung» der zu diesem Bereich gehörenden Phänomene führt,[21] während andere Phänomene sich nur in geringem Maße entwickeln und therapeutisch nicht genutzt werden. Dies bedeutet aber, daß der Therapeut in dem Setting der tiefenpsychologisch fundierten Gruppentherapie großen Einfluß auf die Entwicklung einer Gruppe hat. Die einzige Chance, eine unsachgemäße Verzerrung der Gruppen-Realität zu vermeiden, scheint darin zu liegen, die Vielschichtigkeit der Phänomene zu akzeptieren und ein angemessen komplexes Modell als Orientierung zu verwenden, in dem psychoanalytische und sozialpsychologische Aspekte gleichgewichtig und situationsadäquat berücksichtigt werden.

2.3. Mehrdimensionale theoretische Ansätze

Im folgenden seien zwei Modelle, die diesen Anforderungen genügen, etwas ausführlicher dargestellt: das «Segment-Modell» von KUTTER (1976) und das «Göttinger Modell» von HEIGL-EVERS und HEIGL (1973 und 1975). Die beiden Modelle weisen von ihrem Ansatz her viel Ähnlichkeit auf. Beide berücksichtigen drei psychische Ebenen und versuchen, sowohl das Erleben der Gesamtgruppe

---

21 Siehe dazu die bekannte Tatsache, daß die Träume von Patienten dazu tendieren, der theoretischen Ausrichtung des behandelnden Analytikers zu entsprechen. Patienten stellen sich auf die Wünsche ihrer Therapeuten ein, bieten ihnen das an, was diese offenbar gern haben möchten, und machen ihnen so durch die Art des gelieferten Arbeitsmaterials versteckte Geschenke − eine Form des Agierens, die sehr schwer analysierbar ist.

als auch das des Einzelnen in der Gruppe im Auge zu behalten, sie setzen aber unterschiedliche Schwerpunkte und diskutieren Einzelfragen unterschiedlich explizit und differenziert.

2.3.1. Das Segment-Modell von KUTTER

Das Segment-Modell, eine Weiterentwicklung des «Dreischichten-Modells» (KUTTER 1971), geht von folgenden *drei Ebenen* aus:

- erste Ebene: *die bewußten Interaktionen*
- zweite Ebene: *die Übertragungs- und Gegenübertragungsbeziehungen*
- dritte Ebene: *die anaklitisch-diatrophische Gleichung.*

Die *erste Ebene* entspricht der oben diskutierten Ebene der manifesten Interaktion. KUTTER ordnet hier alle Formen von Realbeziehungen ein, also sowohl gruppendynamische Prozesse als auch das Arbeitsbündnis.[22]

Die *zweite Ebene* betrachtet KUTTER als die entscheidende Arbeitsebene. Denn hier kann sich die infantile Szene wiederbeleben und wird der Bearbeitung zugänglich. KUTTER lokalisiert auf dieser Ebene vier Übertragungsmodi, die der Therapeut im Auge behalten muß:

a) Übertragungsprozesse neurotischer Art

Diese Übertragungen setzen ein gewisses Reifungsniveau voraus. Die Patienten müssen erstens andere Personen als von ihnen unabhängige Wesen wahrnehmen können (Differenzierung zwischen Selbst- und Objekt-Imagines); die Ich-Grenzen müssen also fest etabliert sein. Zweitens müssen postambivalente Objektbeziehungen möglich sein, d. h. die Integration von «nur guten» (libidinös besetzten) und «nur bösen oder schlechten» (aggressiv besetzten) Selbst- und Objekt-Imagines muß gelungen sein. Drittens muß der psychische Apparat ausdifferenziert sein in klar abgegrenzte Vorstellungen von Real-Ich, Ideal-Ich, Über-Ich und Objektrepräsentanzen (vgl. KERNBERG 1978). Nur wenn diese Voraussetzungen erfüllt sind, sind in der Gruppe Reaktivierungen von konflikthaften Objektbeziehungen in der Art von Familienübertragungen (SCHINDLER 1955) zu erwarten, in denen an der Person des Therapeuten oder anderer Gruppenteilnehmer frühere Beziehungskonstellationen neu erlebt werden. Sofern dieses Integrationsniveau nicht erreicht ist, werden sich in der Gruppe elementarere Übertragungsformen wie narzißtische Übertragung, Spaltungsübertragung und psychotische Übertragung (vgl. KOHUT 1973, VOLKAN 1978, KERNBERG 1978) finden.

b) Narzißtische Übertragung

Unter narzißtischen Übertragungen versteht man zum einen Spiegelübertragungen, die aus der Mobilisierung des Größen-Selbst entstehen, wobei der Therapeut als Erweiterung des Größen-Selbst des Patienten aufgefaßt wird, zum andern idealisierende Übertragungen, die sich aus der Gleichsetzung des Therapeuten oder anderer Personen mit den idealisierten omnipotenten Eltern-Imagines ergeben. Die idealisierende Übertragung verdeckt häufig eine entwertende Übertragung. Oft wechseln auch Idealisierung und Entwertung miteinander ab (VOLKAN 1978, S. 206). Ebenfalls können narzißtische und neuroti-

---

22 Unter Arbeitsbündnis versteht man in der tiefenpsychologisch orientierten Gruppenpsychotherapie die nichtneurotische Beziehung der Teilnehmer untereinander und zum Therapeuten mit der Zielsetzung, an den psychischen Problemen der Teilnehmer zu arbeiten.

sche Übertragungen nebeneinander existieren, bis im Verlauf der Therapie durch Integration der narzißtischen Libido in den psychischen Apparat die narzißtische Übertragung schwindet und andere Personen zunehmend als unabhängige Wesen wahrgenommen werden können.

c) *Spaltungsübertragung*

Mit Spaltungsübertragung ist das Wechselspiel zwischen «nur guten» bzw. «nur bösen» Objekten und «nur gutem» bzw. «nur bösem» Selbstbild des präambivalenten Stadiums gemeint. Die Spaltung ist der zentrale Abwehrmechanismus der Borderline-Störung. Kennzeichnend ist das sozusagen aktive Auseinanderhalten konträrer Introjektionen und Identifizierungen (KERNBERG 1978, S. 49), wodurch eine Neutralisierung aggressiver Impulse durch eine Legierung mit libidinösen Impulsen nicht stattfinden kann. Dadurch kann ein wesentlicher Teil der Ich-Entwicklung nicht geleistet werden. Durch die resultierende Ich-Schwäche wird die Spaltung zusätzlich fixiert, da für sie weniger Energie notwendig ist als für höher entwickelte Abwehrmechanismen, und es entsteht ein Circulus vitiosus. Der Patient teilt dabei die äußeren Objekte immer wieder in total gute und total böse Objekte auf und ist extremen Schwankungen zwischen konträren Selbstkonzepten ausgeliefert.

d) *Psychotische Übertragung*

Eine psychotische Übertragung reflektiert die Unfähigkeit, klare Grenzen zwischen Objekten zu erkennen. Die Differenzierung zwischen Selbst- und Objektvorstellungen und zwischen verschiedenen Objektbildern ist nicht durchgängig möglich. Da dieses Erleben mit einem Verlust der Realitätsprüfung verbunden ist, können Wahnideen und unkontrollierte Affektausbrüche auftreten. Das Gefühl, eine eigene abgegrenzte Identität zu besitzen, geht mehr oder weniger verloren, stattdessen spielen symbiotische Verschmelzungserlebnisse und so etwas wie ein Austausch von Persönlichkeitsanteilen zwischen dem eigenen Selbst und dem anderer eine Rolle (KERNBERG 1978, S. 207). Diese Form der Übertragung ist vor allem bei einer aus Psychotikern zusammengesetzten Gruppe zu erwarten. In Neurotiker-Gruppen sind Regressionen auf dieser Ebene eher selten, außer bei extrem regressionsförderndem Verhalten des Therapeuten.

Die *dritte Ebene* nennt KUTTER die Ebene der anaklitisch-diatrophischen Gleichung. Hier lokalisiert er Gefühle von Vertrauen und Geborgenheit, die sich auf die Gruppe und den Therapeuten beziehen. Diese Ebene bildet sozusagen die tragfähige Grundlage der Übertragungen. Abweichend von dieser Fassung (von 1976) definiert KUTTER (1978) diese Schicht als eine tief unbewußte quasi psychotische Schicht, die durch die partielle oder totale Aufhebung der Ich-Grenzen gekennzeichnet ist. Er lokalisiert hier neben den «alle destruktiven Anteile verleugnenden Tendenzen nach einer allumfassenden Harmonie den dazugehörigen Gegenpol der alle positiven Elemente abwehrenden gegenseitigen Destruktivität» (1978, S. 142), also narzißtische Gruppenphantasien und primitive quasi psychotische Objektbeziehungen. KUTTER hält es für wesentlich, alle Schichten zu kennen und ihre Funktionsprinzipien zu beachten, er hält aber die Ebene der Übertragung für die wichtigste Arbeitsebene in der tiefenpsychologisch orientierten Gruppentherapie.

Dieses Schichtenmodell, das die Arbeitsebenen der Gesamtgruppe beschreibt, hat KUTTER (1976) zu einem *Segment-Modell* ausdifferenziert, wodurch der Beitrag der einzelnen Teilnehmer am Gesamtprozeß deutlicher faßbar wird. KUTTER betrachtet dabei jeden Teilnehmer als ein Segment des aus drei konzentrisch angeordneten Schichten bestehenden Gruppenkreises.

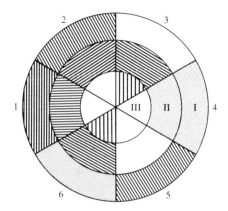

Abb. 1: Modell nach KUTTER (1976).
In Segmente aufgeteilter Gruppenkreis als Querschnitt des Gruppenprozesses. Für jeden der sechs Teilnehmer ist durch stärkere oder geringere Schraffierung angegeben, in welcher Schicht er sich primär befindet. Danach befinden sich hier die Teilnehmer 2, 3 und 6 hauptsächlich in der Schicht II, sind also besonders durch Übertragungsdeutungen erreichbar, der Teilnehmer 1 ist in Schicht II auch noch erreichbar, nicht oder kaum jedoch die Teilnehmer 4 und 5. Teilnehmer 5 befindet sich zur Zeit ausschließlich auf der gruppendynamischen Ebene, und Teilnehmer 4 ist insgesamt relativ unbeteiligt und zurückgezogen. Die unbewußten Prozesse von Schicht III können zur Zeit nur die Teilnehmer 3 und 6 erspüren.

Jeder Teilnehmer bringt bestimmte Ansprechbarkeiten mit, die ihn veranlassen, an bestimmten Gruppenprozessen stärker zu partizipieren, an andern dagegen weniger. So werden z. B. narzißtisch gestörte Teilnehmer für Schicht III ansprechbarer sein als Teilnehmer mit klassischen Neurosen, die eher in Schicht II und I mitarbeiten werden. Je nach der Art der Teilnehmer wird die Gruppe sich insgesamt häufiger auf der einen oder anderen Ebene bewegen.

Das Modell von KUTTER scheint pragmatisch sehr brauchbar zu sein, da es durch seine Strukturierung vom Therapeuten verlangt, gleichzeitig auf die verschiedenen tiefenpsychologisch konzipierten Arbeitsebenen, den Gruppenprozeß als ganzen und den Anteil des Einzelnen am Gruppenprozeß zu achten.

Bei der Gruppentherapie mit dem KB bedingt *das Setting* die Notwendigkeit, auf mehreren Ebenen zu arbeiten und die jeweilige Regressionstiefe sehr genau im Auge zu behalten. Auf die Schwierigkeiten, die sich durch die Mehrschichtigkeit für den Therapeuten ergeben, der abschätzen muß, welche Ebene zu einem gegebenen Zeitpunkt Priorität hat und angesprochen werden sollte, wird in Abschnitt 4. eingegangen.

2.3.2. Das Göttinger Modell von HEIGL-EVERS und HEIGL

Das *Göttinger Modell* geht ebenfalls von drei Ebenen im Gruppenprozeß aus:

– die Ebene der manifesten Interaktion
– die Ebene der psychosozialen Kompromißbildungen
– die Ebene der unbewußten Phantasie (HEIGL-EVERS & HEIGL 1973, 1975, 1976). 51

Diese Ebenen sind auf FREUDS erstes topisches Modell des psychischen Apparates mit seinen Systemen Bewußt, Vorbewußt und Unbewußt (FREUD 1900) bezogen.

Die *Ebene der manifesten Interaktion* ist den Teilnehmern bewußt oder sehr bewußtseinsnahe. Auf ihr bildet die Gruppe implizite Gruppennormen (HEIGL-EVERS & SCHULTE-HERBRÜGGEN 1977, STREECK 1980), die die Angst herabsetzen sollen, die durch die Minimalstrukturierung und die Abstinenz des Therapeuten hervorgerufen wird. Eine solche implizite Gruppennorm könnte sein: Laßt uns alle dafür plädieren, daß alle Menschen auf dieser Welt und wir hier in der Gruppe insbesondere friedlich und freundlich miteinander umgehen. Die Gruppennorm wird von den Gruppenmitgliedern entsprechend ihrer soziodynamischen Funktionsverteilung (HEIGL-EVERS 1972) getragen. Die Phänomene auf dieser Interaktionsebene entsprechen denjenigen der ersten Schicht bei KUTTER, ihnen wird durch die Aufmerksamkeitsausrichtung auf die Ausbildung von Gruppennormen aber ein anderer Akzent gegeben.

Die *Ebene der psychosozialen Kompromißbildungen* ist vorbewußt, teilweise bereits unbewußt. Psychosoziale Kompromißbildungen enthalten Anteile des abgewehrten Wunsches und der dagegen gerichteten Abwehr. Bei der obengenannten Norm umfassender Friedfertigkeit könnte sich das so darstellen, daß einem Gruppenmitglied unterstellt und vorgeworfen wird, es würde den Gruppenfrieden stören. Diesem Omega gegenüber könnten die anderen nun ihrerseits aggressiv reagieren. So wird auf der Ebene der psychosozialen Kompromißbildungen meist gegen die manifest vertretene Norm verstoßen. Diese Ebene ist auch die «Umschaltstelle zwischen den intrapsychischen (intersystemischen und intrasystemischen) Konflikten einerseits und den interpersonellen Konflikten andererseits» (HEIGL-EVERS & HEIGL 1979c). In der psychosozialen Kompromißbildung manifestieren sich die innerseelischen Abwehr- und Anpassungsleistungen der Gruppenmitglieder, insbesondere derjenigen, die den Gruppenprozeß gerade prägen. Der beschriebene Kompromiß (wir treten ein für eine umfassende Friedfertigkeit und bekämpfen erbittert alle Feinde des Friedens) entspräche innerseelisch einer Struktur, bei der aufgrund starker Über-Ich-Einflüsse eigene Friedfertigkeit gefordert wird, aggressive Strebungen somit projiziert werden müssen, an den Trägern der projizierten Aggression dann aber Über-Ich-synton aggressiv gehandelt werden darf.

Als die dritte Ebene beschreiben die Autoren die *Ebene der unbewußten Phantasien* (HEIGL-EVERS & HEIGL 1976), auf der intrapsychisch Selbst- und Objektrepräsentanzen konfluieren, objektlibidinöse und narzißtische Wünsche ineinanderfließen und sich interpersonell die Ich-Grenzen zwischen den Teilnehmern auflösen. Im Gruppenprozeß manifestiert sich eine harmonisierende Phantasie als gemeinsames Tagträumen, an dem alle beteiligt sind. Abgewehrt werden dadurch ödipale und präödipale Rivalitätskonflikte und narzißtische Bedrohtheit, die durch normative Verhaltensregulierungen und psychosoziale Kompromißbildungen nicht mehr zu bewältigen sind. Diese unterste Schicht der unbewußten Phantasien definieren KUTTER und HEIGL-EVERS & HEIGL inhaltlich ähnlich.

Durch die (hier sehr verkürzt wiedergegebene) detaillierte Beschreibung der drei Schichten mit ihren Verschränkungen und durch das Zeigen der Parallelität von psychischen Prozessen in Gruppen und in Individuen besticht das Göttinger Modell in seiner theoretischen Prägnanz. Diese Stringenz wird allerdings erreicht durch eine überwiegende Konzentration auf die Gruppenprozesse. Das wird besonders deutlich beim Vergleich der jeweils mittleren Schicht des Göttinger Modells und des Segment-Modells. Während HEIGL-EVERS und HEIGL das als Gruppenaktion formulierte Konzept der psychosozialen Kompromißbildung in den Mittelpunkt ihrer Veröffentlichungen stellen, differenziert KUTTER die vielfältigen Übertragungsprozesse und betont durch seine Ausgestaltung des Schichtenmodells in ein Segment-Modell den Anteil des einzelnen Teilnehmers am Gruppenprozeß.

Die beiden Modelle unterscheiden sich auch in den aus ihnen abgeleiteten therapeutischen Anwendungen. HEIGL-EVERS und HEIGL haben drei Therapieformen mit unterschiedlichen Interventionstechniken entwickelt (HEIGL-EVERS & HEIGL 1973):

- Die interaktionelle Gruppentherapie (HEIGL-EVERS & HEIGL 1979b, 1983a, STREECK 1980), die in ihren Interventionen auf der Ebene der normativen Verhaltensregulierung verbleibt und das Prinzip Antwort, nicht das Prinzip Deutung verwendet (HEIGL-EVERS & HEIGL 1980).
- Die tiefenpsychologisch fundierte Gruppentherapie (HEIGL-EVERS & HEIGL 1975, 1979c), die auf der Ebene der psychosozialen Kompromißbildungen zentriert und diese deutend bearbeitet.
- Die analytische Gruppentherapie, die auf allen drei Ebenen deutend arbeitet mit dem Ziel, letztlich die unbewußte Phantasie dem Gruppentherapeuten gegenüber aufzudecken (HEIGL-EVERS & HEIGL 1976).

Kutter berücksichtigt in seiner Therapie immer alle drei Schichten gleichzeitig. Er versucht, an den Themen zu arbeiten, die in der Gruppe jeweils am deutlichsten hervortreten, wobei er sich allerdings bemüht, die Gruppe auf der zentralen Ebene der Übertragungen zu halten.

2.4. Richtung und zeitliche Entwicklung des Gruppenprozesses

Diese Dimension, in der der Verlauf beobachtet und Prozeß- und Ergebnisvariablen in Beziehung gesetzt werden sollen, ist sicherlich die komplexeste. So ist es nicht verwunderlich, daß sie erst in neuerer Zeit systematischer untersucht wird, während sich frühere Autoren damit begnügten, verschiedene Arbeitsschwerpunkte aus den Anfangs-, Mittel- und Endphasen der Gruppenarbeit zu postulieren. Diese Schwerpunkte stimmen bei verschiedenen Autoren recht gut überein, was für ihre allgemeine Gültigkeit spricht, sie eignen sich jedoch nicht für eine differenzierte theoretische Betrachtung der Verlaufsprozesse, weil sie zu allgemein formuliert sind, um operationalisierbar zu sein.

Im folgenden sollen zunächst diese Charakteristika des Gruppenverlaufs referiert werden, dann soll auf die aktuelle Diskussion über die Möglichkeiten der Präzisierung der Forschung in theoretischer und empirischer Hinsicht mit Bezug auf einige neuere Untersuchungen eingegangen werden.

2.4.1. Allgemeine Kennzeichen des Verlaufs von therapeutischen Gruppen

Die Anfangsphase dient primär der Orientierung, Kontaktaufnahme und der Integration der Gruppe (YALOM 1974; BATTEGAY 1969 und KUTTER 1976). Hier bildet sich die Gruppenkultur und schälen sich allmählich die für die Gruppe wichtigen Themen heraus (STOCK-WHITAKER & LIEBERMAN 1965). In dieser Phase ist die Gruppe stark vom Therapeuten abhängig (FOULKES 1974) und reagiert diffus ganzheitlich, analog der frühkindlichen narzißtischen oder oralen Entwicklungsstufe (QUINT 1971).

Die Mittelphase ist die Hauptarbeitsphase, in der das «Erinnern, Wiederholen und Durcharbeiten» (KUTTER 1976 in Anlehnung an FREUD), «Regression, Katharsis, Einsicht und Wandlung» (BATTEGAY 1969), «Übertragung, Katharsis, Einsicht und Realitätsprüfung» (SLAVSON 1977) bzw. die Arbeit an den spezifischen Konflikten der Gruppe stattfindet und neue Lösungsmöglichkeiten gesucht werden (STOCK-WHITAKER & LIEBERMAN 1965). Die Themen, um die sich die Arbeit der Gruppe zentriert, entsprechen den Konflikten und Krisen, die in der individuellen Entwicklung bewältigt werden müssen. Es geht um die Integration oraler, analer und genitaler Impulse und das Sich-Zurechtfinden in verschiedenen Beziehungsmodi (Alleinsein, Zu-Zweit-Sein, Zu-Dritt-Sein, zu mehreren in einer Gruppe sein) mit wechselnder Nähe und Distanz, Annäherung, Bindung und Ablösung (KUTTER 1978). Als Orientierung über die wichtigsten Themen der Arbeit kann man sich die psychosozialen Krisen von ERIKSON (1956/1957) vergegenwärtigen, deren Bewältigung die Grundlage für den Aufbau einer stabilen Identität bilden soll. ERIKSON (1961) nennt hier acht Polaritäten:

- Vertrauen vs. Mißtrauen,
- Selbständigkeit vs. Scham und Zweifel,
- Initiative vs. Schuldgefühl,
- Leistung vs. Minderwertigkeitsgefühl,
- Identität vs. Rollendiffusion,
- Intimität vs. Isolierung,
- zeugende Fähigkeit vs. Stagnation,
- Ich-Integrität vs. Verzweiflung.

In dieser Phase sollte die Gruppe einen hohen Grad von Kohäsion entwickelt haben, um in der Lage zu sein, Konflikte konstruktiv auszutragen (YALOM 1974). Die in der Anfangsphase dominierenden Ängste und regressiven Phantasien sollten zugunsten einer differenzierteren, bewußtseinsnäheren Problembewältigung zurückgetreten sein (siehe BIONS Konzept der Grundeinstellungsgruppe und der Arbeitsgruppe).

In der Endphase schließlich sollte die Auseinandersetzung mit der baldigen Beendigung der Gruppe im Vordergrund stehen (FOULKES 1974; KUTTER 1976). Symptome können als Ausdruck von Traurigkeit und Angst wegen der bevorstehenden Trennung wieder aufflackern und müssen in diesem Zusammenhang bearbeitet werden. Die Teilnehmer sollten überlegen, was ihnen die Gruppenarbeit gebracht hat, was von ihren Schwierigkeiten noch nicht gelöst ist, womit sie sich weiterhin auseinandersetzen müssen.

2.4.2. Neuere Untersuchungen zum Gruppenprozeß

Was beim Studium der älteren Literatur über Gruppentherapie auffällt, ist der Mangel an theoretischer Integration und an empirischer Überprüfung der Hypothesen. Die theoretische Diskussion ist unbefriedigend, da ganz unterschiedliche theoretische Annahmen darüber, was eigentlich an der Gruppentherapie wirksam sei, unverbunden nebeneinander stehen (vgl. SANDNER 1981). Die empirische Forschung ist genauso unbefriedigend, da sie weitgehend aus wenig aussagekräftigen Untersuchungen besteht, in denen die untersuchten Gruppen oder die Art der Behandlung unzureichend beschrieben sind (LIEBERMAN 1976) oder die Gruppen sich zu sehr von üblichen klinischen Gruppen unterscheiden, so daß die Ergebnisse nicht übertragbar sind[24] (LIEBERMAN 1976; SPEIERER 1978).

Außerdem sind die Untersuchungsdesigns oft nicht geeignet für eine differenzierte Überprüfung der in Gruppen stattfindenden Prozesse. Es wird fast nie der Therapieverlauf untersucht, sondern nur die globale Effizienz des jeweiligen therapeutischen Ansatzes. Es überwiegen also bei weitem die Untersuchungen, in denen die Gruppenteilnehmer verschiedenen Behandlungs- und Kontrollgruppen zugeordnet und dann einmal vor der Behandlung und einmal danach mit verschiedenen Persönlichkeitsfragebögen getestet werden. Die Veränderungen der Testwerte können als Maß für die Wirksamkeit der Behandlung angesehen werden, erlauben aber natürlich keine Aussagen darüber, welche Variablen für die Veränderungen wesentlich waren. Gerade solche differenzierten Aussagen über spezifische Heilfaktoren, d. h. darüber, welche Erfahrungen aus der therapeutischen Gruppe bei bestimmten Teilnehmern mit bestimmten Problemen zu positiven Veränderungen führen, wären aber wesentlich für die theoretische und praktische Weiterentwicklung des gruppentherapeutischen Vorgehens.

Der Mangel an differenzierten Forschungsarbeiten auf diesem Gebiet ist besonders gravierend, da die Annahmen der Gruppenleiter darüber, welche Prozesse in therapeutischen Gruppen wesentlich für das Therapieergebnis sind, erwiesenermaßen wenig verläßlich sind. Man kann die empirische Lücke also nicht durch Expertenmeinungen schließen, da diese nicht valide sind. So behaupten Gruppenleiter mit demselben theoretischen Hintergrund, in Gruppen dasselbe zu tun; bei Interaktionsanalysen stellt man jedoch fest, daß sie sich ganz unterschiedlich verhalten (LIEBERMAN et al. 1973). Die theoretischen Positionen und das konkrete Verhalten haben offenbar wenig miteinander zu tun, und der Therapieerfolg korreliert eher mit dem Verhalten als mit der Theorie (GRUNEBAUM 1975). Die Erfolge verschiedener therapeutischer Verfahren sind dementsprechend durchaus vergleichbar, und es ließ sich bisher nicht die generelle Überlegenheit irgendeines Ansatzes empirisch nachweisen (SPEIERER 1978). Dagegen sind die Erfolgsquoten verschiedener Therapeuten unterschiedlich − unabhängig von ihrem theoretischen Hintergrund − aber offenbar in Abhängigkeit von ihrem konkreten Verhalten.

Dies hat eine Studie von LIEBERMAN et al. (1973), eine der ersten wichtigen Studien auf diesem Gebiet, nachgewiesen. Die Autoren untersuchten das Verhalten von 16 erfahrenen Gruppenleitern verschiedener theoretischer Orientierung mit direkten Verhaltensbeobachtungen in den Gruppen.[25] Bei einer Faktorenanalyse der Daten ergaben sich vier Hauptfaktoren des Leiterverhaltens:

---

24 Z. B. sind Kurzgruppen mit Studenten nicht vergleichbar mit jahrelang arbeitenden Therapiegruppen. Viele Untersuchungen beziehen sich aber auf Studenten-Kurzgruppen.
25 Die Gruppenleiter vertraten ganz unterschiedliche therapeutische Richtungen: Transaktionsanalyse, Gestalttherapie, Psychodrama, Psychoanalyse, NTL (National Training Laboratory) usw.

(1) emotionale Aktivierung (der Gruppenleiter regt an, exploriert, ermuntert, konfrontiert, stellt in Frage, engagiert sich),

(2) Fürsorglichkeit (er schützt, ermutigt, ist freundlich zugewandt, wirkt warm und echt),

(3) Herstellung eines kognitiven Bezugsrahmens (er hilft den Teilnehmern, ihr eigenes Verhalten und das der Gruppe zu verstehen),

(4) exekutive Funktionen (er setzt Grenzen, zeigt Ziele auf, stellt Fragen, managt die Gruppe).

Die Faktoren 2 und 3, «Fürsorglichkeit» und «Herstellen eines kognitiven Bezugsrahmens», korrelierten positiv mit dem Behandlungserfolg, während die Korrelationen der Faktoren 1 und 4, «Aktivierung» und «Management», mit dem Behandlungserfolg einer umgekehrten U-Funktion entsprachen. Gruppenleiter, die fürsorglich sind, einen geeigneten kognitiven Bezugsrahmen anbieten können, weder zu aktiv noch zu passiv sind und ihre exekutiven Funktionen kompetent erfüllen, ohne sie übermäßig zu betonen, haben danach die höchsten Therapieerfolge.

Durch eine weitere Analyse der Daten (Q-Technik) wurden Typen von Verhaltensstilen ermittelt: die Gruppenleiter ließen sich als «Väter», «charismatische Führer» und «Sozialtechniker» klassifizieren.[26] Die «Väter» hatten bei weitem die höchsten Behandlungserfolge und die geringste Quote an Verschlechterungen, die «Sozialtechniker» hatten fast keine Behandlungserfolge, und bei den «charismatischen Führern» bestand eine relativ hohe Quote von symptomatischen Verschlechterungen, hier gingen also die Patienten das höchste Risiko ein.

Die Aussagen der Patienten stimmten mit diesen korrelationsstatistischen Ergebnissen aus Verhaltensbeobachtungen gut überein. Die Patienten hielten nämlich die Unterstützung durch die Gruppe, die Möglichkeit, in der Gruppe offen zu sein, Gefühle zu äußern und Feedback zu erhalten, und vor allem auch die Möglichkeit, sich selbst und die eigenen negativen Gefühle anders zu sehen und besser zu verstehen, für die ausschlaggebenden Faktoren des Behandlungserfolgs.

Eine weitere wichtige empirische Untersuchung zu der Frage, welche der in therapeutischen Gruppen stattfindenden Prozesse wesentlich sind für den Behandlungserfolg, ist die Studie von YALOM, TINKLENBERG und GILULA (zitiert nach YALOM 1974). Die Autoren untersuchten 20 Patienten, die bei verschiedenen Therapeuten wegen unterschiedlicher neurotischer Störungen ambulant behandelt worden waren. Alle Patienten hatten mindestens acht Monate lang mit Erfolg an einer therapeutischen Gruppe teilgenommen. Als Kriterium für den Behandlungserfolg wurden die Selbsteinschätzung der Patienten, die Meinung der Therapeuten und die Meinung der unabhängigen Untersucher berücksichtigt. Dieser Patientenstichprobe wurden 60 Aussagen über mögliche positive Einflüsse von Gruppentherapie vorgelegt, die die Patienten nach dem Grad der Relevanz für den Behandlungserfolg einschätzen sollten (Q-Sort). Die Ergebnisse der Kategorisierung wurden durch individuelle Interviews noch einmal überprüft. Aus

---

26 Die «Väter» (providers) waren durch hohe Ladungen auf den Faktoren 2 und 3, die «charismatischen Führer» (energizers) durch hohe Ladungen auf Faktor 1 und die «Sozialtechniker» (social engeneers) durch hohe Ladungen auf den Faktoren 3 und 4 gekennzeichnet.

einer Faktorenanalyse der Daten ergaben sich dann zwölf «Heilfaktoren». Für besonders wichtig hielten die Patienten:

- «Interpersonales Lernen» (ehrliche Rückmeldung der andern Teilnehmer bezüglich des Eindrucks, den das eigene Verhalten hervorruft),
- «Katharsis» (anderen gegenüber Gefühle äußern können; lernen, sich auszudrücken),
- «Kohäsion» (in der Gruppe angenommen und verstanden werden),
- «Einsicht» (Kennenlernen und Akzeptieren von früher unannehmbaren Anteilen der eigenen Person; Ursachen der eigenen Probleme verstehen).

YALOM (1974) vertritt die Ansicht, daß diese allgemeinen Heilfaktoren in den verschiedenen Arten von Gruppentherapien in unterschiedlicher Gewichtung vorkämen und für den Behandlungserfolg verantwortlich seien. Diese Hypothese, daß es eine relativ große Anzahl voneinander unabhängiger Heilfaktoren gebe und daß diese sich in den verschiedenen Formen der Gruppentherapie nachweisen lassen, wurde in einer Untersuchung von ECKERT et al. (1981) überprüft.

ECKERT et al. benutzten die 60 von YALOM entwickelten und vorgetesteten Aussagen über mögliche Erfahrungen in Gruppen. Diese Aussagen mußten wieder von den Patienten nach dem Grad ihrer Wichtigkeit für den Behandlungserfolg beurteilt werden. Untersucht wurden 133 Patienten, die mindestens drei Monate stationär psychotherapeutisch mit klientenzentrierter oder psychoanalytischer Gruppentherapie behandelt worden waren. Bei der Faktorenanalyse der Daten ergaben sich wie bei YALOM zwölf Faktoren, die zusammen 51% der Varianz aufklärten. Die hohe Anzahl unabhängiger Faktoren ließ sich also bestätigen. Die inhaltliche Interpretation der Faktoren stimmte auch zum Teil überein, zum Teil ergaben sich aber auch Verschiebungen, wie nicht anders zu erwarten ist bei der Anwendung eines Meßinstruments auf eine neue Situation und auf eine neue Population.

Zur Überprüfung der Frage, ob die Heilfaktoren universeller Natur sind, wurden methodisch unterschiedlich geführte Gruppen und verschiedene Teilnehmerpopulationen miteinander verglichen. Die Methoden waren klientenzentrierte Gruppentherapie, psychoanalytische Gruppentherapie und klientenzentrierte Encounter-Gruppen, die Populationen waren stationäre Patienten (in den Therapiegruppen) und Studenten (in den Encounter-Gruppen). Die für jede Gruppe gemittelten Werte der zwölf Faktoren wurden dann miteinander verglichen. Dabei ergab sich, daß die Profile der Therapiegruppen sich kaum voneinander unterschieden, die Therapiegruppen sich jedoch erheblich von den Encounter-Gruppen unterschieden.[27] In den Encounter-Gruppen wurde die relative Wichtigkeit der einzelnen Heilfaktoren zum Teil anders beurteilt als in den therapeutischen Gruppen. Der größte Unterschied ergab sich für den Faktor «Wiedererleben der Familiensituation und Einsicht», der in den therapeutischen Gruppen als wichtig angesehen wurde, in Encounter-Gruppen dagegen nicht. Dies Ergebnis spiegelt einen auch theoretisch fundierten konzeptuellen Unterschied der Arbeit. Daneben gab es auch erhebliche Übereinstimmungen zwischen allen Gruppen, z.B. wurden die Faktoren «Erfahren von Offenheit», «Lernen durch Feedback» und «Erfahren von Kohäsion» übereinstimmend als die drei wichtigsten Faktoren

27 Die Gesamtkorrelation zwischen Encounter- und Therapiegruppen betrug .70, während die Korrelationen zwischen den Therapiegruppen bei .90 lagen.

angesehen. In ihnen scheint sich also eine methodenunspezifische allgemeine Heilwirkung von Gruppen niederzuschlagen. Zu den geringen Unterschieden zwischen den klientenzentrierten und psychoanalytischen Therapiegruppen bemerken die Autoren, daß sie seit langem zusammenarbeiten und sich möglicherweise in ihrem Arbeitsstil aneinander angeglichen haben, so daß dieses Ergebnis nicht inhaltlich interpretiert werden kann.

Die zitierten Untersuchungen überprüfen Gesamtkonzepte und versuchen, allgemeine Prozeßvariablen der Gruppenerfahrung und des Therapeutenverhaltens zu ermitteln, die wesentlich sind für den Behandlungserfolg. Hier eröffnen sich Möglichkeiten vergleichender Therapieforschung. Allerdings vernachlässigen auch diese Untersuchungen noch die eminent wichtigen Wechselwirkungen zwischen verschiedenen Variablen und berücksichtigen auch nicht die Kontextabhängigkeit aller Erfahrungen, weil auch hier nur die Endergebnisse und nicht die Prozesse untersucht werden. Es können aber bestimmte Behandlungsbedingungen für bestimmte Probanden günstig sein und für andere nicht, was sich in Wechselwirkungen zwischen Teilnehmer- und Situationsvariablen niederschlagen würde, sich in den gemittelten Endresultaten jedoch nicht nachweisen läßt. Aus solchen Wechselwirkungen ließen sich dann spezifische Indikationskriterien für verschiedene Arten von Gruppentherapie erarbeiten. Die Kontextmerkmale wären wichtig zur Entwicklung eines empirisch abgesicherten therapeutischen Vorgehens. Denn ein bestimmtes Verhalten oder eine bestimmte Erfahrung kann in einer Situation günstig sein und sollte dann gefördert werden, in einer anderen kann es dagegen unwichtig oder gar schädlich sein. Ein Beispiel dafür ist die Mitteilung wichtiger persönlicher Probleme in der Gruppe: erfolgt eine solche Mitteilung in einer der ersten Gruppensitzungen, so kann sie die Gruppe sehr ängstigen und für den Teilnehmer enttäuschend oder schädigend enden, während zu einem späteren Zeitpunkt genau die gleiche Eröffnung konstruktiv verarbeitet werden kann mit positiven Konsequenzen für den Teilnehmer und für die Gruppe. Die Suche nach allgemeinen Wirkvariablen wird also immer nur recht begrenzte Resultate ergeben können und müßte durch detaillierte Prozeß- und Kontextforschung ergänzt werden. Zur Zeit gibt es leider wesentlich mehr offene Fragen als Antworten. Die Grundlagen der Gruppentherapie sind sowohl in theoretischer als auch in empirischer Hinsicht noch recht lückenhaft. Es gibt zwar eine Reihe nützlicher Einzelergebnisse und «verschiedene pragmatisch-experimentierende Ansätze» des therapeutischen Vorgehens (HEIGL-EVERS 1972, S. 9), aber noch keinen allgemein akzeptierten, konsistenten und empirisch abgesicherten Rahmen.

3.   Der Ablauf der GKB-Sitzung

Im folgenden wird anhand klinischer Beispiele dargestellt werden, wie aus dem inhaltlichen Ablauf einer GKB-Sitzung diagnostische Schlüsse auf dem Hintergrund derjenigen theoretischen Konzepte, die im zweiten Kapitel vorgestellt wurden, zu ziehen sind, und wie diese diagnostischen Schlüsse schließlich zu therapeutischen Interventionen führen.

Die Tabelle 2 gibt in Stichworten einen Überblick über den äußeren Ablauf der GKB-Sitzung, die diagnostische Wahrnehmungseinstellung des Therapeuten und seine therapeutischen Interventionen. In der Kolumne rechts wird auf diejenigen Kapitel verwiesen, in denen auf die einzelnen Aspekte der jeweiligen Gruppenphase eingegangen wird.

3.1. Die Phase der Themenfindung

Die Gruppensitzung beginnt damit, daß die Gruppenmitglieder sich mit dem Therapeuten gemeinsam auf den Boden setzen und ein Thema für die Gruppenimagination suchen. Dieses Thema kann vom Gruppentherapeuten auch vorgegeben werden, zumal in den ersten Sitzungen einer Gruppe, wenn diese durch die Aufgabe, auf sich allein gestellt ein gemeinsames Thema zu finden, noch überfordert erscheint. Der Gruppentherapeut kann auch, ebenfalls eher in der Anfangsphase, einige Themen zur Auswahl oder als Anregung zur Diskussion stellen.

In Parenthese sei hier darauf hingewiesen, daß im Rahmen eines Seminars zum Gruppen-KB[28] die Möglichkeit diskutiert wurde, einer geschlossenen Gruppe über 15 Sitzungen Themen vorzugeben. Es war ein Versuch, analog zum Einzel-KB der Grundstufe (LEUNER 1982) einen relativ festen Themenkatalog für eine geschlossene Gruppenkurztherapie zu entwickeln.

Als Themenfolge wurde vorgeschlagen:

1. Sitzung: «Ausflug mit einem Leiterwagen» oder «Wanderung mit Picknick». Beide Themen ermöglichen jedem Gruppenmitglied, Nähe und Distanz zum anderen selbst zu regulieren. Die Themen sind unverbindlich, sprechen eine relativ konfliktfreie Sphäre an und bieten die Möglichkeit, orale Befriedigungen in der Gruppe zu imaginieren. Wie in der allgemeinen sozialen Realität fördert gemeinsames Essen auch in der Gruppenimagination das Zusammengehörigkeitsgefühl. Das Thema des «Leiter-Wagens» ermöglicht Einblicke in die spontane Konstellation der Übertragungen auf den Gruppenleiter.

2. Sitzung: «Floßfahrt». Die Gruppe ist bei diesem Thema gehalten, sich auf begrenztem Raum zusammenzufinden und sich einem schwer berechenbaren Element auszusetzen. Die Notwendigkeit einer Steuerung des Floßes fördert die soziodynamische Funktionsverteilung. Das Wasser eines Flusses kann als Metapher der seelischen Energie (LEUNER 1985) oder des freien Flusses der Empfindungen allgemein gelten.

3. Sitzung: «Ballonfahrt». Ähnlich dem Thema der zweiten Sitzung, hier Konfrontation mit narzißtischem Erleben und Nähe im Ballonkorb.

4. Sitzung: «Bergbesteigung». Aktive Auseinandersetzung mit Ich-Ideal, Leistungsanspruch und Leistungsbereitschaft in der Gruppe (KORNADT 1960, LEUNER 1982).

5. Sitzung: Zur Auswahl «Zoobesuch», «Kirmes», «Faschingsball»; Versuchungssituationen, Triebbedürfnisse in der Gruppenimagination auszuleben.

6.−10. Sitzung: Die Gruppe sucht sich ihr Thema selbst.

11.−15. Sitzung: Anregung von Themen, die archaisches Material evozieren («Tauchen in der Tiefsee», «Erforschen einer Höhle», «Urwaldexpedition», «Expedition zu den Ruinen einer versunkenen Kultur»), oder den aggressiven («Ritterturnier») und sexuellen («Zeltlager», «Skihütte», «Sauna», «FKK-Strand») Triebbereich direkt ansprechen.

Dieser Entwurf eines Themenkataloges ist bisher nicht weiter verfolgt worden. Ich habe auf ihn hinweisen wollen, um auf eine denkbare Alternative zu unserem Modell aufmerksam zu machen.

---

28 Ich danke den Teilnehmern am Seminar zum Austausch von Erfahrungen in der Therapie mit dem GKB vom Januar 1976 in Gießen für ihre anregenden Diskussionsbeiträge: Herrn Harald Arnold, Frau Ursula Arnold-Hepting, Frau Eva Catsichtis, Herrn Christoph Girshausen, Herrn Hartmut Klein, Herrn Rolf Lippmann, Herrn Reinhold Schäfer, Herrn Wulf Steglich.

Tab. 2: *Die Phasen des GKB.*

		Diagnostische Wahrnehmungseinstellung des Therapeuten	Therapeutenverhalten	vgl. Seite
Themen-findung	10–15 Min. a. d. Boden	1. Welche Wünsche kündigen sich durch die Themenvorschläge an? Aus welchen Antriebsbereichen stammen diese Wünsche? 2. Welche soziodynamische Funktionsverteilung bildet sich in dieser Phase?	Nur in der Anfangsphase einer Gruppe Vorgabe oder Vorschlag des Themas. Im allgemeinen keine Interventionen.	59 ff.
Gruppen-imagination	20–35 Min. sternförmig liegend	1. Welche Wünsche aus welchen Antriebsbereichen stellen sich in den Gruppenimaginationen dar? 2. Welche dieser Wünsche werden von den Gruppenmigliedern erlebt oder ausgelebt? Welche werden aus der Gruppe hinaus projiziert? Was ist Übertragung auf den Therapeuten? 3. Auf welche genetische Stufe der Trieborganisation und der Ich-Entwicklung regrediert die Gruppe? Welcher Art sind die in der Gruppenimagination dargestellten inneren Objekte? 4. Welche soziodynamische Funktionsverteilung bildet sich unter den Gruppenmitgliedern heraus? Welche Rollen werden Nicht-Gruppenmitgliedern zugeschrieben?	Einleitung der Gruppenimagination mit leichten Entspannungssuggestionen. Keine Interventionen Beendigung der Gruppenimagination, Aufforderung zum «Zurücknehmen».	63 ff.
Erste Bearbeitungs-phase	30–45 Min. a. d. Boden	1. Welche Bildinhalte werden aufgegriffen, welche nicht? 2. Welche Emotionen sind spürbar? Wo zeigen sich Erlebnislücken? Wo sind Emotionen kohärent, wo inadäquat? 3. Welche Konfliktebene schält sich aus den Interaktionen heraus?	1. Konfrontation mit nicht angesprochenen Szenen der Gruppenimagination. 2. Bearbeitung von Affektisolationen und Reaktionsbildungen. 3. Verbalisieren emotionaler Inhalte. 4. Erarbeiten von Gestaltqualitäten archaischer Symbolwesen.	75 ff.

		Diagnostische Wahrnehmungseinstellung des Therapeuten	Therapeutenverhalten	vgl. Seite
Zweite Bearbeitungsphase	45–60 Min. auf Stühlen oder Sesseln	1. Welche Konfliktinhalte werden bearbeitet? 2. Wie werden die Konflikte im Hier und Jetzt der Gruppe verarbeitet? Wie sind die Interaktionen der Gruppenmitglieder auf dem Hintergrund theoretischer Konzepte (Segment-Modell oder Göttinger Modell) verstehbar?	1. Konfrontation der Gruppe mit dem Konflikt, den der Therapeut aus den Bildinhalten der Gruppenimagination erschlossen hat, sofern er sich ihm als bewußtseinsfähig erweist, verknüpft mit den Affekten und Einfällen, die in der ersten Bearbeitungsphase geäußert wurden. 2. Verbindung dieses Konfliktes mit dem Hier und Jetzt der Gruppe. 3. Konfrontation der Gruppenmitglieder mit ihren wechselseitigen Übertragungen, die am Konflikt beteiligt sind oder sich in ihm äußern. 4. Bearbeitung der Übertragung auf den Therapeuten, sofern diese Übertragung zum Widerstand zu werden droht. 5. Bearbeitung der Rollenverteilung, insbesondere habitueller Rollen. 6. Verbindungen zur Genese, Transfer zu den Realbeziehungen der Teilnehmer im Privat- und Berufsleben.	78 ff.

Bereits nach wenigen Sitzungen, in denen die Gruppenmitglieder mit dem äußeren Ablauf einer Sitzung vertraut geworden sind, greift der Gruppentherapeut in die Phase der Themenfindung nicht mehr ein. Um den Gruppenprozeß nicht frühzeitig nach seinen bewußten oder unbewußten Intentionen zu beeinflussen, überläßt er die Einigung auf ein Thema den Gruppenmitgliedern (SACHSSE 1974, S. 64; KREISCHE 1976, S. 55). Er registriert, welche Triebbereiche in den Themenvorschlägen anklingen, bei den einzelnen Gruppenteilnehmern somit andrängen, und welches Thema schließlich gewählt wird. Die Einigung hängt nicht nur davon ab, welcher Erlebnisbereich für alle Anwesenden als gemeinsamer Nenner akzeptabel erscheint, sondern meist mehr noch davon, welche Rangposition (SCHINDLER 1957) die Vorschlagenden haben: Alpha wird es wesentlich leichter fallen, für sein Thema Interessenten zu finden, als Omega. Die meisten Themen der Gruppenimaginationen sind schließlich Kompromisse aus mehreren Vorschlägen, um möglichst vielen Gruppenmitgliedern gerecht zu werden.

Die Themenfindung ist insgesamt eine gruppendynamische Leistung der Gruppe. Am Problem des Themas konstellieren sich erste Akzeptanz- und Dominanzprobleme. Besonders am Anfang hat das Thema auch wichtige Orientierungsfunktionen. Es dient als Kristallisationspunkt (LEUNER 1982), der eine Gruppenimagination als gemeinsame Aktion ermöglicht, eine Aktion, zu der die Gruppenkohäsion allein die Gruppe noch nicht befähigen würde. Das Thema prägt den Inhalt und die Atmosphäre der Gruppenimagination. Jedes Thema hat einen tiefenpsychologischen Aufforderungscharakter und kann für jedes einzelne Gruppenmitglied eine spezifische Versuchungs- und Versagungssituation im Sinne FREUDS herbeiführen. Trotzdem wird die Bedeutung des Themas von den Gruppenmitgliedern meist eher überschätzt. Inhalt und Ablauf einer Gruppenimagination werden weit mehr von den in der Gruppe andrängenden Konflikten geprägt als vom Thema selbst.

Die Erfahrung, daß das Thema den Ablauf einer Gruppenimagination zwar initiiert und ihm den Rahmen gibt, den Inhalt aber nicht festschreibt, ermöglicht den Gruppenmitgliedern in späteren Sitzungen einen flexibleren Umgang mit Themen. Dann kann eine schnelle Themenfindung oder eine Gruppenimagination ganz ohne vorgegebenes Thema auch als reife Gruppenleistung gelten, z.B. als Bereitschaft, sich im Vertrauen auf die Gruppenkohäsion den aufsteigenden Bildinhalten zu überlassen, ohne sich durch ein Thema die Sicherheit einer gewissen Vorstrukturierung verschaffen zu müssen. Wenn eine Gruppe kommentarlos das erstbeste Thema akzeptiert, das eines ihrer Mitglieder vorschlägt, kann das natürlich auch bedeuten, daß die Gruppe die Spannung vermeidet, die durch divergierende Vorschläge und die dann erforderliche Einigung zu ertragen wäre. Eine sehr langwierige Themenfindung kann auf erhebliche Rivalität oder auf Hingabeängste an das Thema des anderen hinweisen. Oft zeigt sich so auch ein Protest gegen die Methode und damit den Therapeuten; das wäre ein Hinweis auf einen Übertragungswiderstand.

Es ist Aufgabe des Therapeuten, aus der Gesamtsituation der Gruppe, der empathischen Wahrnehmung der Gruppenatmosphäre, der Registrierung eigener Gegenübertragungsgefühle und aus dem Verlauf der folgenden Gruppenimagination die Phase der Themenfindung diagnostisch zu erfassen und, sofern das erforderlich erscheint, ihren Ablauf als Material in die Bearbeitungsphase mit einzubeziehen.

3.2. Die Phase der Gruppenimagination

Nach leichten Entspannungssuggestionen des Therapeuten überlassen die Gruppenmitglieder sich ihren katathymen Bildern, teilen ihre Imaginationen den anderen mit, nehmen diejenigen der anderen auf und entwickeln so eine gemeinsame Gruppenimagination. Ich möchte ins Gedächtnis rufen, daß der Gruppentherapeut während dieser Phase kaum interveniert. Er vollzieht identifikatorisch die Gruppenimagination mit, nimmt seine Gegenübertragungsgefühle wahr und zieht aus diesem Material auf dem Boden seiner theoretischen Konzepte seine diagnostischen Schlüsse.

Gruppenimaginationen unterscheiden sich in ihrem Inhalt und ihrer Struktur. Sie eröffnen demjenigen, der gelernt hat, sie zu «lesen», einen umfassenden diagnostischen Überblick über die in der Gruppe andrängenden Impulse und deren Verarbeitung. Die Symbole und die Reife der sich manifestierenden Verarbeitungsformen gestatten es, eine diagnostische Interpretation des Regressionsniveaus der Gruppe zu geben.

Der Begriff «Reife» bedarf einer inhaltlichen Klärung. Ich beziehe mich dabei auf die bisherigen Ergebnisse der psychoanalytischen Entwicklungspsychologie. Dabei können die teilweise noch unverbundenen Ansätze auf dem Hintergrund einer Triebtheorie, einer Theorie der frühen Objektbeziehungen und der inneren Objekte, sowie einer Theorie von der Organisation des Ichs und Über-Ichs hier natürlich nicht differenziert dargelegt, geschweige denn aufeinander bezogen werden.

Unreife oder archaische Imaginationen sind gekennzeichnet durch genetisch frühe Mechanismen wie Projektion, Introjektion, Spaltung und Verleugnung sowie durch Symbole, die bildhafte Manifestationen nur guter und nur böser innerer und äußerer Objekte sind.[29]

Reifere Imaginationen beinhalten Gefühle der Ambitendenz und Ambivalenz gegenüber Objekten mit guten und schlechten Eigenschaften. Das entspräche einer Regression auf die Stufe der Wiederannäherungsphase, einer Subphase der Individuation (MAHLER, PINE & BERGMAN 1978).

Es folgt, nach abgeschlossener Differenzierung von Selbst- und Objektrepräsentanzen (JACOBSON 1973), die ödipale Entwicklungsstufe mit ihrer Rivalitätsproblematik zwischen abgegrenzten Objekten, an deren Ende die seelischen Strukturen Es, Ich und Über-Ich ausgereift sind. Die frühen Abwehrmechanismen sind abgelöst durch Reaktionsbildungen, Affektisolierungen und Verdrängungen (A. FREUD 1975).

Bezüge zwischen Latenzphase und Adoleszenz (vgl. ERIKSON 1973; A. FREUD 1965; JACOBSON 1973) und der Gruppenimagination sind noch nicht hergestellt worden, obwohl viele Gruppenimaginationen an Abenteuerromane für Zehn- bis Fünfzehnjährige erinnern.

Als reifste Form einer Gruppenimagination ist dann die bewußte Selbstkonfrontation mit bisher abgewehrten Anteilen der eigenen Person zu betrachten.

Alle Anteile und Strukturen von Gruppenimaginationen, die wir bisher wiederholt beobachtet haben, werden im folgenden dargestellt und kommentiert.

---

29 Eine gute Einführung und Zusammenfassung in die Ergebnisse von JACOBSON, KERNBERG, KOHUT, MAHLER, SPITZ u. a. findet sich bei VOLKAN (1978).

Die Darstellung schreitet dabei fort von Imaginationen mit archaischen Verarbeitungsformen hin zu immer reiferen Formen von Gruppenimaginationen.

3.2.1. Die Landschaft als «Bühne» der Gruppenimagination

Der Gruppe eröffnet sich im KB eine *Landschaft*. LEUNER (1959) sieht «das Landschaftsbild als Metapher seelischer Strukturen». LEUNER zufolge sind die spontan imaginierten Inhalte am Beginn eines katathymen Bildes Niederschläge der aktuellen emotionalen Reaktionslage, während Inhalte, die erst durch Bewegung in der Landschaft entdeckt werden, nicht aktuell sind, es aber plötzlich werden können. So kann eine untergründig depressiv gestimmte Gruppe eine Wüste imaginieren, in der sie nach mühsamer, anstrengender Suche eine Oase findet. In diesem Bild kann sich die gedrückte, belastete Atmosphäre der Wüste verändern in eine gelöste, heitere, befreite Stimmung, in der oraler Genuß und motorische Entfaltung möglich werden.

In der Natur begegnet die Gruppe einer Fülle von Produkten menschlichen Schaffens. Alle diese *Städte, Häuser, Schiffe, Truhen usw.* können als Symbole aufgefaßt werden. Wichtig für die spätere therapeutische Bearbeitung eines Symboles ist es, die Gefühlstönungen zu erfassen, in die das Symbol gebettet ist; darauf wird in der Darstellung der ersten Bearbeitungsphase noch eingegangen werden (siehe Abschnitt 3.3.).

Beispiel: Eine Gruppe befindet sich in der Gruppenimagination am Ufer eines Sees. Der Erste (langsam, getragen): «Links liegt ein Steg. Der ist ziemlich lang. Ich will rausgehen.» – Der Zweite (witzelnd): «Der ist aber sehr glitschig.» – Der Dritte (laut, heiter): «Da vorne ist das Geländer kaputt.» – Der Erste (konstatierend): «Links fehlt überhaupt das Geländer.» – Der Vierte (angeekelt): «Ich sehe lauter dreckigen Schlamm unter dem Steg.» – Der Erste (leise): «Das Wasser ist ganz dunkel, fast schwarz.»

Tiefenpsychologisch kann das Symbol des Steges, der ins Wasser führt, als Weg ins Unbewußte gedeutet werden. Die bildhafte Ausgestaltung des Steges (glitschig, Geländer kaputt, dreckiger Schlamm, dunkles, schwarzes Wasser) verdeutlicht, daß es für die Gruppe unheimlich und ängstigend ist, sich in ihren Imaginationen unbewußten Bereichen zu nähern. Einige Gruppenmitglieder bewältigen ihre Angst durch Bagatellisieren und Affektisolation, sie betrachten die ängstigende Imagination spöttisch-distanziert. Dieser Kompromiß zwischen andrängender Angst und Abwehr ist als Gruppenleistung aufzufassen, die es der Gruppe überhaupt erst möglich macht, sich beunruhigenden Bildinhalten zu stellen. Jedes katathyme Bild in der Gruppe und jede Mitteilung eines Bildes ist zu sehen als intrapsychischer und interpersoneller Kompromiß zwischen andrängenden Impulsen, Wünschen und Ängsten einerseits und der dagegen gerichteten Abwehr andererseits.

3.2.2. Archaische Mechanismen in der Gruppenimagination

Die *Begegnung einer Gruppe mit archaischen Symbolwesen* ist diagnostisch besonders aufschlußreich. Auf Symbolwesen werden eigene inakzeptable Impulse projiziert. Die Stellung dieser Symbolwesen in der phylogenetischen Reihe korreliert mit der Reife der auf sie projizierten Impulse im Gruppenprozeß (SACHSSE

1979, 1984). Das entspricht den Ergebnissen von LEUNER (1955b, 1985) zum Einzel-KB, der auch den Symbolwandel unter der konfrontierenden Hilfestellung des Therapeuten beschrieben hat.

Ein Symbolwandel vollzieht sich im Gruppenprozeß oft spontan. Als Beispiel für den spontanen, schrittweisen Symbolwandel und die damit korrelierende Reifung des Impulserlebens und der Impulsverarbeitung sollen die Gruppenimaginationen einer leiterlosen Selbsterfahrungsgruppe von Studenten referiert werden (SACHSSE 1979):

Beispiel: In der *zweiten Sitzung* imaginiert die Gruppe einen «Besuch auf dem Jahrmarkt». Sie fährt Karussell, kauft Zuckerhüte, Bier, Bratwürste und Luftballons. Auf der Fahrt in der Geisterbahn sieht sie ein Skelett, das den Mund ganz groß aufmacht und die Hand nach der Gruppe ausstreckt. Dann rast der Geisterbahnwagen einem Krokodil in den Rachen hinein und kommt am Schwanz wieder heraus.

– Das kindliche Paradies des Jahrmarktes hat orale und motorische Wünsche geweckt und in der Phantasie auch befriedigt. Bei der lustvollen Regression auf eine infantile Entwicklungsstufe werden gleichzeitig auch die unlustbetonten Angstgefühle aus dieser Phase reaktiviert. Da alle frühkindlichen Trieberfahrungen ambivalent geprägt sind, wenn auch bei jedem Individuum in unterschiedlichem Maße, werden bei einer Wiederkehr des Verdrängten immer neben den Triebwünschen auch die korrespondierenden Ängste mobilisiert. Die orale Lust hat auch die Angst vor dem oral-kaptativen Verschlungen- und Gepacktwerden geweckt. In dieser frühen Gruppenphase, in der noch wenig Vertrauen in die Haltefunktion der Gruppe vorhanden ist, müssen die Ängste stark abgewehrt werden. Skelett und Krokodil sind aus toter Materie und können als lächerliche Pappfiguren verharmlost und damit bewältigt werden.

In der *vierten Sitzung* imaginiert die Gruppe einen «Flug zum Mond». Im Weltall greift ein seehundartiges Wesen mit zwei ganz großen Steilzähnen mit seiner großen Hand nach dem Raumschiff. Ein Gruppenmitglied packt die Hand und beißt in sie hinein, bis der Seehund brüllt und wegfliegt. – Auf dem Mond sind in einem tiefen Krater krokodilähnliche Tiere, denen die Gruppe kleine Steinchen ins Maul wirft. Die Krokodile spucken die Steinchen wieder aus, weil sie ihnen nicht schmecken, sie stoßen wilde Laute aus und japsen nach Luft.

– Die oral-kaptativen Impulse sind lebendiger geworden. Noch müssen sie aus der Gruppe hinausverlagert werden. Die Gruppenmitglieder selbst agieren diesen Tieren gegenüber oral-sadistische Impulse. Sie beißen sie und füttern sie mit Ungenießbarem.

In der Gruppenimagination der *siebten Sitzung* (Thema «Wir treffen uns am Ufer eines finnischen Sees») feiert die Gruppe in einem Blockhaus eine oral-anale Orgie. Die Gruppenmitglieder begießen sich gegenseitig mit Rotwein und Kaffee, werfen Kuchen und Pudding gegen die Wände und streuen sich Zucker auf die durchtränkten Kleider. Plötzlich bricht ein Bär in das Blockhaus ein. Er ist über zwei Meter groß, füllt die Hälfte der Hütte aus und stinkt etwas. Dieser Bär stopft alle Reste gierig in sich hinein und zertrampelt die Einrichtung. Die Gruppe gibt ihm Rotwein mit Honig, lockt ihn damit aus der Hütte heraus und macht ihn betrunken. Einigen Gruppenmitgliedern tut der Bär jetzt leid.

– Auch diese Gruppenimagination folgt dem Grundmuster: Die lustvolle Seite der (hier oralen und analen) Ambivalenz wird agiert, die ängstigende und unlustbetonte projiziert, verschoben und am Außenobjekt mit den Mitteln bekämpft, die an diesem Wesen selbst bedrohlich sind. Das orale Erleben ist aber menschlicher geworden: Der Bär steht dem Menschen näher als das Krokodil oder der Seehund. Die Gruppe selbst zeigt ein deutliches Willkürverhalten, erlebt orale Gier und anale Willkür als eigenen, lustvollen Bestandteil. Die Gefühle dem Bär gegenüber sind ambitendent.

65

In der Imagination der *neunten Sitzung* (Thema «Besuch eines Marktes auf dem Lande») feilschen zwei Untergruppen um den Besitz einer prächtigen Milchkuh.

- Die Verteilung der begrenzten Möglichkeiten, in einer Gruppe orale Zufuhr zu erhalten, ist zur Aktion der Gruppe auf der Ebene des Bilderlebens geworden. Es heißt nicht mehr: «wir» gegen ein oral-gieriges Außenwesen, sondern «ich und du, wir müssen uns um die begrenzten Güter auseinandersetzen». – Die Bildung von Untergruppen ist immer der erste Schritt aus der symbiotischen «Wir-Gruppe» heraus zur differenzierten Wahrnehmung der Einzelindividualität in der Gruppe.

Die Auseinandersetzung mit archaischen Symbolwesen ist der Versuch einer Gruppe, vom Ich noch wenig verarbeitete Impulse zu bewältigen. Triebdynamisch handelt es sich dabei um eine Regression auf eine vorambivalente Stufe, in der Libido und Aggression noch unvermischt erlebt werden. Der libidinöse Antriebsanteil wird in der manifesten Aktion ausgelebt, der aggressive auf phylogenetisch frühe Tiere projiziert: Krokodile, Haie, Kraken usw. sind Träger heftiger oral-destruktiver Affekte von vernichtendem Haß und verzehrendem Neid. Die Gruppenmitglieder schließen solche Affekte aus ihrem Leben aus. Nicht selten erlaubt ihnen aber der Kampf gegen die äußere Bedrohung, Anteile der abgewehrten Affekte an diesen Tieren doch auch selbst zu befriedigen. Solche Gruppenimaginationen sind besonders häufig in der Anfangsphase einer Gruppe. Die Gruppe konsolidiert sich dadurch gegen einen Außenfeind. In einer fortgeschrittenen Gruppe sind sie Ausdruck einer tiefen Regression. In diesem Beispiel wird deutlich, wie es der Gruppe mit wachsender Kohäsion und gegenseitiger Vertrautheit gelingt, Affekte aus dem oralen, später auch analen Antriebsbereich schrittweise zu integrieren, bis sie als Anteil der eigenen Persönlichkeit erlebt werden können.

Die Beobachtung der archaischen Symbolwesen, auch menschenähnlicher Tiere, hat mehr diagnostische als therapeutische Relevanz. Sie erlaubt Rückschlüsse darauf, wie groß die Angst vor den auf das archaische Wesen projizierten Impulsen im Hier und Jetzt der Gruppe ist. In den therapeutischen Prozeß kann erfahrungsgemäß erst die Interaktion mit fremden Menschen und die Aktion der Gruppenmitglieder untereinander auf der Ebene des Bilderlebens einbezogen werden. Erst wenn die Gruppe signalisiert, daß sie einen Impuls als menschliches Verlangen phantasieren kann, wird sie sich in den Bearbeitungsphasen auf diese Problematik emotional einlassen können (vgl. Kap. 3.3.).

3.2.3. Ödipale Strukturen in der Gruppenimagination

In der Verarbeitung andrängender Impulse ist die *Begegnung mit einer Gruppe feindlicher Menschen* ein Zwischenschritt. Im sukzessiven Symbolwandel steht sie zwischen der ängstlich-aggressiven Abgrenzung gegen ein feindliches Tier und dem Ausleben vorher abgewehrter Impulse durch die Gruppe selbst. Auf dem in diesem Abschnitt beschriebenen Regressionsniveau der Gruppe werden die abgewehrten Impulse auf feindliche Menschen projiziert, auf Wilde, Neger, Indianer, Araber, Räuber, Piraten usw.

Hierzu ein Beispiel:

Beispiel: Eine Gruppe ist in dem vorigen KB auf der Kirmes gewesen und hat sich dort oral und motorisch ausgetobt. Dabei sind erhebliche Rivalitäten zwischen den Männern um die Führung und zwischen den Frauen um Beachtung seitens der Männer aufgetreten. In dieser Sitzung möchte die Gruppe eine «Durchquerung der Sahara» unternehmen.

– Durch die Wahl dieses Themas projiziert die Gruppe ihre Aggressivität noch nach außen. Sie fühlt sich gefährdet, sucht aber die Quelle der Bedrohung in äußeren Unbilden.

Im KB spielt nun zunächst die Ausrüstung für die Wanderung durch die Wüste eine große Rolle: Lebensmittel, Wasser, Zelte, Werkzeug, alles wird mehrfach kontrolliert.

– Hierin äußert sich die Angst der Gruppe, sich auf die als gefährlich erlebte Wanderung einzulassen.

Schließlich marschieren die Gruppenmitglieder los, die vorher unruhige Gruppe wird schlagartig träge. Es kommt zwar zu kleinen Kämpfen zwischen den Männern, wer vorn reitet und wer hinten, wer die Nachtwachen übernimmt usw., aber davon abgesehen, zieht sich die Wüste ereignislos hin.

– Hier zeigt sich die Abwehr der Gruppe in der Trägheit: Solange gar nichts geschieht, ist die Angst gebannt, denn dann kann auch nichts Schlimmes geschehen.

Plötzlich sieht jemand in der Ferne Reiter, die die Gruppe verfolgen.

– Hiermit wird das Gefühl von Bedrohung akzeptiert, jedoch erneut nach außen projiziert, auf die fremden Reiter. Der Impuls ist in diesem Bild schon etwas Ich-näher als vorher, die Bedrohung liegt nicht mehr in unpersönlichen Naturgewalten (Wüste), sondern in anderen Menschen, in aggressiven Männern.

Renate meint, die Reiter seien sicher Polizisten, die auf Patrouille seien. Lotte hält sie eher für Räuber. Die anderen stimmen Lotte zu.
Renate stellt besorgt fest, daß sie gar keine Waffen bei sich haben. Lotte findet aber in einer Höhle, bei der sie Rast machen, Waffen.
Die Reiter folgen der Gruppe weiterhin. Renate stellt aber fest, daß sie nicht näher kommen.
Bald danach sieht Renate in der Ferne eine Oase liegen. Lotte hält das aber für eine Fata Morgana.

– Impulse und Abwehrformation konstellieren sich jetzt deutlich in den beiden Frauen Lotte und Renate. Die Frauen der Gruppe handeln ihre Phantasien über die Aggressivität der männlichen Gruppenmitglieder an den fremden Reitern ab. Renate sieht sie als Polizisten, Vertreter von Über-Ich, Recht, Ordnung und Schutz, Lotte als Repräsentanten des Es, triebhaft und räuberisch.

Diese Gruppenimagination enthält zwar weiterhin den Abwehrmechanismus der Projektion, er ist aber eingebettet in zwanghafte Charaktermechanismen (Kontrolle der Ausrüstung für die Wüstentour) und phallische Vorstellungen (wilde Reiter mit Gewehren). Die Gruppe ist keine einheitliche Notgemeinschaft gegen eine äußere Bedrohung, sondern besteht aus Untergruppen von differenzierten Menschen, die miteinander koalieren und rivalisieren. Sie begegnet anderen Menschen, die zwiespältig erlebt werden. Hier werden ödipale Triebkonflikte auf einem ödipalen Niveau der Ich-Entwicklung abgehandelt.

Mit Abschluß der ödipalen Stufe ist die seelische Struktur Es, Ich, Über-Ich ausgereift. Sofern eine Gruppe nicht auf präödipale Entwicklungsstufen regrediert, erfordert das lustvolle Ausleben von Es-Impulsen die *Bewältigung* dagegen gerichteter *Über-Ich-Reaktionen*. Dabei ist die sogenannte «Notwehrlegitimation» eine besonders häufige Lösung:

Beispiel: Eine Gruppe, die schon seit einer ganzen Weile als fraktionierte Selbsterfahrungsgruppe besteht, hat mehrere sehr harmonische KB-Sitzungen hinter sich. Die Gruppe ist inzwischen ein sicherer Rückhalt, von dem aus sich jeder mit seinen individuellen Bedürfnissen und Schwierigkeiten auseinandersetzen kann. Die Gruppenteilnehmer kommen nach der Mittagspause in übermütiger Stimmung zur Arbeit zurück. Sie mokieren sich über die «weiche Welle» der Therapeutin und necken sich gegenseitig, während sie vorher eher vorsichtig und rücksichtsvoll miteinander umgegangen sind.

Die Themenvorschläge für das nächste KB sind: «Eine Grenze überschreiten oder schmuggeln», «Bankeinbruch», «ein Denkmal stürzen, z. B. die Germania», «irgend etwas in die Luft sprengen, z. B. das Springer-Haus in Hamburg».

Bei der Themensammlung fällt auf, daß jeweils ein Teilnehmer ein Thema vorschlägt, die anderen es mit zustimmendem Gelächter aufnehmen und einige Details beisteuern, dann aber doch Bedenken anmelden, woraufhin eine Pause entsteht. Schließlich einigt sich die Gruppe auf das Thema: «Ausbruch aus einem Gefängnis oder Straflager.»

- Dieses Thema ist ein gangbarer Kompromiß für die Gruppe: Aggressionen ja, aber ohne schlechtes Gewissen, denn die Aggressionen sind als Notwehr erlaubt, wenn man sich aus einer verzweifelten Lage befreien muß.

Im KB befindet sich die Gruppe dann auf einer Sträflingsinsel. Jeder Teilnehmer steht in anderer Form einen Kampf mit einem Wärter durch, die Bilder wechseln rasch, das Geschehen ist wenig kohärent. Jeder möchte sich selbst und möglichst viele andere Gruppenmitglieder befreien, niemand möchte jedoch befreit werden. Alle Gefängniswärter werden mehrfach umgebracht, die vielfältigen Hilfsangebote innerhalb der Gruppe werden generell abgelehnt oder übergangen.

- An diesem Verhalten wird deutlich, daß es nicht primär um die Bewältigung einer Notlage geht, sondern darum, sich aggressiv verhalten zu dürfen. Wichtig ist der Kampf, nicht das Gerettetwerden. Die Aggression gilt der Therapeutin (siehe auch die anderen Themenvorschläge wie z. B. «Sturz der Germania»), die in Form der Gefängniswärter ins Bild hineingenommen wird.

Nach diesen Kämpfen treffen sich die Gruppenmitglieder am Strand. Sie sind in einem lecken Boot bei stürmischem Wetter von der Gefängnisinsel zum Festland gerudert.

- In diesen Bildern zeigt sich die Angst vor der Rache der angegriffenen Therapeutin: Der Gruppe geht es schlecht nach ihrem Therapeutenmord, sie fürchtet den Zorn der Götter. Die Gruppe regrediert, die Rachephantasien werden auf übermächtige Naturgewalten projiziert.

Die «Notwehrlegitimation» ist auch schon in den katathymen Bildern nachweisbar, in denen der Seehund fortgebissen, die Krokodile gequält, der Bär betrunken gemacht werden (siehe Kap. 3.2.2.).

Präödipale und ödipale Verarbeitungsformen können in einer Gruppenimagination sowohl nebeneinander bestehen als auch unmittelbar aufeinander folgen. Die folgende Gruppenimagination ist ein Beispiel dafür.

Beispiel: Eine fraktionierte Selbsterfahrungsgruppe von Psychologen und Ärzten trifft sich zu einem Sitzungsblock am Wochenende. Die erste Gruppenimagination steht unter dem Thema «Besichtigung einer Pyramide». Zwei Gruppenmitglieder ersteigen mühsam den Gipfel der Pyramide, ein anderes findet im Inneren einen Fahrstuhl. Zwei weitere bleiben auf halber Strecke sitzen und schauen sich um. Dann kommt eine Gruppe lauter, ordinärer Touristen, die ebenfalls auf der Pyramide herumklettert, sehr zum Ärger aller Gruppenmitglieder. Zwei Frauen fühlen sich von diesen Touristen so provoziert, daß sie ihnen einen Jeep stehlen und mitten durch die Touristengruppe hindurch in die Wüste rasen.

- Das Symbol der Pyramide beinhaltet Aspekte einer verehrungswürdigen Vaterimago. An diesem Symbol konstellieren sich Ehrgeizhaltung, illusionäre Hoffnungen, nach oben getragen zu werden, und bescheidenere Ansprüche an die eigene Leistung. Intrapsychisch ist diese Vaterimago als Introjekt der analen Phase ein Kern des späteren Ich-Ideals geworden. Die Begegnung mit dem Vater der analen und uretralen Phase mobilisiert die Triebwünsche dieser Zeit nach Willkür und Auflehnung. Eine Pyramide ist auch ein Grabmal: Der Vater ist also tot. Die Willkürimpulse werden nun zunächst auf eine – allerdings sehr gruppennahe – Fremdgruppe verschoben, dort verachtet und abgewertet, schließlich aber selbst unter dem Schutz einer «Feindbild-Legitimation» (gegen solche Menschen ist das erlaubt) agiert. Diese Impulse können im Nachgespräch gut bearbeitet werden.

Wenn die ödipale Stufe beim Gruppenprozeß einmal erreicht ist, sind *Gruppenregressionen* natürlich jederzeit möglich. Sie können Ausdruck eines Widerstandes sein oder im Dienste des Ich stehen. Eine Regression, die sowohl unter dem Konzept von Widerstand als auch unter demjenigen der Regression im Dienste des Ich gesehen werden kann, zeigt das folgende Beispiel:

Beispiel: Als Thema für das letzte GKB eines Wochenendes wird eine «Reise auf einem fliegenden Teppich» vorgeschlagen. In der insgesamt sehr offenen und experimentierfreudigen Gruppe sind zur Zeit libidinöse und aggressive Impulse sehr bewußtseinsnah. Auf diesem Teppich schweben die Gruppenmitglieder hoch in der Luft, unten liegt eine orientalische Stadt. Sie rauchen eine Wasserpfeife, der Teppich schaukelt ein bißchen, das ist sehr angenehm. Eine Teilnehmerin läßt sich auf eine große Wolke fallen und landet dort ganz weich wie in Watte. Andere probieren das auch. Dann machen sie eine Kissenschlacht mit Wolken; einer fabriziert aus Wolken Zuckerwatte. Ein Mädchen tanzt einen Schleiertanz, ein Pärchen kuschelt sich dicht aneinander.

- In diesen Bildern sind die libidinösen und aggressiven Strebungen noch sichtbar, sie werden aber aufgesogen in der symbiotischen Regression der Gruppe, in der die Individualität der einzelnen verschwimmt und ein beglückendes Gefühl von gemeinsamem Erleben entsteht.

Der Teppich landet dann bei einer Karawanserei, und die Gruppe unternimmt einen Ausflug auf einen orientalischen Markt, wo es viele Tiere, Gemüse, Gewürze, Obst, Teppiche und Schmuck gibt. Jeder nimmt sich etwas mit.

- Die Gruppenmitglieder versuchen, das gesamte Geschehen der Gruppe in diesem letzten KB zu kondensieren, alles noch einmal anzudeuten und mitnehmbar zu machen. In den Einzelheiten der Aktion, auf die hier aus Platzgründen nicht näher eingegangen werden kann, wiederholen sich kondensiert die Beziehungsstrukturen.

Dann besteigen sie wieder ihren Teppich, wickeln sich in Wolkenwatte gegen Kälte, sitzen ganz eng zusammen und fühlen sich merkwürdig frei, warm, ohne Schweregefühl, hören eine Art Sphärenmusik und sehen die Erde als Kugel ganz weit unter sich. Plötzlich bekommen sie Angst vor der endlosen Weite und wollen wieder herunter. Sie landen auf einer Südseeinsel am Strand und sind erleichtert, wieder festen Boden unter den Füßen zu haben. Dann werfen sie die orientalische Kleidung ab und tauchen ins Meer.

- Die Regression steigert sich hier zunächst bis ins mystisch-rauschhafte Alleinigkeitsgefühl[30] hinein, das dann aber Angst vor Individualitätsverlust in der Entgrenzung auslöst und den Wunsch entstehen läßt, wieder «festen Boden unter die Füße zu bekommen».

---

30 Eine Anwendung der Narzißmus-Theorien auf das Katathyme Bilderleben findet sich bei PAHL (1983).

Das gemeinsame Im-Meer-Untertauchen ist noch einmal ein symbiotisches Versinken im Uterus der Mutter «Gruppe» oder «Therapeutin», das aber wegen der Möglichkeit, jederzeit wieder aufzutauchen (die auf dem Teppich im Weltall nicht gegeben war), nicht mehr als bedrohlich erlebt wird.

In diesem KB dient die gemeinsame Regression einmal der Abwehr der starken aggressiven und libidinösen Impulse, die die Gruppe in Anbetracht der anstehenden Trennung für zwei Monate nicht weiterbearbeiten möchte. Zum anderen wird durch dieses gemeinsame Erleben die Gruppenkohäsion gestärkt. Eine solche Rückversicherung per Regression war erforderlich, um auf ihrer Basis in späteren Sitzungen die erneute Konfrontation mit Konflikten wagen zu können.

Die bisher beschriebenen Gruppenimaginationen waren dadurch gekennzeichnet, daß sich in ihnen überwiegend die Notwendigkeit manifestierte, andrängende Impulse entweder durch archaische Abwehrmechanismen zu bewältigen oder zumindest ein mächtiges Über-Ich zu besänftigen. Haben die Gruppenmitglieder soviel relative Ich-Stärke gegenüber Es und Über-Ich entwickelt, daß sie Impulse aus beiden Systemen annehmen und ich-synton erleben können, müssen solche Impulse nicht mehr projiziert werden.

Ein beliebtes Thema, das es ermöglicht, *Es-Impulse auszuleben,* ist die Verwandlung in Tiere. Mit der Wahl dieses Themas akzeptieren die Gruppenmitglieder nicht nur, daß sie tierisch-triebhafte Impulse in sich annehmen, sie stehen auch zu dem Wunsch, solche Impulse ausleben zu wollen.

Beispiel: In der Gruppe, von der jetzt berichtet werden soll, bestehen starke erotische Spannungen zwischen den Männern und Frauen. Eine Klärung der vielfältigen Beziehungen untereinander ist schon mehrfach angeregt worden, aber nie erfolgt. Die Gruppe hat Angst davor. Jemand schlägt vor, die Klärungen der Beziehungen im KB zu versuchen. Dies wird aufgegriffen: Sie wollen «sich in Tiere verwandeln», sich als Tiere treffen und schauen, wie sie miteinander umgehen können.

– Durch dieses Thema wird zwar eine gewisse Distanz zur eigenen Person hergestellt, mit verminderter Verantwortlichkeit für das eigene Verhalten. Die eigenen, nicht so ganz akzeptablen Impulse können auf das Verhalten eines Tieres projiziert und so eher zugelassen werden. Die Tiere sind aber die Gruppenmitglieder selbst.

Das KB beginnt, indem jeder sein Tier beschreibt; so treffen sich Raubvogel, Pferd, Elefant, Bär, Panther, Tiger, Löwe und Hyäne. Sie haben Angst voreinander, beruhigen sich aber gegenseitig. Alle erklären, ganz satt zu sein und nur miteinander spielen zu wollen.

– Durch die Betonung der friedfertigen Absichten wird die unterschwellige Aggressivität beschwichtigt (Reaktionsbildung, ein reiferer Abwehrmechanismus).

Nun meldet sich der bisherige Omega der Gruppe zu Wort. Er ist ein schwarzer Fremdenführer in einem amerikanischen Reisebus, seine Touristen wundern sich sehr über diese friedfertigen «wilden» Tiere.

– Omega sieht sich selbst als außerhalb der Gruppe. Er ist kein Tier. In der Phantasie holt er sich seinerseits eine Gruppe als Verstärkung und Sprachrohr, sieht sich aber auch in dieser Phantasiegruppe als außenstehend (schwarzer Reiseleiter mit weißen Touristen). Mit seiner Bemerkung, daß die wilden Tiere sich so merkwürdig zahm und satt verhalten, trifft er genau den wunden Punkt der Gruppe, die ja versucht, Aggressionen zu vermeiden.

Die anderen werden ärgerlich über diesen Einbruch in ihre Tieridylle. Sie werfen den Bus um und verjagen die Touristen. Der Bär zerbeißt noch einen Koffer, aus dem Popcorn herausquillt.

– Die von Omega angegriffene Gruppe wehrt sich, macht Omega unschädlich und ironisiert ihn. Durch den Kampf gegen Omega und seine Gegengruppe kann die Gruppe ihre Aggressionen nach außen ableiten und sich im Inneren konsolidieren. Damit folgt auch diese Gruppenimagination dem inzwischen vertrauten Grundmuster, das Erleben hat sich aber umgekehrt: Die Gruppenmitglieder sind Partei für das Tierisch-Triebhafte und bekämpfen in Omega und seiner Gruppe Ich und Über-Ich.

Omega sitzt derweil als Schildkröte am Ufer und frißt Bambus.

– Omega wählt wohl die Schildkröte als Identifikationstier, weil er einen starken Panzer braucht, in den er sich zurückziehen kann.

Nachdem die Aggression der Gruppe erfolgreich nach außen abgeleitet worden ist, hat der Bär keine Angst mehr vor dem Tiger und dem Pantherweibchen, überhaupt werden nun alle sehr zutraulich. Der Vogel verwandelt sich in ein Eichhörnchen (kuschelig, harmlos und spielerisch) und reitet auf dem Pferd. Die Hyäne verwandelt sich in einen kleinen Affen (harmlos, gesellig, frech), ärgert gemeinsam mit dem Eichhörnchen den Löwen und krault den Elefanten hinterm Ohr. Einer nach dem anderen legen sie sich dann hin, um zu schlafen. Jeder sucht sich seinen Platz, wobei interessant ist, wer sich neben wen legt.

– Nachdem die Aggressionen in Kabbeleien und dem Kampf gegen Omega entladen worden sind, können sich nun die Bedürfnisse nach Nähe und Zärtlichkeit äußern. In den schützenden Tierrollen werden die Beziehungen – sowohl was aggressive als auch was libidinöse Tendenzen betrifft – deutlicher.

3.2.4. Depressives Erleben in der Gruppenimagination

Ein *Annehmen, Ertragen und Durchleiden depressiver Affekte* ohne den Versuch, sie hypomanisch zu überspielen oder anderweitig abzuwehren, ist im allgemeinen erst in einem relativ fortgeschrittenen Stadium einer Gruppe möglich, wenn genügend Vertrauen in die Haltefunktion der Gruppe besteht.

Beispiel: In der ersten Sitzung einer schon länger miteinander arbeitenden, fraktionierten Selbsterfahrungsgruppe stellt sich heraus, daß fast alle Mitglieder erheblichen akuten Belastungen ausgesetzt sind: Walters Großvater ist gerade gestorben, Volker und Elke haben erhebliche Probleme mit ihren Ehepartnern, Margit fühlt sich beruflich sehr unter Druck.
Als Thema für das erste KB an diesem Wochenende wird ein «Spaziergang durch einen Park» vorgeschlagen.
Margit sitzt im Gras und sieht in der Nähe Erika Federball spielen. Hinter ihnen ist eine Müllhalde.
Erika will die Müllhalde untersuchen und geht darauf zu.
Volker sitzt in einem Haufen Glasscherben am Rande der Müllhalde an der Autobahn.
Walter sieht die anderen von weitem, er selbst ist anderswo, er ist bei seinem Großvater.
Elke steckt bis an die Hüften im nassen Sand am Strand. Reiner ist auch am Strand, er weiß nicht genau wo, er kann sich auch nicht recht rühren.
Erika, Margit und Volker treffen sich an einer Senke kurz hinter der Müllhalde. Sie wärmen sich gegenseitig. Volker denkt an Elke, ob sie die nicht auch holen könnten.
Reiner geht zu Elke, möchte ihr helfen, aus ihrem Loch zu kommen. Sie läßt sich von ihm einen warmen Mantel überlegen, um wieder warm zu werden und Kräfte zu sammeln, 71

denn sie fühlt sich schon halb erfroren. Sie meint aber, herausbuddeln müsse sie sich wohl selbst, dabei könne ihr niemand helfen. Es werde aber jetzt wohl gehen.

- Die Gruppe erträgt ihre eigene Depression. Sie versucht nicht, die andrängenden Gefühle zu überspielen oder abzuwehren, sondern durchleidet sie. – Durch den erlebten Zusammenhalt im zweiten Teil des KB sammeln die Teilnehmer Kraft für die anstehende Auseinandersetzung mit ihren Problemen.

3.2.5. Selbstkonfrontation durch die Gruppenimagination

Im Einzel-KB ist das gezielte Einstellen z. B. von Träumen, Erinnerungen, Kindheitsszenen und ängstigenden Lebenssituationen seit langem bekannt. In einem fortgeschrittenen Stadium ihrer Entwicklung entschließen sich auch Gruppen gelegentlich, in der Gruppenimagination eine bestimmte Situation einzustellen. In dem nun folgenden Beispiel geht es um das *gezielte Wiedererleben von Kindheitssituationen in der Altersregression:*

Beispiel: Die Gruppe hat sich auf das Thema «Kinderspielplatz» geeinigt.

Elke spielt ganz zufrieden im Sandkasten, matscht herum, beschmiert sich und baut eine Sandburg.

Karin backt Sandkuchen mit einem Eimerchen, einen nach dem anderen. Ihr Sand ist schmutzig und stinkt.

Martin klettert in einem Gerüst herum, es ist ein grauer Tag, und er langweilt sich.

Sabine spielt in der Abteilung für kleine Kinder und schaut immer mal herüber zu den Größeren. Vor denen hat sie Angst, weil die so wild sind.

Ulla möchte schaukeln. Sie wird von der Mutter angehoben und bekommt einen Schubs. Es macht ihr Spaß.

Karin hält es nicht mehr aus, immer weiter Sandkuchen mit immer demselben Eimerchen zu formen. Sie macht ihre Sandkuchen kaputt und will nun Elkes Burg kaputtmachen. Sie ist neidisch auf die Kinder, die so schön spielen. Bei ihr sieht der Spielplatz kahl, leer und schmutzig aus. Sie ist wütend auf alle, denen es besser geht.

Elke bietet Karin an, ihr ihren Roller zu leihen, aber die lehnt empört ab: Sie möchte einen eigenen Roller haben.

Martin fühlt sich sehr alleingelassen: Er kennt niemanden auf dem Spielplatz, er ist dort einfach abgesetzt worden und muß dableiben, bis seine Mutter ihn abends wieder abholt. Er hat Angst vor den anderen Kindern und geht immer da hin, wo niemand ist.

Ulla entdeckt einen Teich, auf dem Kinder in Wannen herumschwimmen. Sie geht mit ihrer Mutter dorthin, traut sich aber nicht hinein, da sie Angst hat, sich schmutzig oder naß zu machen, während Elke ohne weiteres ins Wasser geht, ihren Sand abspült und dann wild umherrennt, um trocken zu werden.

Ulla ist neidisch auf die Kinder, die da im Wasser plantschen. Sie hat keine Lust mehr zuzusehen, und sie geht mit ihrer Mutter nach Hause.

Martin ist neidisch, daß Ulla so einfach weggehen kann, wenn sie will, und Karin explodiert. Sie macht ringsherum alles kaputt, und die Omas auf den Bänken am Rande des Spielplatzes finden, daß sie ein ganz schreckliches Kind ist.

Im Anschluß an das KB werden viele lange vergessene Kindheitserinnerungen wieder wach mit Gefühlen von Hilflosigkeit, Abhängigkeit, Ausgeliefertsein, Benachteiligtwerden, Ärger, Neid und Wut auf die Geschwister.

Es bilden sich Koalitionen derjenigen, die als ältere auf verwöhnte jüngere Geschwister aufpassen mußten (Karin und Elke), gegen diejenigen, die sich als jüngere Geschwister gegen die Willkür der älteren zur Wehr setzen mußten.

Dann bilden sich Koalitionen der «Schmuddelkinder», die auf sich gestellt durchkommen mußten (Karin, Martin), gegen die behüteten «Mamakinder» (Ulla).

Der alte Neid auf die jeweils anderen wird in der Gruppe wieder aktualisiert, durchlebt und bearbeitet: Der Neid der Vernachlässigten auf das Versorgt- und Behütetwerden und der Neid der Behüteten auf die Ungebundenheit der «Schmuddelkinder».

Um diese Möglichkeit reifer Gruppen im Umgang mit der Gruppenimagination zu vertiefen, sei als letztes Beispiel eine *gezielte Auseinandersetzung mit abgespaltenen Ich-Aspekten* angeführt. C. G. JUNG nennt diese den «Schatten» eines Menschen. Die Integration solcher abgespaltenen, vermiedenen, auf die Umgebung projizierten Ich-Anteile ist eine wesentliche Aufgabe der Therapie. C. G. JUNG hält das Sehen des eigenen Schattens für die erste Aufgabe auf dem Wege zur Individuation, d. h. auf dem Wege der Entwicklung der in einem Menschen angelegten Möglichkeiten (JUNG 1957, S. 29ff.). Die Begegnung mit dem Schatten führt zur Einsicht in die eigene Unvollkommenheit.

Der Schatten gehört zu den Archetypen, wie auch die Anima (das weibliche Prinzip) oder der alte Weise (der Archetyp des Lehrers oder des überlegenen Geistes), d. h. zu den Erlebniskomplexen, die schicksalsmäßig in unser persönliches Leben eintreten (JUNG 1957, S. 40).

Da in diesem Fall die individuellen Verhaltenstendenzen im Vordergrund der Arbeit stehen und nicht die gemeinsam gestaltete Aktion der Gruppe, soll der Inhalt dieses KB nicht in chronologischer Reihenfolge wiedergegeben werden, sondern aufgegliedert in die Einzelaktionen der Teilnehmer.

Beispiel: Die Gruppe hat vereinbart, sich in einem «Schloß mit einem großen Park» zu treffen und zu schauen, was sich ergibt.

Wolfgang hat bisher oft die Führung der Gruppe übernommen. Er verhielt sich im allgemeinen ruhig, besonnen, vernünftig, vermittelnd, kooperativ und hilfsbereit, und seine Anregungen wurden fast immer aufgegriffen und ausgeführt.

In diesem KB sieht er sich als Diener in Livree. Er steigt dann in den Keller hinab und findet dort ein Verlies, in dem ein Gorilla angekettet ist. Er klettert von dort durch eine Kloake wieder herauf und legt sich nackt in die Sonne.

— Im Bild des Dieners wird ihm deutlich, daß sein übliches Verhalten, das auf den ersten Blick mehr aussieht wie ein Führen und Herrschen, auch seine Kehrseite hat. Er dient der Gruppe, indem er integriert und Lösungswege findet, er verkörpert und lebt die Normen der Gruppe. Dadurch ist er auch eingeengt (Livree) auf Verhaltensweisen, die für die anderen akzeptabel sind, während die triebhaften, aggressiven und destruktiven Tendenzen, die ihm in Form des Gorillas begegnen, unterdrückt bzw. angekettet werden müssen. Der Gorilla verkörpert seine ungelebten Seiten, seine Schattenaspekte. Nach der Begegnung mit dem Gorilla kann er diese ein Stück mehr zulassen. In dem KB deutet sich dieses schon an im Gang durch die Kloake und dem unbekümmerten Nacktsein. — In der nächsten Sitzung zeigt es sich darin, daß er sich zunehmend von seiner Führungsrolle trennt, sich nicht mehr so sehr für die anderen verantwortlich fühlt, sondern stärker versucht, seine eigenen Wünsche durchzusetzen und zu leben.

Joachim war bisher in der Gruppe eher ein Außenseiter. Er hat sich oft zurückgezogen oder sehr aggressiv verhalten und hat auch in anderen Gruppen durch sein provokantes Verhalten Schwierigkeiten. In diesem KB sieht er sich als Playboy ganz fein angezogen im Schloßpark flanieren (in der Realität lebt er sehr bescheiden und ist den Einstellungen der «linken» Studentenbewegung verpflichtet, so daß der Playboy fast genau seinem «Feindbild» entspricht). Er läßt sich von einem Diener etwas zu trinken bringen. Der Sherry schmeckt ihm zunächst sehr gut, anschließend wird ihm dann aber schlecht.

– In der Realität unterdrückt Joachim alle ansprüchlichen, lasziven, schmarotzerischen Wünsche in sich selbst und bekämpft sie auch in anderen. Im KB läßt er sich probeweise auf diese Schattenseite ein, es bekommt ihm aber nicht gut, ihm wird schlecht davon – aber immerhin ist es ein erstes Kennenlernen.

Christel wirkte zu Beginn der Gruppe ständig überarbeitet, gehetzt und übermäßig altruistisch. Das entsprach ihrer häuslichen Situation als Mutter mehrerer kleiner Kinder.

In diesem KB nun sitzt sie in einem gemütlichen Lehnstuhl in der Bibliothek, liest in Ruhe ein Buch und genießt es. Als allerdings die Gruppe abends Gäste erwartet und eine andere Teilnehmerin mit dem Tischdecken beginnt, entschließt sie sich seufzend, ihren gemütlichen Platz aufzugeben und beim Tischdecken zu helfen.

– Sie übernimmt zwar gegen Ende wieder ihre gewohnte Rolle der versorgenden Mutter, hat aber doch in diesem KB zum ersten Mal ein eigenes Bedürfnis wahrgenommen und befriedigt. Nun seufzt sie bei der Erledigung der Pflichten, die sie bisher wie selbstverständlich ganz automatisch erledigt hat, ohne sich ihrer permanenten Überforderung bewußt zu sein. Diese konnte sich nur in somatischen Beschwerden niederschlagen.

Horst fühlt sich in diesem KB als Hausherr im Schloß. (Das ist für ihn eine neue Rolle, sonst hat er eher Adjutantenfunktionen übernommen und sich auf die Betaposition beschränkt.) Die Gruppe erwartet abends Gäste. Zuerst kommt eine alte Dame mit einem Zwerg in einer großen Kutsche vorgefahren. Sie setzt sich oben an die Tafel, zwischen Horst und den Zwerg. Horst glaubt, die alte Dame pausenlos unterhalten zu müssen, was er als sehr anstrengend und langweilig empfindet.

Dann kommen weitere Gäste, sie bleiben aber recht diffus und gesichtslos und haben merkwürdigerweise alle keinen Schatten. Dadurch wirken sie gespenstig, die Gruppe fühlt sich an Polanskis Film «Tanz der Vampire» erinnert.

– In der alten Frau ist sicher eine Übertragungsphantasie auf die Therapeutin zu sehen, die relativ wenig sagt und sich (besonders während der Gruppenimagination) von der Gruppe unterhalten läßt. Die Gäste ohne Schatten dürften die verschiedenen ungelebten Aspekte der Gruppenmitglieder darstellen, die umhergeistern und sich bemerkbar machen, aber noch nicht deutlich sichtbar sind, die die Gruppenmitglieder erst noch kennenlernen müssen. Für Horst beginnt in diesem KB die Auseinandersetzung mit eigenen, sehr verdrängten Machtbedürfnissen, mit seiner ambivalenten Einstellung gegenüber Autoritätspersonen, die er in der Übertragung auf die Therapeutin wiederbeleben kann.

Es ist wohl deutlich geworden, daß eine Gruppenimagination unter sehr verschiedenen theoretischen Konzepten betrachtet und verstanden werden kann. Jedes dieser Konzepte betont andere Aspekte und eröffnet einen anderen Zugang zu seelischen Prozessen. Für die Gruppenimagination gilt – wie für die Träume und den allgemeinen Gruppenprozeß –, daß sie sich nach der theoretischen Ausrichtung des Therapeuten mitorganisiert. Dessen sollte sich der Therapeut bewußt bleiben.

Am Ende der Gruppenimagination hat der Gruppentherapeut sich eine Hypothese gebildet, welche Impulse in der Gruppe andrängen, wie diese Impulse verarbeitet werden, wie sie abgewehrt werden und wie weit sie erlebnisfähig sind. Er hat die Tiefe der Regression diagnostiziert und die Signale aus der Gruppe registriert, welche Gefühle und Empfindungen noch zu ängstigend sind, als daß sie direkt angesprochen werden könnten. Seine diagnostischen Interpretationen aus den Inhalten der Gruppenimagination stellen seine Interventionen in den nun folgenden Bearbeitungsphasen auf eine solide Basis.

3.3. Die erste Bearbeitungsphase

Nachdem der Gruppenleiter die Gruppenimagination beendet hat (etwa mit den Worten «Jeder sucht sich jetzt einen Ort, von dem aus er hierher in die Realität zurückkehrt. Wer wieder hier ist, nimmt sich ganz kräftig zurück.»), nehmen die Gruppenmitglieder die Entspannung in der vom autogenen Training bekannten Form zurück (I. H. SCHULTZ 1979; KRAPF 1973). Ein kräftiges Zurücknehmen wird vom Gruppenleiter in der ersten Sitzung nachdrücklich empfohlen, da das KB Entspannungszustände sehr vertiefen kann (NERENZ 1965; PLAUM 1967; KREISCHE 1976).

Die Gruppe läßt das gemeinsame Bilderleben zunächst ausklingen. Assoziativ-unverbunden spricht sie dieses und jenes Ereignis oder Motiv kurz an, meist nur, um etwas zu ergänzen, emotional auszufüllen oder zu korrigieren. Allmählich werden die Interaktionen dann länger und verweilen bei bedeutsamen Szenen.

Der Gruppenleiter hat von jetzt ab nicht mehr nur diagnostische, sondern auch therapeutische Aufgaben. Er diagnostiziert und interveniert vornehmlich unter folgenden zwei Fragestellungen:

(1) Werden wesentliche Inhalte der Gruppenimagination nicht angesprochen? In diesem Falle konfrontiert er die Gruppe nach einer angemessenen Zeit mit seiner Beobachtung (etwa: «Mir fällt auf, daß die Theaterszene gar nicht angesprochen wird, obwohl sie doch einen recht breiten Raum eingenommen hat».).

(2) Von welchen Gefühlen wird das Gespräch über die Gruppenimagination begleitet? Sind die Affekte kohärent, oder werden Affektisolationen bzw. Defizite in der Binnenwahrnehmung deutlich? Sind die begleitenden Affekte inadäquat?

Die Interventionen des Gruppentherapeuten entsprechen seiner diagnostischen Interpretation. Meint er, etwa eine Affektisolation oder eine phallische Charakterabwehr zu sehen, wird er konfrontierend intervenieren (etwa: «Mir fällt auf, daß Sie über dieses doch recht bewegte und auch bewegende KB jetzt ganz sachlich-distanziert diskutieren, fast unbeteiligt.» — Oder im Falle einer phallischen Charakterabwehr: «Mir ist aufgefallen, daß mehrere in der Gruppe so etwas betont forsch draufgängerisch wurden, als das Floß von Krokodilen angegriffen wurde»). Er wird dann den Konflikt bearbeiten, der die Gruppenmitglieder hindert, ihre Empfindungen im Gruppengeschehen zu erleben oder deutlich werden zu lassen.

Sieht der Gruppentherapeut eine Ich-Schwäche, in diesem Falle der Ich-Funktion der Binnenwahrnehmung (HURVICH 1972), wird er Ich-fördernd eingreifen:

Beispiel: Gruppenmitglied (Gmg.): «In dem langen Tunnel habe ich mich ganz komisch gefühlt.» — Mit «ganz komisch» beschreibt dieses Gmg. einen offensichtlich nur sehr diffus erfaßten Spannungszustand, der sich dumpf vom üblichen Erleben unterscheidet. Therapeut (T): «Komisch? Könnten Sie versuchen, das noch etwas genauer zu erfassen, was da in Ihnen vor sich ging?» — Der Therapeut fordert zur differenzierten Binnenwahrnehmung auf. Gmg.: «Da war alles so eng, so nahe in dem Tunnel.» — Das Gmg. beschreibt die Imagination, nicht seine auf die Enge und Nähe antwortenden Empfindungen. Es reagiert aber körperlich, zieht die Schultern nach oben, die Arme an den Brustkorb, und verzieht das Gesicht in einer Form, die auf den Gruppentherapeuten teils hilflos, teils ängstlich wirkt.

T: «Sie ziehen die Arme jetzt so an den Körper heran. Könnte man sagen, Sie fühlten

sich eingeengt, bedrängt, bedrückt, vielleicht auch etwas ängstlich?» – Der Gruppentherapeut nennt mehrere Gefühlsqualitäten, die seiner Empathie und Erfahrung nach in einer
solchen Situation möglich wären und durch die oben beschriebene Körperreaktion signalisiert werden.

Gmg.: «‹Bedrängt› trifft es wohl am besten, als ob mir da etwas zu nahe gekommen
wäre. Aber Angst hat es mir eigentlich nicht gemacht, es war mir eher körperlich unange-
nehm.»

Das Verbalisieren emotionaler Erlebnisinhalte per Empathie ist in der klien-
ten-zentrierten Gesprächspsychotherapie von ROGERS (1973) sorgfältig und ausführlich erarbeitet worden. Die Bedeutung dieses therapeutischen Vorgehens für
das KB haben zuerst BREUER und KRETZER (1974) herausgestellt. Der Wert solcher therapeutischen «Kleinarbeit» wird häufig weit unterschätzt. Das Ergebnis
einer Vernachlässigung können Therapien sein, die nur vordergründig tiefgrei-
fend wirken, weil zwar wichtige Konflikte erörtert werden, aber ohne die zugehörigen Empfindungen. So etwas ist wirkungslos. Es verstärkt höchstens eine ratio-
nalisierende und intellektualisierende Abwehr.

Der von LEUNER (1978a) in Anlehnung an Ergebnisse der Gestaltpsychologie
empfohlene Umgang mit Symbolen im KB hat sich auch für die erste Bearbeitungsphase im GKB bewährt. Symbole werden danach zunächst nicht tiefenpsychologisch gedeutet, sondern in ihrer Gestaltqualität, in dem sie begleitenden
Fluidum, in ihrer emotionalen Anmutung erfaßt. Im Beispiel auf S. 64 führt ein
Steg, dem das Geländer fehlt, in einen See mit dunklem, schlammigen Wasser.
Die tiefenpsychologisch wahrscheinlich richtige Deutung, der Steg sei ein Symbol
für den Weg der Gruppe ins Unbewußte, das als bedrohliches Wasser symbolisiert sei, ist therapeutisch unfruchtbar, wenn sie nicht vorbereitet ist durch ein
emotionales Erleben der Gefühlsqualitäten dieses Motives. Die Gruppenmitglieder müssen das Unheimliche, Dunkle, Unsichere des Motives erleben, bevor sie
mit der Deutung konfrontiert werden können, ob ein Gefühl der Unsicherheit
und einer gewissen Bedrohung für sie vielleicht auch vom KB ausgehe.

Zu frühe «tiefe Deutungen» werden von Gruppenmitgliedern, die im tiefenpsychologischen Denken nicht zu Hause sind, nicht angenommen. Sie reagieren
mit Unverständnis und Kopfschütteln oder mit abfälligem Grinsen über den Therapeuten. Von «erfahrenen» Patienten oder Teilnehmern von Selbsterfahrungsgruppen werden solche Deutungen zwar angenommen, aber eher heiter-amü-
siert, etwa im Sinne eines «So so, ist ja hochinteressant, was sich da so in einem
tut». Untergründig erhöhen solche Deutungen die Widerstände gegen das Bilderleben, weil die Bilder entlarven, entblößen, durchschaubar und damit verletzlich
machen. Ein Negativbeispiel mag dies veranschaulichen:

Beispiel: Eine fraktionierte Selbsterfahrungsgruppe von Psychologen und Ärzten imaginiert in der zweiten Sitzung eines Wochenendes einen «Märchenwald». Auf einer Lichtung steht ein großer Fliegenpilz, in dem die Gruppe eine kleine Wohnung findet. Den
Weg in den Keller sieht eine Teilnehmerin als ein Rohr voller ekligem Schlamm, in dem
sie stecken bleibt. Ein anderes Gruppenmitglied tritt gegen einen der Bäume am Rande
der Lichtung; aus der Wunde des Baumes kommt eine durchsichtige Flüssigkeit von honig-
artiger Konsistenz. – In der ersten Bearbeitungsphase stimmen die Gruppenmitglieder
überein, daß dieser Gruppentraum ihnen unheimlich gewesen ist. Als die Gruppe sich
ratlos mit den Bäumen und der Flüssigkeit beschäftigt, sagt der Gruppentherapeut als
erste Intervention dieser Sitzung: «Wenn ich mir den Pilz vor Augen führe, auch dieses

Rohr voller ekligem Schlamm, – jetzt geht es so um diese hohen Bäume, aus denen eine durchsichtige Flüssigkeit austritt, dann frage ich mich, ob es in dieser Gruppe um Gefühle und Phantasien geht, die sich um die unteren Körperregionen ranken, von denen ja auch oft etwas Unheimliches ausgeht.» Die Gruppe reagiert zunächst mit einem betroffen-verlegenen Schweigen. Dann können mehrere Gruppenmitglieder – sicherlich auch durch ihre professionelle Vorerfahrung – die Deutung aufgreifen und verwerten. Der Therapeut hat das befriedigende Erleben, «getroffen» zu haben. Die beiden folgenden Sitzungen verlaufen jedoch zäh, schleppend, die katathymen Bilder werden nur zögernd mitgeteilt und bearbeitet, es gibt viele, lange Schweigepausen. Erst am Ende der vierten Sitzung gelingt es, den Übertragungswiderstand aufzuarbeiten: Der Therapeut hat seine Gegen-übertragung agiert, die durch die analen, uretralen und phallischen Motive der Gruppen-imagination ausgelöst worden ist. Er hat die Gruppenmitglieder mit seiner Deutung «zu tief unten getroffen» und dadurch die Übertragung einer treffenden, verletzenden, phal-lisch-invasiven Vaterimago auf sich hervorgerufen oder intensiviert. Gegen dieses Über-tragungsobjekt schützte die Gruppe sich – völlig zu Recht – durch Zurückhalten, Dicht-machen, Schweigen, Verheimlichen.

Hier ist der Ort, die grundsätzlichen Gedanken zur Bearbeitung von Symbolen und Symbolwesen anzuführen, die ich zusammen mit KREISCHE an anderer Stelle bereits mitgeteilt habe (KREISCHE und SACHSSE 1978). LEUNER (1959) sieht einen engen Zusammenhang zwischen der phylogenetischen Stufe des Symbols und der Regressionstiefe. Je höherstehend, je differenzierter das Symbol in diesem Konti-nuum ist, um so geringer ist die Regression. Bevor ein Symbol auf frühkindliche Prägungen beziehbar wird, muß im KB ein Symbolwandel erfolgt sein (LEUNER 1957). Ein Symbolwandel vollzieht sich im GKB spontan (SACHSSE 1979) (vgl. auch Kap. 3.2.2.).

Aber auch hier gilt, daß Symbolwesen auf einer phylogenetisch frühen Stufe nicht direkt gedeutet werden sollen. Eine Verschiebung oraler Impulse auf das Symbol des Haies oder des Krokodils beispielsweise ist ein Hinweis, daß orale Gier und oraler Neid im Hier und Jetzt dieser Gruppe zwar heftig andrängen, aber unbewußt als so destruktiv erlebt werden, daß sie nur an einem nicht-menschlichen, dem Menschen vital gefährlichen Lebewesen wahrgenommen wer-den dürfen. Hier könnte höchstens in der oben beschriebenen Weise versucht werden, die Gestaltqualitäten eines Haies oder Krokodils anzusprechen. Erst wenn orale Impulse beim Menschen, im GKB dann oft an Wilden, an Räubern oder Piraten bildhaft erlebt werden, kann der Gruppentherapeut sie konfrontie-rend ansprechen, denn das ist ein Hinweis, daß die Gruppe solche Impulse als menschlich wahrnehmen kann.

Als Beleg dafür, daß eine Projektion auf ein Tier nicht direkt gedeutet werden kann, bringe ich hier den mißlungenen Versuch einer Gruppe, die Projektionen eines ihrer Mitglieder zu bearbeiten:

Beispiel: In der dritten Sitzung einer studentischen Selbsterfahrungsgruppe ohne Leiter hat Heinz sich mit seinem Themenvorschlag gegen Birgit durchgesetzt. Die Gruppe kehrt in einem Gasthaus ein, und Heinz möchte ein Bier trinken. Birgit sieht dann einen großen, bedrohlichen Hund mit beiden Vorderbeinen auf dem Tisch ganz nahe beim Bierkrug stehen, so daß Heinz nicht wagen kann, sich vom Stuhl zu rühren. Auch als andere Gruppenmitglieder sagen, der Hund sei jetzt fort, beharrt Birgit darauf, er stände noch da.

In der Bearbeitungsphase wird Birgit lachend, aber verständnisvoll darauf angespro-chen, daß sie wohl etwas gegen Heinz hätte. Als sie treuherzig behauptet, sie habe gar nichts gegen Heinz, er habe ihr auch leid getan, wird sie von den anderen Gruppenmitgliedern ausgelacht. Trotzdem bleibt sie dabei.

– Vergeltungswünsche und oraler Neid als Reaktion auf die Zuwendung, die Heinz im Gegensatz zu ihr in der Gruppe erfährt, sind für sie so inakzeptabel als Bestandteile der eigenen Person, daß sie ihre Projektion per blander, für alle durchsichtiger Verleugnung aufrechterhalten muß. Das Lachen der Gruppe hat sie nur weiter in die Abwehr getrieben, ihre Omegaposition ist verfestigt worden. Ein Gruppentherapeut hätte diesen Prozeß sicher bearbeiten können, die Gruppe allein war da überfordert.

Am Ende der ersten Bearbeitungsphase hat die Gruppe häufig einen Konflikt, mit dem sie sich intensiver und anhaltender auseinandersetzt. Dies wäre dann der Augenblick, zur zweiten Bearbeitungsphase überzuleiten, indem der Gruppentherapeut die Gruppe auffordert, sich jetzt auf die Stühle oder Sessel des Gruppenkreises zu setzen.

3.4. Die zweite Bearbeitungsphase

Die zweite Bearbeitungsphase dauert mindestens 45, meist jedoch gut 60 Minuten. Während dieser Zeit sitzen die Gruppenmitglieder mit dem Therapeuten auf Stühlen oder Sesseln im Kreis. Dadurch geschieht eine räumliche Distanzierung zur Ebene der katathymen Bilder, zum regressiven Zustand des Liegens oder Auf-dem-Boden-Hockens. Dieses Setting steht der alltäglichen Umgangsform näher. Durch den räumlichen und körperlichen Wechsel der Ebene bekommen die Interaktionen der Gruppenmitglieder eine andere Qualität. Das Klima wird konventioneller, Abwehrmechanismen und temporär aufgegebene Ich-Funktionen treten wieder in Kraft. In diesem Rahmen fällt es oft leichter, auch sogenannte «negative Gefühle» wie Ärger, Neid, Haß, Eifersucht, Zweifel oder Mißtrauen mitzuteilen und in den Kontakten zu anderen wirksam werden zu lassen. Auch Gefühle dem Therapeuten gegenüber sind erfahrungsgemäß auf dieser Ebene leichter einzubringen.

So ist der Wechsel des Settings für den Therapeuten eine wesentliche Hilfe bei seiner therapeutischen Arbeit. Neben seiner weiteren diagnostischen Funktion, in deren Rahmen er den Gruppenprozeß weiter beobachtet – etwa auf dem Hintergrund des Göttinger Modells oder des Segment-Modells, die in Kap. 2.3. vorgestellt wurden –, erfüllt er in der zweiten Bearbeitungsphase schwerpunktmäßig seine therapeutische Funktion. Seine Möglichkeiten, therapeutisch zu intervenieren, sind so vielfältig, daß ihnen das gesamte vierte Kapitel gewidmet sein wird. So genügt es hier, die Intentionen und Zielrichtungen zu umreißen.

Idealiter konfrontiert der Gruppentherapeut am Ende der ersten Bearbeitungsphase oder am Anfang der zweiten die Gruppe mit seiner Hypothese darüber, um welchen Konflikt es in der Gruppe zur Zeit überwiegend geht. Er greift dabei die Anteile der Gruppenimagination auf, die sich ihm als bewußtseinsfähig dargestellt haben, also Interaktionen der Gruppenmitglieder untereinander und Begegnungen mit anderen Menschen, und verbindet sie mit den Einfällen und Affekten, die in der ersten Bearbeitungsphase manifest wurden. In einem weiteren Schritt bezieht er diesen Konflikt auf das Hier und Jetzt der Gruppe. Er verdeutlicht, welchen Anteil die einzelnen Gruppenmitglieder an diesem Konflikt haben; wer ihn in der Gruppenimagination gesucht oder gemieden hat, welche Affekte diesen Konflikt begleiteten. Er konfrontiert die Gruppenmitglieder damit, wer die Exponenten dieses Konfliktes (Alpha und Omega) im aktuellen Gruppengeschehen sind, und verweist auf frühere Gruppensitzungen. Dabei verdeutlicht er implizit auch die Rangpositionen der einzelnen Gruppenmitglieder. Das Gruppengeschehen kann und soll sich dabei von den Inhalten der Gruppenimagination entfernen oder auch nur einen kleinen Teilbereich vertiefen. Die katathymen Bilder dienen in dieser Phase nur als Material.

Sofern sich eine Übertragung auf den Gruppentherapeuten entwickelt hat, die zum Widerstand in der Arbeit zu werden droht, bearbeitet er ihn ebenfalls in dieser Phase.

Last not least achtet er darauf, daß die Erfahrung im Hier und Jetzt mit der Genese und der alltäglichen Lebenssituation verknüpft wird, damit die Gruppe keine isolierte Insel im Leben der Teilnehmer wird, sondern ein ständiger Austausch zwischen früher und heute, hier drinnen und da draußen stattfindet. FÜRSTENAU (1982) meint auf dem Hintergrund eines systemtheoretischen Ansatzes, daß therapeutische Gruppen keine für die Realbeziehungen ihrer Teilnehmer relevanten Veränderungen bewirken, also nicht therapeutisch wirksam sind, zumindest weit weniger als Einzeltherapien und Familientherapien, wenn der Gruppentherapeut nicht aktiv auf einen Transfer hinwirkt. Alle Erfahrungen, die in der Gruppe gemacht werden, können in ihr auch angewendet und zur befriedigenden Entfaltung gebracht werden. Das senkt den Leidensdruck und wirkt einer Umsetzung in den Alltag entgegen.

Der hier beschriebene idealtypische Ablauf in der Konfliktbearbeitung ist meist auf mehrere Gruppensitzungen verteilt. Mal steht das Hier und Jetzt der ganzen Gruppe, mal die Problematik einzelner, mal die Erinnerung an die Kindheit, mal die Auseinandersetzung mit Konflikten aus dem Privat- oder Berufsbereich der Teilnehmer im Vordergrund.

Die Darstellung hat deutlich gemacht, daß in der ersten und zweiten Bearbeitungsphase die Intentionen des Therapeuten dahin gehen, die regressive Ebene des Bild-«Erlebens», des unreflektierten Erlebens allgemein, schrittweise zu verlassen, um ein emotionsgetragenes Durchdenken anzuregen. Interventionen zur Bearbeitung der Gruppenimagination fördern sehr selten die Regression. Hier liegt ein Unterschied zur Arbeit des analytischen Gruppentherapeuten, der durch seine Interventionen − wobei ich auch Schweigen als eine Intervention verstehe − eine optimale Regression in der Gruppe fördert. Die Gruppenimagination ist zu sehen als Ausdruck jenes Regressionsniveaus, zu dem die Gruppe gegenwärtig fähig ist.

3.5. Agieren mit dem Setting

Die Tatsache, daß eine GKB-Sitzung aus unterschiedlichen Phasen besteht (Themenfindung, Gruppenimagination, erste und zweite Bearbeitungsphase), führt dazu, daß Gruppen sich häufig mit der Methode selbst sowie der Bedeutung und Gewichtung der einzelnen Phasen auseinandersetzen, und daß einzelne Gruppenmitglieder mit dem Setting agieren. Die klinisch häufigsten Formen der Auseinandersetzung und des Agierens seien am Schluß dieses Kapitels dargestellt.

– Die Phase der Themenfindung kann von den Gruppenmitgliedern so weit ausgedehnt werden, daß aus zeitlichen Gründen keine Gruppenimagination mehr stattfinden kann.

Der Gruppentherapeut sollte diese Situation vorrangig bearbeiten, sie weder übergehen noch versuchen, auf den Beginn der Gruppenimagination zu drängen. Wenn eine Gruppe sich nicht auf eine Gruppenimagination einlassen kann oder will, ist das entweder ein Hinweis auf heftige Spannungen zwischen den Gruppenmitgliedern oder auf einen Widerstand gegen die Methode, d. h. auch den Gruppentherapeuten.

– In der Anfangsphase einer Gruppe wird oft die Verbindlichkeit des GKB-Themas und der Bilder der anderen problematisiert. Als Extreme stehen sich folgende Standpunkte gegenüber: «Das Thema ist für alle verbindlich. Bilder, die nicht dazu passen, gehören nicht ins Gruppen-KB. Außerdem muß sich jedes Bild den Bildinhalten der Vorgänger anpassen.» Versus: «Das Thema wie die Bilder der anderen sind völlig unverbindlich. Jeder soll seine Bilder so mitteilen, wie sie ihm kommen, gleichgültig, ob sie zu den Bildern der anderen passen oder nicht!»

An dieser Problematik wird häufig der Konflikt abgehandelt, einerseits ein Individuum zu sein und unabhängig sein zu wollen, andererseits als Zoon politikon in Abhängigkeitsverhältnissen zu stehen, hier zu den anderen Gruppenmitgliedern. In der Pluralität sehen HEIGL-EVERS und HEIGL (HEIGL 1978) in Übereinstimmung mit H. ARENDT (1960) «die charakteristische Reiz-Konfiguration der Gruppe». Das GKB akzentuiert die Problematik Individualität versus Pluralität, Autarkie versus Abhängigkeit dadurch, daß mit der Gruppenimagination eine gemeinsame Gruppenaktion erwartet wird, ohne daß Gemeinsamkeit als Gruppennorm vorgegeben würde. Jede Gruppe, jedes einzelne Gruppenmitglied muß diesen Konflikt sowohl grundsätzlich als auch punktuell in jedem Augenblick für sich lösen.

Zu diesem Konflikt sei auf DANIS (1977) verwiesen, die das Streben nach Unabhängigkeit und Autarkie als Versuch wertet, eine narzißtische Phantasie Wirklichkeit werden zu lassen. In Übereinstimmung mit FAIRBAIRN (1952) sieht sie nur die Möglichkeit, sich von Stufen infantiler Abhängigkeit zu solchen reifer Abhängigkeiten zu entwickeln.

– Ebenso oft taucht die Frage auf, ob die Gruppenimagination oder die Bearbeitungsphase größeres Gewicht oder größeren Wert habe.

Diese Diskussion kann ganz praktisch Probleme aufwerfen, wenn nämlich von Gruppenmitgliedern gewünscht wird, in der jetzigen Sitzung kein KB zu machen, sondern das Anstehende weiter zu besprechen. Dies kann häufig indiziert sein.

In Ausnahmefällen ist es auch schon vorgekommen, daß einzelne Gruppenmitglieder Spannungen und Probleme provoziert haben, «die vorher aber unbedingt noch geklärt werden müssen, bevor wir wieder bilden können».

Solche Gruppenmitglieder agieren so ihre Hingabeängste, gelegentlich auch ihren passiven Protest gegen den Gruppentherapeuten oder ihren Versuch, diesen heimlich zu depotenzieren. Diese Möglichkeiten können aber erst erwogen werden, wenn ein Gruppenmitglied mehrfach darauf gedrängt hat, keine Gruppenimagination zu machen.

80

Grundsätzlich sind Gruppenimagination und Bearbeitungsphase gleichwertig, aber nicht gleichgewichtig. Es ist eine Fähigkeit sui generis, sich in einer Gruppe auf die spezifische Kommunikation der Gruppenimagination einzulassen. Für viele schizoid und zwanghaft Strukturierte bedeutet es bereits einen therapeutischen Fortschritt, diese Fähigkeit zu erwerben. Im Gesamtbezug ist die Gruppenimagination aber auch Material, das zu bearbeiten ist, ähnlich den Träumen in einer Analyse.

– Häufiger noch als gegen die Gruppenimagination selbst richtet sich ein oft sehr subtiler, aber umso hartnäckigerer Widerstand gegen die Bearbeitung derselben.

Das Bilderleben soll unbearbeitet bleiben, ein Freiraum neben und außerhalb der Realität, unverbindlich, weil unverbunden. Einen diagnostischen Hinweis in dieser Richtung kann die Beobachtung liefern, daß in der Bearbeitungsphase auf die Gruppenimagination zurückgegriffen wird, wenn ein Motiv so weit bearbeitet worden ist, daß sein Bezug zum Hier und Jetzt in der Gruppe unmittelbar deutlich werden müßte.

Beispiel: Bei einer Gruppenimagination mit dem Thema «Floßfahrt» ist kein Gruppenmitglied am Steuer des Floßes gewesen. In der Bearbeitungsphase wird das von einem Gruppenmitglied angesprochen, von anderen bestätigt. Nach kurzem, betroffenen Schweigen geht die Gruppe nun zu einem neuen Motiv über. – Es bleibt ungesagt, weshalb niemand das Steuer übernehmen wollte: weil er die Verantwortung fürchtete, weil er den Neid der anderen auf seine exponierte Rolle fürchtete, weil er nicht in Konkurrenz zum «Steuermann» Gruppentherapeut treten wollte, oder was sonst als Motiv denkbar wäre. – Dieses Verhaltensmuster wiederholt sich bei den weiteren Motiven. Hinweise des Gruppentherapeuten werden übergangen, werden unwirksam gemacht, indem einfach über etwas anderes, ein neues Motiv, eine andere Szene des GKB gesprochen wird.

Die Gruppenimagination soll zum Freiraum gemacht werden, der Ersatz bietet für die Versagungen der Realität. Die Phantasie tritt an die Stelle der Realität, verdrängt sie, schiebt sie beiseite. Sie ist nicht Material, um die Realität deutlicher, d. h. aber eben oft auch schmerzlicher zu sehen. Sie kann dann auch nicht fruchtbar werden für eine befriedigende Realitätsbewältigung, sondern wirkt nur wie eine Droge: Solange sie da ist, ist es gut. Fehlt sie, wird sie gesucht, um den erträglichen Zustand wieder herzustellen.

Das KB, auch das GKB, kann gezielt eingesetzt werden, um als Drogensubstitut zu fungieren. GRÜNHOLZ (1971), KLESSMANN (1977) und WÄCHTER & LEUNER (1977) haben hier eindrucksvolle Ergebnisse veröffentlicht. Bei nicht Drogenabhängigen ist das Verharren in einer narzißtischen oder symbiotischen Phantasiewelt aber ein Widerstand, der verstanden und dann bearbeitet werden muß.

– Zum Schluß zunächst das präzise und hellsichtige Zitat eines Gruppenmitgliedes: «Wir stellen unsere Träume vor uns hin, so als kleine Pufferzone zwischen den anderen und uns selbst. Dadurch, daß wir jetzt den Traum haben, an dem wir uns orientieren, umgehen wir die Notwendigkeit, jetzt wirklich auf den anderen zuzugehen. Ich habe das Gefühl, daß wir den Traum als Außenstehendes oder zumindest Entäußertes vom anderen brauchen, um so gemeinsam was zu diskutieren. Aber wir haben nicht die Fähigkeit, die Beziehung, die wirklich in der Gruppe da ist, zu erkennen und wahrzunehmen.»

Damit wird eine weitere Möglichkeit geschildert, wie das GKB zum Widerstand werden kann. Es überdeckt hier eine schizoide Kontaktstörung und ermöglicht eine unverbindliche «Selbsterfahrung», in der dem anderen nichts mitgeteilt wird, was persönlich nahe geht. Mit dieser Form einer Pseudo-Selbsterfahrung muß insbesondere dann konfrontiert werden, wenn sie den Transfer behindert, die Übertragung der Erfahrungen in der Gruppenimagination oder in der Gruppe überhaupt auf den Alltag, auf die «Realität».

4. Aufgaben des Therapeuten bei der Arbeit mit dem GKB

Dieses Kapitel ist aus der Perspektive des Therapeuten geschrieben. Während in den vorigen Kapiteln der diagnostische Aspekt im Vordergrund stand, geht es nun um die Möglichkeiten des Gruppenleiters, den therapeutischen Prozeß zu fördern. Die Therapeuten, die mit dem GKB arbeiten, unterscheiden sich zum Teil in ihrem Vorgehen und ihren Auffassungen über die Rolle des Gruppenleiters, da sie sich an unterschiedlichen theoretischen Ansätzen der tiefenpsychologisch orientierten Gruppentherapie (siehe Kapitel 2) orientieren. Jeder Therapeut setzt gemäß seiner Ausbildung und gemäß seiner persönlichen Erfahrung den Schwerpunkt seiner Arbeit etwas anders. Die Unterschiede beziehen sich zum Teil auf den Grad der Bedeutung, der der Bearbeitung der Gruppenprozesse beigemessen wird (gruppenzentriertes oder eher individuenzentriertes Vorgehen), zum Teil auf die psychische Ebene, auf die das Schwergewicht gelegt wird, bzw. den Grad der Regression, der vom Therapeuten angestrebt wird (prä-ödipal, ödipal oder interaktionell). Ich werde im folgenden daher an einigen Stellen auf unterschiedliche Vorgehensmöglichkeiten hinweisen und insgesamt mein eigenes Vorgehen zu begründen suchen.

Das Kapitel ist in zwei Hauptabschnitte gegliedert.

Im ersten Abschnitt werden die verschiedenen Beziehungsebenen zwischen Therapeut und Gruppe (Realbeziehung, Arbeitsbündnis und Übertragungs- und Gegenübertragungsreaktionen) betrachtet, da diese Beziehungsformen die Rahmenbedingungen des therapeutischen Handelns sind und das Erkennen der jeweiligen Beziehungskonstellation auf allen Beziehungsebenen und das Klären von Beziehungsstörungen ein wesentlicher Teil der therapeutischen Arbeit ist.

Der zweite Abschnitt beschäftigt sich mit der Interventionstechnik im engeren Sinne, also mit den unterschiedlichen Arten von Interventionen und den Möglichkeiten ihrer Verwendung in bestimmten Situationen.

4.1. Handhabung der drei Beziehungsebenen

Alle zwischenmenschlichen Beziehungen bestehen aus einer Mischung von Realität und Übertragung (GREENSON 1975, S. 230), aus realistischen Wahrnehmungsinhalten und Übertragungsreaktionen, die im allgemeinen durch realistische Eigenschaften ausgelöst werden.

Unter Realbeziehung wird der Teil der Beziehung verstanden, der realistisch und echt ist, d. h. also die realistischen Wahrnehmungen, Gefühle und Äußerungen unabhängig von der therapeutischen Situation. Die Übertragungsbeziehung dagegen wird durch echte, aber in der Situation unrealistische Gefühle und Äußerungen bestimmt. Das Arbeitsbündnis schließlich, das als dritte Beziehungsebene in psychotherapeutischen Situationen eine Rolle spielt, beinhaltet die Vereinbarung, gemeinsam an den Problemen des Patienten arbeiten zu wollen. Es schreibt also die Asymmetrie der Beziehung zwischen Patient und Therapeut fest und ist insofern eine situationsadäquate, aber künstliche Vereinbarung (GREENSON 1975, S. 228).

Für die Gruppentherapie kann man sagen, daß die (realen) Eigenarten aller Beteiligten die spezifische Atmosphäre, die «Gruppenkultur», prägen. Aus der vorgegebenen Rollenverteilung (Arbeitsbündnis), die festlegt, daß der Therapeut seine persönlichen Bedürfnisse kontrolliert und sich auf die Gruppe einzustellen versucht, und daß die Gruppenmitglieder sich möglichst frei über alles äußern, was sie beschäftigt, ergibt sich dann eine relativ standardisierte Situation. In ihr können sich die Übertragungsbereitschaften frei entfalten.

4.1.1. Die Realbeziehung zwischen Gruppe und Gruppenleiter

Die Ebene der Realbeziehung wird in der Literatur oft vernachlässigt. GREENSON (1975) hat ihr ein kurzes Kapitel gewidmet, bei YALOM (1974) klingen Probleme der Realbeziehung immer wieder an, ohne daß die verschiedenen Ebenen explizit gegeneinander abgegrenzt werden. KÖNIG hat in verschiedenen Arbeiten (1976, 1977b) auf einzelne Aspekte der Realbeziehung in der Gruppentherapie aufmerksam gemacht, insbesondere auf die Strukturierungen und Normsetzungen, die durch das Verhalten des Therapeuten in psychoanalytischen Gruppen entstehen, sowie auf die Übertragungsauslöser, die psychoanalytische Gruppen durch ihr Setting anbieten.

Die relative Vernachlässigung der Realbeziehung besonders gegenüber der Ebene der Übertragungsbeziehung scheint mir nicht gerechtfertigt zu sein, sondern auf eine Forschungslücke hinzuweisen. In vielen anderen Bereichen ist die Bedeutung des tatsächlichen, zum großen Teil nicht bewußten und nicht verbalen Verhaltens für die zustandekommende Beziehungsstruktur nachgewiesen,[31] während sich die Psychoanalyse bisher kaum mit diesem Thema beschäftigt hat.

Nach einer Studie von SCHEFLEN (1964, zitiert nach LERMER 1979, S. 48) ist sich z. B. lediglich jeder dritte Therapeut seines nichtverbalen Verhaltens bewußt, und in der Therapieausbildung spielt die systematische Beobachtung und Decodierung nonverbalen Verhaltens praktisch keine Rolle. Während die verbalen Äußerungsmöglichkeiten reflektiert und geschult werden, bleibt das nonverbale Verhalten weitgehend unbewußt und unkontrolliert. Dabei ist es − vor allem Gesichtsausdruck, Körperhaltung und Klangfarbe der Stimme − ein sehr wichtiger Faktor des persönlichen Umgangsstils und Beziehungsklimas. In Gruppen wird z. B. starke Zurückhaltung und Unbeweglichkeit des Leiters von den Gruppenmitgliedern genauso als Information über die Person aufgefaßt wie ir-

---

31 Interessant sind in diesem Zusammenhang besonders die Studien über die Verwendung nonverbaler Signale als Information über die Persönlichkeit des anderen, über die Wichtigkeit nonverbaler Signale bei der Übermittlung von Meinungen und Einstellungen und über die Bedeutung der Konsistenz zwischen verbalen und nonverbalen Signalen. Einen guten Überblick über diese Studien findet man bei ARGYLE (1975).

gendwelche andern Verhaltensweisen. «Man kann nicht nicht kommunizieren» (WATZLAWIK 1969) – man kann nur seinen persönlichen Stil genau kennen und alle Abweichungstendenzen vom subjektiven «Normalverhalten» registrieren und kontrollieren.

GREENSON (1975, S. 234) empfiehlt für die Einzeltherapie gerade bei der Arbeit mit Patienten, die sich ganz auf das Arbeitsbündnis konzentrieren, den Therapeuten als eine Art «Analysemaschine» betrachten und seine menschlichen Züge ausblenden, selektives kontrolliertes Zeigen von eigenen Gefühlen (z. B. Enttäuschung über Stagnation der Therapie oder Berührtsein durch politische Ereignisse), um beim Patienten ein realistischeres Bild des Therapeuten entstehen zu lassen. Dies bedeutet eine Stärkung der Beziehung auf der Realebene.

In diesem Zusammenhang sei auch an die Studien von BALINT erinnert, der eindrucksvoll gezeigt hat, ein wie wichtiges therapeutisches Instrument die Objektbeziehung ist (1957, 1966 und 1970). WINNICOTT (1974) deutet in dieselbe Richtung, wenn er von der «holding function» des Therapeuten spricht, ein Begriff, in dem ein ganzes Spektrum positiver elterlicher Eigenschaften zusammengefaßt ist wie z. B. Halt geben, Rückhalt sein, sich zurückhalten, standhalten, etwas aushalten können.

KUTTER (1979) geht so weit, generell zu sagen, es komme mehr auf die «Interaktion» an als auf die Interpretation, mehr auf die «Haltung» als auf die Deutung (1979, S. 142). Und weiter: «Neben der von der Psychoanalyse zu Recht betonten Funktion des Deutens ist der Gruppenleiter meiner Meinung nach zu allererst Mensch, d. h.: reale Bezugsperson. In zweiter Linie ist er natürlich in seiner professionellen Rolle der Leiter der Gruppe» (KUTTER 1979, S. 139). Ohne darauf im Einzelnen eingehen zu wollen, scheint es mir doch unerläßlich, den Bereich der realen menschlichen Beziehung in die Überlegungen zum Verhalten des Gruppentherapeuten einzubeziehen, ähnlich wie es GREENSON für die Einzeltherapie getan hat.

4.1.2. Das Arbeitsbündnis

Das Arbeitsbündnis ist die tragfähige Grundlage der psychotherapeutischen Bemühungen. Auf Seiten des Patienten bilden «die Motivation des Patienten, seine Krankheit zu überwinden, sein Gefühl der Hilflosigkeit, seine bewußte und rationale Bereitwilligkeit mitzuarbeiten und seine Fähigkeit, den Anweisungen und Einsichten des Analytikers zu folgen» (GREENSON 1975, S. 204)[32] den Kern des Arbeitsbündnisses.

Dies gilt analog auch für die Gruppentherapie: Die Teilnehmer müssen ausreichend motiviert sein, miteinander an dem gemeinsamen Ziel der Gruppe zu arbeiten. – Die Arbeitsbeziehung ist also eine relativ unneurotische, rationale Beziehung zwischen dem Therapeuten und den Patienten (GREENSON 1975, S. 59ff.).

Der Therapeut trägt primär durch die Verläßlichkeit der Arbeitssituation, durch sein von Empathie getragenes Interesse am Patienten und seine konstante

---

32 Das Arbeitsbündnis setzt das Vorhandensein gewisser Ich-Funktionen (besonders die Realitätsprüfung) voraus. Für Patienten, die kein Arbeitsbündnis herstellen können (z. B. Psychotiker) ist eine Modifikation der therapeutischen Technik notwendig (KOHUT 1973; KERNBERG 1978).

Suche nach Einsicht zur Entwicklung des Arbeitsbündnisses bei. Es ist besonders zu Anfang der Therapie von zentraler Bedeutung für das Zustandekommen einer therapeutischen Beziehung. GREENSON (1975, S. 226) beschreibt, wie man Patienten durch anfängliche Erklärung des psychoanalytischen Settings das therapeutische Vorgehen verständlich machen und so das Arbeitsbündnis stärken kann. Er sagt ihnen z. B., warum er als Therapeut keine Fragen beantwortet und keine Ratschläge gibt. KÖNIG (1974a) hat diese Überlegungen auf die Gruppentherapie übertragen: Auch in Gruppen kann man durch ein klärendes Vorgespräch und eine allmähliche Eingewöhnung in das psychoanalytische Setting das Arbeitsbündnis stärken und dadurch unnötige Ängste und die vorzeitige Entwicklung von negativen Übertragungen vermeiden.

4.1.3. Die Übertragungsbeziehung

Diese Ebene umfaßt die Übertragungen der Gruppenmitglieder auf den Therapeuten, die Gegenübertragung des Therapeuten auf die Gruppenmitglieder und die Übertragungen der Gruppenmitglieder untereinander.

Die Gruppenmitglieder entwickeln aus der Situation der Minimalstrukturierung heraus dem Therapeuten gegenüber primär drei Übertragungsbereitschaften:

- Schutz: Der Therapeut ermöglicht die Arbeit der Gruppe, bestimmt die Regeln, setzt Grenzen. Die Gruppe kann ihm vertrauen (WINNICOTT 1976).
- Bedrohung: Der Therapeut analysiert Abwehr und Widerstände, die Gruppe fürchtet ihn.
- Projektionsträger: Der Therapeut ist Objekt von Triebwünschen und Repräsentant von inneren Objekten und Ich-Anteilen. Die Gruppe kann ihn als Projektionsfläche für Gefühle, die früher den Eltern galten, benutzen. Er kann eine geliebte oder beneidete Person darstellen, als Beschützer oder Rivale empfunden werden, Identifikationsobjekt oder auch verbietende Über-Ich-Instanz sein (siehe dazu auch KÖNIG 1974a).

Die Wahrnehmung des Therapeuten als Schutz und als Bedrohung bildet eine generelle Übertragung, die von der ganzen Gruppe geteilt wird und zu Empfindungen führt, die BION (1971) in seinen «Grundannahmen» beschrieben hat. Diese positive oder negative Basisübertragung wird von individuellen Projektionen der einzelnen Teilnehmer überlagert.

Während die Übertragungen auf den Therapeuten hauptsächlich asymmetrische Beziehungskonfigurationen spiegeln (z. B. Einstellungen gegenüber Eltern und anderen Autoritätspersonen, Probleme mit Abhängigkeit, Rebellion, Selbständigkeit), manifestieren sich in den Übertragungen auf andere Gruppenmitglieder oft Beziehungen zu Gleichgestellten. Hier geht es primär um Geschwisterrivalitäten, Intimität, Sexualität und Aggression. Die verschiedenen Formen narzißtischer Übertragung (KOHUT 1973) können sowohl vom Therapeuten als auch von anderen Gruppenmitgliedern ausgelöst werden.

Die Auflösung der Übertragung ist das Ziel der Therapie. Die Teilnehmer sollen in der Gruppe lernen, Personen und Situationen unverzerrt wahrzunehmen und angemessen auf sie zu reagieren. Damit diese Arbeit geleistet werden kann, muß eine tragfähige Beziehung auf der Ebene der Realbeziehung und des Arbeitsbündnisses bestehen, und der Therapeut muß die verschiedenen Beziehungsebenen und seine Gegenübertragung handhaben können.

4.1.4. Handhabung der drei Beziehungsebenen

Im Therapeuten lösen die ihm entgegengebrachten Projektionen Gegenübertragungsgefühle aus: er spürt die Erwartungen und Wünsche der Gruppenmitglieder an ihn und gleichzeitig seine antwortenden Empfindungen, z. B. den Wunsch, positive Erwartungen zu erfüllen oder unrealistische Befürchtungen der Teilnehmer auszuräumen, auf Vorwürfe ärgerlich zu antworten oder ähnliches. Als Therapeut darf er seine Gegenübertragungsgefühle jedoch nicht unreflektiert agieren, sondern soll sie als diagnostisches Instrument einsetzen. Er wird in sich «den Ansatz zum Mitmachen wahrnehmen, ihn an seinem therapeutischen Konzept und dem Stand des Gruppenprozesses überprüfen und schließlich seine Überlegungen in eine Deutung umsetzen» (KUTTER 1976, S. 99).

Die Kontrolle der eigenen Gegenübertragungsgefühle ist von zentraler Wichtigkeit für die Therapie, denn nur dadurch ist es dem Therapeuten möglich, auf der Ebene des Arbeitsbündnisses als teilnehmender Beobachter und Kommentator außerhalb der Aktion der Gruppe zu bleiben.

Seine wichtigste Aufgabe ist es, zu begreifen, «was die Gruppe jetzt tut und warum sie es tut» (HEIGL-EVERS 1972, S. 157), d. h. möglichst viele Komponenten des Gruppenprozesses (sowohl das manifeste Abwehrverhalten als auch das latente, abgewehrte Verhalten) wahrzunehmen und zu verstehen.

Um seiner Aufgabe gerecht zu werden, muß er sich innerlich zunächst partiell mit dem Geschehen identifizieren, sich empathisch einlassen und die Entwicklung von Gegenübertragungsgefühlen zulassen. Das bedeutet ein Mitschwingen auf der Übertragungsebene. Dann aber muß er sich distanzieren, um abzuwägen, wie er seine Betrachtungen der Gruppe vermitteln kann. Er muß also zum Arbeitsbündnis zurückkehren. So läuft in ihm eine Art Oszillationsbewegung zwischen empathischer Identifikation mit antwortenden Übertragungsgefühlen und kognitiver Reflexion ab.

Dadurch, daß der Therapeut die Rolle des teilnehmenden Beobachters übernimmt, also das Geschehen der Gruppe kommentierend begleitet, ohne agierend daran teilzunehmen, schafft er einen geschützten Raum, in dem sich der therapeutische Prozeß entwickeln kann. Die Gruppenmitglieder können einen Teil ihrer bewußten, orientierenden Ich-Funktionen an ihn delegieren und sich auf ihr regressives Erleben einlassen in der Gewißheit, daß der Leiter ihnen beim Verständnis des Prozesses helfen und ungesteuertes Agieren auffangen wird (HEIGL-EVERS & HEIGL 1972).

Die ganze Ausbildung des Therapeuten mit Analyse, Selbsterfahrung als Teilnehmer in einer Gruppe, Cotherapie-Möglichkeiten und Supervisionen zielt darauf ab, dem zukünftigen Therapeuten dabei zu helfen, eigene Schwierigkeiten zu bearbeiten, damit er die Situation anderer möglichst unverzerrt und unbeeinträchtigt durch eigene Bedürfnisse wahrzunehmen lernt.

Trotz aller dieser Vorsichtsmaßnahmen kommt es aber gelegentlich vor, daß ein Therapeut mehr als nur Gegenübertragungsgefühle empfindet und ausdrückt. Besonders bei der Arbeit mit schwer gestörten Patienten, die häufig eine sehr
ambivalente Beziehung zum Therapeuten aufbauen und ihn verletzend entwer-

ten, werden eigene Übertragungsbereitschaften des Therapeuten in starkem Maß angesprochen. Sie können sich etwa in Form von besonderer Sympathie oder Ablehnung bestimmter Gruppenmitglieder, in Ärger, Wut, Hilflosigkeit usw. äußern, wobei diese Gefühle so stark sein können, daß sie auch im Verhalten des Therapeuten spürbar werden. Der Therapeut beginnt dann mitzuagieren und wird dadurch unfreiwillig ein Stück weit als reale Person sichtbar.

Es ist ein Vorteil der Gruppentherapie gegenüber der Einzeltherapie, daß gewöhnlich zumindest einige Gruppenmitglieder in solchen Fällen merken, daß da «etwas nicht stimmt». Sie können durch ihr Feedback zur Situation korrigierend einwirken, während in Einzeltherapien eine Verhakung der Übertragungsbereitschaften von Therapeut und Patient leicht zu einem zeitweisen Stillstand oder Abbruch der Therapie führt. KUTTER (1976) und KÖNIG (1974a) empfehlen für solche Fälle, den realen Anteil der Beobachtungen der Gruppenmitglieder bezüglich des Verhaltens des Therapeuten zuzugeben, um die Gruppe zu entlasten, trotzdem aber das Übertragungsproblem des betreffenden Patienten weiter zu bearbeiten. Dies entspricht der Empfehlung von GREENSON (1975, S. 232) für Einzeltherapien, die ich nach meinen Erfahrungen nur unterstützen kann. Erst wenn der reale Anteil an einer Empfindung zugegeben wird, wird der projektive Anteil der Bearbeitung zugänglich. Zuerst muß auf der Ebene der Realbeziehung eine Einigung erfolgt sein, ehe wieder die Ebene des Arbeitsbündnisses betreten werden kann.

Hierzu ein kurzes Beispiel.

Eine Teilnehmerin beklagt sich zum wiederholten Mal, daß der Therapeut kühl, abweisend, wenig herzlich sei. Der Therapeut deutet ihr (etwas abweisend), daß sie hier wohl ihre frühere Mutterbeziehung wiedererlebe. Die Teilnehmerin reagiert teils schuldbewußt, teils «ich fühle mich unverstanden». Andere Teilnehmer unterstützen sie nun und werfen dem Therapeuten ebenfalls Kühle vor. Es bildet sich eine Front, bis der Therapeut sagt: «Nun ist es ja wirklich so, daß es sicher warmherzigere und entgegenkommendere Männer gibt als mich. Das aber scheint gerade für Sie ein besonderes Problem zu sein.» – Das Abstreiten oder Nicht-Berücksichtigen von realen Wahrnehmungen der Gruppenmitglieder führt leicht zu einem Machtkampf und einer Störung der Beziehung auf der Ebene des Arbeitsbündnisses oder zu Resignation und Zweifeln an der eigenen Realitätswahrnehmung auf Seiten der Teilnehmer. («Es ist ja doch immer nur alles Projektion.»)

Umgekehrt ist ein übermäßiges Reflektieren des Verhaltens des Therapeuten in der Gruppe sicher nicht angebracht. Solche Reflexionen gehören vielmehr in die Analyse oder Supervision des Therapeuten. Die Gruppe würde durch ausführliche Begründungen, Rechtfertigungen oder Entschuldigungen des Therapeuten geängstigt bzw. verunsichert (siehe auch YALOM 1974, S. 126).[33] Ein solches Verhalten ist daher als agierendes Ausweichen des Therapeuten auf die Ebene der Realbeziehung zu betrachten. Der Therapeut gibt darin seinem persönlichen Wunsch nach, von den Gruppenmitgliedern adäquat als Person gesehen zu werden, statt den Projektionsdruck auszuhalten und zu bearbeiten.

Bei seinen Interventionen sollte der Therapeut immer sowohl die Tragfähig-

---

33 Besonders in der Anfangsphase braucht die Gruppe einen verläßlichen, starken Therapeuten, um sich auf die Arbeit einlassen zu können, während in der Abschlußphase die Auseinandersetzung mit der realen Person des Therapeuten für die wachsende Realitätsbewältigung der Teilnehmer wichtig sein kann.

keit des Arbeitsbündnisses als auch die jeweils dominanten Projektionen der Gruppe auf ihn selbst berücksichtigen (KÖNIG 1974a), um die Gruppe nicht zu überfordern und nicht mißverstanden zu werden. Konkret heißt das, daß er eine gewisse Balance zwischen den Beziehungsebenen herstellen muß. Er muß dafür sorgen, daß die Arbeitsbeziehung tragfähig bleibt und nicht durch ausufernde Projektionen gefährdet wird. Andererseits darf die Arbeitsbeziehung auch nicht überwiegen, da sonst regressive Erlebensbereiche im Übertragungsgeschehen verschlossen bleiben. Wenn die Übertragungsbeziehungen zu intensiv und unüberschaubar werden, kann der Therapeut die Arbeitsbeziehung verstärken, indem er die realen Aspekte des Gruppengeschehens betont. Jedoch ist auch hier die Gefahr des Agierens gegeben, und der Therapeut sollte sorgfältig abwägen, ob in einer gegebenen Situation die Gruppe eine Stützung der Arbeitsbeziehung braucht oder ob er selbst Angst vor den Übertragungen hat und deshalb in die Arbeitsbeziehung ausweichen möchte. Wenn er z.B. Erläuterungen gibt, um Angriffe auf sich selbst zu vermeiden, oder wenn er die Patienten übermäßig versorgt, um ihrer Enttäuschungsaggression zu entgehen, mißbraucht er die Arbeitsbeziehung. Dies hat unerwünschte Konsequenzen, denn durch ein solches Verhalten bestätigt er implizit die neurotischen Ängste der Teilnehmer vor unakzeptablen «gefährlichen» Impulsen. Die Arbeitsbeziehung soll vielmehr die Basis für die vielfältigen Übertragungsbeziehungen sein, in denen die alten Konflikte noch einmal durchlebt und korrigiert werden können. Je stabiler die Realbeziehung und das Arbeitsbündnis sind, d.h. je mehr Vertrauen die Gruppe in die Kompetenz und die menschliche Integrität des Therapeuten hat, desto mehr kann sie sich auf regressive Prozesse einlassen.

4.1.5. Bearbeitung der Übertragungsbeziehung

Die jeweiligen Übertragungsphantasien äußern sich im GKB meist sehr plastisch und prägnant und können im Nachgespräch bearbeitet werden. Der Therapeut ist während der Vor- und Nachgespräche primär Arbeitspartner, während der Imaginationen primär Projektionsträger.

Als Übertragungsbilder des Therapeuten kommen in der Anfangsphase einer Gruppe häufig ein Medizinmann, Stammeshäuptling oder eine weise alte Frau vor. In ihnen äußert sich die Erwartung, beim Therapeuten magischen Schutz, Hilfe und Rat zu finden.

Je nachdem, in welcher Weise diese Grundübertragungshaltung auf den Therapeuten, die sich aus Arbeitsbeziehung, Vertrauen und Furcht zusammensetzt, von spezifischen Projektionen überlagert wird, wechseln die Übertragungsbilder. Sie erhalten positive bis idealisierende, verkleinernde bis abwertende oder gefährliche bis dämonisierende Akzente. Die weise Frau wird zur Hexe, zur schwachsinnigen Alten oder zur großen spendenden Mutter; der Medizinmann kann sich zum gefährlichen Zauberer oder lächerlichen Zauberlehrling wandeln oder auch magisch-allmächtige, allwissende Züge annehmen.

Übertragungsbilder können aber auch weniger explizit sein und sich nur in der Stimmung, der Landschaft oder im Verhalten der Gruppe äußern. Wenn die Gruppe z.B. in einen Bergsee eintaucht und dort unten ganz entrückt und schwerelos herumschwimmt, kann der See ein Symbol für den Uterus der Therapeutin sein. Oder wenn die Gruppe orientierungslos auf einem Marktplatz umherirrt, die Bilder bizarr werden (der Platz ist plötzlich völlig menschenleer oder die Menschen haben keine Gesichter, es gibt nichts mehr zu kaufen usw.) und dann jemand einen langen Opferzug vom Hafen heraufkommen sieht, in den sich die Gruppe einreiht, so kann dies ein Bild dafür sein, daß eine Beziehungsstörung zum Therapeuten bzw. der von ihm gerade verkörperten Elternimago vorliegt und die Gruppe ein Versöhnungsopfer bringen möchte.

Hierzu ein Beispiel:

Es handelt sich um die letzte Sitzung an einem Wochenende. Dies Wochenende hat als erstes Treffen einer neu zusammengestellten, fraktioniert arbeitenden Gruppe alle typischen Phasen der anfänglichen Gruppenentwicklung enthalten: vom vorsichtigen Sich-Kennenlernen ausgehend, hat die Gruppe über die Frustration wegen der Zurückhaltung der Therapeutin, Hilflosigkeit, Ärger und Kampf schließlich zu einer gewissen Selbständigkeit und Aktionsfähigkeit als Gruppe gefunden. In diesem letzten KB «Wanderung durch die Wüste» spiegelt sich die Entwicklung der Übertragungsbeziehung an diesem Wochenende.
Die Phantasie beginnt depressiv: Die Gruppe mußte in der Wüste notlanden, der Pilot ist bei der Landung umgekommen. Sie haben kein Wasser, keine Lebensmittel, keinen Kompaß.

– Hier äußert sich die Anfangsenttäuschung der Gruppe: Sie fühlen sich von der Therapeutin alleingelassen und ungenügend versorgt. Dafür nehmen sie Rache (der Pilot des abgestürzten Flugzeuges – die böse Mutter – ist tot), fühlen sich aber nun gerade hilflos und inadäquat ausgerüstet.

Sie schleppen sich mühsam weiter, finden Kakteen zum Trinken und kommen schließlich zu einem verlassenen Dorf. Eine Teilnehmerin entdeckt dort eine alte Frau, die ihr eine Ziege und Wasser schenkt und ihr Särge zeigt. Die anderen finden die Frau etwas irre und sind sehr mißtrauisch. Sie gehen in eine Hütte, machen dort Feuer und trinken von dem Wasser.

– In der alten Frau ist sicher eine Übertragung auf die Therapeutin zu sehen. Sie gibt das Nötigste an Nahrung und macht der Gruppe ihre Trauer über ihre enttäuschten Erwartungen deutlich (zeigt ihnen Särge). Die Gruppe ist wütend auf die Therapeutin und karikiert sie als irre alte Frau. Andererseits hält sie das, was die Therapeutin ihnen bietet, für brauchbar. Daneben ist die Gruppe durch die Enttäuschung und die gemeinsame Bewältigung ihrer schwierigen Situation fest zusammengewachsen und hat das Gefühl gewonnen, sich zur Not allein durchschlagen zu können. Die Teilnehmer haben Kakteen und eine Hütte gefunden, haben sich Feuer gemacht und haben eine dichte, stützende Beziehung zueinander entwickelt.

In der Nacht hören sie, daß sich zwei Kamelreiter nähern. Zuerst haben sie Angst, daß die Frau sie an Räuber verraten hätte, aber die Reiter begrüßen sie freundlich und sind vielleicht ihre Rettung.

– Auch in den Kamelreitern ist ein Übertragungsbild auf die Therapeutin enthalten. Die Gruppe hat einerseits Angst vor ihrer möglichen Rache, andererseits hofft sie auf ihre Hilfe.

Anhand dieser Imagination kann die Gruppe im Nachgespräch ihre ambivalente Beziehung zur Therapeutin bearbeiten, was ohne die Hilfe des GKB sicher erst sehr viel später möglich gewesen wäre.

Nachdem sich eine Übertragungssituation im GKB deutlich manifestiert hat, kann sie gedeutet werden.

Bei der Deutung scheint es mir empfehlenswert zu sein, zunächst die Unangemessenheit der Qualität und/oder Intensität des Affektes in der Situation anzusprechen. Dadurch wird den Gruppenmitgliedern bewußt, daß die imaginierte Situation eine weitergehende Bedeutung hat, der man dann in einem zweiten Schritt nachgehen kann, indem man Einfälle zur Genese und zur Lebensrealität der Teilnehmer sammelt und den Wiederholungscharakter der Situation verdeutlicht.

Übertragungsbeziehungen der Gruppenmitglieder untereinander stellen sich ebenfalls oft sehr plastisch im GKB dar, entweder in direkten Handlungen oder in Situationsbeschreibungen. Ein Teilnehmer kann entweder einen anderen während der Imagination in einer bestimmten Situation auf eine bestimmte Art und Weise behandeln, die seinem Verhalten bestimmten Bezugspersonen gegenüber entspricht, oder er kann sehen, wie einem anderen Teilnehmer durch einen Dritten oder eine äußere Instanz etwas widerfährt, das seinen Wünschen gegenüber der Bezugsperson entspricht, die durch den anderen Teilnehmer verkörpert wird. Ebenso können sich im KB in symbolisch verschlüsselter Form eigene vorbewußte und unbewußte Tendenzen darstellen. Das KB dient also als Projektionsfläche für Vorstellungen des Selbst und der Objekte.

Hierzu einige kurze Beispiele:

a) In einem GKB mit dem Thema: «*Treffen im Dschungel als Tiere oder Menschen*» nähert sich ein Mann einer sehr attraktiven, aber recht kühlen Frau. Er verwandelt sich dazu in eine Katze und umschmeichelt sie. Sie nimmt ihn mit in ihre Hütte. Daraufhin beschließen zwei andere Männer (als Fledermaus und als Affe), die Hütte zu überfallen, um dort Kaffee zu klauen. Es gibt eine große Schlägerei. Der Kater spannt Stolperseile, beißt der Fledermaus ein Bein ab, der Affe wirbelt den Kater in der Luft herum und macht ihm einen Knoten in den Schwanz, die Fledermaus versucht, mit dem Kater wegzufliegen. Als das nicht gelingt, beißt sie ihr den Schwanz ab und verbindet damit ihr Bein.

Alle lecken dann ihre Wunden, die Frau kocht in der Hütte Reis, um die Männer mit einer gemeinsamen Mahlzeit zu beruhigen. Der Reistopf wird aber von einer anderen Frau (als Affe) umgeworfen und mit Schmutz vermengt. Der Kampf dehnt sich auf die ganze Gruppe aus.

— In dieser Phantasie werden die ödipalen und postödipalen Rivalitäten der Männer und Frauen sehr deutlich thematisiert, wobei jeder Teilnehmer seine individuelle ödipale Szene darstellt. Im Nachgespräch können neben dem gemeinsamen Grundkonflikt die individuellen Projektionen und genetischen Wurzeln des jeweiligen Verhaltens der Teilnehmer bearbeitet werden.

— Für die beiden Männer, die die Hütte überfallen und den Kater angreifen, spiegeln sich im KB wütende Auseinandersetzungen mit ihren Vätern und das Grundgefühl, von der Mutter nicht adäquat versorgt zu werden (sie müssen sich schon selbst ihren Kaffee kochen und müssen um die Zutaten kämpfen).

— Der Kater-Mann fühlt sich an die harten Auseinandersetzungen mit seinem jüngeren Bruder erinnert, von dem er immer fürchtete, er wolle ihn bei der Mutter verdrängen (die beiden wuchsen ohne Vater auf).

— Die Frau in der Hütte findet sich häufig in Situationen, in denen sich mehrere Männer um sie streiten und sie selbst sich am Ende entzieht. Ihre hysterische Abwehrstruktur kann anhand dieser Phantasie bearbeitet werden.

— Die andere Frau (Affe) erlebt sich häufig als scheu und am Rande stehend (als Mauerblümchen). Ihr wird in diesem KB erstmals ihr Ärger und Neid auf andere Frauen, die sich attraktiv zurechtmachen und Männer anlocken können, bewußt.

b) In einem KB mit dem Thema «*Bergbesteigung*» polarisiert sich die Gruppe in zwei Untergruppen. Einige Teilnehmer verkörpern die erwachsene Welt, wollen «eine schöne Bergtour» unternehmen, sich anstrengen, etwas leisten und auf dem Gipfel die Aussicht genießen. Andere boykottieren diese Strebungen und machen sie lächerlich. Sie wollen ihre kindlichen Impulse ausleben, Spaß haben, sich austoben und die Erwachsenen ärgern. Während des KB befindet sich die Gruppe in einem kleinen Bergdorf. Klaus, der Protagonist der «Spaß-Gruppe», sieht Kinder mit Eishörnchen in der Hand, die in die Kirche gehen wollen.

– Klaus projiziert hier seine eigenen Impulse: Die Kinder provozieren mit ihrem Verhalten die Autorität der Kirche, sie agieren an seiner Stelle.

Eva, eine Frau, die gefühlsmäßig zu Klaus tendiert, sich aber immer wieder selbst in die Pflicht nimmt und ihre eigenen Impulse unterdrückt und bestraft, meint, die Kinder dürften mit dem Eis aber nicht in die Kirche hinein.

– Sie vertritt hier die Position des Über-Ich.

Daraufhin sieht Klaus Eva am Eingang der Kirche stehen und ihren Rock aufhalten, damit die Kinder, bevor sie die Kirche betreten, ihr Eis hineinwerfen können.

– Klaus verhöhnt hier Evas Über-Ich-Verhalten und versucht gleichzeitig, sie in seine Aktion einzubeziehen. Die Eishörnchen, die Eva mit ihrem Rock auffangen soll, lassen sich durchaus als Einladung zu einem sexuellen Spiel auffassen.

Eva akzeptiert seine Zuschreibung und sagt, sie sei völlig mit Eis bekleckert. Die andern schlagen ihr vor, sich umzuziehen. Volker, der Protagonist der «erwachsenen» Untergruppe, gibt ihr ein Paar Hosen. Es fragt sich nur, wo sie sich umziehen kann. Klaus empfiehlt ihr den Beichtstuhl. Sie geht darauf ein und läßt ihren bekleckerten Rock im Beichtstuhl liegen.

– Die «erwachsene» Untergruppe versucht, Eva wieder zu integrieren und zur Ordnung zu rufen (sie soll sich umziehen, soll sich von den Schmierereien und Ungehörigkeiten, die Klaus ihr vorgeschlagen hat, trennen). Sie ist damit einverstanden, läßt sich dann aber wieder von Klaus zu einer entwertenden Verhöhnung des Über-Ichs verführen.

Die beiden Untergruppen haben den intrapsychischen Grundkonflikt zwischen Es- und Über-Ich-Strebungen unter sich aufgeteilt. Jede Gruppe lebt eine Seite und delegiert die andere. Auf diese Weise können die erwachsenen pflichtbewußten Teilnehmer am Spaß der anderen partizipieren und ihn gleichzeitig bekämpfen, um so ihr Über-Ich zu beruhigen, und die kindhaft-impulsiven können sich voll austoben, in dem sicheren Gefühl, daß die anderen auf sie aufpassen und ihnen Grenzen setzen werden. Die beiden Gruppen sind also interdependent und können durch dies gemeinsame psychosoziale Abwehrmanöver der Aufteilung von Impuls und Abwehr gleichzeitig ihre Bedürfnisse befriedigen und ihre Ängste bewältigen. Der Konflikt konstelliert sich an Eva, die nicht eindeutig Stellung bezieht, sondern von beiden Seiten aus verführbar ist. In den Aktionen, die ihr zugeschrieben oder ihr vorgeschlagen werden, projizieren die anderen Teilnehmer ihre eigenen Wünsche.

Im Nachgespräch dieses GKB wird zunächst gruppenbezogen die Aufspaltung von Impuls und Abwehr bearbeitet, damit alle Teilnehmer ihre Projektionen zurücknehmen und beide Seiten der Ambivalenz in sich selbst spüren können. Dann können auch die individuellen Anteile der verschiedenen Teilnehmer an der Gruppenaktion angesprochen werden, d. h. welche Tendenzen jemand leben kann und welche er offenbar delegieren muß. Dadurch kann Einsicht in die eigenen Verhaltensmöglichkeiten und Defizite erreicht werden auch auf dem Wege der Identifikation mit Teilnehmern, die ein anderes Empfinden verkörpern, eine Erweiterung der eigenen Möglichkeiten.

Dic Standardbearbeitung der Übertragungsbeziehung ist ihre Klarifikation anhand der Bilder aus dem GKB und Auflösung durch Aufzeigen der individuellen Projektionen. Einsicht in ihre Genese ist durch Anreicherung mit Einfällen aus der Entwicklung und Lebensrealität der Teilnehmer möglich. Oft sind die Bilder im GKB so prägnant, daß sie unmittelbar verstanden werden und im Erleben lange fortwirken. Wenn bestimmte Inhalte übergangen werden, ist eine dosierte Konfrontation (siehe Kapitel 3.4.) im Nachgespräch notwendig.

Übertragungsbeziehungen zwischen den Teilnehmern werden auch oft durch Feedback korrigiert. Wenn ein Teilnehmer glaubwürdig versichert, daß er anders empfindet als jemand anderes vermutet, dann muß die Vermutung wohl mehr mit ihrem Urheber als mit ihrem Adressaten zu tun haben.

In manchen Fällen ist meines Erachtens auch für die Auflösung von Projektionen, die den Therapeuten betreffen, selektives Feedback indiziert. Die Indikation scheint mir dann gegeben zu sein, wenn es sich um eine relativ fortgeschrittene Gruppe und um sehr intensive und ängstigende Projektionen handelt.

Hierzu ein Beispiel:

An einem Wochenende hat die Therapeutin Aggressionen gegen sich geweckt, indem sie in die Omega-Position gegangen ist, um den bisherigen Sündenbock der Gruppe zu entlasten und eine schwer zugängliche Abwehr der Gruppe zu bearbeiten. Die Gruppe hat sich dann intensiv mit ihr auseinandergesetzt. Sie wird als unzugängliche, hilflose, fordernde Elternfigur gesehen und heftig angegriffen. Nachdem diese Prozesse gedeutet und teilweise bearbeitet sind, fragen die Teilnehmer (Ausbildungskandidaten) in der letzten Sitzung des Wochenendes die Therapeutin, warum sie die Gruppe am Vortage angegriffen habe und wie sie sich eigentlich am Vorabend gefühlt habe.

Die Therapeutin erklärt in groben Zügen ihr Vorgehen und berichtet, daß sie sich an dem Abend gut gefühlt habe und im Theater gewesen sei.

Die Teilnehmer sind ziemlich empört darüber, daß ihre Angriffe keine starke emotionale Reaktion in der Therapeutin bewirkt haben sollen. Zum Teil bezweifeln sie auch, daß die Therapeutin die Wahrheit sagt.

Die Therapeutin fragt nun umgekehrt nach den Vermutungen der Teilnehmer. Hier kommen sehr unterschiedliche Eindrücke zum Vorschein. Einer hat die Therapeutin in der fraglichen Sitzung als nervös und angespannt erlebt, ein anderer als kalt und sadistisch; jemand meint, es sei ihr ganz gut gegangen, es sei ganz klar gewesen, daß sie absichtlich die Aggressionen auf sich gezogen habe; einer findet sie hilflos; ein letzter meint, sie sei ärgerlich auf die Gruppe.

Bereits an der Unterschiedlichkeit der Empfindungen wird der Projektionscharakter deutlich. Im weiteren Gespräch läßt sich eine eindeutige Beziehung feststellen zwischen dem vermuteten Befinden der Therapeutin, dem eigenen Befinden an dem Abend und eigenen Erfahrungen mit Eltern in früheren Spannungssituationen.

Wenn die Therapeutin die Frage nach ihrem Befinden nicht beantwortet hätte, wäre sie auf der Übertragungsebene geblieben, und die Projektionen wären erneut angewachsen. Dies schien in Anbetracht der Tatsache, daß die Sitzung die letzte vor einer Arbeitspause von zwei Monaten war, nicht wünschenswert zu sein. Durch das selektive Feedback betrat die Therapeutin die Ebene der Realbeziehung, wodurch sich die Projektionen lösten und ihr projektiver Gehalt weiter bearbeitbar wurde.

Das selektive Feedback des Therapeuten stellt jedoch in unserem prinzipiell tiefenpsychologisch fundierten Vorgehen eine Ausnahme dar, für die eine spezielle Indikation gegeben sein muß. Auf die Gefahren des Agierens mit der Realbeziehung wurde schon in Abschnitt 4.1.4. eingegangen.

4.2. Selektion des Interventionsfokus: gruppendynamische, tiefenpsychologische, interpersonale und gruppenzentrierte Interventionen

Den Therapeuten beschäftigt während der Gruppenarbeit immer wieder die Frage, auf welchen Aspekt des vieldimensionalen Gruppengeschehens er fokussieren sollte, welches Problem am dringendsten zur Bearbeitung ansteht, und welches Vorgehen in einer gegebenen Situation die Gruppe am ehesten weiterbringt. Für mich stellt sich in dieser Frage primär die Aufgabe, Prioritäten hinsichtlich der Wahl der psychischen Ebene und der Beziehungsstruktur festzulegen (siehe S. 44ff. und 46ff.), d.h. ich muß entscheiden, ob eine interaktionelle oder eine tiefenpsychologische Intervention angebracht ist, und ob Probleme Einzelner oder die Situation der gesamten Gruppe angesprochen werden sollten.[34]

Bei der diagnostischen Beobachtung des Gruppengeschehens kann man die Phänomene mehrdimensional ordnen, um einen Überblick darüber zu erhalten, welche Bereiche zur Zeit besonders im Vordergrund stehen. Unter Verwendung der Dimensionen *psychische Ebene* und *Beziehungsstruktur* ergibt sich folgendes Raster:

psychische Ebene
↓

	gruppendynamisch			
Normen		Positionen Rollen Funktionen		
gruppenbezogen		interpersonal		← Beziehungsstruktur
psychosoziale Kompromiß- bildungen Gruppenphantasien	tiefenpsychologisch	individuelle Projektionen individuelle Impuls-Abwehr- Formationen		

34 Für Therapeuten, die grundsätzlich nur interaktionell oder nur tiefenpsychologisch fundiert arbeiten (und im Kreis der Therapeuten, die mit dem GKB arbeiten, sind beide Richtungen vertreten), erübrigen sich einige Entscheidungsprobleme. Ich möchte aber hier mein eigenes Vorgehen und meine Entscheidungskriterien zur Diskussion stellen.

4.2.1. Gruppendynamische Positionen der Teilnehmer und des Therapeuten

Zunächst möchte ich die Überlegungen diskutieren, die von der gruppendynamischen Position der Teilnehmer und der gruppendynamischen Position des Therapeuten her bei der Wahl einer Intervention beachtet werden müssen. Als theoretische Grundlage soll dabei das Rollenmodell von SCHINDLER (1957) dienen, das in Abschnitt 2.1. kurz dargestellt wurde.

SCHINDLER unterscheidet vier Grundpositionen: Alpha, Beta, Gamma und Omega, die sich in etwa als Führer, Ratgeber, Gefolgsleute und Opponent umschreiben lassen (vgl. S. 44).

Um die verschiedenen Positionen innerhalb der soziodynamischen Struktur einer Gruppe zu veranschaulichen, sei eine kurze Sequenz aus einer Gruppenphantasie nach dem SCHINDLERschen Modell aufgeschlüsselt. Das Thema des GKB lautet: *«Landung auf einer Insel»*.

Die Gruppe trifft sich am Seeufer. Dort liegt ein Ruderboot. Christa und Helmut finden es ziemlich baufällig und schlagen vor, ein anderes zu suchen.

– Beta (Bedenken äußern).

Die andern meinen, das Boot sei stabil. Sie steigen ein. Helmut schlägt vor, Martin solle das Steuer übernehmen. Der meint, er hätte es schon längst.
Helmut setzt sich in seine Nähe, um das Steuer bei Bedarf übernehmen zu können.

– Führungsscharmützel um die Alpha-Position: Martin ist der angestammte Alpha der Gruppe, Helmut ist neu in der Gruppe und strebt die Alpha-Position an.

Gisela und Nora wollen rudern.

– Partizipierendes Gamma (Mitmachen).

Jochen will nichts tun, höchstens die Ruderer dirigieren, damit sie im gleichen Takt rudern.

– Komplementäres Gamma (sich rudern lassen und faul sein), kombiniert mit witzig-provokativem Ironisieren der Alpha-Rivalen (Tendenz Richtung Omega, aber im Ton freundlich).

Christa will eventuell beim Rudern ablösen.

– Partizipierendes Gamma.

Martin packt noch Kisten in das Boot und löst dann die Seile am Ufer.

– Alpha (Martin übernimmt ganz selbstverständlich die Verantwortung für die Gruppe).

Jochen beginnt, im Boot zu schaukeln und ängstigt die anderen damit etwas.

– Omega (Angriff auf die Gruppe, aber im Ton wieder freundschaftlich abgemildert).

Es schwappt Wasser ins Boot. Martin schöpft es aus.

– Alpha (verantwortlich-konstruktives Verhalten).

Helmut beginnt ziemlich hektisch und übereifrig ebenfalls auszuschöpfen.

– Rivalisieren mit Alpha.

Die Männer fragen, ob die beiden Frauen überhaupt rudern können.

– Kontrollierendes Gamma.

Gisela und Nora beruhigen sie: sie könnten gut rudern.

– Partizipierendes Gamma.

Bald darauf legen sie an der Insel an. Martin schlägt vor, die Kisten in den Schatten zu bringen. Sie tragen gemeinsam die Kisten heraus.

– Alpha (Martin initiiert eine neue Aktion, die von den anderen aufgegriffen wird).

Helmut nimmt noch die Ruder mit hinaus.

– Helmut rivalisiert mit Martin, will auch die Verantwortung für die Gruppe übernehmen.

Jochen meint, das sei sinnlos, das Boot sei sowieso leck.

– Partizipierendes Gamma gegenüber Martin (Jochen entwertet Helmuts Verhalten, macht ihn dadurch zum Omega und stützt Martin als Führer der Gruppe).

Helmut möchte die Insel erkunden.

– Gegen-Alpha (Versuch, eine neue Aktion zu initiieren und Verantwortung zu übernehmen).

Die andern wollen jedoch spielen und toben. Sie bewerfen sich mit Kokosnüssen, spielen Ball, necken sich und lachen.

– Partizipierendes Gamma gegenüber Martin. (Die Teilnehmer richten sich gegen Helmut und seine Aktion, tun genau das Gegenteil von dem, was er vorschlägt. Sie behandeln ihn dadurch als Omega und stützen Martin als Führer der Gruppe.)

Helmut warnt sie. Er sieht viele Bretter voller Nägel herumliegen, an denen man sich wehtun kann, wenn man nicht aufpaßt.

– Omega (Angriff auf die Gruppe: Helmut sieht die anderen in Gefahr. Wenn sie so unbeschwert herumtoben wollen, werden sie schon merken, wohin das führt).

An diesem Beispiel ist deutlich zu sehen, wie sich Helmut durch sein rivalisierendes und kontrollierendes Verhalten in die Omega-Position hineinmanövriert, wie er aber auch durch das Verhalten der anderen, die seine Vorschläge immer wieder ignorieren oder abwerten, hineingedrängt wird. Ebenfalls ist zu sehen, wie stabil die Verhaltenstendenzen sind. Bei Jochen, der seit einiger Zeit in einer Gamma-Position gut integriert ist, kommt das provokative Verhalten, das er früher erheblich heftiger und aggressiver äußerte und das ihn lange in der Omega-Position festhielt, immer wieder durch, allerdings inzwischen eher in lustiger, gut integrierbarer Form.

Die verschiedenen Positionen beinhalten für ihre Inhaber unterschiedliche Anforderungen und Möglichkeiten. Ein Teilnehmer hat in der *Alpha-Position* die Möglichkeit, sich selbst darzustellen und die Gruppe anzuführen. Er bekommt viel Aufmerksamkeit und Bestätigung, so daß diese Position Ich-stärkend wirkt. Gleichzeitig ist aber auch eine gewisse Ichstärke die Voraussetzung dafür, daß jemand diese Position übernehmen und halten kann, denn es besteht eine starke Rivalität um die Alpha-Position. Die übrigen Teilnehmer haben Alpha gegenüber ambivalente Gefühle: Sie gehorchen ihm, beneiden ihn und versuchen, ihn zu stürzen und abzulösen. In der *Gamma-Position* haben die Teilnehmer die Möglichkeit, ohne eigene Verantwortlichkeit in der Identifikation mit Alpha zu handeln. Dadurch bietet diese Position eine Ich-Schonung in der Anonymität und eine Über-Ich-Gestaltung. *Omega* dient der Gruppe als Sündenbock, die Position ist daher stark verunsichernd und Ich-schwächend. *Beta* hat große Unabhängigkeit und Distanz zum Gruppengeschehen, muß seine Position aber immer wieder durch fachkundige Beiträge und Hilfestellungen für Alpha legitimieren (vgl. SCHINDLER 1960/1961). Meist spielt sich in Gruppen sehr schnell eine Funktionsteilung ein, die den habituellen Rollen der Teilnehmer entgegenkommt. Es gibt immer Teilnehmer, die gern dominieren und Führungsaufgaben übernehmen wollen, ebenso solche, die sich lieber auf Gamma-Positionen beschränken und Verantwortung vermeiden (besonders selbstunsichere, depressiv strukturierte Teilnehmer). Sehr ängstliche, sehr anspruchsvolle, narzißtische oder überkritische Teilnehmer geraten leicht in die Omega-Position. Die Beta-Position, die eher sachliche als affektive Anforderungen stellt, zieht mit ihrer positionsspezifischen Abwehrform der Affektisolierung besonders schizoide und zwanghaft strukturierte Teilnehmer an.

Da in jeder Position ein bestimmter Verhaltensstil gelebt und ein anderer vermieden wird, ist es sinnvoll, daß sich das Positionsgefüge im Verlauf der Therapie auflockert und jeder Teilnehmer mit den bisher vermiedenen Positionen Erfahrungen macht.[35]

Durch konstante Übernahme von Führungsaufgaben kann der Patient der Notwendigkeit von Anpassung und Unterordnung entgehen, durch Übernahme der Omega-Position Nähe, Kooperation und Intimität vermeiden, durch Übernahme der Beta-Position Angewiesensein und Abhängigkeit. Diese Vermeidungen lassen sich durch Auflockerung des Positionsgefüges auf der interaktionellen Ebene bearbeiten. Alternativ können sie auch direkt durch tiefenpsychologische Deutung der Vermeidungshaltungen angegangen werden.

Das gruppendynamische Positionsgefüge läßt sich durch *selektives Fokussieren* und durch *Deutungen* beeinflussen. Indem der Therapeut sich z. B. einem Teilnehmer besonders zuwendet und dessen Verhalten analysiert, rückt dieser Teilnehmer in den Fokus der Aufmerksamkeit und erhält eine Chance, in die Alpha-Position zu kommen. Omega kann mit Hilfe von Stützung oder bifokalen Interventionen eine Beta- oder Gamma-Position erreichen (siehe Abschnitt 5.1.). Hat sich ein Positionsgefüge insgesamt so verfestigt, daß es zum Widerstand wird, empfiehlt sich die Analyse des Verhaltens von Alpha. Dadurch stellt man das Verhalten der ganzen Gruppe in Frage, da die sich mit Alpha identifiziert. Daraus entsteht eine Verunsicherung und Neuorientierung, je nach der Übertragungssituation, mit mehr oder weniger Aggressionen gegenüber dem Therapeuten. Will man dagegen das Verhalten von Alpha ohne gruppendynamische Begleiteffekte analysieren, ist dies indirekt über eine Analyse der Gammas möglich.

Bei allen Interventionen muß der Therapeut seine *eigene gruppendynamische Position* beachten, damit nicht gravierende Mißverständnisse zwischen ihm und der Gruppe entstehen. Denn obwohl er nicht aktiv an den Aktionen der Gruppe teilnimmt, ist er doch ein Teil der Gruppe, und es werden ihm durch die Übertragungswünsche der Gruppenmitglieder bestimmte gruppendynamische Positionen zugewiesen. Seine Äußerungen werden im Sinne der sich aus dem Positionsgefüge ergebenden Beziehungskonfiguration aufgefaßt. Z. B. kann es sein, daß die Gruppe den Therapeuten in einer Phase negativer Übertragung als aggressiv und nicht vertrauenswürdig erlebt und dann seine neutral formulierten Klarifikatio-

---

35 Besonders wichtig ist in diesem Zusammenhang, daß kein Teilnehmer zu lange in der Omega-Position bleibt, weil diese Position sehr belastend ist und wenig therapeutische Möglichkeiten bietet. Hierauf wird in Abschnitt 5.1. ausführlich eingegangen.

nen als Angriffe empfindet und ihnen mißtraut. Oder es kann sein, daß die Gruppe, wenn sie vom Therapeuten als allmächtig-spendender Mutter versorgt und genährt werden möchte, seine Äußerungen als Nahrung erlebt und dann nicht auf den Inhalt seiner Interventionen achtet, sondern auf alle Äußerungen mit einem diffus-zufriedenen Sättigungsgefühl reagiert. Wie wichtig es ist, daß der Therapeut seine eigene gruppendynamische Position im Auge behält, soll durch ein Gegenbeispiel, also eine Situation, in der er den Überblick verliert, veranschaulicht werden.

Die Gruppe trifft sich nach einer langen Sommerpause wieder. Ein Teilnehmer ist nicht gekommen und will auch nicht wiederkommen, weil er sich zur Zeit nicht genügend belastbar fühlt. Dieser Teilnehmer war beim letzten Treffen vorzeitig abgefahren und hatte dadurch in der Gruppe Schuldgefühle mobilisiert.

Ein weiterer Teilnehmer, der in der Gruppe bis dahin eine Führungsrolle innehatte, ist diesmal auch nicht anwesend, weil er berufliche Verpflichtungen hat. Die anwesenden Gruppenmitglieder wirken unsicher und irritiert und fühlen sich fremd. Es wird die Frage aufgeworfen, wieweit man sich in der Gruppe einlassen kann und will, wie tragfähig die Gruppe ist. Ein Teilnehmer äußert Ärger über die «schlaffe» Führung der Therapeutin.

Nach dieser ersten Sitzung steht eigentlich ein GKB auf der Tagesordnung. Die Therapeutin setzt sich wie üblich auf den Boden, die anderen aber bleiben in ihren Sesseln sitzen und reden darüber, ob sie jetzt ein KB machen wollen oder nicht. Einige wollen und setzen sich auf den Boden, aber zwei zögern. Da inzwischen fast 15 Minuten vergangen sind, setzt sich die Therapeutin wieder in ihren Sessel in der Absicht, zunächst an den Widerständen gegen das KB zu arbeiten. Die Teilnehmer bleiben jedoch auf dem Boden sitzen, die beiden Zögernden setzen sich schließlich auch dazu. Die Gruppe sucht nun ein Thema für das KB, ohne sich darum zu kümmern, daß die Therapeutin außerhalb des Kreises sitzt. Sie einigen sich auf «Spaziergang im Herbstwald», legen sich hin, arrangieren umständlich ihre Kissen und machen Anstalten, sich allein zu entspannen.

Die Therapeutin fühlt sich ausgeschaltet, will jedoch formal ihre Funktion erfüllen und spricht daher die üblichen Entspannungssuggestionen. Danach herrscht lange Schweigen (etwa acht Minuten). Schließlich beginnt jemand: Er sieht die Gruppe mühsam durch das Laub stapfen und nicht recht weiterkommen. – In dieser Art geht es weiter, zum Teil mühsam und beziehungslos, zum Teil etwas verkrampft und aktivistisch mit gemeinsamem Kartoffelfeuer und Syrtakitanz.

Im Nachgespräch geht es um die Nähe-Distanz-Ambivalenz, das Gefühl der Fremdheit, die Mühseligkeit des Kontakts zueinander usw.

Die Therapeutin fühlt sich ziemlich hilflos und gespannt, denn ihre Interventionen werden von der Gruppe nicht aufgegriffen, und es herrscht ein eigenartiges Klima: Einer sagt etwas, einer oder zwei reagieren darauf, dann verebbt das Gespräch wieder zu minutenlangem Schweigen. Während einer Pause der offiziellen Gruppenarbeit unterhalten sich die Teilnehmer angeregt miteinander, verstummen jedoch nach Beendigung der Pause sofort wieder.

Was ist da los?

Die Therapeutin hat offenbar ihre Einflußmöglichkeiten verloren, die Gruppe ignoriert sie und schaltet sie aus. Sie ist in der Omega-Position und versucht vergeblich, die Gruppe mit Interventionen aus der Beta-Position zu erreichen. Ehe die gruppendynamische Situation nicht angesprochen und bearbeitet ist, kann die inhaltliche Arbeit nicht weitergehen, denn so lange können sich die Gruppenmitglieder der Therapeutin nicht anvertrauen. Die unbewußte Phantasie der Gruppe besagt, daß die Therapeutin die beiden fehlenden Teilnehmer krank gemacht und ausgestoßen hat, also als Therapeutin und Erhalterin der Gruppe offenbar inkompetent und nicht verläßlich ist (Projektion der unzureichenden, schlechten Mutter).

Durch diese Phantasie, daß die Therapeutin für alles verantwortlich ist, kann die Gruppe sich selbst von Schuldgefühlen entlasten, allerdings um den Preis großer Angst.

Die Therapeutin braucht relativ lange, um ihre Position zu erkennen, da sie aufgrund eigener depressiver Dispositionen die Phantasie der Gruppe geteilt hat. Sie fühlt sich unterschwellig schuldig wegen des Ausscheidens des einen Teilnehmers und versucht diese Gefühle abzuwehren. Nachdem ihr ihre Position bewußt geworden ist, kann sie die Situation bearbeiten, indem sie zunächst die Teilnehmer darauf hinweist, daß sie sie ausschalten, und dann die Ursachen für dies Verhalten klärt: die Enttäuschung und die Angst, die das Fernbleiben von zwei Teilnehmern ausgelöst hat, und das daraus resultierende Mißtrauen.

Durch die Klärung der gruppendynamischen Situation kann sie sich aus der Omega-Position herausarbeiten, womit die Voraussetzung für weitere inhaltliche Arbeit gegeben ist.

Von den vier Positionen des SCHINDLERschen Modells ist die *Beta-Position* die *Standardposition des Therapeuten.* Hier ist er in der Position des neutralen Fachmanns, der das Geschehen kommentiert, ohne daran teilzunehmen, und dessen Beobachtungen und Interpretationen von der Gruppe wohlwollend aufgenommen werden. Manche Therapeuten, wie z. B. ARGELANDER, BION, EZRIEL und FOULKES, bleiben immer in dieser Position. Andere ziehen eine flexiblere Handhabung der Interventionstechnik vor (z. B. HEIGL-EVERS & HEIGL 1972; KÖNIG 1973) und nehmen als Therapeut für sich verschiedene Positionen in Anspruch. Dadurch ist eine intensivere Nutzung der gruppendynamischen Potentiale für die Therapie möglich (HEIGL-EVERS & HEIGL 1972).

Die *Gamma-Position* z. B. bietet dem Therapeuten die Möglichkeit, eine Gruppe zu entängstigen. Indem er aus der Gamma-Position heraus identifikatorisch an der Aktion teilnimmt und die Gefühle der Teilnehmer verbalisiert, stützt er die Gruppe.[36]

In der *Alpha-Position* ergeben sich erzieherische Chancen für den Therapeuten, da sich die Gruppe mit Alpha identifiziert. Bei der Behandlung verwahrloster Jugendlicher, die erst eine gewisse Ich-Stärke und Über-Ich-Strukturierung aufbauen müssen, kann es sinnvoll sein, diese Position zu übernehmen. Im Umgang mit neurotischen Patienten, die eher unter ihren zu strengen, rigiden Über-Ich-Strukturen leiden, ist diese Position im allgemeinen nicht angebracht. Der Projektionsdruck der Gruppe ist hier jedoch stark. Besonders in Phasen der Abhängigkeit und Hilflosigkeit versuchen Gruppen immer wieder, den Therapeuten in die Führungsposition zu drängen und ihn zu Ratschlägen, Direktiven und konkreten Hilfeleistungen zu bewegen. Diese Erwartungen sind häufig so stark, daß sie zu Wahrnehmungsverzerrungen führen, so daß z. B. vorsichtig formulierte Vermutungen über gerade ablaufende Gruppenprozesse (aus der Beta-Position heraus) als Handlungsdirektiven (im Sinne der Alpha-Position) mißverstanden werden. Die Vermeidung der Alpha-Position verlangt daher manchmal eine aktive Konfrontation der Gruppe mit ihren regressiven Erwartungshaltungen.

In der *Omega-Position* kann der Therapeut die Gruppe mit Deutungen nicht erreichen. Seine Beiträge werden − wie die jedes Teilnehmers in der Omega-

---

36 Siehe dazu ROGERS' (1951) Prinzip der Verbalisierung emotionaler Erlebnisinhalte in der Gesprächspsychotherapie. Die Verbalisierung der Gefühle durch den Therapeuten führt zu verstärkter Selbstexploration und Entängstigung der Klienten.

Position – ignoriert, entwertet oder verworfen. Die Omega-Position wird dem Therapeuten von der Gruppe zugewiesen, wenn er übermäßig frustriert hat. In manchen Fällen wird er sie auch von sich aus übernehmen, z. B. wenn er die Aggressionen der Gruppe auf sich ziehen will. Das kann notwendig sein, wenn eine Abwehrstruktur besonders schwer zugänglich und Ich-synton ist (etwa übertriebene Friedfertigkeit und Harmonie der Gruppe) und sich erst deutlicher konstellieren und Ich-dyston werden muß, bevor sie bearbeitbar wird. Eine weitere Indikation kann gegeben sein, wenn der Omega der Gruppe gestützt und entlastet werden muß, weil seine Toleranzgrenze sonst überschritten würde, oder wenn eine Gruppe wegen heftiger interner Aggressionen auseinanderzufallen droht.

Wenn der Therapeut von sich aus die Omega-Position einnimmt, bringt dies die Gruppe sehr stark in Bewegung und mobilisiert erhebliche Angst. Die Teilnehmer werden zuerst ganz eng zusammenrücken, um sich gegen den Therapeuten zu schützen, um dann, nach Überwindung des ersten Schreckens, mit vereinten Kräften anzugreifen. Die Indikation für diese gruppendynamische Intervention sollte wegen der Stärke der ausgelösten Reaktionen sehr vorsichtig gestellt werden.

4.2.2. Tiefenpsychologische Gesichtspunkte

In tiefenpsychologischer Hinsicht sind in der Gruppentherapie im wesentlichen die aus der analytischen Einzeltherapie bekannten Prinzipien zu beachten (GREENSON 1975), die sowohl auf interpersonale als auch auf Gruppeninterventionen anwendbar sind. Besonders wichtig scheint mir in der Gruppentherapie die Regel zu sein, daß man immer erst die Abwehrstruktur bearbeiten sollte und erst dann den abgewehrten Impuls («Abwehr vor Inhalt»), da sich Ängste in Gruppen sehr leicht ausbreiten und verstärken. Die Impulse wurden ja seinerzeit verdrängt, weil sie Angst, Scham oder Ekel hervorriefen. Dementsprechend würden durch eine direkte Deutung der Impulse gleichzeitig die abwehrenden Empfindungen mobilisiert, was zu einer Verstärkung der Widerstände und Abwehrstrukturen führen würde. Um dies zu vermeiden, sollte man immer erst an der Abwehr arbeiten, und zwar zunächst unter dem Aspekt ihrer Schutzfunktion, d. h. annehmend und akzeptierend. Dadurch wird die Abwehr gelockert und die Angst abgebaut, wodurch der abgewehrte Impuls langsam sichtbar wird und assimiliert werden kann.

Hierzu ein Beispiel:

Eine halboffene Gruppe muß sich an einem Wochenende mit dem Problem des Abschiednehmens beschäftigen: Drei von acht Mitgliedern beenden die Gruppe, dafür werden neue kommen.

In der ersten Sitzung an diesem Wochenende wird die Traurigkeit stark empfunden und angesprochen, mehrere Mitglieder weinen. Die Gruppe spricht dann über Abschiednehmen im allgemeinen. Die Teilnehmer erzählen, wie sie mit früheren Verlusten umgegangen sind. In der folgenden Sitzung entwickelt sich ein GKB, in dem die verschiedenartigen Beziehungen, die sich zwischen den Teilnehmern im Lauf der Zeit herausgebildet haben, in komprimierter Form noch einmal rekapituliert werden. Im nächsten GKB folgt eine Regression: sie lassen sich auf einem Floß treiben und genießen die Zusammengehörigkeit. In der nächsten Sitzung deuten sich Rivalitätskämpfe zwischen zwei Männern an, aber in brüderlich-gemilderter Form. Die vorletzte Sitzung beginnt mit einem langen

Schweigen. Es herrscht eine besinnliche Stimmung, in der sich offenbar alle von der Gruppe getragen fühlen und auf eine präverbal-symbiotische Ebene regredieren. Die Teilnehmer lösen sich quasi in der mütterlich-bergenden Gruppe auf.

Die Therapeutin sagt schließlich, daß im Moment wohl alle gern schweigen, um so die Verbundenheit miteinander intensiv spüren zu können. Nach einer Weile weiteren Schweigens sagt sie, daß sie den Eindruck hat, daß während des Schweigens eine ganze Menge passiere, daß dies wohl ein sehr dichtes Schweigen sei, voller Phantasien (akzeptierendes Ansprechen der Abwehr).

Daraufhin äußern einige Teilnehmer ihre Gefühle und Gruppenphantasien: ein Teilnehmer hat Sorge, daß durch seine intensive innere Beziehung zu einer Teilnehmerin seine Beziehungen zu den andern, die ihm auch wichtig sind, leiden könnten. Ein anderer ist innerlich bei seiner Mutter, die vor vielen Jahren gestorben ist. Ein dritter ist auch in der Phantasie bei seiner Mutter. Er hatte gerade die Vorstellung, er sei in der Küche zu Hause und fände dort seine Mutter, wie sie den Kopf seines jüngeren Bruders im Schoß hat und ihn schaukelt. Er selbst verdrängt dann seinen Bruder und legt selbst seinen Kopf in den Schoß. Bald danach kommt aber der Vater und verdrängt ihn.

Nach diesen zögernd mitgeteilten Phantasien schweigt die Gruppe wieder. Sie hat Angst, sich mit den aggressiven Gefühlen auseinanderzusetzen, die durch die Regelung der halboffenen Gruppe entstehen. Die aggressiven Gefühle von Neid und Rivalität, die Wünsche, andere zu verdrängen und die Mutter (Therapeutin) ganz für sich zu haben, sowie die Ambivalenz gegenüber der Therapeutin-Mutter, der es anscheinend gleichgültig ist, welchen Kopf sie gerade im Schoß hat, deuten sich aber in den Phantasien an.

Die Therapeutin spricht an, daß die Teilnehmer, solange sie schweigen, sich auch nicht weiter mit ihren Beziehungen untereinander und mit ihrer Beziehung zur Therapeutin auseinanderzusetzen brauchen (Deutung der Abwehr unter dem Aspekt des abgewehrten Impulses). Nun entwickelt sich allmählich eine differenzierte Beziehungsklärung, in der die Rivalitäten, Neidgefühle, Enttäuschungen aneinander usw. angesprochen werden. Ein sehr friedliches und stimmungsvolles KB, in dem sehr viel Nähe der Teilnehmer zueinander spürbar ist, beschließt dann das Wochenende.

In dem Beispiel wird das von GREENSON (1975) empfohlene Vorgehen mit den Stufen: Demonstration, Klarifikation und Deutung angewendet. Zuerst macht die Therapeutin auf das Schweigen aufmerksam, verdeutlicht es dann (Ansprechen der damit ausgedrückten Stimmungsqualität) und stellt schließlich eine Beziehung zwischen dem beobachteten Verhalten und den latenten Gefühlen her. Dieses stufenweise Vorgehen, das immer an der bewußtseinsnahen Oberfläche ansetzt und von da aus allmählich zu tieferen Schichten vordringt, erleichtert den Teilnehmern den Zugang zu ihren unbewußten Impulsen.

Eine besondere Möglichkeit der Gruppentherapie sind die bifokalen Interventionen (HEIGL-EVERS 1967; HEIGL-EVERS & HEIGL 1972), mit denen Impuls und Abwehr gleichzeitig angesprochen werden können, wenn sich beide gleichzeitig in der Gruppe darstellen.

Sie orientieren sich am Prinzip der reziproken Latenz-Repräsentanz (HEIGL-EVERS 1967). Damit ist gemeint, daß jede Subgruppe (Majorität versus Minorität oder Außenseiter versus Restgruppe) die Latenz, also die unterdrückten Anteile der andern verkörpert und die Subgruppen durch projizierende und introjizierende Identifikation aufeinander bezogen sind. Auf die bifokalen Deutungen wird im Abschnitt 5.1. noch genauer eingegangen. Sie spielen für die Integration von Außenseitern in die Gruppe und für die Integration eigener abgewehrter Anteile in die individuelle Persönlichkeit eine große Rolle.

4.2.3. Interpersonale und gruppenzentrierte Interventionen

Die Frage, wann man eher auf interpersonale und wann eher auf Gruppenphänomene eingehen sollte, ist häufig schwierig zu entscheiden. Der Therapeut trifft diese Entscheidung aufgrund seiner Beurteilung der gesamten Situation, in die sowohl seine affektive Einstellung als auch seine theoretische Ausrichtung mit eingeht. YALOM (1974, S. 154) meint, diese Entscheidung sei «eine Frage des klinischen Urteilsvermögens, es gibt dafür keine klaren Vorschriften. Wie in jeder Art von Therapie entwickelt sich das Urteilsvermögen aus Erfahrung, Kontrolle sowie Intuition. In der Regel jedoch geht ein Problem, das für das Funktionieren der ganzen Gruppe entscheidend ist, gegenüber einem engeren interpersonalen Problem immer vor.»

YALOM (1974) sieht den Zweck interpersonaler Deutungen vor allem in der Anregung interpersonalen Lernens: Der einzelne lernt zu sehen, wo er in der Gruppe steht, welche Funktionen er übernimmt, welche Beziehungen er eingeht und welche er vermeidet, welche Wünsche und Ängste er äußern kann und welche er unterdrückt; schließlich, was das alles mit seinen früher erlebten Beziehungskonfigurationen zu tun hat.

Den Hauptzweck von Gruppendeutungen dagegen sieht YALOM in der Beseitigung von Hindernissen, die sich dem Fortschritt der gesamten Gruppe entgegenstellen. Gruppendeutungen seien notwendig, um Gruppenmanöver, die dem Ausweichen vor angstbesetzten Themen dienen, aufzulösen.

Die von YALOM als «Gruppenmanöver» bezeichneten Aktionen entsprechen den psychosozialen Kompromißbildungen bei HEIGL-EVERS & HEIGL (1975), z. B. Intellektualisierungen, Suche eines Sündenbocks, Isolierung einzelner Gruppenmitglieder, Delegation eigener Impulse an andere usw.

Die Interpretation psychosozialer Kompromißbildungen als «Hindernis der Arbeit» scheint mir diesen Gruppenphänomenen allerdings nicht ganz gerecht zu werden. Vielmehr sind sie konsequente Ergebnisse der Wünsche, Ängste und Abwehrstrukturen aller Gruppenmitglieder, und ihre Bearbeitung kann einen wesentlichen Beitrag für die Einsicht und Veränderung des einzelnen leisten.

Hierzu ein Beispiel:

Alfred ist sehr belastet zu einem Treffen der Gruppe gekommen. Sein bester Freund hat sich vor 14 Tagen suizidiert, die Freundin, mit der er seit zwei Jahren zusammenlebte, hat sich vor einer Woche von ihm getrennt, zusätzlich hat er chronische berufliche Schwierigkeiten. Er wirkt in der Sitzung fast stuporös unansprechbar und ist nach einer Pause plötzlich verschwunden. Er ruft dann von zu Hause aus an, er könne im Moment nicht teilnehmen, er brauche erst einmal Ruhe.

Obwohl sie sein Verhalten verständlich finden, empfinden die anderen Teilnehmer Schuldgefühle gegenüber Alfred, sie haben das Gefühl, vielleicht nicht genügend auf ihn eingegangen zu sein und ihm nicht genügend geholfen zu haben. Sie schweigen depressiv und blockiert.

Dann berichtet Berthold von seinen Eheschwierigkeiten. Die Gruppe stürzt sich förmlich darauf, fragt ihn aus, versucht, seine Situation zu verstehen und ihm zu helfen.

— Berthold erhält die Zuwendung, die die Gruppenmitglieder Alfred zu schulden glauben. Offenbar versuchen sie, durch die intensive Beschäftigung mit ihm die Schuldgefühle abzuarbeiten, die sie durch den Rückzug von Alfred entwickelt haben. Berthold stellt sich mit seinen Problemen als Ersatz zur Verfügung.

Nachdem die Therapeutin angesprochen hat, daß die Teilnehmer versuchen, an Berthold wiedergutzumachen, was sie an Alfred verschuldet haben, konzentriert sich das Interesse wieder auf die Gesamtgruppe. Die Teilnehmer beschäftigen sich mit der Frage, was der Rückzug von Alfred in ihnen ausgelöst hat, und die Depression schwindet allmählich.

In diesem Fall sind alle Teilnehmer direkt in die Situation involviert, alle haben Schuldgefühle, sind depressiv und beteiligen sich an der Wiedergutmachungsarbeit, um sich wieder als zuverlässige und tragfähige Gruppe erleben zu können, nachdem diese Selbsteinschätzung durch den Rückzug von Alfred in Frage gestellt worden ist. Diese gemeinschaftliche Aktion der Gruppe wird in der Deutung aufgegriffen. Es handelt sich also hier um eine gruppenzentrierte Deutung.

Individuenzentriert hätte man an den Eheschwierigkeiten von Berthold, die durchaus gravierend waren, weiterarbeiten können. Berthold hätte dann vielleicht das kollusive Spiel (WILLI 1975), in dem er und seine Frau sich verhakt hatten, besser verstanden. Die Gruppe hätte dann aber vermutlich sofort ein neues Problem gebraucht, um sich selbst als tragfähig und hilfreich erleben zu können. Sie hätte weiterhin ihre Schuldgefühle agiert, statt sie zu verstehen.

Daher hatte die gruppenzentrierte Deutung Vorrang. Das heißt aber nicht, daß man nicht später in einer entspannteren Situation an den individuellen Problemen Bertholds weiterarbeiten kann. Dies sollte meines Erachtens sogar bald geschehen, denn das Verständnis der Gruppensituation (daß er der Gruppe ein Problem zur Verfügung gestellt hat) hilft Berthold nicht weiter bei seinen konkreten Eheschwierigkeiten, die eine über die aktuelle Gruppensituation hinausgehende Bedeutung haben.

Abgesehen von der Prioritätsregel «Gruppenprobleme vor Einzelproblemen», die für die gesamte Arbeit gilt, hat sich in meinen Erfahrungen mit dem GKB noch eine zeitliche Regel herausgebildet. Es scheint günstig zu sein, in der Anfangsphase einer Gruppe vorwiegend gruppenzentriert zu intervenieren, um die Entwicklung der Gruppenkohäsion zu fördern, und später individuelle Probleme stärker mit einzubeziehen. Bei dauerndem einseitigen Fokussieren auf Gruppenphänomene läuft man Gefahr, daß die Gruppe etwas steril und unemotional wird, weil die Teilnehmer ihre individuellen Probleme zu wenig einbringen können. Dadurch fühlen sie sich in ihrer Einzigartigkeit nicht genügend wahrgenommen (sie werden ja immer als Teilobjekte des Gesamtobjekts Gruppe angesprochen). Daher werden die Teilnehmer im Laufe der Zeit, wenn sich ein Therapeut auf die Deutung von Gruppenphänomenen beschränkt, immer weniger Probleme aus ihrem realen Leben in die Gruppe einbringen. Die Gruppe konzentriert sich dann ausschließlich auf sich selbst, auf das Hier und Jetzt, auf die gegenwärtigen Empfindungen der Teilnehmer. Dagegen wird bei ausschließlich individuenzentrierten Arbeiten leicht das Hier und Jetzt der Gruppe vernachlässigt gegenüber der Arbeit an Problemen, die von außen in die Gruppe hineingetragen werden, wodurch die Kohäsion leidet.[37] Die Kohäsion und Tragfähigkeit einer Gruppe ist aber nach den vorliegenden Ergebnissen ein wichtiger Faktor der Therapie, so daß sich eine Gruppe, in der die Teilnehmer nur wenig Beziehung zueinander haben und primär miteinander um den Therapeuten rivalisieren, sich als relativ

---

37 Um dieser Gefahr zu begegnen, wurde in Psychodrama- und Gestalttherapie-Gruppen das Sharing eingeführt. In der Phase des Sharings, die auf die Phase der Einzelarbeit folgt, teilen die andern Gruppenmitglieder dem Protagonisten ihre Gefühle und ihre Anteilnahme mit und werden so wieder einbezogen (LEUTZ 1974; PERLS 1974).

wenig wirksam erweisen dürfte, da dann vermutlich auch wenig Identifikations- und Abgrenzungsprozesse zwischen den Teilnehmern stattfinden können, also die wesentlichen Vorteile der Gruppenarbeit nicht genutzt werden.

4.2.4. Entscheidungskriterien für die Wahl einer Intervention

Welchen Aspekt des Gruppengeschehens der Therapeut in seiner Intervention aufgreift, sollte sich nach den Bedürfnissen der Gruppe richten. YALOM (1974, S. 134) sagt dazu: «Eine Intervention ist so lange nützlich, wie sie die Aufmerksamkeit der Gruppe entweder auf die Interaktion unter den Gruppenmitgliedern lenkt oder auf den Umstand, daß die Gruppe ihrer Hauptaufgabe ausweicht.» Und: «Der Therapeut muß entscheiden, was nach seiner Ansicht die Gruppe zu diesem Zeitpunkt am meisten braucht, und muß ihr dann helfen, sich in dieser Richtung zu bewegen.» (1974, S. 134) Wichtig ist also das genaue diagnostische Verständnis des Gruppenprozesses, das auf teilnehmender Beobachtung und psychoanalytischer Schlußbildung beruht, und die daraus folgende adäquate Wahl des Inhaltes, Zeitpunktes und Ansatzpunktes einer Intervention.

Die Frage des Inhaltes bezieht sich auf die Selektion des Interventionsfokus. Zur Entscheidung zwischen interpersonalen Deutungen und Gruppendeutungen wurde im vorigen Abschnitt (4.2.3.) Stellung genommen. Die Entscheidung zwischen tiefenpsychologisch fundierten und interaktionellen Interventionen möchte ich hier im Zusammenhang mit der Frage des Zeitpunktes einer Intervention diskutieren.

Tiefenpsychologische und interaktionelle Interventionen haben eine grundsätzlich verschiedene Funktion innerhalb des Gruppenprozesses. Bei den tiefenpsychologischen Interventionen: Demonstrationen, Klarifikationen und Deutungen (GREENSON 1975) teilt der Therapeut in distanzierter Form etwas über die von ihm wahrgenommenen Prozesse mit, wobei seine eigene Person zurücktritt. Diese Interventionen fördern die Entfaltung regressiver Phantasien und Übertragungsbeziehungen. Bei den interaktionellen Interventionen dagegen teilt der Therapeut selektiv authentisch seine eigenen antwortenden Gefühle mit, und dieses Feedback führt zur Auflösung von Übertragungsphantasien.

Die beiden Interventionsformen wirken also in dynamischer Sicht gegenläufig (HEIGL-EVERS & HEIGL 1972).

Aus dieser unterschiedlichen Funktion der beiden Interventionsformen ergeben sich Anhaltspunkte für ihren Einsatz in verschiedenen Phasen der Therapie. Ich möchte mich hier den Überlegungen von HEIGL-EVERS & HEIGL (1972, S. 167) anschließen: «In den Phasen der Therapie, in denen zwecks Förderung des Gruppenprozesses latente regressive Phantasien sich entfalten sollen, ist die Wahrung des Abstinenzprinzips notwendig und sind daher Interventionen ratsam, die die Persönlichkeit des Therapeuten zurücktreten lassen, wie Fragestellung, Konstatierung und Interpretation. In den Phasen der Therapie, in denen eine corrective emotional experience durch Auflösung von Übertragungen gefördert werden sollte, ist es ratsam, daß der Therapeut eigene Gefühlsreaktionen im Sinne des Feedback in die Gruppe einbringt, also mehr als Person erscheint.»

Die Frage bleibt nur: In welchen Phasen der Therapie sollte das regressive Moment gefördert werden und in welchen Phasen die Auflösung von Übertragungen angestrebt werden? Hier ist der Rückgriff auf ein theoretisches Konzept notwendig, das festlegt, wie die Entwicklung einer Gruppe aussehen sollte, welche Phasenfolge wünschenswert ist.[38] Die Literatur bietet hier wenig explizite Anhaltspunkte (siehe dazu Kapitel 2.4. und 6.), implizit scheint jedoch ein zyklischer Phasenwechsel vorausgesetzt zu werden (z. B. bei BATTEGAY 1969; BION 1971; HEIGL-EVERS 1972; SLAVSON 1977; STOCK-WHITAKER & LIEBERMAN 1965; YALOM 1974), der intuitiv einleuchtend ist und dem Vorgehen in der Einzeltherapie entspricht (GREENSON 1975; DÜHRSSEN 1972). Jedes neue Thema braucht erst Zeit, um sich herauszukristallisieren und sich in der Übertragung zu manifestieren, bevor durch die Bearbeitung und Auflösung der Übertragung eine Lösung gefunden werden kann.

Diese inhaltliche Sequenz kann auf den *zeitlichen Verlauf* übertragen werden; d. h. der Therapeut sollte sich in der Anfangsphase einer Sitzung zunächst zurückhalten, Material sammeln, eventuell demonstrieren und klarifizieren, sollte dann in der Phase der Durcharbeitung tiefenpsychologisch Hilfestellung geben und in der Phase der Auflösung der Übertragung eventuell interaktionell intervenieren. Dieser zeitliche Ablauf ist nach meiner Erfahrung sowohl für den Verlauf einzelner Sitzungen bei kontinuierlichen ambulanten Gruppen als auch für den Verlauf von Sitzungsfrequenzen an einem Wochenende bei fraktioniert arbeitenden Gruppen empfehlenswert.

An Wochenenden halte ich mich in der ersten Sitzung eher zurück und versuche, durch teilnehmende Beobachtung und psychoanalytische Schlußbildung mir eine Hypothese darüber zu bilden, welche Problematik an diesem Wochenende ansteht. Die zweite Sitzung ist meist durch Widerstände geprägt: Nachdem die Teilnehmer in der ersten Sitzung versucht haben, bei der alten Vertrautheit wieder anzusetzen, werden nun Ängste, Widerstände und Gefühle von Distanz zu den andern spürbar. Auf die vorwiegend gruppenbezogene Arbeit an den Widerständen folgt dann die Bearbeitung der Übertragungsbeziehungen der Teilnehmer untereinander (die Übertragung auf mich spreche ich nur an, wenn sie zum Widerstand der Gruppe wird).

Die letzten Sitzungen an einem Wochenende verlaufen unterschiedlich, je nachdem, ob die Arbeit an einem Thema in etwa abgeschlossen werden konnte oder nicht. Im ersten Fall entwickelt sich eine zunehmende Differenzierung der Gruppe: Jeder sieht seine Position, seine Möglichkeiten und seine Schwierigkeiten deutlicher. Im zweiten Fall ergibt sich gegen Ende des Wochenendes zumeist eine narzißtische Regression: Die Unterschiede zwischen den Teilnehmern werden unwichtig, man stärkt die Beziehung zueinander und die Abwehr, um die Zwischenzeit bis zum nächsten Treffen zu überbrücken.

Außer dem Zeitpunkt, also der Entwicklungsphase der Gruppe, spielt für die Wahl einer bestimmten Intervention auch die Persönlichkeitsstruktur der Teilnehmer eine Rolle.

---

38 Ohne die Orientierung an einem theoretischen Konzept würde der Therapeut in einen Zirkel geraten: Er spricht in seinen Interventionen das an, was am deutlichsten hervortritt − seine Intervention ist also auf den Gruppenprozeß abgestimmt und durch ihn determiniert −, gleichzeitig beeinflußt die Intervention die weitere Entwicklung des Gruppenprozesses in dem Sinn, daß die angesprochenen Inhalte stärkeres Gewicht erhalten und sich dann noch deutlicher und differenzierter ausprägen. Dieser Bereich müßte sodann erneut in der nächsten Intervention angesprochen werden. Aus den wechselseitigen in die gleiche Richtung gehenden Beeinflussungen ergibt sich ein Zirkel, der sich immer weiter auf die Betonung eines Bereichs verengt.

Das hier geschilderte tiefenpsychologisch fundierte Vorgehen ist nicht für alle Teilnehmer geeignet. BALINT (1970) betonte als einer der ersten, daß die angebotene Methode mit der *Struktur des Patienten* vereinbar sein muß: «Höchstwahrscheinlich haben die Vertreter der verschiedenen Schulen ihre Erfolge oder Fehlschläge bei verschiedenen Patienten-Typen.» (a. a. O., S. 15) KUTTER (1976) hat dieses Problem in seinem Segment-Modell veranschaulicht. Jeder Teilnehmer ist nur in dem psychischen Bereich durch Interventionen erreichbar, in dem er sich gerade befindet, in dem sich sein Erleben abspielt, und das wird je nach Persönlichkeitsstruktur und Phase des Gruppenprozesses unterschiedlich sein. D. h. je nach dem Grad der Regression steht manchmal die Ebene der sozialen Normen und Rollen, manchmal die Ebene der verschiedenen Übertragungen (Familienübertragungen, narzißtische Übertragungen oder Spaltungsübertragungen), manchmal auch die Ebene der unbewußten Phantasien im Vordergrund, und je nach Persönlichkeitsstruktur der Teilnehmer sind bestimmte Erlebnis- und Übertragungsdispositionen dominant. Daher sind je nach Persönlichkeitsstruktur der Teilnehmer Modifikationen des Vorgehens notwendig.

In Gruppen mit dem GKB muß man meiner Erfahrung nach auf narzißtisch gestörte Teilnehmer besonders achten. Da das GKB das gefühlsmäßige Erleben stark anspricht, haben diese Teilnehmer am Anfang Schwierigkeiten, sich einzu lassen. Sie stehen dann zunächst etwas außerhalb der eigentlichen Gruppenaktion, was sicher ein notwendiger Schutz gegen mögliche als gefährlich erlebte Regressionen ist. Da sie ihre Ängste aber meist nicht offen zeigen können, sondern sich in den Gesprächsphasen auch eher mißtrauisch-zurückgezogen oder aggressiv verhalten, geraten sie leicht in die Position des abgelehnten Außenseiters. In dieser Position sollten sie möglichst nicht lange verbleiben, da sonst die gruppendynamischen Kräfte noch zusätzlich irritierend und Ich-schwächend auf sie einwirken, so daß sie dann kaum von der Gruppenarbeit profitieren können. Der Gruppenleiter kann versuchen, sie in die Gruppe zu integrieren (siehe Kapitel 5.1.) durch positive Umdeutungen, bifokale Interventionen oder durch Einzelarbeit mit dem Ziel, die Ichfunktionen zu verstärken, insbesondere die Realitätsprüfung und die Fähigkeit, Gefühle zu äußern und Kontakt aufzunehmen. Sofern dies gelingt, können diese Patienten gerade in Gruppen mit dem GKB große Fortschritte machen. Die Möglichkeit, Gefühle im KB zunächst in symbolisch verschlüsselter Form äußern zu können und neue Verhaltensmöglichkeiten zunächst in der Phantasie erproben zu können, stellt einen wichtigen Zwischenschritt in der Entwicklung dar. Diese Entwicklung ist aber nur möglich, wenn die Integration in die Gruppe gelingt, und dazu benötigen diese Patienten aktive Unterstützung durch den Therapeuten.[39]

Ein letzter Punkt, der wenigstens kurz gestreift werden soll, ist die Frage nach der *Formulierung einer Intervention.* In der tiefenpsychologischen Literatur wird dieser Punkt weitgehend vernachlässigt, ich halte ihn aber in Anbetracht der Untersuchungen, die aus anderen Bereichen vorliegen und die sich zum Teil durchaus übertragen lassen, für wichtig.[40]

---

39 KUTTER hat in einem ähnlichen Zusammenhang vorgeschlagen, das Prinzip der Minimalstrukturierung in tiefenpsychologisch fundierten therapeutischen Gruppen durch ein Prinzip der Optimalstrukturierung zu ersetzen, das auf die spezifischen Bedürfnisse der Teilnehmer abgestimmt ist (KUTTER 1976, S. 95).

40 Der Einfluß der Formulierung auf die Aufnahme einer Mitteilung durch den Adressaten ist in

Um ein sehr einfaches Beispiel zu geben: Man kann von einem zur Hälfte gefüllten Glas sagen, es sei halb voll, genausogut aber, es sei halb leer; durch die Formulierung fließen unterschiedliche Konnotationen von Fülle oder Leere ein. So kann man auch therapeutische Interventionen sehr unterschiedlich formulieren und dadurch bestimmte innere Antworttendenzen im Adressaten wecken, die die Akzeptierung oder Verwerfung der Intervention und die Wahrnehmung des Therapeuten (Übertragungsbeziehung) nachhaltig beeinflussen.

So erreichen z.B. abstrakt-theoretisch fomulierte Interventionen eher den Verstand, während plastisch-bildhaft formulierte eher gefühlsmäßig aufgenommen werden. Akzeptierende und stützende Formulierungen führen eher zu einer Öffnung und positiven Übertragungsbereitschaft als sachliche oder kritisch-konfrontierende. Daher sollte die Formulierung einer Intervention genauso wie ihr Inhalt bewußt auf den Kontext der Gruppensituation abgestimmt werden.

5. Typische Problemsituationen der Gruppentherapie

In diesem Abschnitt geht es um den Umgang mit einigen besonders spannungsgeladenen Situationen, in denen es sehr darauf ankommt, daß der Therapeut eindeutig und schnell reagiert, weil Gruppen in Phasen starken emotionalen Drucks die Kompetenz des Therapeuten besonders sensibel registrieren. Zum Teil ist ein stärker strukturierendes Eingreifen des Therapeuten erforderlich, da in diesen Situationen die Weichen für die weitere Arbeit gestellt werden und unklares Verhalten zu schwer revidierbaren Vertrauensverlusten führen kann. Als relativ typische Problemsituationen, die von Therapeuten während ihrer Ausbildung als besonders schwierig empfunden werden, habe ich die Integration von abgelehnten Außenseitern, Dekompensieren einzelner Teilnehmer im GKB und starkes Agieren nach dem Muster des «help-rejecting complainer» ausgewählt. Sie sollen im folgenden theoretisch diskutiert und an Beispielen veranschaulicht werden.

5.1. Integration von Außenseitern

Außenseiter haben für Gruppen eine wichtige Funktion, obwohl sie außerhalb zu stehen scheinen, meist abgelehnt werden und auch ihrerseits die Gruppe ablehnen können. Durch ihr Anderssein ergibt sich ein Spannungsfeld, das durch die Polarität der Alpha- und Omega-Position (SCHINDLER 1957, 1981) abgesteckt ist. Omega verkörpert für die Gruppe eine Art negativer Identität. Die Gruppe projiziert ihre eigenen verdrängten oder abgespaltenen Impulse auf Omega, kann sie durch identifikatorische Partizipation an seinem Verhalten gefahrlos befriedi-

---

der Verkaufspsychologie sehr systematisch untersucht worden und wird besonders bei der Schulung von Verkäufern und bei der Konzeption von Werbung berücksichtigt (siehe z.B. ANASTASI 1964 und ZALTMANN et al. 1972). Innerhalb der klinischen Psychologie scheinen die Gesprächspsychotherapeuten Formulierungen und andere Therapie-Prozeßvariablen in der Forschung am stärksten zu beachten (TAUSCH 1970 UND TRUAX & CARKHOFF 1967), während die praktische Anwendung dieser Ergebnisse am gezieltesten von bestimmten Richtungen der Familientherapie vollzogen wird (SELVINI-PALAZZOLI 1977; HALEY 1977; MINUCHIN 1978). Die Art der Formulierung spielt bei positiven Umdeutungen und besonders bei der Konstruktion von therapeutischen Paradoxen eine zentrale Rolle.

gen und Selbstbestrafungstendenzen externalisieren. Die zentralen Mechanismen im dynamischen Wechselspiel zwischen Außenseiter und Gruppe sind also auf Seiten der Gruppe Projektion, Partizipation und Entlastung vom Über-Ich-Druck (siehe dazu auch HEIGL-EVERS & HEIGL 1973). Die Gruppe braucht einen Außenseiter. Sie kann an ihm alle Spannungen und Aggressionen entladen, sich auf seine Kosten integrieren und in Abgrenzung gegen ihn ihre eigene Identität finden. Dementsprechend ist die Omega-Position auch universal in den verschiedensten Arten von Gruppen fest etabliert: In Familien gibt es schwarze Schafe, in Schulklassen den Prügelknaben, in Institutionen den Hofnarren oder den Sündenbock (MERL 1968).

Das manifeste Verhalten einer Gruppe gegenüber Omega ist gekennzeichnet durch Ausschließen (niemand will etwas mit ihm zu tun haben), Auslachen (seine Vorschläge werden entwertet, ironisiert, ad absurdum geführt) und Ignorieren (Bemerkungen von ihm werden von den anderen nicht aufgegriffen, sondern totgeschwiegen). Die Feindseligkeit gegenüber Omega ist um so stärker, je bedrohlicher sein Verhalten für die Gruppe ist, d. h. je mehr die Gruppe in Omega unterdrückte Aspekte des eigenen Selbst ahnt und abwehrt.

Das manifeste Verhalten von Omega in der Gruppe ist gekennzeichnet durch Behauptungen, Anklagen, Forderungen und Angriffe. Dagegen äußert sich Omega nie ernsthaft über eigene Probleme. Das ist in seiner Position bei der mit ihr verbundenen Angst auch sicher kaum möglich, die Gruppe versucht aber durch ihre Angriffe, ihn dazu zu bringen, Schwierigkeiten einzugestehen. Auf der latenten Ebene braucht sie aber auch seine starre Uneinsichtigkeit als negative Identität.

Die Frage ist natürlich, warum Omega diese Position übernimmt. Daß die Gruppe ihn braucht, ist einleuchtend, aber inwiefern er selbst von seiner Position profitiert, ist nicht ohne weiteres zu sehen. Hier ist häufig eine masochistische Komponente mit im Spiel. Omega kann den andern zeigen, daß sie nicht mit ihm fertig werden. Der Gruppe gelingt es nicht, Omega zu erziehen oder ihn dazu zu bringen, sie zu mögen. Sie kann ihn eventuell ausschließen, aber sie kann ihn nicht integrieren. Die Ohnmacht der Gruppe gegenüber seinen Provokationen gibt Omega ein gewisses Gefühl von Überlegenheit und Stärke («masochistischer Triumph»). Er kann die andern mit den Angriffen auf sich selbst beschäftigen und in Atem halten, kann in ihnen Schuldgefühle auslösen, wenn sie ihn verletzen usw. Für Omega können sich hier destruktive Familieninteraktionen wiederholen, wobei die Gruppe sich in der Position seiner Eltern oder Geschwister befindet. Provokatives Verhalten dieser Art stellt für manche Menschen mit einer ausgeprägten narzißtischen Störung die einzige verfügbare Möglichkeit dar, überhaupt beachtet zu werden. Für sehr schizoide Menschen ist es ein zuverlässiger Schutz vor Nähe. Je nach der psychodynamischen Struktur des einzelnen überwiegen die einen oder anderen Motive.

Es ist klar, daß die Gruppe für diese Menschen nur dann therapeutisch wirksam werden kann, wenn es gelingt, diese fixierten Rollen aufzulockern und neue Verhaltensmöglichkeiten zu erschließen. Einige der Möglichkeiten, wie der Therapeut ihnen helfen kann, aus ihrer Position herauszufinden, soll im folgenden mit Beispielen veranschaulicht und dann im Zusammenhang diskutiert werden.

a) Bifokale Deutungen

In einer Gruppe von neun Teilnehmern sind zwei ältere Männer, von denen einer, Horst, durch sein wohlwollend-dominierendes Verhalten, das die jüngeren Teilnehmer als aufdringlich empfinden, schnell zum Außenseiter wird. Zuerst deutet sich das nur an, indem seine Angebote gelegentlich von den anderen ignoriert oder abgelehnt werden. Durch den offensichtlich mangelnden Respekt der Gruppe wird Horst aber zunehmend aggressiv: er kämpft nun verstärkt um Einfluß und Beachtung und lehnt die Gruppe unterschwellig ab.

Bei einem KB, in dem sich jeder *in ein Tier verwandeln* wollte, sieht Horst sich erst als Touristenführer einer Reisegruppe. Alle andern sehen sich als Tiere, er definiert sich also selbst als Außenseiter dieser Gruppe und als Führer einer neu eingeführten Gruppe. Später sieht er sich als Schildkröte – Schildkröten haben einen dicken Panzer, in den sie sich zurückziehen können.

– Hier wird seine Außenseiterposition in den Bildern sehr deutlich und kann im Nachgespräch explizit angesprochen werden.

Im nächsten KB trifft sich die Gruppe auf einem Kinderspielplatz. Horst sieht sich als sehr kleinen Jungen (etwa drei Jahre alt) mit einem Eimerchen im Sandkasten herummatschen. Er bringt einem Mädchen etwas von seiner «Eierpampe», versucht dann vergeblich, einen Turm zu bauen und fühlt sich sehr klein und hilflos. Später möchte er gern mit den andern mitspielen, «aber nur, wenn nicht getrickst wird».

– Das Bild des impotenten ängstlichen kleinen Jungen kann man als Reaktion auf die Vorwürfe der andern bezüglich seines dominierenden und aggressiven Verhaltens verstehen. Die Hilflosigkeit zeigt sich besonders auch in seinem Tonfall und seiner Diktion (z. B. im Gebrauch regressiver Wörter wie «Eierpampe» und «Tricksen»).

Beim nächsten KB «*Nordpolexpedition*» machen es sich die andern in einem großen warmen Iglu gemütlich, baden, essen und trinken, machen Musik und kuscheln sich auf Matratzen eng zusammen. Es findet eine wahre Orgie an regressiver Wunscherfüllung statt, die Horst eher mißtrauisch aus der Ferne, von seinem eigenen kleinen Iglu aus, beobachtet. Die andern laden ihn zu sich ein, er kommt sie besuchen und bringt als Geschenk ein Pappschild mit, auf dem «Merry Christmas» steht. Er will es ihnen falsch herum an der Wand aufhängen. Die andern mögen das Schild aber nicht, sie finden es kitschig und beachten es dann nicht weiter. Horst zieht sich wieder in sein kleines Iglu zurück.

– Horst ist diesmal völlig getrennt von den andern. In seinem Besuch und seinem merkwürdigen Mitbringsel zeigt sich ein hilfloses Kontaktbedürfnis, durchmischt mit Neid und Ärger gegen die andern. Das falsch herum aufgehängte «Merry Christmas»-Schild faßt seine ambivalente Einstellung sehr treffend zusammen. Es ist eine Provokation und Selbstdarstellung, in der das Harmoniebedürfnis der Restgruppe persifliert und abgewehrt wird.

Im Nachgespräch versucht die Therapeutin, die gegenläufigen Aktionen im Sinne der reziproken Latenzrepräsentanz (HEIGL-EVERES 1967) aufeinander zu beziehen. Der Außenseiter verkörpert einen abgewehrten Anteil der Restgruppe und vice versa. In diesem KB agiert die Gruppe ihre Bedürfnisse nach Harmonie, Nähe und Geborgenheit und wehrt Unterschiedlichkeit zwischen den Einzelnen, Bedürfnisse nach Eigenständigkeit und aggressive Impulse ab. Horst dagegen betont die Unabhängigkeit und wehrt Bedürfnisse nach Nähe weitgehend ab. Diese Interpretation wird von allen akzeptiert.

Im nächsten KB will die Gruppe *ein Fest feiern*. Horst kommt auch dazu und bringt ein großes Paket mit, in dem unter einigen Tüten Konfetti Bratwürste zum Vorschein kommen, die er für die andern grillt und die den andern auch schmecken.

- Mit diesen Würsten macht er ein adäquates Kontaktangebot und hat auch Erfolg damit. Das Konfetti ist eine Art Hintertürchen ins Unernst-Ironische, durch das er hätte flüchten können, wenn sein Angebot nicht akzeptiert worden wäre.

Danach kann er konstruktiv an der Gruppe teilnehmen, zuerst vorsichtig, dann durchaus lebendig, wobei er wie die andern auch seine Schwierigkeiten anspricht und bearbeitet.

Allgemein wird durch die bifokale Deutung, mit der der Außenseiter als ein wichtiges Element der Gesamtgruppe angesprochen wird, folgendes erreicht:

- Die beiden Parteien werden als Elemente einer größeren Einheit gesehen, d. h. sie gehören als Polaritäten einer Ambivalenz jedes einzelnen zusammen.
- Das Verhalten von beiden wird als gleichermaßen berechtigt und ergänzungsbedürftig angesehen (jeder agiert einen Teilbereich der Ambivalenz, und jeder unterdrückt einen Teil, so daß sie erst zusammen ein vollständiges Bild der gefühlsmäßigen Struktur ergeben).
- Die Projektionen und verfestigten gegenseitigen Rollenzuschreibungen können gelockert werden. Indem jeder den eigenen abgewehrten Aspekt im andern sieht, wächst das Verständnis füreinander und die Bereitschaft, diesen Aspekt in sich selbst zuzulassen.

b) Stützung von Omega durch einen Angriff auf die Gruppe

In einer sehr auf Gemeinsamkeit bedachten Studentengruppe gibt es einen Teilnehmer, Howard, der relativ still ist. In den ersten Sitzungen suchte er sich immer einen Platz etwas außerhalb der Gruppe nahe an der Tür, inzwischen sitzt er zwischen den andern, hört aufmerksam zu, sagt aber kaum etwas.

In der siebten Sitzung platzt Andrea während des Nachgesprächs ganz zusammenhanglos und unter Druck damit heraus, daß sie Howard als außenstehend empfindet und sie das sehr stört. Sie möchte Howard stärker integriert sehen und möchte mit der Gruppe eine Art aktives Integrationsprogramm durchführen.

Die andern sind zunächst überrumpelt von der Wucht, mit der sie ihr Anliegen vorträgt, und gehen auf sie ein. Ihnen ist auch aufgefallen, daß Howard wenig sagt, und sie haben Vermutungen darüber, wie er sich wohl fühlt. – Howard hört diesem Gespräch still zu und lächelt etwas erstaunt. Dann verebbt das Gespräch, und allgemeine Verlegenheit breitet sich aus.

Die Therapeutin sagt, daß die Situation auf sie so wirke, als ob sich eine Gruppe besorgter Eltern darüber unterhalte, wie man dem verirrten Kind helfen könne, auf den richtigen Weg zu kommen.

Nun verlagert sich der Schwerpunkt des Gesprächs: die Gruppe redet nicht mehr über Howard, sondern über ihr eigenes Verhalten, ihre Integrationsbemühungen.

Die Therapeutin macht darauf aufmerksam, daß die Gruppe durch ihr Sich-Kümmern in Wahrheit Howard ausschließt: Eltern und Kinder, Helfer und Zöglinge stehen auf verschiedenen Ebenen.

Die Gruppe ist betroffen und ratlos. Andrea ergreift wieder die Initiative. Für sie ist es sehr schwer zu ertragen, wenn jemand sich ausschließt. Sie hat es auch in einer andern Gruppe erlebt, daß sie mehrfach auf jemanden, der sich zurückzog, zugegangen ist und ohne Erfolg versucht hat, ihn einzubeziehen.

Die andern werden jetzt unruhig und stellen sich vor, daß sie selbst auch nicht gern das Objekt von Integrationsbemühungen sein würden. Einigen fallen Situationen aus den vorigen Gruppensitzungen ein, in denen sie das Bedürfnis hatten, etwas für sich allein zu machen, und sich bedrängt fühlten von den andern, von der starken Gruppennorm, die verlangt, daß man alles gemeinsam macht.

In der nächsten Sitzung berichten zwei Teilnehmer, daß sie sich außerhalb der Gruppe zufällig getroffen haben, sich dabei ziemlich verkrampft fühlten und sich nicht sehr viel zu sagen wußten. An diesem Vorfall diskutiert die Gruppe noch einmal ihre Wünsche hinsichtlich Kontaktintensität. Dabei ergibt sich eine Ersetzung der bis dahin geltenden Norm «soviel Gemeinsamkeit wie möglich» durch die Norm «soviel Gemeinsamkeit, wie man gerade kann und möchte, je nach Situation».

Die Gruppe akzeptiert, daß sich nicht alle gleich nahe stehen und daß manche generell mehr Distanz haben möchten als andere. D. h. die Gruppennorm pendelt sich auf einem flexibleren Niveau ein, das für alle akzeptabel ist und von allen (einschließlich dem bisherigen Omega) getragen wird.

In der geschilderten Diskussion hat die Therapeutin praktisch die Rolle des Gegners der Gruppe übernommen, indem sie das Verhalten der Gruppe und die herrschende Gruppennorm in Frage stellte.

c) Positive Umdeutung des Verhaltens von Omega

Eine fraktioniert arbeitende Gruppe kommt durch eine akute Massierung ungelöster häuslicher Probleme der Teilnehmer in eine schwierige Situation. Sie fühlt sich überfordert und hilflos und muß sich mit einer dichten Abwehr gegen die herandrängenden Probleme schützen. Das Gespräch wird theoretisch, abstrakt, rational und stockend.

In dieser Situation erzählt ein Teilnehmer, Jochen, wie er zu Hause seine Frau durch nachlässiges und dominantes Verhalten provoziert und dadurch heftige Reaktionen gegen sich selbst auslöst. Z. B. ist ihm als Geburtstagsgeschenk für sie (trotz fruchtlosen tagelangen Suchens und Schaufensterbetrachtens) nichts anderes eingefallen als ein Küchenmesser. Er stellt diese und andere ähnliche Begebenheiten so dar, als unterliefe ihm alles das völlig unfreiwillig aus purer Ungeschicklichkeit. Das glauben ihm die andern aber nicht. Sie empfinden ihn vielmehr als aggressiv und greifen ihn, als er das nicht einsehen will, heftig an.

Nach einer Weile sagt die Therapeutin, daß sich in der Gruppe jetzt offenbar das abspiele, wovon Jochen berichtet: Die andern greifen ihn an, und er weiß gar nicht weshalb, ist aus purer Ungeschicklichkeit in diese Situation geraten.

Es kann dann herausgearbeitet werden, daß er sich schon öfters in der Gruppe als Sündenbock angeboten hat, und zwar immer in Situationen, in denen die Gruppe nicht recht weiterkam und sich schlecht fühlte. Durch sein Verhalten hat er dann die andern mobilisiert, sie schlossen sich gegen ihn zusammen, wurden aktiv und fühlten sich besser. Die Therapeutin erklärt, daß er auf diese Weise die Gruppe aus ihrer Depression gerettet hat.

Durch diese Intervention wird der Sündenbock als ein besonders sensibler und engagierter Teilnehmer dargestellt, der bereit ist, ein persönliches Opfer zu bringen, damit die Gruppe weiterkommt. − Insofern ist er natürlich nicht mehr Omega.

Diese Methode des positiven Umdeutens des Verhaltens ist aus der Familientherapie entlehnt und hat sich im Umgang mit den designierten Patienten und «schwarzen Schafen» von Familien sehr bewährt (siehe z. B. Selvini-Palazzoli 1977).

Zusammenfassende Diskussion

Es stellt sich die Frage, wann welches Vorgehen indiziert ist, wann eine bifokale Deutung sinnvoll ist, wann eine Koalition mit Omega gegen die Restgruppe und wann eine positive Umdeutung.

Durch bifokale Deutungen betont man das Gleichgewicht und die Gleichwertigkeit der vertretenen Positionen, durch die Koalition mit Omega stützt man die von Omega vertretene Position und verleiht ihr mehr Gewicht, verändert also die

Intensität der Positionen, während man durch positive Umdeutungen eine qualitative Modifikation der Positionen bewirkt.

Die Koalition mit Omega scheint also immer dann sinnvoll zu sein, wenn es darum geht, die von ihm vertretene Position zu verstärken, weil die Gruppe an diesem Punkt etwas ausblendet, womit sie sich auseinandersetzen sollte. Sie ist also in den Fällen indiziert, in denen Omega einen wichtigen und zusätzlichen Aspekt beitragen will, gegen den sich die Gruppe wehrt.[41]

Die positiven Umdeutungen sind vor allem im Umgang mit früh gestörten Teilnehmern wichtig, da diese eine starke Bereitschaft zu archaischen, intensiven negativen Übertragungen mitbringen. Diese sind schwer aufzuarbeiten, wenn sie sich erst einmal voll entwickelt haben. Wegen ihrer frühen negativen Erfahrungen erleben diese Menschen die Welt als schlecht und nicht vertrauenswürdig. Sie erwarten immer das Schlimmste und nehmen das Verhalten anderer ihnen gegenüber im Sinne dieser negativen Erwartung verzerrt wahr. Gleichzeitig provozieren sie durch ihr eigenes ambivalentes Verhalten Mißverständnisse und Ablehnung, wodurch sich ihr negatives Bild von der Welt immer wieder bestätigt.

In allen anderen Fällen, in denen die Soziodynamik durch die Reaktivierung eines Konflikts in der sozialen Situation der Gruppe entsteht, in denen also die Teilnehmer quasi die Rollen unter sich aufteilen, wobei die Majorität Reaktionsbildung und Abwehr, die Minorität den abgewehrten Impuls vertritt, empfehlen sich bifokale Deutungen. Diese ermöglichen es den Teilnehmern, die nach außen projizierten Aspekte des Konflikts wieder zu internalisieren. Das Ziel dieser Integrationsarbeit ist neben der Auflockerung der fixierten Rollenstruktur, wodurch den Außenseitern die therapeutische Bearbeitung ihrer Probleme möglich wird, immer die Auflösung der Ambivalenz. Statt den einen Teil zu leben und den andern abzuwehren und im Anderen zu bekämpfen, sollte jedes Gruppenmitglied beide Teile in einem bewußten inneren Zwiespalt erleben und sich mit diesem Konflikt auseinandersetzen können.

5.2. Auffangen von Affektdurchbrüchen

Da das GKB das gefühlsmäßige Erleben stark anspricht und die Abwehr herabsetzt, kann es vorkommen, daß ein Teilnehmer plötzlich an einer ganz empfindlichen Stelle berührt und kurzfristig so stark von regressiven Phantasien erfaßt wird, daß er nicht mehr in der Lage ist, diese in kontrollierter Form in den Gruppenprozeß einfließen zu lassen. Er «steigt aus», sagt nichts mehr, beginnt eventuell zu weinen. Wenn man behutsam arbeitet und Übertragungen unter Beachtung der Toleranzgrenzen des einzelnen handhabt, treten derartige Situationen der «Affektüberflutung» selten auf. Sie stellen aber immer eine Krise für den Betroffenen und eine Irritation für die übrigen Teilnehmer dar und verlangen ein aktives Eingreifen des Therapeuten. Deshalb sollen sie kurz besprochen werden.

41 In seltenen Ausnahmefällen kann es auch notwendig sein, *gegen* Omega Partei zu ergreifen, nämlich wenn dieser seine destruktiven Wünsche an der Gruppe befriedigt, also sadistisch agiert. In diesen Fällen wird Destruktion lustvoll erlebt und nicht bearbeitet. Ein solches destruktives Agieren, vor dem man die Gruppe schützen muß, ist z. B. das Verhalten des help-rejecting complainers, auf das in Abschnitt 5.3. eingegangen wird.

Die Gruppenmitglieder befinden sich im GKB in einer *Winterlandschaft*. Sie spielen, bauen einen Schneemann und fahren Schlitten. Nach einer Weile wird Renate unruhig, sagt schließlich, sie sei in ihrer Kindheit, ganz weit weg, und beginnt zu schluchzen. Die Gruppe schweigt betroffen. Die Therapeutin geht zu der Weinenden, fragt sie, wo sie gerade ist und was sie sieht, arbeitet also mit ihr nach Art des Einzel-KB.

Renate steht auf einer Klippe am Meer, hinter ihr ist ein dunkler Wald, es wird Abend, und sie weiß nicht, wie sie nach Hause kommen soll. Im Einzel-KB gelingt es, ihre Gefühle von Einsamkeit und Hilflosigkeit erträglich erlebbar zu machen und eine gewisse Durcharbeitung und Erleichterung zu erzielen.

Die Therapeutin bittet dann alle, das KB jeder für sich ausklingen zu lassen und dann die Entspannung zurückzunehmen. (Die andern hatten während dieses Einzel-KB noch dagelegen und zugehört.)

Nun setzt sich die Gruppe hin zum Nachgespräch. Renate äußert sofort voller Schuldgefühle, sie habe sicher den andern «alles kaputtgemacht». Die andern teilen mit, was in ihnen vorgegangen ist: Sie fühlten sich angespannt; sie hätten Renate gern geholfen, wußten aber nicht wie; sie sind in Gedanken mit ihr mitgegangen. Marion gesteht, daß sie auch einmal während eines KB an einen Punkt kam, an dem sie hätte heulen können. Sie hat es aber unterdrückt, weil sie Angst hatte vor der Reaktion der Gruppe. Sie ist Renate für ihr Beispiel dankbar und hofft, daß sie selbst in Zukunft mutiger sein wird.

Aus den Beiträgen geht insgesamt hervor, daß diese unbeabsichtigte Einzelarbeit keineswegs nur eine Störung war, sondern auch die Gruppe näher zusammengebracht hat. Durch das intensive Miterleben der Angst und das Herausfinden aus der Angst sind auch die andern jetzt eher bereit, sich gefühlsmäßig stärker einzulassen, weil sie Zutrauen zur Tragfähigkeit der Gruppe und zu der Therapeutin gewonnen haben.

Wichtig scheint mir zu sein, im Nachgespräch nach einer Einzelarbeit den Sharing-Prozeß zu fördern, weil dadurch die andern wieder einbezogen werden, so daß dann die Gesamtgruppe weiterarbeiten kann. Einige KB-Therapeuten greifen grundsätzlich während der Phase der Gruppenimagination nicht in den Prozeß ein, um das Setting konstant und verläßlich zu halten. Statt in einer solchen Krisensituation ein Einzel-KB durchzuführen, würden sie die Entwicklung abwarten und dann während des Nachgesprächs besonders intensiv mit dem Teilnehmer arbeiten. Diese Vorgehensweise ist natürlich ebenso möglich.

Sofern Gruppen allerdings mehrheitlich aus Teilnehmern bestehen, die durch die regressiven Prozesse während des GKB geängstigt werden, empfiehlt sich das in Abschnitt 7.2.2. für den Umgang mit ambulanten Patientengruppen geschilderte Vorgehen, das eine aktiv stützende Präsenz des Therapeuten während des GKB vorsieht.

5.3. Umgang mit stark agierenden Teilnehmern

Es gibt viele Formen des Agierens in Gruppen.[42] Entscheidend ist, ob sich das Agieren innerhalb oder außerhalb der Gruppe abspielt (acting out and acting in,

---

42 Die Terminologie wird unterschiedlich gehandhabt. Manche Autoren klassifizieren jegliches Verhalten, das keine rein verbale Mitteilung ist, als Agieren (z.B. SLAVSON 1977). Andere beschränken den Begriff auf Verhaltensformen, die emotional stark besetzt sind, wie z.B. Wutanfälle, Verlassen des Raumes, zwanghaftes Rauchen, unentschuldigtes Versäumen von Sitzungen, Vergessen von Vereinbarungen usw. Diese zweite Auffassung soll hier zugrundegelegt werden. Im Agieren wird ein Konflikt dargestellt bzw. gelebt, dadurch wird eine psychische Entlastung erreicht, aber keine Verarbeitung des Konflikts. (FREUD 1914: Man agiert, um nicht erinnern, d.h. auch durchleiden zu müssen.)

RAUCHFLEISCH 1979). Alles, was in der Gruppe passiert, kann bearbeitet werden. Was aber außerhalb der Gruppe stattfindet, seien es nun heimliche Treffen von Gruppenmitgliedern, intime Beziehungen, Autounfälle, häusliche Szenen im Anschluß an die Gruppensitzung usw., kann nicht bearbeitet werden, sofern es nicht anschließend in der Gruppe mitgeteilt wird.

Das Agieren außerhalb der Gruppe ist oft die Ursache für merkwürdig hartnäckige Widerstände, die sich in intensiven Diskussionen über irrelevante Themen, gedrücktem Schweigen, vorbereiteten Fragen, wie man mit diesem oder jenem Problem umgehen sollte, oder in bewußten Ablenkungsmanövern äußern können. In diesen Fällen ist es zweckmäßig, sich nicht in eine weitere inhaltliche Arbeit einzulassen, solange die Ursache dieser Widerstände nicht geklärt ist. Stattdessen kann man die Gruppe (gegebenenfalls mehrfach) darauf hinweisen, daß sie offenbar etwas vermeidet.

Eine spezielle Form des Agierens, die in Gruppen häufig zu Schwierigkeiten führt, ist das gleichzeitig um Hilfe bittende und Hilfe abweisende Verhalten mancher Patienten (help-rejecting complainer). Agiert wird hier eine ambivalente Mutterbeziehung: Die Patienten zerstören die Mutter, indem sie sich selbst zerstören. Sie untergraben das Selbstwertgefühl und die Zuversicht der Gruppe, indem sich ihre Probleme immer wieder als unlösbar erweisen und sie sich ständig in verzweifelten Situationen befinden, woran weder Therapeut noch Gruppe etwas ändern können.[43] YALOM (1974, S. 320) schlägt vor, solche Patienten nach Möglichkeit nicht in Gruppen aufzunehmen, sondern lieber mit Einzeltherapie zu behandeln, weil sie die Kohäsion und Arbeitsfähigkeit der Gruppe empfindlich stören können. Allerdings gibt er auch zu, daß sich dieses Verhalten oft erst in der Gruppe entfaltet und in der Zwei-Personen-Situation des Aufnahmeinterviews noch nicht erkennbar ist. Da diese Art des Agierens in zahlreichen Spielarten und Intensitätsgraden vorkommt, ist es nicht möglich, konkrete Handlungsanweisungen für den therapeutischen Umgang mit dem help-rejecting complainer zu formulieren. Ich möchte aber die Dynamik an einem Beispiel illustrieren und anschließend auf einige mir wichtig erscheinende Aspekte der Interventionsmöglichkeiten hinweisen.

In einer neu zusammengestellten Gruppe befindet sich eine stark narzißtisch und hysterisch strukturierte Patientin, Teda. Während des ersten KB, in dem die Gruppe einen harmlosen *Spaziergang auf einer Bergwiese* unternimmt, beginnt Teda plötzlich unmotiviert zu weinen und sich zu verkrampfen. Die Therapeutin ist besorgt und beobachtet Teda verstärkt. Diese weint ganz leise vor sich hin. Die Gruppe bemerkt das nicht.
Im Nachgespräch schweigt Teda. Sie wirkt unglücklich und irritiert, ihre Tränen sind gut sichtbar, die Gruppe beachtet sie aber nicht. Schließlich spricht die Therapeutin sie an und fragt, was mit ihr los sei. Sie antwortet schluchzend, das gehe ihr immer so, in allen Gruppen, das hätte mit ihrer häuslichen Situation zu tun, die Gruppe könne ihr da gar nicht helfen, sie wolle auch nicht darüber reden, es gehe ihr aber ganz schlecht.
Die Gruppe beschäftigt sich nun mit ihr, möchte ihr helfen und versucht, sie zum Reden zu bringen. Sie erzählt einige bruchstückhafte Details, bricht aber immer wieder ab, weil das ja doch nichts bringe, das wisse sie.

---

43 BERNE (1967) ist auf diese in Gruppen immer wieder zu beobachtende Verhaltenssequenz in seiner Spielanalyse eingegangen unter dem Titel «Warum tun sie nicht ..., ja aber». Auch BRODY (1964), BERGER und ROSENBAUM (1967) und YALOM (1974) haben sich intensiv mit dem «help-rejecting complainer» befaßt.

So erreicht sie es, eine ganze Zeit lang im Zentrum des Interesses der Gruppe zu stehen, ohne inhaltlich irgendetwas Wesentliches zu sagen, einfach indem sie fortwährend massive Hilfsappelle verbaler und nonverbaler Art aussendet, mit dem Zusatz: ich will aber nichts von euch, denn ihr könnt mir doch nicht helfen, ihr seid − wie alle andern vorher − insuffizient.

Schließlich spricht die Therapeutin das an und erklärt, Tedas Verhalten mache sie ziemlich hilflos. Daraufhin explodiert der in der Gruppe aufgestaute Ärger. Dora findet, das sei ganz unmöglich, das sei eine glatte Unverschämtheit, ein hilfloser Therapeut, es sei skandalös. Teda meint, alles hätte passieren dürfen, nur das nicht. Jetzt wisse sie überhaupt nicht mehr weiter. Jutta und Rudolf bezweifeln, ob die Therapeutin wirklich so hilflos sei, vielleicht sage sie das nur so. Uschi ist wahnsinnig enttäuscht: Ein Therapeut sei doch zum Helfen da, er müsse sich zumindest Mühe geben, dürfe nicht jemanden, dem es schlecht gehe, einfach abblitzen lassen. Sie wisse jetzt auch nicht, ob sie selbst sich in der Gruppe überhaupt einlassen könne. Nur Frank kann die Therapeutin gut verstehen, er selbst hat sich auch hilflos gefühlt, und er hat sich schon eine Weile geärgert über Tedas zwiespältige ungreifbare und unüberhörbare Appelle, mit denen man wirklich nichts anfangen könne. Die ganze Gruppe hätte es doch ziemlich lange vergeblich versucht, sie seien doch überhaupt nicht weitergekommen. Rudolf meint darauf, indem die Therapeutin gesagt hätte, sie sei hilflos, würde sie sich doch weigern, das Spiel weiter mitzuspielen, und das sei doch eigentlich ganz vernünftig.

Nachdem sich die Gruppe beruhigt hat, wendet sich die Therapeutin wieder an Teda und fragt sie, ob sie denn glaube, daß sie die Gruppensitzungen durchstehen könne, wenn es ihr schon in der ersten Sitzung so schlecht gehe. Teda meint, sie wolle es versuchen, sie wisse nicht, was passieren würde. Der Therapeutin ist das zu wenig: Sie hält es für sehr wahrscheinlich, daß es Teda wieder schlecht gehen wird, da es ihr doch nach eigener Aussage in allen Gruppen bisher schlecht gegangen sei, und es gehe nicht, daß sie damit dann immer wieder die Gruppe lähme.[44]

Daraufhin bricht die Wut wieder los: Die Therapeutin wolle Teda wohl hinauswerfen. Teda erklärt, sie würde auf keinen Fall aufgeben. So etwas sei ihr noch nie passiert, aber sie würde die Gruppe nicht verlassen. Die Therapeutin verlangt dann von ihr, genau festzulegen, wie sie sich in Zukunft verhalten wolle, wenn es ihr schlecht gehe, und welches Verhalten der andern sie sich dann wünsche, ob sie z. B. beachtet werden wolle oder nicht usw. Die Sitzung schließt mit dem Aushandeln dieses Kontrakts zwischen Teda und der Restgruppe.

Ein derart massiver Kampf in der ersten Sitzung hat natürlich erhebliche Auswirkungen auf die Entwicklung der Übertragungsgefühle. In der nächsten Sitzung ist die Gruppe sehr vorsichtig und skeptisch. Teda sagt kaum etwas, «sie dürfe ja nicht». Als Thema für das nächste KB wird vorgeschlagen, ein *Haus zu bauen*.

Sie stellen sich ein weiträumiges altes Haus vor, das sie modernisieren und in dem sich jeder sein Zimmer einrichtet, so daß sie in guter gegenseitiger Nachbarschaft mit genügend Distanz zueinander wohnen können. Teda schweigt während des KB. Dora und Uschi erklären plötzlich, das Haus stürze zusammen und brenne. Die andern bestreiten das, das Haus sei heil. Da die Aufregung und Angst der beiden aber sehr spürbar ist, konzedieren die anderen, daß ein Flügel des Hauses, nämlich der, in dem Dora und Uschi wohnen, zusammengestürzt ist, der übrige Teil aber nicht. Dora und Uschi finden notdürftig Quartier in einem kleinen Gartenhaus.

---

44 Hiermit führt die Therapeutin einen strukturierenden Parameter (KERNBERG 1978) ein. «help-rejecting complainers» sind oft Menschen mit einer Borderline-Struktur. Sie sind mit den Möglichkeiten des Standard-KB und den Möglichkeiten der tiefenpsychologisch fundierten Gruppentherapie nicht behandelbar, sondern bedürfen zusätzlicher strukturierender Parameter. Ohne Einsatz dieser strukturierenden Parameter ist die Behandlung mit dem KB für sie kontraindiziert (SACHSSE 1980a).

Im *Nachgespräch* vermutet die Therapeutin, daß das Haus den inneren Raum der Gruppe darstelle, und daß Dora und Uschi sich dort wegen ihres mangelnden Vertrauens zur Therapeutin nicht einrichten könnten. Das wird akzeptiert.

In den nächsten Sitzungen bleiben Teda, Dora und Uschi weiterhin zurückhaltend und skeptisch, während die andern, die durch das Verhalten der Therapeutin in der ersten Sitzung weniger enttäuscht waren, gut mitarbeiten. Dadurch, daß sie die Arbeit der andern beobachten können und dabei die Therapeutin als tragfähig erleben, lockert sich auch bei Dora, Uschi und Teda die negative Übertragung.

In der sechsten Sitzung bringt Dora einen Traum ein, an dem sie ihre ambivalente Mutterbeziehung bearbeitet. Uschi duldet es, daß ihr Helfersyndrom zwischendurch immer wieder angesprochen wird, und Teda geht es die ganze Zeit über zu ihrem eigenen Erstaunen gut.

Sie wird zunehmend aktiver und berichtet in der achten Sitzung einen Traum, der ihren inneren Konflikt und ihre Situation sehr plastisch darstellt. Und zwar hatte sie von einem blauen Tiger geträumt, der wegen seiner abweichenden Farbe von den andern ausgestoßen worden war und sich in die Berge zurückgezogen hatte. Jedes Jahr kam er jedoch einmal zurück in die Steppe und kämpfte dort mit den anderen Tigern. Er siegte immer, zog sich aber danach wieder traurig und allein in die Berge zurück. So ging es viele Jahre, bis er einmal auf einen stärkeren Gegner traf und besiegt wurde. Merkwürdigerweise ging es ihm danach besser. Teda meint abschließend, der Tiger habe etwas mit ihr zu tun.

Die Therapeutin spricht die Parallelität des Traums mit der Lebenssituation der Teilnehmerin an. Die Teilnehmerin lebt im Ausland und kommt jedes Jahr zu Fortbildungsseminaren in ihre Heimat, freut sich jedesmal darauf und fühlt sich anschließend regelmäßig schlecht, nachdem sie in ihrer Arbeitsgruppe Unruhe gestiftet hat und sozusagen erneut ausgestoßen worden ist. Teda behauptet, die Therapeutin nicht zu verstehen, wird unruhig, redet etwas unzusammenhängend und verhält sich wieder ähnlich wie in der ersten Sitzung der Gruppe. Die anderen Teilnehmer versuchen Teda von der Richtigkeit des Zusammenhangs zu überzeugen und machen sie zudem auf ihre durchgängig blaue Kleidung aufmerksam. Die Therapeutin beendet diese Diskussion, indem sie bemerkt, Teda verhalte sich immerhin so, als hätte sie verstanden; denn sie beginne jetzt die zweite Kampfrunde. Die Gruppe lacht. Teda behauptet, auch dieses nicht zu verstehen, und zieht sich mit einem ärgerlichen Blick und einer resignierenden Geste ins Schweigen zurück.

In der folgenden Sitzung ist sie aber im KB erstmals wirklich in der Gruppe integriert, sie nimmt aktiv teil, während sie sich bisher eher zurückgehalten hatte.

Dadurch ist die Voraussetzung geschaffen, an ihren Problemen nun auch inhaltlich zu arbeiten, an ihrer Isolation, der Traurigkeit, Verbitterung, Wut und Autoaggressivität.

Die Gruppe unternimmt im nächsten KB eine *Fahrt im Planwagen durch die Prärie*. Ulla sitzt hinten auf dem Wagen und hat ein kleines krankes Kind im Arm. Alle kümmern sich darum, können es aber nicht gesund machen und wissen auch nicht, was ihm fehlt. Daraufhin rufen sie einen indianischen Medizinmann. Dieser packt das Kind bei den Füßen und schlenkert es hin und her. Dora findet das brutal und entreißt ihm das Kind, die andern aber meinen, es sehe schon besser aus, dies sei wohl eine ihnen unbekannte Heilmethode, das «Umpolen». Die Tochter des Medizinmannes bringt nun einen Brei für das Kind, die Gruppenmitglieder probieren alle davon und finden ihn sehr gut. Uschi würde den Brei am liebsten ganz aufessen, statt ihn dem Kind zu geben. Das Kind wird von dem Brei gesund. Dora schenkt dem Medizinmann ein Bärenfell, von dem sie meint, er könne es besser nutzen als sie, denn sie kenne den Zauber darin nicht, wisse nur, daß es ihn gibt.

Aus dem KB geht hervor, daß inzwischen alle zur Therapeutin Vertrauen haben. Sie bringen ihr ihre Sorgen (das kranke Kind), liefern sich ihren — ihnen manchmal erschreckend scheinenden — Heilmethoden aus (das Umpolen des Kindes erinnert an die anfängliche Konfrontation von Teda), essen gern ihren Heilbrei (die Deutungen), und Dora, die anfänglich am skeptischsten war, bringt noch ein besonderes Geschenk. – Die magischen Heilserwartungen, die sich in dem KB äußern, müssen in einem späteren Schritt bearbeitet werden.

Wenn man versucht, aus diesem Beispiel die wesentlichen Züge zu verallgemeinern, muß man sich wohl vor allem auf die erste Sitzung konzentrieren, in der die Weichen für die weitere Entwicklung gestellt wurden. Tiefenpsychologisch läßt sich das geschilderte Vorgehen beschreiben als Annehmen der negativen Übertragung durch die Therapeutin und Einsatz strukturierender Parameter (Deklaration, welches Verhalten in der Gruppe angemessen ist). Interessanter erscheint mir aber eine Diskussion vom kommunikationstheoretischen Blickwinkel her, wobei ich mich vor allem auf BATESON (1981) stütze. Die Patientin sendet durch ihr Verhalten deutliche Hilfsappelle (Weinen, klagender Tonfall, verstörter Gesichtsausdruck) und weist verbal Hilfe zurück. BATESON (1981) hat solch ein inkongruentes Verhalten «double-bind» genannt. STIERLIN (1975) übersetzt «double-bind» sehr treffend als «Beziehungsfalle». Der Akteur vermeidet eine eindeutige Definition der Beziehung, die er zu dem andern haben möchte (siehe dazu die ausgezeichnete Diskussion bei HALEY 1978) und bringt dadurch die andern in eine schwierige Situation. – Wie sie es machen, ist es falsch: Wenn sie versuchen, zu helfen, werden sie abgewiesen, wenn sie sich zurückziehen, haben sie Schuldgefühle.

Zwischen Teda und der Gruppe entwickelt sich ein Beziehungsmuster, das endlos weitergehen könnte. Die Therapeutin dagegen weigert sich, dabei mitzumachen. Sie definiert ihre eigene Position eindeutig komplementär («Ich kann dir nicht helfen») und zwingt Teda damit ebenfalls zu einer eindeutigen Beziehungsdefinition («Ich will hierbleiben und ich will dich zwingen, mir zu helfen»). Durch die Intervention wird gleichzeitig ein therapeutischer double-bind aufgebaut. Indem die Therapeutin sich selbst als hilflos definiert, durchbricht sie Tedas Interaktionsmuster und ist tatsächlich nicht mehr hilflos.[45]

Die dieser Betrachtung der Vorgänge zugrundeliegende kommunikations- und systemtheoretischen Ansätze werden bisher in der Gruppentherapie kaum berücksichtigt, wohl aber in der systemischen Familientherapie (HALEY 1978; MINUCHIN 1978; SELVINI-PALAZZOLI 1977).

Rein tiefenpsychologisch ausgebildete Therapeuten reagieren oft zunächst skeptisch oder gar entsetzt, wenn man ihnen systemisches Vorgehen zu erläutern versucht. Das strukturierende aktive Eingreifen des Therapeuten erscheint ihnen stark manipulativ.

Dabei sollte man aber zweierlei berücksichtigen:

Erstens stellen viele tiefenpsychologischen Vorgehensweisen wie das Setting der analytischen Einzeltherapie oder die Vorgabe der Minimalstrukturierung in Gruppen ebenfalls stark strukturierende Eingriffe dar. Das Wort «Minimalstrukturierung» hört sich sehr vorsichtig an (man tut ja minimal wenig), sie bedeutet

---

45 Ein konventionelles Vorgehen, in dem man z. B. Teda darauf aufmerksam gemacht hätte, daß sie sich inkongruent verhält, oder der Gruppe verdeutlicht hätte, was sie da mit sich machen läßt, indem man also die Einsicht in die Situation gefördert hätte, hätte vermutlich nur ein Achselzucken ausgelöst («ja, ich weiß, aber was soll ich denn machen»), nicht aber eine Veränderung des Interaktionsmusters bewirkt.

aber eine massive Einschränkung der in der Gruppe geduldeten Kommunikationsstruktur und verursacht die Entwicklung einer tiefenpsychologisch arbeitenden Gruppe, deren Verhalten sich erheblich von dem natürlicher Gruppen oder dem anderer künstlich strukturierter Gruppen unterscheidet (vgl. Abschnitt 1, KÖNIG 1977a und HALEY 1978).

Zweitens ist das Verhalten des systemisch arbeitenden Therapeuten keineswegs unreflektiert manipulativ, sondern theoretisch sorgfältig begründet. Es setzt eine genaue logische und systemische Analyse der Situation voraus, die der tiefenpsychologischen Diagnostik entspricht. Genauso wie der tiefenpsychologisch orientierte Therapeut beobachtet der systemisch arbeitende sehr genau alle in einem Interaktionssystem (hier die Gruppe) stattfindenden Prozesse und bildet sich aufgrund seines Wissens um die Strukturierung, Dynamik und Pathologie von Systemen mit Hilfe logischer Schlußfolgerungen seine Arbeitshypothesen. Diese werden durch weitere Beobachtungen gestützt oder modifiziert, so daß schließlich aus der Diagnose der Situation und dem Wissen um das Reagieren von Systemen auf bestimmte Interventionen die konkrete Intervention erarbeitet werden kann (SELVINI et al. 1981).

Leider stehen sich zur Zeit die Vertreter von tiefenpsychologischen und systemtheoretisch fundierten Therapieformen im allgemeinen feindlich gegenüber (GUNTERN 1980) oder ignorieren sich gegenseitig. Jedenfalls ist der Kontakt recht spärlich trotz einiger Analytiker, die systemisches Denken in ihre Arbeit einbeziehen, und einiger Systemiker, die ihre analytische Ausbildung nicht verbergen. Besonders mangelt es an Versuchen der theoretischen Integration beider Ansätze in einer übergreifenden Theorie oder der klaren Abgrenzung der theoretischen Reichweite jedes Ansatzes. In jüngster Zeit beginnt an verschiedenen Stellen eine kritische Diskussion, die auf eine weitere Entwicklung hoffen läßt (z.B. FÜRSTENAU 1979, 1983; CIOMPI 1981, 1982; HUBSCHMID 1981; KLESSMANN 1982).

6.   Struktur der Gruppenentwicklung

In Abschnitt 2. über theoretische Konzepte der Gruppenpsychotherapie wurde bereits darauf hingewiesen, daß ein befriedigendes allgemeines Modell für die Entwicklung therapeutischer Gruppen bisher nicht zur Verfügung steht. Trotzdem gibt es natürlich gewisse Regelmäßigkeiten der Entwicklung. Eine Gruppe, die schon lange zusammenarbeitet, unterscheidet sich deutlich von einer Gruppe, die neu zusammengestellt ist.

In diesem Abschnitt möchte ich versuchen, die Entwicklungslinien, die uns bei der Arbeit mit Gruppen immer wieder begegnet sind, zusammenzufassen. Der Ansatz ist also empirisch-beschreibend und verallgemeinernd als Vorstufe zu einer Theoriebildung. Ich halte diese Beobachtungen für relevant, weil meines Erachtens bei der Arbeit mit dem GKB die jeweiligen Grundbedürfnisse und Konfliktsituationen der Gruppe sich besonders deutlich und relativ unabhängig von der Orientierung des Therapeuten äußern können. Denn der Therapeut interveniert in den «materialliefernden» Phasen der Imagination nicht, der Prozeß kann sich also eine ganze Weile frei entfalten, und in den Imaginationen steht ein Medium zur Verfügung, in dem sich alle psychischen Konstellationen deutlich darstellen können.

Die Beobachtungen wurden vor allem an halboffenen, fraktioniert arbeitenden Gruppen[46] gewonnen, sie werden jedoch prinzipiell bestätigt durch Beobachtungen an Gruppen, die sich wöchentlich treffen. Die Unterschiede, die sich
durch den unterschiedlichen äußeren Rahmen ergeben, betreffen die Strukturierung der einzelnen Sitzungen bzw. der Sitzungssequenz an einem Wochenende,
nicht aber die Gesamtentwicklung.[47]

6.1. Anfangsphase

Gruppen ähneln sich am stärksten in der Anfangsphase, weil hier das Verhalten
der Teilnehmer am deutlichsten von der relativ standardisierten äußeren Situation geprägt wird. Auf die Ängste, die in dieser Phase besonders verhaltensbe-
stimmend wirken, wurde schon in Abschnitt 1. eingegangen (Angst vor Kränkung, Blamage, Enttäuschung).

Das erste Thema, mit dem sich die Teilnehmer in der Anfangsphase beschäftigen müssen, ist die Orientierung in der Gruppe. Sie versuchen, sich gegenseitig
kennenzulernen, ohne zuviel von sich selbst preiszugeben; sie versuchen, die
Gruppe zu strukturieren, Arbeitsregeln und Normen des Umgangs miteinander
auszuhandeln, um eine gemeinsame Basis zu gewinnen. Dabei betonen sie meist
Ähnlichkeiten, ignorieren Unterschiede, vermeiden mögliche Konflikte und zeigen viel Interesse und Anteilnahme füreinander. Auf diese Weise bildet sich ein
erster Gruppenzusammenhalt.

Die Themen, die sich Gruppen in diesem Stadium für ihre ersten gemeinsamen Gruppenphantasien suchen, sind typischerweise Spaziergänge am Strand
oder im Mittelgebirge. Die Teilnehmer können sich dabei in einer offenen, relativ
vertrauten Landschaft treffen, jeder hat genügend Spielraum, um sich nach Belie-
ben nähern oder entfernen und für sich sein zu können. Man braucht keine
besonderen Kenntnisse oder Fähigkeiten, um an dem Geschehen teilnehmen zu
können. So kann jeder Vorschläge für gemeinsame Aktionen einbringen. Alle
sind gleichberechtigt, es gibt keine deutlich unterscheidbaren Positionen, und
jeder kann sich durch seine Anregungen konturieren. Meist wird gegen Ende des
Spaziergangs ein gemeinsames Picknick veranstaltet, bei dem die Teilnehmer ihre
Wünsche, in der Gruppe etwas zu bekommen, akzeptiert und versorgt zu werden,
ausleben.

Durch eine solche Gruppenphantasie, in der sich die Teilnehmer zusammenfinden und ihre oralen Wünsche befriedigen, wird die Kohäsion der Gruppe in
diesem frühen Stadium sehr gefördert. Das Klima ist danach erheblich entspann-
ter und offener. Einzelne Teilnehmer beginnen dann auch, Parallelen zwischen
ihrem Verhalten in der Gruppenphantasie und ihrer Realität zu ziehen und in
dieser Form etwas Persönliches von sich mitzuteilen.

Für die nächsten gemeinsamen Phantasien werden häufig Themen vorgeschlagen wie: «Eine Floßfahrt auf einem breiten Strom», «Mit dem Planwagen durch

---

46 Diese Gruppen arbeiten jeweils sechs Wochenenden im Jahr, ihre Mitglieder sind zum großen
Teil Ärzte und Psychologen in psychotherapeutischer Ausbildung.
47 Auf die Unterschiede zwischen den Ausbildungs- und Patientengruppen wird in Abschnitt 7.2.
eingegangen.

Irland», «Eine Schlittenfahrt auf einem Schlitten mit Glöckchen» oder: «Insel in der Südsee, wo man baden kann» oder auch: «Zusammen ein Fest vorbereiten» oder: «Zusammen ein Haus besichtigen und einrichten».

In diesen Themenvorschlägen zeigt sich der Wunsch nach mehr Gemeinsamkeit. Der Raum, in dem man sich treffen will, ist deutlicher umschrieben, man ist in einem gemeinsamen Gefährt (Wagen, Schlitten, Floß) näher zusammen und stärker aufeinander angewiesen als bei eincm Spaziergang, wo jeder umkehren oder allein gehen kann. In den häufigen Fahrtmotiven und besonders im Motiv des Hausbaues äußert sich auch der Wunsch, sich gemeinsam weiterzuentwickeln und die Arbeitsbasis zu gestalten. Die Gruppe soll in Bewegung gesetzt werden, und man ist bereit, etwas dafür zu tun, etwas beizutragen und sich zu engagieren.

Eine Einschränkung dieser konstruktiven Wünsche nach gemeinsamem Engagement und Ausbau der Beziehung zueinander wird angedeutet durch die genaue Umschreibung des Rahmens, in dem man sich bewegen will: Der Schlitten soll Glöckchen haben, die Floßfahrt soll auf einem breiten (ungefährlichen) Strom stattfinden, man möchte miteinander feiern oder in einer idyllischen, warmen Umgebung baden – d. h., die Atmosphäre soll angenehm und harmonisch sein, man möchte etwas Schönes miteinander erleben und nicht viel riskiercn.

Daß dicse Harmonisierung Abwchrcharakter hat, wird den Teilnehmern im allgemeinen sehr bald bewußt. Sie spüren, daß die Situationen so nicht stimmig sind, daß alles zu schön ist, daß sie sich so nicht richtig wohlfühlen können, weil sie sich allzusehr anpassen und ihre individuellen Wünsche zurückstellen und Diskrepanzen andern Teilnehmern gegenüber verleugnen.

Oft wird der Wunsch, sich stärker abzugrenzen und auseinanderzusetzen, nicht direkt bewußt, sondern bricht plötzlich innerhalb der gemeinsamen Phantasien hervor, indem sich die Stimmungsqualität der Bilder verändert. Z. B. wird ein Haus zunehmend unheimlich und bedrohlich, oder jemand entdeckt beim Tauchen nicht nur schöne Korallen, sondern auch ein versunkenes modriges Schiff; oder ein Hai taucht auf; oder auf einem Bauernhof reißt sich plötzlich ein Stier los und richtet Unheil an. In diesen Bildern wird das Vermiedene und Verdrängte aus der Gruppe in die Umgebung projiziert. So kann sich die Gruppe von den als bedrohlich empfundenen aggressiven Impulsen distanzieren. Im Nachgespräch muß sie sich jedoch mit den Bildern auseinandersetzen.

Hierdurch wird meist eine neue Phase der Gruppenentwicklung eingeleitet, in der es nun nicht mehr um Zugehörigkeit zur Gruppe, sondern um die Positionen innerhalb der Gruppe geht. Rivalitätskämpfe zwischen einzelnen Teilnehmern bahnen sich an, spezifische Sympathien und Antipathien werden deutlich. Dadurch entsteht neuerlich Angst, und die Gruppe sucht Hilfe beim Therapeuten, indem sie versucht, ihm die Führung der Gruppe zu übertragen und ihn als Ordnungsinstanz einzusetzen. In den Phantasien tritt nun häufig irgendeine Figur auf, die die Führung übernimmt, z. B. ein Medizinmann oder ein Häuptling. Dadurch können interne Führungskämpfe eine Zeitlang vermieden werden.

Wenn die Teilnehmer dann aber immer deutlicher spüren, daß der Therapeut nicht bereit ist, die Führung zu übernehmen, sind sie enttäuscht und reagieren entweder resigniert-depressiv oder aggressiv gegenüber dem Therapeuten. In den Phantasien äußert sich dies zum einen in der Wahl der Themen. In ihnen werden entweder depressive Gefühle von Alleinsein, Ausgesetztsein und Bedrohtheit angesprochen (z. B. «Expedition durch die Wüste», «Notlandung mit einem Flugzeug», «Nordpol») oder aggressive Tendenzen (z.B. «Raubritterburg» oder «Ausbruch aus dem Gefängnis»). Zum andern können sich diese Gefühle in Stimmungseinbrüchen äußern. Das geschieht besonders dann, wenn die Teilnehmer Mühe haben, sie sich bewußt einzugestehen. Beispiele dafür sind: Eine Segeltour, bei der die Teilnehmer plötzlich merken, daß kein Steuermann an Bord ist, und sie selbst das Boot nicht kontrollieren können; oder: Ein Restaurant, in dem der Service mangelhaft ist, so daß sie sich mit dem Koch, Kellner oder Geschäftsführer auseinandersetzen müssen.

Diese Situationen lösen zunächst erhebliche Angst aus. Die Teilnehmer merken nun, daß sie in der Gruppe auf sich allein gestellt handeln müssen, und entwickeln nach einer Durchgangsphase von Enttäuschung, Angst, Rückzug und Aggression eigenverantwortlich Lösungsansätze. Z.B. reparieren sie ihr leckes Boot und nehmen es in eigene Regie, oder sie finden nach hartem Kampf einen Fluchtweg aus dem Gefängnis heraus oder in der Wüste eine Oase. Bei diesen Auseinandersetzungen mit der Umgebung organisieren sie sich intern, die Verantwortung wird aufgeteilt, es bilden sich spezielle Kompetenzbereiche heraus, und die einzelnen Teilnehmer werden füreinander in ihren besonderen Fähigkeiten, Vorlieben, Ängsten und Begrenzungen deutlicher wahrnehmbar.

Diese Auseinandersetzungen miteinander und mit der äußeren Situation sind recht anstrengend und wecken Wünsche nach Ruhe, Entspannung und Harmonie. Meist folgt daher auf diese Phase eine Art narzißtischer Regression, manchmal verbunden mit sexuellen Motiven, in der sich eine wohlige, satte, vertraute und behagliche Atmosphäre entwickelt.

In den entsprechenden Gruppenphantasien kommen die Teilnehmer auf einem Heuboden, auf einer weißen Wolke, in einem Iglu usw. zusammen und essen und trinken, tanzen, machen Musik, tauchen in einen See oder in ein warmes Bad ein. In den Nachgesprächen wirkt diese Stimmung fort. Es wird leise gesprochen, und oft entstehen längere Pausen, in denen sich alle intensiv miteinander verbunden fühlen (ähnlich den Pausen in den Gesprächen von Liebespaaren, die oft das Sprechen für überflüssig halten, weil doch jeder weiß, wie der andere empfindet). In dieser Phase spüren die Teilnehmer intensive gefühlsmäßige Nähe zueinander. Nachdem zuerst das Problem der Zugehörigkeit zur Gruppe thematisiert wurde, dann das Problem der Dominanz und der Position innerhalb der Gruppe, geht es jetzt um das Thema Intimität.

Natürlich kann auch dieser Zustand nicht lange ungetrübt anhalten, weil sich bald wieder Bedürfnisse nach Eigenständigkeit und «negative Affekte» wie Rivalität und Neid melden. Das Hin- und Herpendeln zwischen gegensätzlichen Gefühlen und Wünschen, die gleichzeitig vorhanden sind, wird immer deutlicher empfunden und zugegeben. Dadurch entwickelt sich allmählich eine konstruktive Arbeitsatmosphäre, in der alle Affekte geäußert werden können und die durch starke Gruppenkohäsion (Vertrauen zueinander) und Offenheit gekennzeichnet ist.

Zur Verdeutlichung des Verlaufs dieser anfänglichen Integrationsphase sei ein Beispiel gegeben:

Es handelt sich um das erste Arbeitswochenende einer neu zusammengestellten fraktionierten Gruppe von fünf Männern und drei Frauen. Mehrere der Teilnehmer haben eine ausgeprägt schizoide Struktur.

In der ersten Sitzung stellen sich die Teilnehmer zunächst einander vor, die tiefenpsychologischen Grundregeln und das Setting des GKB werden besprochen. Dann wird als Thema für das erste GKB ein Spaziergang am Strand vorgeschlagen.

(1) GKB «Spaziergang am Strand»

In diesem GKB ergibt sich das typische Bild der durch vorsichtige Kontaktaufnahme geprägten Anfangssituation: Die Gruppe trifft sich am Strand, jeder tut irgend etwas (laufen, Muscheln suchen, baden, ballspielen), stellt sich sozusagen vor, einzelne nehmen Kontakt zueinander auf. Schließlich sammeln sich alle am Lagerfeuer.

(2) GKB «Burg besichtigen»

Die Teilnehmer untersuchen einzelne Räume der Burg. Die meisten sind kühl, dämmerig und eher ungemütlich. Im Keller sitzen vermummte Ku-Klux-Klan-Gestalten an einem Tisch und unterhalten sich. Sie sehen die Gruppe jedoch nicht. Ellen hat Angst. Martin und Bernd rutschen durch einen langen Gang aus der Burg heraus ins Freie. Die andern gehen wieder hinauf, Ellen backt Brot, Ludwig holt Holz für das Feuer. Jochen sitzt die ganze Zeit über in der Bibliothek und kann mittels einer Videoanlage beobachten, was in den andern Räumen geschieht.

– Die Gruppe möchte den Raum, in dem sie sich bewegt, näher kennenlernen. Er ist umgeben von dicken hohen Mauern, im Inneren befindet sich manches, was Angst auslöst. Besonders in den Ku-Klux-Klan-Gestalten ist ein angstverzerrtes Spiegelbild der Gruppensituation zu sehen. Jeder fürchtet, von den gefährlichen (verhüllten, noch nicht als Person sichtbaren) andern Gruppenteilnehmern gesehen und angegriffen zu werden (schizoide Problematik).

Jeder versucht dann auf seine Art mit der Situation umzugehen. Martin und Bernd entziehen sich und wollen sich so in Sicherheit bringen. Ellen und Ludwig versuchen, durch freundliches Entgegenkommen die andern zu versöhnen. Am deutlichsten äußern sich die schizoid-paranoiden Ängste in dem Verhalten von Jochen, der einen Videorecorder als Kontaktfilter und Kontrollinstrument einschaltet. So kann er sehen, ohne gesehen zu werden und kontrollieren, ohne sich zu exponieren.

(3) GKB «Tauchen im Meer»

Nachdem die Gruppe im Nachgespräch mit ihren Kontaktängsten konfrontiert worden ist, wählt sie ein Thema, das den Versuch darstellt, den Konflikt durch Regression auf eine «tiefere» (symbiotische) Ebene zu bewältigen und so miteinander in Kontakt zu treten.

Die Ängste lassen sich jedoch nicht verleugnen, und das KB verläuft sehr schleppend. Die Teilnehmer schwimmen ziellos und lustlos in flachen Gewässern herum, beschäftigen sich mit Wasserpflanzen, machen Fotos. Im Nachgespräch sagen dann Jochen und Ludwig, daß sie während des GKB Angst gehabt hätten: Jochen stand an einem Bunkereingang, Ludwig an einem Abgrund, wo das Wasser sehr tief wurde. Beide konnten das aber nicht mitteilen.

– Die Gruppe spürt jetzt deutlich ihre Hilflosigkeit und Fremdheit. Die Versuche, diese Gefühle durch belanglose Aktivitäten zu überspielen, sind für niemanden mehr glaubwürdig. Mißtrauen und Angst breiten sich aus. Daher werden wichtige angstauslösende Bilder gar nicht mitgeteilt. Die Teilnehmer wirken insgesamt müde und angestrengt.

In der nächsten Sitzung ist die Stimmung sehr angespannt. Statt ein weiteres GKB durchzuführen, wird über die Situation der Gruppe gesprochen. Jochen äußert massiv seine Frustration: Die Gruppe säße ratlos herum, es sei langweilig, brächte nichts, er habe keine Lust, dauernd in seinen Eingeweiden herumzustochern. Er kündigt an, wenn sich an dieser Situation nicht sehr bald etwas ändere, werde er, statt weiter an der Sitzung teilzunehmen, spazierengehen.

Die andern sind über diesen massiven Angriff betroffen und verteidigen die Gruppe, besonders Martin, Bernd, Ellen und Helga, während Wilfried sich zum Teil mit Jochen identifiziert und Ludwig schweigt.

- Jetzt brechen die gefürchteten schizoid-paranoiden Mechanismen durch, die Aggressionen und Verfolgungsängste, die Projektionen und projektiven Identifikationen, und es droht der Zerfall der Gruppe. Bei Jochen sind die Verfolgungsängste (Angst vor Vernichtung des Ich) und ihre Abwehr (Rückzug und Angriff des bösen Objekts Gruppe) besonders ausgeprägt. Bei Martin, Bernd, Ellen und Helga entstehen zusätzlich Trennungsängste und Angst vor Beschädigung des guten Objekts. Entsprechend versuchen sie die Gruppe zu retten und schließen sich zusammen. Diese Situation spiegelt sich auch im folgenden KB.

(4) GKB «Bootsfahrt»

Jochen sieht sofort Feuer aus dem Maschinenraum flackern. Martin und Bernd löschen und bringen das Feuer unter Kontrolle. Helga hilft dabei, und Ellen steht am Steuer. Wilfried nimmt die Situation nicht ernst; er neckt die andern und versucht, sich zu amüsieren. Die Stimmung der andern ist hektisch-aktiv und sehr kooperativ. Sie landen auf einer Insel, machen dort ein Lagerfeuer und sind lustig. Nur Ludwig, der bis dahin geschwiegen hat, wehrt sich gegen diese Fröhlichkeit. Für ihn ist das Schiff durch das Feuer schwer geschädigt und fahruntauglich. Er macht sich Sorgen, wie sie weiterfahren können. Die Gruppe ist betroffen, nur Wilfried leugnet den Ernst der Lage, indem er behauptet, das Schiff sei gar nicht beschädigt.

- In dem KB wiederholt sich die Situation aus dem vorherigen Gespräch. Jochen greift die Gruppe an: Das Boot der Gruppe droht zu sinken oder zu explodieren, wenn es im Maschinenraum brennt. Er initiiert also eine existentielle Gefährdung der Gruppe. Martin, Ellen, Helga und Bernd verteidigen die Gruppe, Wilfried versucht zu bagatellisieren (Necken) und Ludwig schweigt. Auf der Insel versuchen die Teilnehmer dann, durch Leugnung und fröhliches Überspielen ihre Angst zu bewältigen, bis Ludwig sich als ernsthaft beschädigt meldet. Dadurch entsteht Betroffenheit. Die Teilnehmer geben zu, daß durch ihr Verhalten ein Schaden entstanden ist, spüren Schuldgefühle und den Wunsch zur Wiedergutmachung. Nur Wilfried wehrt sich gegen diese Hinwendung der Gruppe zur «depressiven Position» (M. KLEIN 1962). Dadurch wird er im folgenden KB zum Omega der Gruppe.

(5) GKB «Bauernhof»

Jochen beginnt wieder und sieht als erstes einen riesigen Misthaufen. Die andern lachen, sehen den Misthaufen auch, jedoch als weniger groß. Bernd empfindet den ganzen Hof als muffig und verdreckt. Er möchte gern aufräumen und putzen. Martin schaut sich in Küche, Wohnzimmer, Mägdekammer und Stall um. Wilfried spielt das enfant terrible: Er reizt trotz der Warnung der andern einen Stier, bis die andern Angst um ihn bekommen und ihn aus dem Gehege herausholen. Dann wälzt er sich im Dreck, bis die andern sich ärgern und ihn mit Gewalt von dort wegbringen und waschen. Da sieht er aber schon ein kleines Kind auf dem Rücken des Stieres reiten. Die andern retten dann auch das Kind und baden es.

- Mit dem Misthaufen macht Jochen sofort wieder darauf aufmerksam, daß etwas stinkt in der Gruppe. Der Ton ist aber erheblich verändert gegenüber dem vorigen GKB, wo er das Schiff in Brand sah. Jetzt handelt es sich nicht um eine lebensbedrohliche Gefahr für die Gruppe, sondern um eine eher spielerische Provokation. Die andern reagieren mit Lachen und mit dem Wunsch, an der Situation aktiv zu arbeiten (aufräumen, putzen, sich umsehen).

Jochen, der in den vergangenen Sitzungen mehrfach im Mittelpunkt gestanden hat und auf dessen Gegen-Aktionen zur Gruppe die Therapeutin im Sinne bifokaler Interpretationen (siehe Abschnitt 4.3.1.) mehrfach eingegangen ist, läßt sich in diesem GKB von der Gruppe integrieren. Seine Rolle als Provokateur wird nun von Wilfried übernommen, der die andern durch das Ausleben seiner analen und aggressiven Impulse ärgert, ihnen dadurch aber gleichzeitig hilft, sich in der Auseinandersetzung mit ihm als Omega zu konsolidieren und Gruppennormen zu etablieren.

Insgesamt haben Jochen und Wilfried durch ihre Angriffe die bisherige Entwicklung der Gruppe stark bestimmt. Häufig ist zu beobachten, daß die Ereignisse der ersten Sitzungen einer Gruppe von den Gruppenmitgliedern mit den «lautesten» Symptomen geprägt werden.[48]

Teilnehmer dieser Art sind meist stark schizoid und/oder hysterisch strukturiert, im allgemeinen mit einer narzißtischen Grundstörung (HEIGL-EVERS & HEIGL 1979a). Die andern unterstützen ihre Provokationen oft unterschwellig und schließen sich im gemeinsamen Ärger gegen sie zusammen, ohne sich dabei persönlich exponieren zu müssen. Insofern übernehmen die Provokateure eine Katalysator-Funktion. Wenn der Therapeut diesen Prozeß aber nicht beizeiten durch Deutungen auffängt, kann es leicht dazu kommen, daß diese Teilnehmer sich in einer Gegenposition zu den andern fixieren und aus der Gruppe ausscheiden.

Nach dem letzten KB herrscht eine entspannte Atmosphäre in der Gruppe. Die einzelnen sehen sich inzwischen deutlicher und haben nach den gemeinsam bestandenen Schwierigkeiten weniger Angst. Sie beginnen, von ihrer Situation zu Hause zu erzählen, auch von Träumen und von ihren Gefühlen der Gruppe gegenüber. Die Stimmung ist hoffnungsvoll.

(6) GKB «Wanderung durch die Wüste»

Von diesem KB wurde schon in Abschnitt 4.1.5. berichtet. In ihm zeigen sich die Gruppenentwicklungen an dem Wochenende und die Übertragungssituation zur Therapeutin in prägnant verdichteter Form. Durch die Situation des Abschieds wird die Entwicklung der Gruppe an diesem Punkt unterbrochen. Dieses letzte KB ist eher ein Resümee als ein Schritt in der weiteren Entwicklung. In diesem KB überwiegen noch die Auseinandersetzungen mit der unwirtlichen Umwelt, allerdings zeigen sich zwischendurch sehr dichte Situationen voller Hilfsbereitschaft, Nähe und Vertrautheit als erstes Anzeichen für den Wunsch nach Intimität.

Beim nächsten Treffen, das zwei Monate später stattfindet, beginnen die Teilnehmer in der ersten Sitzung wieder mit sehr vorsichtiger Kontaktaufnahme. Diese Phase wird jedoch sehr schnell durchlaufen, sozusagen nur als Reminiszenz und Einstieg, bevor die Gruppe zu ihrem neuen Thema übergeht, in diesem Fall zum Aushandeln von Normen bezüglich Nähe und Distanz und der Schaffung einer tragfähigen emotionalen Basis.

---

48 Vgl. auch YALOM (1974, S. 267 ff.): Typische Anfangsprovokationen sind z. B. lange Monologe, exhibitionistische Selbstdarstellung, starke Dominanzwünsche, viel zu weit gehende persönliche Enthüllungen, Angst erzeugende Äußerungen von Wut oder Kritik usw.

6.2.   Verlaufsmodifizierende Faktoren

Bisher haben wir uns mit dem Verlauf der Anfangsphase von Gruppen beschäftigt. Die geschilderte Entwicklung entspricht den Beobachtungen anderer Autoren aus den verschiedensten Bereichen, die Gruppen mit unterschiedlicher Zusammensetzung und Zielsetzung untersucht haben.[49]

Es scheint plausibel, daß jede Gruppe sich generell als erstes vor die Aufgabe gestellt sieht, sich zusammenzufinden und sich nach außen abzugrenzen. Die zweite Aufgabe ist dann das Aushandeln einer internen Struktur der Gruppe, wobei besonders die beiden Dimensionen: Macht, Einfluß, Geltung und Sympathie, Wärme und Vertrauen wichtig sind. Diese beiden Dimensionen sind auch in sozialpsychologischen Untersuchungen immer wieder als Grunddimensionen menschlicher Verhaltensorientierung bestätigt worden,[50] so daß man annehmen kann, daß diese Prozesse der Gruppenbildung universal gültig sind.

Je nach der unterschiedlichen Persönlichkeit der jeweiligen Gruppenteilnehmer, den unterschiedlichen Zielvorstellungen und dem unterschiedlichen Verhalten des Gruppenleiters können die Schwerpunkte der generell notwendigen Entwicklung variieren, so daß die Bearbeitung des einen oder anderen Themas mehr oder weniger Gewicht erhält. So kann z. B. das Thema der Zugehörigkeit zur Gruppe für Teilnehmer, die sich selbst noch nie als akzeptiertes Mitglied einer Gruppe erlebt haben, sondern immer Einzelgänger oder Außenseiter waren, sehr lange problematisch bleiben. Ebenfalls können Kämpfe um die Führungspositionen in der Gruppe bei entsprechender Prädisposition der Teilnehmer (z. B. Vorherrschen sthenischer oder phallischer Strukturen) oder bei entsprechender Zielsetzung der Gruppe (z. B. Abteilungsleiterkonferenzen, politische Gremien und andere Arbeitsgruppen) viel Raum beanspruchen.

Die unterschiedliche Akzentsetzung der Gruppenentwicklung in Abhängigkeit von der unterschiedlichen Persönlichkeitsstruktur der Teilnehmer läßt sich besonders deutlich an den Auseinandersetzungen beobachten, die sich am Gruppenleiter konstellieren. Es gibt Teilnehmer, die den Leiter permanent angreifen, andere, die ihn zu verteidigen und zu schützen suchen, schließlich auch solche, die sich ihm völlig blind anvertrauen. Die ständigen Angriffe stellen oft eine Reaktionsbildung dar, mit der die eigene Potenz bestätigt, eigene beschämende oder kränkende Gefühle von Hilflosigkeit abgewehrt und eigene angstbesetzte Wünsche nach Abhängigkeit und Geborgenheit unter Kontrolle gehalten werden. Die Tendenz, den Leiter zu schützen oder ihm völlig zu vertrauen, entspringt oft Erfahrungen mit unzuverlässigen, schwachen Bezugspersonen. Diese haben den Eindruck hinterlassen, daß alle potentiellen Objekte zerbrechlich

---

49 Vgl. Bions Erfahrungen mit psychiatrischen Patienten bei der Armee und an der Tavistock-Klinik (1971), die Selbsterfahrungs- und Sensitivity-Gruppen von Schutz (1958), die Arbeitsgruppen von Bales & Strodtbeck (1953) und von Bales (1970) und die gruppendynamischen Laboratorien von Bennis & Shepard (1956). Die Dimensionen der einzelnen Autoren sind: Bion: dependence, fight-flight, pairing; Schutz: inclusion, control, affection; Bales: orientation, evaluation, control; Bennis & Shepard: authority phase and personal phase mit den Unterphasen: submission; rebellion; resolution of the dependency problem in the authority phase; und: intermember identification; individual identity; resolution of the identity problem in the personal phase.

50 Vgl. die faktorenanalytischen Untersuchungen von Osgood et al. (1957), Ertel (1965), Bales (1970), Kottje (1977).

sind, was entweder dazu führt, die Objekte schützen zu wollen, um sie zu erhalten, oder dazu, sie wegen ihrer Schwäche zu verachten, oder dazu, sie in Leugnung ihrer Schwäche als omnipotent stark und vertrauenswürdig zu idealisieren. Teilnehmer mit solchen Erfahrungen pflegen in der Gruppentherapie unter Ausnutzung der Pluralität der Übertragungsmöglichkeiten am Anfang den Therapeuten zu idealisieren und die übrigen Gruppenteilnehmer zu ignorieren oder zu verachten.

Wie sich die Bearbeitung der verschiedenen Grundthemen in der Anfangsphase gestaltet, hängt in gewissem Maß auch vom Verhalten des Gruppenleiters ab. Z. B. ist es für eine Gruppe sehr schwierig, einen Leiter anzugreifen, der sich als sehr wohlwollend und bemüht präsentiert (ein Angriff wäre in diesem Fall taktlos und undankbar). Genauso schwierig ist ein Angriff bei einem sehr distanzierten, kühlen und undurchschaubaren Leiter. Hier wäre ein direkter Angriff gefährlich und vergeblich. Da niemand sich seiner möglichen Rache aussetzen möchte, wird der Ärger, den dieser Leiter durch sein Verhalten in der Gruppe auslöst, eher indirekt abgeleitet, vor allem, indem Sündenböcke innerhalb oder außerhalb der Gruppe gesucht werden. Der Gruppenleiter einer therapeutischen Gruppe muß also sehr darauf achten, durch sein tatsächliches Verhalten keine Tabu-Normen zu etablieren, die die Arbeit der Gruppe behindern (YALOM 1974, S. 662 ff.).

Zusammenfassend kann man sagen, daß in der Anfangsphase die verschiedenen Grundthemen angesprochen werden und ein erster Kompromiß zwischen den Bedürfnissen und Ängsten der Teilnehmer gefunden wird. Dieser schlägt sich auf der Verhaltensebene in Form von Rollen und Normen, im zugrundeliegenden gefühlsmäßigen Bereich in Form eines gewissen «Wir-Gefühls», also als Gruppenzusammenhalt nieder, auf der Ebene der Übertragungsbereitschaften in Form gewisser spezifischer Konstellationen und Arbeitsschwerpunkte.

6.3. Mittel- und Endphase

Den weiteren Verlauf von Gruppen kann man kaum noch vergleichend systematisieren, weil er von zu vielen spezifischen Faktoren bestimmt wird.[51] Die wichtigsten Determinanten scheinen mir die dominanten Übertragungsbereitschaften der Teilnehmer und der Interventionsstil des Therapeuten zu sein. Je nach den individuellen Fixierungen und der persönlichen Reife der Teilnehmer bieten sich unterschiedliche Arbeitsebenen an. Es entwickelt sich ein zyklischer Prozeß, in dem die Ängste der Teilnehmer in zunehmend differenzierterer und reiferer Form bearbeitet werden. Beispiele für diese Form des reiferen und differenzierteren Arbeitens sind in den vorangegangenen Abschnitten 3. und 4. über Gruppenimagination und über Therapeutenverhalten zu finden.

---

51 Ähnliches gilt für andere komplexe Verläufe. So gibt es z. B. für das Schachspiel viele Bücher über die Eröffnungsphase (die wie die Anfangsphase von Gruppen noch relativ standardisiert und überschaubar ist), es gibt kaum Regeln über die mittlere Phase, aber wieder einige über die Abschlußphase. Trotzdem kann ein erfahrener Schachspieler sich auch in der mittleren Phase sicher bewegen, genauso wie ein erfahrener Therapeut die in der Gruppe ablaufenden Prozesse richtig verstehen und adäquat auf sie reagieren kann, auch wenn er sie in genau dieser Form noch nicht gesehen hat. Die Situation übersteigt aber offenbar an Komplexität unsere bisherigen theoretischen Konzepte und läßt sich nur intuitiv-ganzheitlich auffassen als Wiedererkennen von Szenen (siehe auch SANDNER 1981). 125

In diesem Prozeß dient die Gruppe als sozialer Mikro-Kosmos (YALOM), der einerseits die Realität von draußen einfängt und spiegelt (das «Normalverhalten» der Teilnehmer und ihre typischen Konfliktmuster können sich darstellen) und der andererseits ein geschütztes Übungsfeld darstellt, in dem neues Verhalten erprobt und dann in die Realität übertragen werden kann (Transfer). Die Lernschritte ergeben sich aus der zyklischen Abfolge von Reinszenierungen alter Konfliktmuster mit affektiver Beteiligung (meist im GKB), bewußter Reflektion der Prozesse (meist im Nachgespräch), wobei die Deutungen des Therapeuten und das Feedback der andern Teilnehmer Hilfestellungen geben, Einsicht und Wandlung. Die Gruppe erfüllt dabei folgende Funktionen für den Einzelnen:[52]

- Jeder wird beachtet und ernstgenommen und prinzipiell als Mensch mit seinen Schwächen und geheimen Bedürfnissen akzeptiert. Diese Erfahrung, «trotz allem» ernstgenommen und angenommen zu werden, vermittelt auf die Dauer ein Gefühl von Selbstachtung und Sicherheit.
- Durch die unterschiedlichen Wahrnehmungen und Reaktionen der verschiedenen Gruppenteilnehmer differenziert sich die Realitätswahrnehmung (Spiegelwirkung der Gruppe).
- Durch den Vergleich mit den andern differenziert sich auch die Wahrnehmung der eigenen Person. Es entwickelt sich Einsicht in die eigenen spezifischen Besonderheiten und Probleme. Außerdem werden andere Verhaltensmöglichkeiten durch die Modellwirkung der andern zugänglich.
- Da die Teilnehmer füreinander gefühlsmäßig wichtig sind, ist jeder bereit, sich, soweit es ihm möglich ist, in die Gruppe zu integrieren. Das bedeutet eine gewisse Anpassung an die Gruppennormen, also eine Anpassung an eine soziale Realität, die Modellcharakter hat.

Durch diese Erfahrungen beginnen die Teilnehmer allmählich, anders zu empfinden und sich anders zu verhalten. Sie entwickeln ein positiveres Selbstbild, leiden weniger unter irrationalen Ängsten, entwickeln ein höheres Maß an sozialer Sensibilität und Anteilnahme und vermögen ihr Verhaltensrepertoire erheblich zu erweitern (BATTEGAY 1972; YALOM 1974).

Starke Einbrüche in das Leben der Gruppe, die zu ziemlich regelhaft vorhersehbaren Reaktionsmustern führen, ergeben sich noch einmal in der Endphase der Therapie durch das herannahende Ende der Gruppe (bei geschlossenen Gruppen) bzw. durch das Ausscheiden von Gruppenmitgliedern und die damit verknüpfte Aufnahme neuer Teilnehmer (bei halboffenen Gruppen).

Der Abschied von der Gruppe muß, wie auch das Ende der Therapie bei Einzelbehandlungen, beizeiten und gründlich bearbeitet werden. Da die Gruppe im Laufe der Zeit meist zu einer wichtigen Bezugsgröße im Erleben der Teilnehmer geworden ist, ruft die bevorstehende Trennung starke ambivalente Gefühle hervor: Trauer über den Abschied, Dankbarkeit und Verbundenheit wegen des gemeinsam Erreichten, Enttäuschung wegen des Nichterreichten, Vorwürfe und Zorn dem Leiter gegenüber, der die Gruppe einfach zu Ende gehen läßt, Wünsche, sich selbständig und ohne den Rückhalt der Gruppe im Leben zu bewähren, gleichzeitig die Sorge, wie man das Allein-Stehen bewältigt.

---

52 Die Erfahrung von Offenheit, Zusammenhalt der Gruppe, Feedback, Einsicht in die genetische Entwicklung und Dynamik der eigenen Probleme wurden in einer Untersuchung von ECKERT (1981) von Patienten als die wichtigsten Heilfaktoren in der Gruppentherapie beurteilt.

Häufig flackern in dieser Phase die alten Symptome noch einmal auf. Die Thematik der Gruppenarbeit wird wesentlich durch drei Momente bestimmt: erstens durch frühere Abschiedssituationen und nachgeholte Trauerarbeit; zweitens durch aktuelle Realsituationen außerhalb der Gruppe, die die Teilnehmer durch bewußte Anwendung des in der Gruppe Gelernten zu meistern versuchen; und drittens durch «Aufarbeiten von Resten» innerhalb der Gruppe, wobei besonders eine differenzierte Beziehungsklärung zwischen den Teilnehmern wichtig ist (wer hat wem was bedeutet oder gegeben, wer ist wem etwas schuldig geblieben usw.). Ein Beispiel für die Bearbeitung einer Abschiedssituation findet sich auf S. 99 f.

In halboffenen Gruppen, die nach dem Ausscheiden einiger Mitglieder durch neue Mitglieder aufgefüllt werden und dann weiterlaufen, werden die Teilnehmer nicht nur einmal, sondern mehrfach mit dem Problem des Abschiednehmens konfrontiert. Meines Erachtens wird dadurch die Arbeit intensiviert: Das Eingehen von Bindungen und die Loslösung mit der Trennungs- und Individuationsproblematik ist ein ganz zentrales Thema der menschlichen Entwicklung, an dem viele Fehlentwicklungen ansetzen (MANN 1978), und es scheint günstig zu sein, wenn dieses Thema mehrfach in der Gruppe aktualisiert wird.

Durch das Abschiednehmen von «alten» ausscheidenden Gruppenteilnehmern können die Bleibenden (Hinterbliebenen) sich identifikatorisch auf das eigene Abschiednehmen und Selbständigwerden vorbereiten. Gleichzeitig können sie erleben, wie die Gruppe durch den Wechsel der Mitgliedschaft ihre Gestalt und Struktur verändert, wie also jedes Mitglied offenbar ein wichtiger Teil des Ganzen ist und es durch seine Individualität mitprägt.

Die Veränderung der Gruppe durch einen Mitgliederwechsel kann mehr oder weniger dramatisch sein, je nachdem, wie gut sich die neuen Mitglieder in die bestehende Restgruppe einfügen (QUINT 1971). Wenn sie sich von ihrer Persönlichkeitsstruktur her auf das Niveau und das Arbeitstempo der Gruppe einstellen können, werden sie schnell integriert. Sie springen dann sozusagen auf den fahrenden Zug auf. Wenn sie jedoch starke archaische Ängste empfinden und mit entsprechenden Abwehrmustern (Spaltung, Leugnung etc.) reagieren, kann das einen Regressionsschub der Gesamtgruppe auslösen.

Die Gruppe nimmt Neuankömmlinge im allgemeinen mit ambivalenten Gefühlen auf, ähnlich wie eine Kinderschar ein neu hinzukommendes Geschwister. Einerseits wissen die «älteren» Teilnehmer, daß sie sich mit den Neuankömmlingen arrangieren müssen, da dies Arrangement zu den vom Therapeuten vorgegebenen Teilnahmebedingungen der Gruppe gehört. Zudem sind sie selbst auch auf diese Weise in die Gruppe aufgenommen worden, können sich an ihre Anfangsängste erinnern und möchten − bewußt − den Neuen den Einstieg nicht unnötig erschweren. Andererseits stellen die Neuen eine Bedrohung des Gleichgewichts der Gruppe dar. Die Gruppe wird eventuell in ihrer Arbeit zurückgeworfen, die Statushierarchie muß neu ausgehandelt werden, alte Themen müssen erneut bearbeitet werden, der Therapeut könnte den Neuen ungebührlich viel Aufmerksamkeit schenken.[53] Es werden also alte Geschwisterrivalitäten und Neidgefühle aktualisiert.

---

[53] Eine differentialdiagnostisch aufgeschlüsselte Diskussion der Ambivalenz neuen Mitgliedern gegenüber findet sich bei HEIGL-EVERS und HEIGL in HEIGL (1978), S. 184 ff.

Wie insgesamt in der Literatur, so dominiert auch in diesem Kapitel über die Entwicklung von Gruppen die Anfangsphase. Der weitere Verlauf ist offenbar zu vielschichtig und wird von so vielen Variablen beeinflußt, daß es kaum möglich ist, ihn in einer überschaubaren Verallgemeinerung zusammenzufassen. So wurde hier nur noch auf zwei Probleme eingegangen, die sehr eng mit dem zeitlichen Verlauf einer Gruppe zusammenhängen, nämlich die Abschlußphase mit der notwendigen Vorbereitung der Terminierung der Therapie und den Wechsel der Mitglieder mit der notwendigen Bearbeitung der Geschwisterrivalität. Diese beiden Situationen stellen für jede Gruppe eine relativ standardisierte Krise dar und werden von «reifen» Gruppen, die schon eine Weile miteinander gearbeitet haben, ähnlich beantwortet. Daher lassen sich hier Verallgemeinerungen bilden.

7. Anwendungen des GKB

7.1. Indikationen und Kontraindikationen

Für die Einzeltherapie mit dem KB liegen statistisch gesicherte Therapieergebnisse vor, auf die sich der Indikationskatalog stützen kann (LEUNER 1985). Bisher hat nur KREISCHE (1976), der nach dem Einzel-KB in der Gruppe das GKB eingesetzt hat, seine Therapieergebnisse einer objektivierenden, psychometrischen Therapiekontrolle unterzogen. Die inzwischen mehr als zehnjährige Erfahrung mit der Anwendung des GKB in der stationären Psychotherapie (LEUNER 1981), in der Selbsterfahrung und in der ambulanten Psychotherapie erlaubt dennoch, einen klinisch wie theoretisch fundierten Indikationskatalog aufzustellen.

Eine Indikation besteht für alle Formen von Charakterneurosen und funktionell-psychosomatischen Erkrankungen (ohne schwere Organläsion), eine Abwägung erfordert das Vorliegen einer ausgeprägt depressiven Symptomatik und einer Borderline-Struktur. Eine Kontraindikation besteht für Psychosen, präpsychotische Zustände und ausgesprochen hysterische Neurosen:

(1) Geradezu als Domäne des GKB können die Charakterneurosen bezeichnet werden (KREISCHE & SACHSSE 1978). HEIGL-EVERS und HEIGL (in HEIGL 1978) haben ihre Differentialindikationen zur analytischen Gruppentherapie gegenüber der Einzelanalyse immer wieder darauf begründet, welche Auswirkungen ein neurotischer Konflikt auf das Sozialverhalten eines Menschen hat, und wie sich aus diesem Verhalten eine Indikation zur Behandlung in der Gruppe ableitet. Die Gruppe ist ein Medium, das immer wieder mit dem eigenen Verhalten konfrontiert. In GKB-Gruppen wird dieser Effekt noch dadurch intensiviert, daß eigenes Verhalten auf zwei Ebenen − in der Gruppenimagination und in der Aufarbeitungsphase − gespiegelt wird. In der Gruppenimagination werden eigene Verhaltensstereotypien schnell offensichtlich. Dabei nehmen sie gelegentlich fast den Charakter einer Karikatur an. Oder aber es entfalten sich auf der regressiven Ebene bisher verdrängte Antriebsbereiche, so daß eine Diskrepanz zwischen den andrängenden Wünschen und der realen Lebensgestaltung bewußt wird. In beiden Fällen wird *eigenes Verhalten schnell konflikthaft und Ich-dyston,* so daß der erste Schritt zur Auseinandersetzung mit der eigenen Widersprüchlichkeit getan ist. Die-

ser Effekt erklärt die gute Wirksamkeit des GKB gerade bei Charakterneurotikern, die ihre Störungen ja weitgehend als Ich-synton erleben.

(2) Auf diesem Hintergrund werden auch die guten Ergebnisse verständlich, die KREISCHE (1976) bei Patienten erreicht hat, die unter *vegetativen Störungen und funktionell-psychosomatischen Beschwerden* litten.

Für diese Patienten, die Kränkungen und Kränkungsaggressionen durch Somatisieren abwehren, sehen HEIGL-EVERS und HEIGL (in HEIGL 1978) allgemein eine Indikation zur Gruppentherapie. Das Katathyme Bilderleben bietet für die Psychotherapie psychosomatischer und funktioneller Erkrankungen spezifische Möglichkeiten, die sich in der Arbeit auf der Phantasieebene begründen (LEUNER 1981; WÄCHTER 1984; SACHSSE & WILKE in Vorbereitung): Mit dem KB kann es gelingen, an Entwicklungsschritte der Symbiose anzuknüpfen und diese zum Teil auch nachzuholen. Die Entfaltung von Phantasietätigkeit bedeutet für viele psychosomatisch Erkrankte bereits einen Therapiefortschritt sui generis, ist die Phantasieentfaltung doch bei vielen defizitär. Die Verbindung von Zuständen von Lust und Unlust mit Vorstellungen fördert die Affektsynthese (BRENNER 1974); die Entfaltung von Sinnesqualitäten in der Phantasie fördert die diakritische Wahrnehmung (BARTL 1984). Das Erleben von Aggressivität auf der Spielebene des Bilderlebens ermöglicht ein Probehandeln, das einen Zwischenschritt zur direkten zwischenmenschlichen Konfrontation darstellt (WILKE 1979; EIBACH 1982). Diese Vorteile sind durch eine große Zahl erfolgreicher Einzelbehandlungen mit dem KB belegt (vgl. LEUNER 1980; LEUNER & LANG 1982) und zeigen sich teilweise auch im GKB. Psychosomatische Erkrankungen mit Organläsionen bedürfen sicher einer langen Zeit der Einzeltherapie.

(3) Eine sorgsame Abwägung der Indikationsstellung wird bei Patienten mit ausgeprägter depressiver Symptomatik erforderlich sein. Schwere depressive Verstimmungen, auch neurotischer Art, sind Kontraindikationen für das Einzel-KB (LEUNER 1985). Zur Entfaltung eines regressiven Erlebens auf der Bildebene wird eine anaklitische Übertragung zum Einzel-Therapeuten gefördert. Das kann bei schwer depressiven Patienten zu malignen Regressionen führen. − KREISCHE (1976) berichtet nun von guten Behandlungserfolgen bei reaktiver Depression. Vielleicht ist eine depressive Symptomatik in einer KB-Gruppe eher zu behandeln als in einer KB-Einzeltherapie. Die Gruppe bietet insgesamt weniger Möglichkeiten, Einverleibungs- und Verschmelzungstendenzen und symbiotische Phantasien über längere Zeit aufrechtzuerhalten, als es bei einem Einzel-Therapeuten möglich ist (HEIGL-EVERS und HEIGL in HEIGL 1978). Trotzdem kann es auch in einer Gruppe zu regressivsymbiotischen Phasen kommen, so daß eine kritische Abwägung erforderlich ist, bevor ein Patient mit ausgeprägt depressiver Symptomatik in eine KB-Gruppe aufgenommen werden kann. − Patienten mit deutlicher *Regressionsneigung sowie Suchttendenzen*, etwa in Form eines Alkohol- und Medikamentenabusus, erfordern die Wahl einer anderen Therapie (KREISCHE 1976; STETTLER 1984).

(4) Eine Ausnahme bildet unter optimal strukturierenden Rahmenbedingungen offensichtlich die *leichtere Rauschmittelabhängigkeit* im Jugendalter. Hier sei auf die Veröffentlichungen von KLESSMANN (1973, 1977) hingewiesen, die

gute Erfolge mit dem GKB als Teil eines Gesamtbehandlungskonzeptes bei jüngeren Drogenkonsumenten erzielte.

(5) *Borderline-Syndrome* (KERNBERG 1978) stellen für das Einzel-KB im Grundstufen-Vorgehen eine Kontraindikation dar (SACHSSE 1980): Die KB-Therapie mit ihrer anaklitischen Übertragungssituation wird leicht zu einem «nur guten» Zustand, der vom Patienten nicht kontaminiert werden darf mit schlechten Erfahrungen. Die «nur schlechten» Erfahrungen werden abgespalten und außerhalb der Therapie ausagiert. Die Beendigung der KB-Therapie führt dann zum Zusammenbruch der «guten Welt» und kann eine vitale Krise auslösen.

LANG (1982) hat von einer erfolgreichen KB-Therapie bei einem Patienten mit schwerer narzißtischer Störung auf Borderline-Niveau berichtet. Auch die Therapieerfahrungen von SHAINBERG (1979) könnten neue Anstöße geben. Auf jeden Fall muß hier die Real- und Arbeitsbeziehung nach den Empfehlungen KERNBERGS (1978) gestaltet werden. Ein modifiziertes Vorgehen gestattet dann auch die Behandlung von Patienten mit Borderline-Struktur in Gruppen (siehe Kapitel 7.2.).

(6) Als echte *Kontraindikationen* galten bisher Psychosen und psychosenahe Zustände (LEUNER 1985). Daß selbst diese als «derzeitige Kontraindikationen» anzusehen sind, zeigt eine mündliche Mitteilung von KLEIN & STEGLICH (1976), die in Gießen mit einer Gruppe stationär behandelter psychotischer Patienten Gruppenimaginationen durchgeführt haben, in die sie als Therapeuten von außen aktiv eingriffen. Beide berichten von einer merklichen Förderung der Kontaktfähigkeit bei diesen Patienten (Vgl. auch Abschnitt 7.2.3).

Keine Gruppenerfahrungen liegen bisher vor bei Patienten mit niedriger Intelligenz und mit hirnorganischen Syndromen. Als gravierendste Kontraindikation für jede Psychotherapie muß wohl nach wie vor *mangelnde Motivation* gelten (PLAUM 1967).

Ein solcher Indikationskatalog muß insofern unvollständig bleiben, als bei jeder Indikationsstellung die Persönlichkeit des Therapeuten, seine Erfahrung, sein technisches Können, seine theoretische Orientierung und sein Arbeitsrahmen mit einbezogen werden müssen. Im klinischen Setting kann die Indikation viel weiter gestellt werden als in der ambulanten Behandlung, und ein Therapeut mit langjähriger Erfahrung kann einen Therapieversuch unternehmen, vor dem ein Anfänger gewarnt werden muß. Jeder, der mit dem GKB therapiert, muß sich darüber im klaren sein, daß er kein indifferentes Verfahren anwendet, das nur nützen kann. Der spöttische Pharmakologen-Spruch «Keine Nebenwirkungen – keine Hauptwirkungen» gilt auch in der Psychotherapie. Das GKB ist ein hochwirksames therapeutisches Instrument, das Menschen rasch und prägnant auf ihre Haltungen, Stereotypien, inneren Widersprüchlichkeiten, unerfüllten Wünsche und ungelebten Selbstanteile hinweist. Ein Verfahren, das dieses leistet, kann nicht indifferent sein. Es darf nur angewandt werden von einem Therapeuten, der das KB ebenso beherrscht wie das GKB und die tiefenpsychologisch fundierte Gruppenpsychotherapie. Dies erfordert eine spezielle Ausbildung, die vom Institut für Katathymes Bilderleben angeboten wird.

7.2. Anwendung des GKB in verschiedenen Bereichen

7.2.1. Selbsterfahrungsgruppen in der AGKB

Das GKB entwickelte sich zum einen im stationär-klinischen Rahmen der Abteilung für Psychotherapie und Psychosomatik der Universität Göttingen, zum andern als Medium der Selbsterfahrung von Weiterbildungskandidaten der AGKB. Die in diesem Buch zitierten Beispiele stammen fast alle aus solchen Selbsterfahrungsgruppen, mit denen wir seit 1977 kontinuierlich arbeiten. Diese Gruppen bestehen aus neun Teilnehmern (Ärzte oder Psychologen in therapeutischer Weiterbildung) und treffen sich an sechs Wochenenden im Jahr (also etwa alle sechs Wochen, mit einer größeren Unterbrechung während der Ferienzeit). Sie sind halboffen, d.h. nach jeweils drei Wochenenden scheiden etwa drei Teilnehmer aus und werden durch neue ersetzt. Die durchschnittliche Verweildauer beträgt ein bis zwei Jahre und kann individuell angepaßt werden, je nachdem, wieviel ein Ausbildungskandidat schon vorher an sich gearbeitet hat. Durch das halboffene Setting steht immer eine arbeitsfähige Gruppe zur Verfügung, die Neulinge schnell integriert. Die Anfangs- und Abschlußphasen sind kürzer und weniger ausgeprägt als in geschlossenen Gruppen, dafür muß sich die Gruppe immer wieder mit der Situation des Wechsels auseinandersetzen: mit Abschiednehmen, Traurigkeit, der Erfahrung der Ersetzbarkeit des Einzelnen, der Veränderung der Gruppenkonstellation durch das Fortgehen von Mitgliedern und das Hinzukommen anderer, andersgearteter; mit Ärger, Trotz und Eifersucht. Jeder Teilnehmer ist zu Anfang in der Rolle des jüngeren Geschwisters, das hinzukommt und sich seinen Platz erkämpfen muß, später in der Rolle des älteren Geschwisters, das Bescheid weiß über die Gruppenregeln und seinen Platz hat, aber den Verlust der alten Konstellation verschmerzen und sich den neuen Mitgliedern gegenüber einstellen muß. So bietet die Gruppe eine Fülle von Übertragungsauslösern, die die früheren Familienerfahrungen der Teilnehmer aktivieren können, und eine Übungsfläche für das Sich-Einlassen in Beziehungen und Wieder-loslassen-Können, das für reife Beziehungsformen notwendig ist; die Trennungs-Individuationskrisen mit Verlustängsten und Entwicklungsmöglichkeiten werden en miniature immer wieder erlebt und bearbeitet. – Im Vergleich mit geschlossenen Gruppen bieten diese Gruppen aber weniger regressive Übertragungsauslöser, die sehr frühe Mutter-Kind-Konstellationen im symbiotischen Bereich aktivieren könnten. In geschlossenen Gruppen kreisen die Phantasien der Teilnehmer zu Beginn um den Gruppenleiter, das erste gemeinsame Objekt: ob er sie gut versorgen wird, vertrauenswürdig ist, vorsichtig mit ihnen umgeht oder nicht merkt, was in ihnen vorgeht, sich nachlässig, desinteressiert oder sadistisch verhält. Meist werden hier sehr frühe Ängste und Phantasien wiederbelebt, z.B. von der guten und bösen Brust (M. KLEIN 1962), Zerfallsängste, Gefühle von Neid, Gier und Rivalität gegenüber den Geschwistern und Phantasien über die grandiose Elternimago, die alle Bedürfnisse erfüllen kann, die einen aber auch verlassen, vergiften, zerstören und am Leben hindern kann (siehe auch die Phasen von BION). Für diese sehr frühen Ängste bieten die halboffenen Gruppen weniger Übertragungsauslöser,[54] sondern sie bewegen sich meist auf einem einigermaßen

---

54 In geschlossenen Gruppen tauchen diese Phantasien nur dann auf, wenn der Therapeut mit seinem Interventionsstil dies fördert oder zumindest zuläßt. – In früheren Jahren haben wir öfter

konstanten Niveau der Regression, mit Schwankungen durch aktuelle Krisen der Teilnehmer und den regelmäßigen Mitgliederwechsel.

7.2.2. Ambulante Patientengruppen

Bei der Übertragung der Methodik des GKB auf ambulante Patientengruppen wurden einige Veränderungen des therapeutischen Vorgehens notwendig.

Patientengruppen unterscheiden sich erheblich von Ausbildungsgruppen hinsichtlich des Funktionsniveaus der Teilnehmer. In Ausbildungsgruppen kann man bei den Teilnehmern immer einigermaßen intakte Ich-Funktionen, Ich-Grenzen und Abwehrmechanismen voraussetzen. Die Teilnehmer können ohne viel Hilfestellung seitens des Therapeuten in einer Gruppe überleben, sich genügend schützen und arbeiten. Patienten ist das häufig nicht möglich. Sie brauchen speziell bei der Arbeit mit dem KB zusätzliche Unterstützung durch den Therapeuten, um nicht von konflikthaftem regressiven Material überschwemmt zu werden, sondern konstruktiv an sich arbeiten zu können.

Meine Erfahrungen mit Patientengruppen beschränken sich auf Gruppen, die sich einmal wöchentlich für eine Doppelstunde treffen. Wegen der geringeren Belastbarkeit der Teilnehmer halte ich diese zeitliche Verteilung auch für sinnvoll: Durch die regelmäßige Frequenz ist eine kontinuierliche Beobachtung möglich, und die Gruppe wird zu einem stabilen Bezugspunkt im Leben der Mitglieder. Durch die relativ kurze Dauer der Sitzungen (100 Minuten) wird das Material in kleinen Portionen evoziert und verarbeitet. Bei den Ausbildungs-Wochenenden ergibt sich dagegen eine große Dichte der Arbeit, aber jeder Teilnehmer muß den erhaltenen inneren Anstoß in der folgenden Zeit dann erst einmal allein weiterverarbeiten, was eine relativ reife Struktur voraussetzt.

Die Sitzungen sind wie üblich in die Phasen Themensuche (etwa zehn Minuten), GKB (20 bis 30 Minuten) und Nachgespräch gegliedert. Die Sitzungen mit GKB wechseln sich aber mit solchen ab, in denen kein GKB stattfindet, die Zeit stattdessen für zusätzliche Aufarbeitung und für aktuelle Probleme der Teilnehmer zur Verfügung steht. In der ersten Zeit habe ich immer in jeder zweiten Sitzung bildern lassen, auf die Dauer hat es sich dann bewährt, jede dritte Sitzung mit einem GKB durchzuführen. Im Anfang war mir zum einen wichtig, daß sich ein einfacher, klarer Rhythmus herausbildete, also jeder genau wußte, ob ihn in der nächsten Sitzung eine Gesprächsrunde oder eine gemeinsame Phantasie erwartete; zum andern sollte die Gruppe mit dem Medium der Phantasie möglichst schnell vertraut werden. Je differenzierter durch die Gruppenarbeit die Eigen- und Fremdwahrnehmung wurde, desto mehr Zeit beanspruchten die Gespräche, so daß es sinnvoll schien, das Setting dem anzupassen.

---

mit geschlossenen Selbsterfahrungsgruppen über sechs Wochenenden gearbeitet. Diese blieben aber gerade in der Anfangsphase auf einem ziemlich reifen Niveau. Es ging um Sich-Kennenlernen, Gruppennormen, Seinen-Platz-Finden (siehe das Kapitel über Gruppenentwicklung) – entsprechend unserem damaligen interaktionellen Interventionsstil. In neuerer Zeit habe ich aber auch die gegenteilige Erfahrung gemacht mit drei geschlossenen Selbsterfahrungsgruppen, die alle zu Anfang tief regredierten in der oben beschriebenen Weise, während in den gleichzeitig stattfindenden halboffenen Gruppen Regressionen in dieser Intensität nie vorgekommen sind. So kann man annehmen, daß Übertragungs-Auslöser des Settings und Interventionsstil des Therapeuten beide einen starken selektierenden Einfluß auf die in den Gruppen ablaufenden Prozesse haben.

Patienten haben besonders am Anfang Widerstände gegenüber dem GKB, da dies ja eine Reihe von Verhaltensweisen verlangt, die man aus der Perspektive des normalen Alltagsumgangs als ungewöhnlich bezeichnen muß: Gemeinsames Phantasieren ist außerhalb von verliebtem Zwiegespräch oder animierter Gesellligkeit nicht üblich, die Phantasie wird überhaupt in unserer Kultur eher abgewertet (als kindisch, unernst, phantastisch), und es erregt zunächst Mißtrauen, sich ihrer ernsthaft bedienen zu wollen. Sich auf den Boden zu legen und entspannen zu sollen, ist ebenfalls ein eher unübliches Vorhaben, das eventuell zuerst anzügliche Assoziationen und Peinlichkeit verursacht. Insofern ist es notwendig, die Gruppenteilnehmer vorsichtig an die Methode heranzuführen. Wenn das gelingt, entwickelt sich daraus eine überaus fruchtbare Arbeit, die die Anfangsmühe lohnt.

Ich habe das GKB in zwei Patientengruppen eingeführt, die vorher schon ein bis zwei Jahre als tiefenpsychologisch fundierte halboffene Gruppe stattfanden.[55] Den Anlaß dazu bot in beiden Fällen eine gewisse Therapiemüdigkeit und Arbeitsunlust der Patienten, d. h. die Einführung fand jeweils in einer Phase des Widerstandes statt. Die Patienten beschwerten sich, daß sie häufig aneinander vorbeiredeten, von den andern wenig Resonanz bekämen, jeder seinen Kram loswerden wolle, wenig Gemeinsamkeit und eine zu starke Ausrichtung auf die Therapeutin herrsche. So bot ich an, in den Sitzungen gemeinsame Phantasien zu entwickeln, in denen sie in unmittelbaren Kontakt miteinander treten könnten, und erklärte in der Gruppe Vorgehen und Rationale des GKB.[56]

Dann führte ich als Vorübung den sogenannten Blumentest durch, d. h. ich bat die Teilnehmer, sich entspannt hinzusetzen und die Augen zu schließen, um sich besser auf sich selbst konzentrieren zu können, und sich dann irgendeine Blume vorzustellen, diese eine Weile zu betrachten, auch Einzelheiten wahrzunehmen, etwa wie sich die Blume anfühle, wie sie rieche, wo sie stehe usw.

Jeder erzählte anschließend, was er «gesehen» hatte, wobei bereits aus dem Vergleich der verschiedenen Blumen miteinander deutlich wurde, wie sich die individuellen Dispositionen symbolisch in Bildern ausdrücken, so daß sich ein erstes Verständnis für den Sinn des Imaginierens ergab. Plastisch war etwa die Sonnenblume, die im Garten der Mutter wuchs (von einem stark ambivalent an die Mutter gebundenen Borderline-Patienten, der nach einer paranoid-psychotischen Episode in Therapie kam); oder die blasse, künstlich wirkende Gerbera inmitten einer Urwald-Umgebung (von einem phobischen Patienten, der nach einem Suizidversuch in Therapie kam und aus Angst vor seinen gefährlichen Impulsen sein Leben stark eingeengt hatte); oder das Gänseblümchen mit völlig überdimensionalen Fruchtknoten, das am Rand einer Wiese an einem Steilhang mit reißendem Fluß im Tal wuchs (von einer zwanghaften, ödipal an den Vater gebundenen Patientin mit gelegentlichem dramatischen hysterischen Agieren).

Nach dem Blumentest wurde vereinbart, in Zukunft abwechselnd eine Stunde mit einer gemeinsamen Phantasie und eine Stunde nach herkömmlichem Vorgehen durchzuführen.

55 Beide Gruppen bestanden aus acht Teilnehmern und waren von Alter, Geschlecht, sozialem Hintergrund und Symptomatik der Patienten her heterogen. Von der Struktur her überwogen schizoide und depressive Störungen.

56 Bei später hinzukommenden Teilnehmern wurden diese Erklärungen in den Vorgesprächen vor Aufnahme in die Gruppe gegeben.

In der Anfangsphase bot ich der Gruppe jeweils drei Themenvorschläge für die Gruppenphantasie an, um auf diese Weise unterschiedliche Möglichkeiten vorzustellen, eine gewisse Versorgung anzubieten und trotzdem eine Wahl und Einigung der Gruppe auf ein Thema als Vorübung für die selbständige Themensuche zu verlangen. Diese Themen waren in der einen Gruppe (das von der Gruppe für das GKB ausgewählte Thema wird jeweils an erster Stelle genannt):

(1) Fahrt mit dem Floß, Wanderung, Fahrradtour;
(2) Erforschung einer Insel, Kostümkammer, Schloßbesichtigung;
(3) Haus bauen, Fest feiern, Fahrt in eine fremde Stadt;
(4) Wanderung, Treffen am Strand, Segeltour;
(5) Tauchen, Treffen auf dem Spielplatz als Kinder, Steinzeit;
(6) Verwandlung in Tiere, eine Höhle besichtigen, Reise auf fliegendem Teppich.

Es wurden also immer Themen aus unterschiedlichen Impulsbereichen und mit unterschiedlichen Möglichkeiten an Gemeinsamkeit und Alleinsein angeboten.

Der Prozeß der Einigung auf ein Thema, der in den Selbsterfahrungsgruppen im allgemeinen ohne die Intervention des Therapeuten abläuft, muß in Patienten-Gruppen besonders am Anfang unterstützt werden. Ohne strukturierendes Nachfragen des Therapeuten entstehen leicht längere Schweigepausen, die die Teilnehmer verunsichern und für die anschließende Phantasie blockieren. Die Patienten haben viel mehr Mühe als Ausbildungskandidaten, ein stützendes Gruppenklima zu entwickeln, da sie weitaus unsicherer sind, ob sie etwas Wesentliches zum Gruppenprozeß beitragen können, und ob ihre Meinung zählt und erwünscht ist. Daher gehen sie spontan wenig aufeinander ein.

In der ersten Gruppe hatte ich es versäumt, adäquat zu stützen, hatte vielmehr das Vorgehen aus den Selbsterfahrungsgruppen auf die Patienten-Gruppe übertragen. Daraus ergaben sich Schwierigkeiten, auf die ich später noch kurz eingehen möchte. Ich berichte zunächst von der gut geglückten Einführung des GKB in der zweiten Gruppe, in der ich der ängstigenden Situation durch verstärkte Stützung und Strukturierung Rechnung getragen habe.

Zwecks Einigung auf ein Thema als Ausgangspunkt der Phantasie bat ich in der ersten Zeit darum, daß jeder sagen solle, bei welchem Thema er sich am ehesten vorstellen könne mitzumachen, bzw. auf welches er am wenigsten Lust hätte. Darauf wurde zunächst reihum in der Art eines «Blitzlichts» geantwortet, und es war ganz selbstverständlich klar, daß das Thema genommen würde, das die meisten Stimmen erhielt. Nach einigen Sitzungen lockerte sich die Situation, es entwickelte sich ein Gespräch, in dem der eine sagte, er könne bei dem Thema X gut mitmachen, der andere, das Thema Y käme für ihn wirklich nicht in Frage, das sei ihm unheimlich usw.

Nach der Einigung auf ein Thema bat ich die Teilnehmer, sich sternförmig auf den Boden zu legen, und gab einige Entspannungssuggestionen und die Aufforderung, mit dem Bildern zu beginnen. Auch beim GKB waren dann noch Interventionen notwendig. So war z.B. die Zeit, die es dauerte, bis jemand begann, seine Bilder zu schildern, zu Anfang in den Patienten-Gruppen viel länger als in den Ausbildungsgruppen. Wenn ich das Gefühl hatte, daß diese Wartezeit erdrückend lang wurde (ab etwa zwei Minuten), habe ich noch einmal nachgefragt

«Was ist?» oder «Bitte beschreiben Sie, was Sie sehen, oder wie es Ihnen geht oder was sonst ist». Das reichte aus, um die Gruppenimagination in Gang zu bringen.

Auch der Verlauf unterschied sich von dem aus Selbsterfahrungsgruppen Gewohnten. So war es in der Gruppe, der ich zu Anfang keine zusätzliche Hilfe gegeben hatte, vorgekommen, daß ein Teilnehmer die ganze Zeit über nichts sagte, ohne daß das einem andern auffiel. Oder jemand machte einen Vorschlag, und es antwortete niemand darauf. Oder jemand signalisierte deutlich, daß es ihm schlecht ging und er Angst hatte, und niemand nahm davon Notiz. Oder jemand unternahm eine Aktion nach der anderen, was die übrigen spürbar störte, aber niemand protestierte. D. h. es fehlte zu Anfang in den gemeinsamen Phantasien ein Minimum an Bezogenheit aufeinander, die vor der Einführung des KB bei den Gruppengesprächen durchaus vorhanden gewesen war. In diesen Situationen übernahm ich es, für die notwendige Resonanz zu sorgen, indem ich den über sehr lange Zeit schweigenden X ansprach und fragte, wo er sei, oder die Gruppe ansprach und fragte, was sie von dem Vorschlag von Y halte, oder Z, dem es schlecht ging, aufforderte, noch einmal genau zu beschreiben, wo er sei und was los sei, und fragte, was man tun könne usw. D. h. ich versuchte, Gruppennormen für das GKB einzufühlen, die sich in Ausbildungsgruppen immer spontan gebildet hatten: daß sich die Teilnehmer aufeinander beziehen, sich umeinander kümmern und miteinander auseinandersetzen, so daß ein gemeinsamer Prozeß in Gang kommen kann. Im Sinne dieses stützenden Vorgehens empfiehlt es sich dann auch, im Nachgespräch zunächst die Kommunikationsprozesse und Gruppennormen anzusprechen und erst in späteren Sitzungen auf Bedürfnisse, Ängste, Konflikte und Kompromißbildungen einzugehen.

In der ersten Gruppe, in der ich anfänglich keine zusätzliche Strukturierung angeboten hatte, entwickelten sich im GKB lange Pausen (Beginn nach fünf Minuten Schweigen beim ersten Mal), und die Patienten hatten kaum Kontakt zueinander. Stattdessen hatte jeder seine eigenen Bilder und teilte diese nur sehr unvollständig oder gar nicht mit. Im zweiten GKB dieser Gruppe mit dem Thema «Reiten oder In-einer-Kutsche-Fahren» lag ein Teilnehmer, dem nach dem ersten KB vorgeworfen worden war, die andern durch seine andauernden Aktivitäten gestört zu haben, die ganze Zeit über verspannt da, ohne irgendetwas zu sagen; eine Patientin hob ab, schwebte in der Luft über den Bäumen, sah nur noch verschwommen Hell und Dunkel und hatte Angst abzustürzen; eine Patientin konnte gar nicht bei sich und ihren Bildern bleiben, sondern achtete ständig auf die Atemgeräusche der andern; die übrigen fünf hatten individuelle Bilder zum Thema, aber auch keinen Bezug zueinander. – Hier zeigt sich an den formalen Charakteristiken ein sehr hohes Angstniveau. Inhaltlich waren die Bilder relativ belanglos und abwehrend. Offenbar war das Angstniveau zu hoch, um eine konstruktive Auseinandersetzung mit regressivem Material zuzulassen. Daher änderte ich ab der dritten Sitzung das therapeutische Vorgehen im oben beschriebenen Sinn.

Nach Einführung dieser Modifikationen des Vorgehens gelang es in beiden Gruppen, das GKB konstruktiv zu nutzen und die Gruppenarbeit zu intensivieren. Die zusätzlichen strukturierenden und stützenden Interventionen waren nur über kurze Zeit (etwa vier bis fünf Sitzungen) nötig. Dann hatten die Teilnehmer genügend Sicherheit gewonnen und konnten sie selbst übernehmen.

Die Patienten haben auch jetzt noch − zwei Jahre nach der Einführung − eine gewisse Scheu vor den gemeinsamen Phantasien. Eine Lust am Phantasieren, die in Ausbildungsgruppen phasenweise durchaus aufkommt, wo im KB mit Genuß archaische Impulse ausagiert werden in Form von Budenzauber auf der Skihütte, Schlammschlachten, Freßorgien oder narzißtischem Verschmelzen beim Tauchen in einem See usw., hat sich in den Therapiegruppen nie eingestellt. Die Patienten sehen ein, daß die Bilder ihnen helfen, genauer zu sehen, was mit ihnen oder der Gruppe los ist. Sie würden nicht mehr auf sie verzichten wollen. Sie haben auch gelernt, Symbole zu lesen, und sind für Kommunikationsstrukturen sensibel geworden, so daß sie inzwischen zur Verarbeitung der Bilder vieles selbst beitragen können. Aber das Sich-Einlassen auf ein GKB ist für die meisten immer wieder das Eintauchen in eine etwas bedrohliche Welt, eine Expedition, bei der es nicht selbstverständlich ist, wohlbehalten zurückzukehren (auch wenn die imaginierten Szenen von außen betrachtet im allgemeinen völlig harmlos sind, viel harmloser als die der Selbsterfahrungsgruppen).

Meinem Eindruck nach hat sich die Arbeit der Patienten-Gruppen durch die Einführung des KB verbessert. Bei der Entwicklung der Gruppe ist mir besonders eine wachsende Unabhängigkeit vom Therapeuten und eine klarere Trennung von Kommunikation und Metakommunikation aufgefallen, verbunden mit dem Bemühen, metakommunikative Regeln auszuhandeln. Beides führe ich auf den Einfluß des GKB zurück: Durch das Setting des GKB wird die Sitzung in verschiedene Phasen aufgeteilt, die durch unterschiedliche Verhaltenserwartungen an Teilnehmer und Therapeuten gekennzeichnet sind. In der Phase der Gruppenphantasie sollen die Teilnehmer etwas miteinander tun (Phase der Kommunikation), im Nachgespräch wird über dieses Tun und die begleitenden Affekte, die Situation der Gruppe, die individuellen Positionen innerhalb der Gruppe, die Beziehung des individuellen Verhaltens zu bedeutsamen genetischen Ereignissen usw. gesprochen (Phase der Metakommunikation). Das Tun wird verstehbar, seine Gebundenheit an allgemeine Regeln und Erwartungen erkannt, wodurch neuer Verhaltensspielraum entsteht. Der Prozeß von Wiederholung pathologischer infantiler Interaktionsmuster in der Gruppe und Bearbeitung ist hier nicht so dicht verzahnt wie in der sonstigen tiefenpsychologisch fundierten Arbeit. Er wird vielmehr durch die Phaseneinteilung auseinandergezogen, was die Situation für die Patienten übersichtlicher macht und zur Introspektion und zum Verhandeln über Gruppenregeln anregt.

Darüber hinaus wird durch das Setting die Interventionsdichte des Therapeuten gesteuert: An der gemeinsamen Phantasie beteiligt er sich im Normalfall gar nicht, er übernimmt ausschließlich Beobachtungsfunktionen, kann der Gruppe Zeit lassen, ihre Aktion zu entfalten. Die Gruppe hat dadurch eine Phase für sich, in der sie ohne den Therapeuten, sozusagen als peer-group, agiert, wo sie die eigenen Kräfte erproben und sich vom Therapeuten zunehmend unabhängig fühlen kann. Das scheint die Abhängigkeit vom Therapeuten ein gutes Stück weit abzubauen und Selbstvertrauen, Selbstverantwortlichkeit und Gruppenkohäsion zu fördern.

Was die klinischen Ergebnisse, also die Besserung der Symptomatik der Patienten angeht, konnten genaue Vergleichsstudien mit parallelisierten Gruppen noch nicht unternommen werden. Nach den bisherigen Erfahrungen mit zwei

Gruppen über jeweils zwei Jahre meine ich aber sagen zu können, daß die Arbeit mit dem GKB klinisch zumindest gleichwertig, wenn nicht erfolgreicher ist als die Arbeit ohne Einsatz des GKB.

7.2.3. Patientengruppen in der Psychiatrischen Klinik

M. Rust

Seit 1978 wurden Patienten im Rahmen des stationären Behandlungskonzeptes einer psychiatrischen Klinik mit dem GKB behandelt.

7.2.3.1. *Patientenauswahl und Diagnosen*

Für die Auswahl zur Teilnahme an der Gruppentherapie mit dem Katathymen Bilderleben werden die für andere Gruppentherapieformen üblichen Auswahlkriterien angewandt. Ausgeschlossen sind: schwer hirnorganisch erkrankte und akut psychotische Patienten, ausgeprägt charaktergestörte Menschen mit sozialer Deprivation sowie akut Drogen- oder Alkoholgefährdete. Stark depressiv verstimmte, selbstmordgefährdete, hypochondrische sowie narzißtische Patienten jedoch beziehen wir in die Gruppentherapie ein. Auch liegt eine große Zahl der Patienten auf niedrigem Strukturniveau (im Sinne von Kernberg 1978), auf Borderline-Niveau oder früh-gestört auf psychotischem Niveau, ohne daß allerdings während der Gruppentherapie die produktive Symptomatologie exazerbiert wäre. Ebenso können Patienten mit Charakterstörungen auf infantilem Niveau erreicht werden. Voraussetzung ist, daß jeweils nur einer dieser Patienten an der Gruppe teilnimmt.

Den größten Teil der Gruppenmitglieder bilden Patienten mit depressiven Störungen von neurotischem bis psychotischem Hintergrund, ein anderer Teil sind Patienten mit depressiven Charakterstörungen. Dabei ist eine akute oder subakute Suizidalität oft beherrschend.

Altersmäßig machen wir keine Einschränkungen. Die Mehrzahl der Patienten ist zwischen 40 und 55 Jahre alt.

Mit jedem Patienten wird ein ausführliches Vorgespräch geführt, in dem durch den «Blumentest» ein Eindruck von der Imaginationsfähigkeit gewonnen wird.

Hier zeigen sich, entsprechend dem tieferen Störungsniveau stationärer Patienten, deutlich abweichende Bilder gegenüber denen bei ambulanten Patienten bzw. besonders gegenüber denen bei Ausbildungskandidaten.

Hin und wieder tauchen keine Bilder auf, oder die Szene bleibt schwarz, wiederholt «sehen» Patienten Blumen oder andere Dinge trotz schwarzer Szenerie, ohne daß sie dabei andere sensorische Qualitäten wahrnehmen. Häufig kommt es zu rasch wechselnden Bildabläufen mit meist bedrohlichem oder bedrängendem Inhalt. Bei paranoiden Patienten zeigt sich in den Bildern ein mangelndes Realitätsgefühl. Hier sind therapeutische Interventionen im Sinne von Ich-Funktionsübernahme erforderlich. Bei sehr schwer narzißtisch gestörten Patienten finden wir im Blumentest meist grandiose, oft kristallklar-bizarre Gebilde, die häufig, fernab der Erde, an die von Volkan (1979) beschriebenen «glass-bubble-phantasies» erinnern.

Bei selbstmordgefährdeten Patienten zeigt sich im Blumentest oft das Zentrum der suizidalen Gedanken in symbolhafter Darstellung: eine zur Unansehnlichkeit verdorrte Blume wird mit DDT vergiftet; eine bereits niedergetretene Blume wird ausgerissen und in einen Abgrund geworfen; eine viel zu klein geratene Blume unter lauter prächtigen wird durch ein scharfes Messer aller ihrer Blätter beraubt und fällt dann in sich zusammen.

Nach diesen Vorgesprächen wird die Gruppe aus acht Teilnehmern zusammengestellt, und zwei Gruppensitzungen pro Woche über je 100 Minuten werden für die Dauer von mindestens acht Wochen verabredet. Jetzt wird den Patienten auch das für das GKB typische Setting mit dem Wechsel der Ebenen und der typischen «Sternform» erklärt.

7.2.3.2. Indikationsstellung zum GKB

Gemessen an den Krankheitsbildern der oben geschilderten Patienten könnte die Indikation auch zu einer interaktionellen Gruppenpsychotherapie nach dem Göttinger Modell (HEIGL-EVERS & HEIGL 1983) oder zu einer themenzentrierten Interaktionsgruppenpsychotherapie (TZI nach R. COHN 1975) gestellt werden. Diese beiden Gruppenpsychotherapieformen finden in unserer Klinik ebenfalls regelmäßig Anwendung.

Die spezielle Indikation zum GKB ergibt sich aus der dem Verfahren impliziten Möglichkeit, auch schwer gestörte Patienten mit mangelhaft entwickelter Introspektionsfähigkeit und oftmals schwer gestörter Verbalisationsfähigkeit zu erreichen. Auf der Ebene der Bilder kann auf dem primärprozeßhaften Niveau erlebt werden. Das kann nach anfänglicher Scheu unter dem sicheren Schutz von Gruppe und Therapeut relativ angstfrei zugelassen werden. Andere Gruppenpsychotherapieformen lösen hingegen häufig sehr große Angst aus und werden durchgehend beängstigend erlebt. Hinzuzufügen ist, daß neben dem Therapeuten regelmäßig ein Co-Therapeut, meist ein Ausbildungskandidat am Institut für Katathymes Bilderleben oder eine psychiatrisch erfahrene Krankenschwester bzw. ein Krankenpfleger, an den Gruppensitzungen teilnehmen.

Die Gefahr der psychotischen Entgleisung bzw. Dekompensation oder sogar des Ausbruchs einer akuten Psychose fanden wir bei einer Therapie mit dem GKB nicht höher als bei anderen Gruppenpsychotherapieformen. Auch Suizide haben wir unter der Behandlung mit dem GKB bisher glücklicherweise nicht beklagen müssen. Sicherlich bedarf es sowohl psychiatrischer Erfahrung als auch der Erfahrung mit dem Katathymen Bilderleben und speziell dem GKB und sicherer tiefenpsychologischer Kenntnisse, um dieses Verfahren bei psychiatrischen Patienten anzuwenden.

7.2.3.3. Therapieprozeß

a) Themenwahl

In der Phase der Themenfindung zeigt sich häufig die gestörte Objektbeziehungsfähigkeit der Patienten, indem es ihnen z.B. kaum gelingt, aus eigener Kraft ein gemeinsames Thema zu finden. Hier ist es Aufgabe des Gruppenleiters, beratend und steuernd einzugreifen, indem er versucht, aus den bisherigen Äußerungen der Gruppenteilnehmer auf eine gemeinsame unbewußte Phantasie (HEIGL-EVERS & HEIGL 1976) zu schließen, die er dann zu einem Motiv ausformt und der Gruppe als gemeinsames Imaginationsthema anbietet.

Beispiele
– Bei einer Gruppe mit unbewußter archaischer Wut: Verwandlung in Tiere im Dschungel.
– Bei einer sehr depressiven Gruppe: Tauchgang auf den Meeresgrund.
– Bei einer schizoid-narzißtischen Gruppenatmosphäre: Wanderung durch Manhattan.
– Bei einer depressiv-suizidalen Gruppe: Floßfahrt auf dem Amazonas.

Diese Themenbeispiele mögen zeigen, daß es bei schwer-gestörten Patienten durchaus möglich ist, phantasievolle Themen zur gemeinsamen Imagination vorzuschlagen: Das ist unseres Erachtens ein Hinweis darauf, daß die im Leben des Patienten verpönte bzw. von seiner Umwelt als krank empfundene Neigung zum primärprozeßhaften Denken hier nicht nur zugelassen, sondern sogar zur Entfaltung gefordert wird.

Die Themenvorschläge werden von seiten des Gruppentherapeuten natürlich nicht direktiv gegeben, sondern z. B. eingeleitet: «Ich könnte mir vorstellen, daß zur momentanen Gruppensituation ein gemeinsamer Gang oder eine Verwandlung in ... passen könnte.»

Der häufige Vorschlag von Verwandlungen, Verfremdungen, phantastischen Handlungen oder spielerischen Ausgestaltungen entängstigt nach unseren Erfahrungen die Patienten und gibt ihnen leichter die Möglichkeit zur aktiven Teilnahme am Gruppenprozeß.

b) Gruppenimagination

Eine längere und ausführlichere Entspannungsphase zur Einleitung der Gruppenimagination hat sich bei unseren Patienten bewährt. Nach dem Hinweis, sich auf das gemeinsame Gruppenthema einzustellen und den Imaginationen freien Lauf zu lassen, folgt üblicherweise zunächst eine Zeit der Beobachtung der Gruppe durch den Therapeuten.

Im weiteren Verhalten des Therapeuten sind Modifikationen gegenüber dem Therapeutenverhalten in Selbsterfahrungsgruppen für Ausbildungskandidaten bzw. in ambulanten Patientengruppen erforderlich. Diese sollen im einzelnen beschrieben werden:

(1) Anfänglich hat der Therapeut häufiger ermutigend zu intervenieren, um die Angst vor der Äußerung eigener Phantasien herabzusetzen. Das kann so aussehen, daß er die Gesamtgruppe anspricht und nach den Phantasien zum gemeinsamen Thema fragt; oder so, daß er einzelne Gruppenmitglieder, bei denen er aufgrund seiner Beobachtung auf Imaginationen schließt, anspricht und auffordert, die Bilder mitzuteilen.

(2) Dann läßt sich mit Regelhaftigkeit beobachten, daß sich auch in dem gemeinsamen Tagtraum die gestörte Beziehungsfähigkeit des Einzelnen darstellt. Damit wird es Aufgabe des Therapeuten, diese fehlende Bezogenheit der Gruppenmitglieder untereinander zu ersetzen durch Interventionen wie: «A hat gerade gesagt, daß er dort unten auf der Wiese stehe. Sieht ihn vielleicht jemand, oder wo sind die anderen?»
Oder: «B und C wollen da vielleicht gleich etwas gemeinsam machen, hätte vielleicht der eine oder andere Lust, auch mitzumachen?»

Oder: «D, Sie sind da allein bei Ihrer Sache, vielleicht hätten Sie noch gerne jemanden aus der Gruppe dabei.»

(3) Des weiteren muß der Therapeut während der Gruppenimagination besonders intensiv auf die Befindlichkeit der einzelnen Patienten achten. Wenn ein Patient sein gefühlsmäßiges Erleben nicht von sich aus zu verbalisieren vermag, muß er rechtzeitig intervenieren.
Der Therapeut kann den betreffenden Patienten direkt ansprechen und ihn fragen, was in ihm vorgehe bzw. was er erlebe. Er kann aber auch (meist in späteren Gruppensitzungen, wenn größere Vertrautheit mit dem Verfahren besteht) der Gruppe mitteilen, er, der Therapeut, beobachte, daß z.B. X schweigend und offenbar ängstlich oder gequält erscheine. Daran schließt die Frage an, ob vielleicht einer aus der Gruppe eine Möglichkeit sähe, sich um G zu kümmern.

(4) In Gruppensitzungen, in denen ein Teilnehmer während der gemeinsamen Imagination außerordentlich angstbesetzte Bilder und damit starke Unruhe und Erregung erlebt, wird besonders intensives Eingreifen des Therapeuten notwendig. Ich setze mich zu dem Betreffenden auf den Boden, unterrichte die Gesamtgruppe davon und fordere sie auf, liegenzubleiben und die eigenen Bilder und Gefühle zu beobachten, die auftreten, während ich jetzt mit diesem Patienten allein den Tagtraum fortsetze. Ich führe dann praktisch ein Einzel-KB innerhalb des Gruppenverbandes mit den aus der Einzeltherapie bekannten Techniken durch.
Eine solche Situation ist in all den Jahren, in denen wir mit dem GKB arbeiten, durchschnittlich bei 1:45 Sitzungen mit dem GKB vorgekommen.
Natürlich ist diese Situation zunächst für die anderen Gruppenteilnehmer ebenfalls beängstigend. Zumeist aber entsteht ein deutlicher therapeutischer Effekt: Der angstfreie Umgang des Therapeuten etwa mit «schrecklichen» Bildinhalten kann unmittelbar erlebt werden. Mit Hilfe der eigenen Imaginationen können ähnliche angstbesetzte Situationen gespürt und gleichzeitig durch Identifikation mit dem Therapeuten Lösungsmöglichkeiten imaginativ versucht werden. Durch den Prozeß des gemeinsamen Durchlebens und Durchleidens der Angstsituation eines Gruppenteilnehmers entsteht eine stärkere interaktionelle Beziehung in der Gruppe.

(5) Wenn zwar alle zum gemeinsam besprochenen Thema bilden, aber doch jeder für sich ohne Bezug zum anderen, oder sogar einzelne oder alle nicht einmal mehr beim gemeinsamen Thema bleiben, sehen wir die Aufgabe des Therapeuten darin, die Gruppenmitglieder wieder aufeinander zuzuführen. Der Therapeut sagt dann z.B.: «Jetzt hat jeder geschildert, wo er sich im Augenblick befindet, vielleicht gibt es aber nun eine Möglichkeit, sich am besprochenen gemeinsamen Ausgangspunkt zu treffen.»

c) Nachbesprechung

Nach Beendigung der Gruppenimagination, noch auf dem Boden sitzend, erfolgt eine Klarifizierung der Erlebnisweisen der einzelnen Teilnehmer. Anschließend findet dann die eigentliche Nachbesprechung im gewohnten Gruppenkreis sitzend statt. Zunächst steht meist das gruppendynamische Geschehen im Vordergrund der Betrachtungen: Die Störungen in den Beziehungen untereinander sind im GKB allen Teilnehmern plastisch erlebbar geworden. Die Patienten können über die Imaginationen ihre Defizite deutlich spüren, müssen sich mit all der Scham, dem Entsetzen und der Machtlosigkeit beschäftigen, die die Wahrnehmung dieser Defizite mit sich bringt. Sie können dann aber über weitere neue Erfahrungen in den Imaginationen Lösungsmöglichkeiten durchspielen, die später zu Kompensationen der Defizite, zunächst vor allem im Objektbeziehungsbereich, führen. In ähnlicher Weise können auch Schritte zur Verarbeitung anderer Ich-Defizite vollzogen werden. Dieses therapeutische Geschehen ergibt sich in Bezug auf individuelle Ich-pathologische Phänomene besonders dann, wenn sich ein oder mehrere Patienten oder sogar die ganze Gruppe bereitwillig auf den Imaginationsprozeß eingelassen haben.

Die über die Symbolsprache des Tagtraums mitgeteilten weiteren innerpsychischen (meist unbewußten) Phänomene wie Wünsche, Ängste, Hemmungen, Konflikte, Kompromißbildungen und Haltungen werden für den erfahrenen Therapeuten gleichzeitig mit dem übrigen Gruppengeschehen «lesbar». Die Bearbeitung dieser Phänomene wird er aber nur so weit versuchen, als sie der Symptomentlastung dienlich bzw. dafür notwendig erscheint. Hierzu gehört im Sinne der tiefenpsychologisch fundierten Psychotherapie die Bearbeitung der speziellen auslösenden, interpersonellen Situation für die Symptomatik, die Bearbeitung des pathogenen sozialen Feldes, in dem sich die auslösende interpersonelle Situation konstelliert hat, und die Fokussierung auf die aktuelle interpersonelle Beziehung Patient/Therapeut (HEIGL-EVERS & HEIGL 1982).

Eine weiterführende Deutung der Symbolik bzw. des Symbolgehaltes der Bilder kommt erst im Endteil einer GKB-Therapie zum Tragen, da hierzu eine deutliche Besserung der Ich-Funktionsstörungen erreicht sein soll; der Patient muß sich einem «normalen Ich» (FREUD 1937) angenähert haben.

d) Gestaltung

Wir fordern die Patienten im Anschluß an die Gruppensitzungen auf, sich gestalterisch mit ihren Imaginationen zu befassen. Hierbei entstehen meist Einzel-, gelegentlich Gruppendarstellungen. Über die nochmalige intensive Auseinandersetzung mit den Imaginationen bei der Besprechung der Gestaltungsarbeiten kommt es dann zu einer Intensivierung des Gruppenprozesses.

7.2.3.4. Schlußbetrachtung

Der Rückblick auf die jetzt siebenjährige Arbeit mit dem GKB und der entsprechend lange Vergleich mit Gruppenpsychotherapie in themenzentrierter Interaktion (TZI), nach interaktionellem Prinzip im Sinne des Göttinger Modells und mit Psychodramatherapie zeigt, daß das GKB auch nach katamnestischen Beobachtungen diesen genannten Verfahren gleichgestellt werden kann.

Da aber auch Patienten erreicht werden können, die nur eingeschränkt oder gehemmt verbalisierungsfähig und/oder introspektionsfähig sind, liegt mit dem GKB ein für psychiatrische Patienten besonders geeignetes Instrumentarium vor, um Objektbeziehungsstörungen und Ich-Funktionsdefizite zu behandeln.

Die Autoren des Kapitels II

L. KOTTJE-BIRNBACHER ist Autorin der Abschnitte: 1., 2., 4., 5., 6., 7.2.1. und 7.2.2.

U. SACHSSE ist Autor der Abschnitte 3. und 7.1.

M. RUST ist Autor des Abschnitts 7.2.3.

Kapitel III Kombination der Gruppen- imagination des Katathymen Bilderlebens mit dem Psycho- drama – ein integratives Modell

H.-M. WÄCHTER

1. Einleitung

In der modernen Gruppenpsychotherapie haben die psychoanalytisch orientier- ten Methoden besondere Bedeutung erlangt. Bei der Entwicklung der analyti- schen Gruppenmethodik mußte das in seinen Anfängen ausschließlich am Ver- ständnis und der Therapie psychischer Störungen des Einzelmenschen orientierte klassische psychoanalytische Behandlungsverfahren FREUDS modifiziert und mit den Erkenntnissen anderer Humanwissenschaften, vor allem der Soziologie, an- gereichert bzw. kombiniert werden. Der daraus entstandene Methodenpluralis mus in der analytischen Gruppenpsychotherapie ist nach ERMANN et al. (1973) die Folge der «Anpassung an die Zunahme und Veränderung des therapeutischen Klientels, das Produkt einer induzierten Anpassung an sozialwissenschaftliche Sichtweise und Methodik und Ausdruck der Schwierigkeit, von ihrem Ursprung her heterogene Elemente in einem Konzept zu vereinigen».

Ausgehend von dem Prinzip, daß sich die Therapie von Neurosen und in letzter Zeit auch zunehmend von narzißtischen Borderline-Störungen und psy- chosomatischen Krankheiten den speziellen Bedürfnissen der Patienten anzupas- sen habe – und nicht umgekehrt – entwickelten sich Behandlungsverfahren, die die analytische Gruppenpsychotherapie durch veränderte Zusammensetzung der Gruppen (PREUSS 1975) bzw. durch Kombination verschiedener Therapieformen weiter modifizierten. So hat sich die Kombination der analytischen Gruppenthe- rapie mit stützenden und übenden Verfahren in psychosomatischen Fachkliniken bewährt (PREUSS 1975; WITTICH 1967). Durch die Kombination von Gruppenpsy- chotherapie mit analytischer Einzeltherapie, auch «kombinierte Therapie» ge- nannt, wurden gute Erfolge bei Grenzfällen zwischen Neurose und Psychose und besonders auch bei Psychosomatosen erzielt (HEIGL 1978; WITTICH 1968; PREUSS 1975). In ihrer Konzeption der «bipolaren klinischen Gruppenpsychotherapie» berichteten ENKE und FERCHLAND (1972) über die Kombination analytischer Gruppenpsychotherapie mit analytischer Einzeltherapie und Gestaltungstherapie sowie der «Hausgruppe» im Rahmen der Therapeutischen Gemeinschaft. FRANZ- KE (1972) sah gute Möglichkeiten in der Kombination gestalterischer Verfahren mit analytischer Psychotherapie. RÜGER (1981a) berichtete über die Kombination von analytischer Psychotherapie mit direktiv-beratenden Techniken und sozial- rehabilitativen Maßnahmen.

Um der Gefahr einer eklektizistischen Polypragmasie zu begegnen, erscheint es wichtig, die Elemente unterschiedlicher theoretischer Ansätze zu einem Ge- samtkonzept zu vereinigen.

Im folgenden möchte ich ein integratives Modell vorlegen, bei dem das Katathyme Bilderleben in der Gruppe in Kombination mit dem Psychodrama als Variante tiefenpsychologisch orientierter Gruppenpsychotherapie angewandt wird. Der Terminus «tiefenpsychologisch orientiert» soll zum Ausdruck bringen, daß mein Modell seine theoretische Fundierung aus den psychodynamischen Konzepten der auf S. FREUD zurückgehenden Psychoanalyse, in ihrer Anwendung auf die Gruppentherapie, ableitet. Es orientiert sich an den Erklärungsprinzipien und Zielsetzungen des «Göttinger gruppentherapeutischen Modells» von HEIGL-EVERS und HEIGL (1973, 1976, 1979). In ihm haben die Begriffe «tiefenpsychologisch fundiert» und «analytisch orientiert» eine besondere Bedeutung erlangt und bezeichnen eine der drei von den Autoren beschriebenen therapeutischen Methoden (HEIGL-EVERS und HEIGL 1975). Aus diesem Grunde wurden die oben genannten Begriffe vermieden und die Bezeichnung «tiefenpsychologisch orientiert» gewählt. Die außerdem im Text vorkommenden Begriffe «analytisch» und «psychoanalytisch» entsprechen ihrer in der Literatur üblichen Bedeutung.

Die Anwendung meines integrativen Modells ermöglicht, wie nach über achtjähriger Erfahrung gesagt werden kann, eine den Bedürfnissen heterogen zusammengesetzter Patientengruppen und der phasenhaften Entwicklung des Gruppenprozesses (KÖNIG 1976; KUTTER 1976) angepaßte Vorgehensweise, die sich insbesondere in der ambulanten Behandlung als günstig erwiesen hat.

Erste, sehr ermutigende Versuche mit der Kombination von Katathymem Bilderleben (KB) und Psychodrama unternahm ich 1975 gemeinsam mit G. A. LEUTZ in Psychodrama-Ausbildungsgruppen. In der Folgezeit habe ich versucht, die in Ausbildungs- und Selbsterfahrungsgruppen von angehenden Psychodrama- und KB-Therapeuten sowie in freiwilligen Gruppen mit Studenten gesammelten Erfahrungen in einem Modell zu konzeptualisieren (Wächter 1977). Ab 1978 wurde es dann auch in ambulanten Patientengruppen angewandt.

Vor Beschreibung des integrativen Modells füge ich einige theoretische Ausführungen zu den Prinzipien seiner drei Komponenten ein. Im weiteren werde ich Unterschiede und Gemeinsamkeiten herausarbeiten und schließlich anhand einiger Beispiele die Möglichkeiten der «tiefenpsychologisch orientierten Gruppenpsychotherapie mit der Kombinationsform Katathymes Bilderleben und Psychodrama» verdeutlichen.

2. Theoretischer Exkurs

Die folgende Übersicht über einige Modellvorstellungen und Konzepte muß unter Hervorhebung einiger wichtiger Merkmale notwendigerweise verkürzt ausfallen. Dabei kann hinsichtlich des KB und der tiefenpsychologisch fundierten Gruppentherapie auf andere Kapitel dieses Buches verwiesen werden. Das Psychodrama soll aus Gründen besseren Verständnisses etwas ausführlicher dargestellt werden.

2.1. Prinzipien analytischer Gruppenpsychotherapie

Die Wirkung der psychoanalytischen Therapie kann mit den Begriffen «Einsicht» und «Erfahrung» umrissen werden. Die klassische Psychoanalyse FREUDs ist eine

Einsichtstherapie: konfrontierende, konfliktaufdeckende Interpretation der Übertragungs- und Widerstandkonstellationen sowie Rekonstruktion der infantilen Szene lösen über die Einsicht die Übertragungs- und die infantile Neurose (vgl. GREENSON 1973; LOCH 1974). Neben der Förderung von Einsichten wird im analytischen Prozeß auch der Aufbau eines neuen Musters der affektiv-kognitiven Einstellung aufgrund der einzigartigen Beziehung zum Analytiker (FÜRSTENAU 1976) entwickelt. Einsicht in die unbewußten Mechanismen bedeutet nach BATTEGAY (1977) noch nicht unbedingt Aufgabe der eingeschliffenen Fehlverhaltensweisen. Er sieht in der «interaktions-intensiven Gruppe mit ihrem Feedback-System die Möglichkeit, über negative oder positive Verstärker einen sozialen Lernprozeß in die Wege zu leiten». Übersichten zur geschichtlichen Entwicklung der analytischen Gruppenpsychotherapie und ihre verschiedenen Konzepte finden sich u. a. bei HEIGL-EVERS (1976) und KUTTER (1978) sowie in Kapitel II,1 dieses Buches.

Unter der Vielfalt der Modelle zur Anwendung der Psychoanalyse in der Gruppentherapie lassen sich nach KUTTER (1978) und RÜGER (1981 b) drei Formen unterscheiden:

(1) Die Psychoanalyse *in* der Gruppe (WOLF & SCHWARTZ 1962; SLAVSON 1977): es wird eine Einzeltherapie an mehreren Patienten gleichzeitig durchgeführt, die Gruppe wird in den Dienst der Selbstfindung ihrer einzelnen Mitglieder gestellt.

(2) Die Psychoanalyse *der* Gruppe (EZRIEL 1952; GRINBERG et al. 1960; BION 1971; ARGELANDER 1968 und 1972): die Gruppe wird als Ganzes angesehen, Interventionen und Deutungen beziehen sich immer auf die Ganzheit mit dem Ziel, über gemeinsame unbewußte Gruppenphantasien pathogene Konflikte der einzelnen Gruppenmitglieder zu bearbeiten. Diese am klassischen psychoanalytischen Behandlungssetting orientierten, im Sinne einer «Ein-Personen-Psychologie» aufgebauten Gruppenkonzepte sind wenig offen und vernachlässigen u. a. die multiplen Interaktionen der Gruppe.

(3) Die *analytische Gruppenpsychotherapie* geht von einem Mehr-Personen-Konzept aus, wobei das «Faktum der Pluralität» (HEIGL-EVERS & HEIGL 1979, 1980) in den therapeutischen Prozeß mit einbezogen wird. Die Gruppe wird als eine «Mikro-Sozietät» angesehen, in der gerade auch soziale Interaktion gefordert und gefördert wird. Die Aufmerksamkeit des Therapeuten und seine Interpretationen sind auf die interdependenten Interaktionen zwischen dem Einzelnen und der Gruppe wie auch zwischen den Gruppenmitgliedern untereinander gerichtet. Die Übertragung ist in der Gruppe multilateral oder im Sinne einer Familien- oder Geschwisterübertragung (HEIGL-EVERS & HEIGL 1972; W. SCHINDLER 1975; KÖNIG 1976; KUTTER 1978).

Von den Konzeptualisierungen dieser dritten Form analytischer Gruppenpsychotherapie sind zwei integrative Modelle besonders hervorzuheben, die den vielschichtigen Phänomenen der Gruppenrealität Rechnung tragen: das «Göttinger Modell» von HEIGL-EVERS und HEIGL und das «Segment-Modell» von KUTTER. Beide Konzepte können nur summarisch dargestellt werden, unter Hinweis auf die Originalliteratur und die Beschreibung in Kapitel II,2 dieses Buches.

Im «Göttinger Modell» von HEIGL-EVERS und HEIGL (1973, 1975, 1976) werden die Konflikt-Verarbeitungsmodi in minimalstrukturierten Gruppen differenziert und, gemäß dem topographischen Modell der Psychoanalyse, drei übereinander gelagerten Verhaltensebenen zugeordnet. Die Ebene der *manifesten Aktion* wird überwiegend durch der Abwehr dienende normative Verhaltensregulierungen (Gruppennormen) bestimmt und ist außerdem gekennzeichnet durch eine «soziodynamische Funktionsverteilung» (HEIGL-EVERS 1972) unter den Teilnehmern. Auf der Ebene der *latenten Aktion*, deren Inhalte zum Teil vorbewußt, zum Teil unbewußt sind, entstehen psychosoziale Abwehrmanöver oder «psychosoziale Kompromißbildungen» (HEIGL-EVERS und HEIGL 1975, 1979), in denen Abgewehrtes und Abwehrendes sich etwa die Waage halten; das normative Verhalten der ersten Ebene wird dadurch einerseits gestützt, andererseits kann das abgewehrte Verhalten in einer unkenntlich gemachten Form dennoch «verwirklicht» werden. Die darunter zu denkende Ebene unbewußten Verhaltens ist durch *unbewußte Phantasien* bestimmt; die Gruppe regrediert hier in der Art eines harmonisierenden «gemeinsamen Tagtraumes», um ödipale und prä-ödipale Rivalitätskonflikte und narzißtische Bedrohtheit abzuwehren, wenn sie durch die Mechanismen der ersten beiden Ebenen nicht mehr zu bewältigen sind.

Ihr Konzept verwirklichen die Autoren in drei Therapieformen unterschiedlicher Zielsetzung: der interaktionellen Gruppentherapie auf der Ebene der manifesten Aktion (HEIGL-EVERS und HEIGL 1973, 1979, STREEK 1980); der tiefenpsychologisch fundierten Gruppenpsychotherapie (HEIGL-EVERS und HEIGL 1975, 1979), die auf die Ebene der psychosozialen Kompromißbildungen gerichtet ist; und der analytischen Gruppenpsychotherapie (HEIGL-EVERS und HEIGL 1973, 1976), die auf allen drei Ebenen deutend und also aufdeckend arbeitet.

In seinem Segment-Modell unterscheidet KUTTER (1976) ebenfalls drei Ebenen oder Schichten unterschiedlicher Bewußtseinsfähigkeit. In einer oberflächlichen Schicht I geht es um die bewußten, realen Interaktionen, die soziale Rolle und Position der Teilnehmer. Die Schicht II ist die Hauptarbeitsebene, sie beinhaltet die Übertragungs- und Gegenübertragungs-Beziehungen, wobei KUTTER vier Übertragungsmodi unterscheidet: neurotische-, narzißtische-, Spaltungsübertragungen und die Struktur der psychotischen Übertragung. Eine dritte, tief unbewußte Schicht III beinhaltet nach KUTTER (1978) gleichermaßen «Phantasien großer Harmonie und Übereinstimmung entsprechend der anaklitisch-diatrophischen Gleichung (nach GITELSON 1976) und primitive Objektbeziehungen im Sinne psychotischer Prozesse». KUTTER berücksichtigt in der Therapie alle drei Schichten, versucht aber die Gruppe auf der zentralen Ebene der Übertragungen zu halten. Sein «Segment-Modell» ermöglicht es, querschnittartig den Anteil der Teilnehmer in der Gesamtgestalt der Gruppe zu bestimmen; in der Erweiterung zum «Zylinder-Modell» (KUTTER 1976) kann die Entwicklung des Prozesses im Längsschnitt verfolgt werden.

Das Segment-Modell und das Göttinger Modell sind gleichermaßen ein geeigneter methodischer Hintergrund zur Beobachtung, Schlußbildung und Deutung des Gruppenprozesses in der Arbeit mit dem KB in der Gruppe und seiner Kombination mit dem Psychodrama. Bedingt durch räumliche Nähe und persönliche Kontakte zu den Autoren des Göttinger Modells ist mir dieses Konzept naturgemäß vertrauter. Das Modell KUTTERS erscheint mir als wertvolle Ergänzung, insbesondere im Hinblick auf die Beachtung der individuellen Dynamik und die Anpassung des Therapeuten an die verschiedenen Phasen der Gruppenentwicklung.

2.2. Das Katathyme Bilderleben und seine Anwendung in der Gruppentherapie

Vor dem Hintergrund des psychodynamischen Konzeptes der Psychoanalyse verbindet das KB die Vorzüge einer stärker emotional getragenen Erlebnistherapie mit der Prägnanz der tiefenpsychologischen Durcharbeitung (LEUNER 1981). Jüngere Erkenntnisse der Tiefenpsychologie wie die Lehre von den prä-ödipalen Entwicklungsphasen, den frühen Objektbeziehungen, Erkenntnisse der Ich-Psychologie sowie das Narzißmus-Konzept haben Eingang in die Methode gefunden und wesentlich zur Klärung dynamischer Prozesse in der KB-Therapie beigetragen. Ausführliche Darstellungen des Verfahrens finden sich bei LEUNER (1955, 1970, 1980, 1981, LEUNER und LANG 1982, WÄCHTER 1974) sowie am Anfang dieses Buches. Darüber hinaus wird in Abschnitt 2.4. über Ähnlichkeiten und Unterschiede zwischen KB und Psychodrama noch einiges zu den Spezifika des KB ausgeführt werden.

Die Therapie mit dem Katathymen Bilderleben in der Gruppe ist eine tiefenpsychologisch fundierte Gruppentherapie, die in mehreren Varianten mit unterschiedlichen Zielsetzungen und therapeutischen Haltungen angewendet werden kann. Über einzelne Entwicklungsschritte wurde von LEUNER und seinem Arbeitskreis mehrfach berichtet (LEUNER und NERENZ 1964; KREISCHE 1976; SACHSSE 1979; WÄCHTER 1977; KREISCHE und SACHSSE 1978, 1980). Wegen einer ausführlichen Beschreibung des Gruppen-KB kann auf Kapitel I und II verwiesen werden.

2.3. Grundzüge des Psychodramas

Das Psychodrama ist eine von JAKOB L. MORENO (1889–1974) kurz nach dem 1. Weltkrieg in Wien begründete und später in Beacon (New York) weiterentwickelte gruppenpsychotherapeutische Methode. In einer ganzheitlich-anthropologischen Sicht sieht MORENO den Menschen als von der körperlichen Struktur her zur Aktion bestimmt und von Natur aus auf Mitmenschen bezogen. Im Psychodrama werden daher Situationen und Vorstellungen über eine Verbalisation hinausgehend in Aktion übertragen, um «die Wahrheit der Seele durch Handeln zu ergründen» (MORENO 1973).

Die Entwicklung des «klassischen Psychodramas» und der damit verbundenen Methode der Soziometrie wurde mehrfach dargestellt (FRIEDEMANN 1975; LEUTZ 1974, 1979, 1980; PETZOLD 1972; SCHÜTZENBERGER 1979; STRAUB 1977). Summarisch sei hier nur einiges zu den Grundlagen des Psychodramas und seiner Entwicklung, insbesondere im Hinblick auf die hier vorzustellende Kombination hervorgehoben.

Das Psychodrama entstand als eine Antithese zur Psychoanalyse. MORENO stellte mit Absicht «die Tat», also die Handlung dem Wort und die Gruppe dem Individuum gegenüber, was im ersten Viertel unseres Jahrhunderts, als die Psychoanalyse noch in orthodoxer Weise praktiziert wurde, als revolutionär gelten mußte. Das zwischenmenschliche Handeln als Medium der Psychotherapie war ebenso unvorstellbar. Dies erklärt wahrscheinlich, warum das Psychodrama in Mitteleuropa auf langanhaltende Ablehnung stieß und sich erst ab Ende der sechziger Jahre im deutschsprachigen Raum entwickelte. Im Psychodrama wird, ähnlich wie in den Anfängen der Psychoanalyse, die mentale Katharsis als ein 147 zentrales therapeutisches Agens postuliert. Es handelt sich nach MORENO um eine «Aktionskatharsis» im spontanen Spiel, zu unterscheiden von der Observationskatharsis, die Aristoteles beschrieb (vgl. auch LEUTZ 1974). Durch das handelnde Nacherleben belastender früher Erfahrungen kommt es zu einer kathartischen Lösung (Abreaktionskatharsis) und neuen emotionalen Erfahrungen, die dann die kognitive Integration in die Persönlichkeit ermöglicht: «Jedes wahre zweite Mal ist die Befreiung vom ersten» (MORENO 1973). Diese Katharsis ist es, die dem Psychodrama, neben dem als «Agieren» verpönten Handeln in der Gruppe, von seinen Kritikern vorgeworfen und deren therapeutische Effizienz bezweifelt wird. Der therapeutische Wert der Katharsis wird heute allerdings zunehmend anerkannt (BINSWANGER 1980; LEUNER 1980). Auf den therapeutischen Nutzen des Agierens als sogenanntes «acting-in» in der Gruppenpsychotherapie hat u. a. von analytischer Seite BATTEGAY (1977) hingewiesen.

Der Weg der Psychoanalyse führte fort von der Katharsis hin zur Verarbeitung und Überwindung von Übertragung und Widerstand. Dazu ist anzumerken, daß auch MORENO und seine Schule sich mit diesen Konzepten auseinandersetzte und deren Bedeutung anerkannte (FRIEDEMANN 1975; BINSWANGER 1980; KELLERMANN 1980), was beispielsweise in der französischen psychodramatischen Schule zur Abgrenzung eines «analytischen Psychodramas» führte. Diese Abgrenzung verzichtet jedoch auf wesentliche Positionen der Methode und erscheint überflüssig, wenn das Psychodrama unter tiefenpsychologischen Gesichtspunkten angewendet wird.

Die Erfahrung, daß psychodramatische Praxis mit psychoanalytischer Theorie verstehbar ist, wurde in neuerer Zeit immer wieder unterstrichen und herausgestellt (LEUTZ 1974, 1979, 1980; FRIEDEMANN 1975; KRÜGER 1978; SCHÜTZENBERGER 1979; BINSWANGER 1980; KELLERMANN 1980; PLOEGER 1983).

In der Praxis gliedert sich das *klassische Psychodrama* nach seinem Verlauf in drei Phasen: es beginnt mit der Erwärmung oder Initialphase (Problemfindung), geht dann über in die Handlungs- oder Aktionsphase (Problembearbeitung) und endet mit der Gesprächs- oder Abschlußphase, in der die Problembearbeitung verbal durch die verschiedenen feedback-Möglichkeiten und die Prozeßanalyse (processing) ausgewertet und integriert wird. In der Erweiterung von PETZOLD (1972) können in einer vierten Phase neue Verhaltensweisen erprobt werden (tetradisches Psychodrama oder «Behaviourdrama»).

Das klassische Psychodrama kennt sechs Konstituenten oder Instrumente: Bühne, Problemsteller, Leiter, Mitspieler, Teilnehmer der Gruppe und psychodramatische Techniken (MORENO 1973; LEUTZ 1974).

Wenn der Kreis der Gruppenmitglieder zum Halbkreis geöffnet wird, um der Darstellung von Szenen aus Vergangenheit, Gegenwart oder Zukunft Raum zu geben, entsteht die psychodramatische *Bühne*. Der Problemsteller, Hauptdarsteller oder *Protagonist* ist ein Gruppenmitglied, das seinen Konflikt psychodramatisch darstellt und mit Hilfe der Gruppe und des Leiters einer klärenden Bearbeitung zuführt. Der Leiter oder *Therapeut* hat die Funktion zu stimulieren oder zu katalysieren und den Prozeß zu verdeutlichen. Je nach Problemstellung und Bedürfnissen stellt er der Gruppe und dem Protagonisten das psychodramatische Instrumentarium zur Verfügung. Der Protagonist ist der Autor seines Psychodramas, der Leiter ist der Regisseur, der die Eigenaktivität des Protagonisten respektiert. Die Mitspieler oder *Hilfs-Ichs* assistieren dem Protagonisten und dem

Leiter bei der Darstellung der psychodramatischen Szenen, indem sie die Rollen von Beziehungspersonen des Hauptspielers übernehmen (Vater, Mutter, Partner, Chef usw.). Die *Teilnehmer* der Gruppe haben, neben der wichtigen Aufgabe bei der Rollenübernahme, auch die der Mithilfe bei der Vor- und Nachbereitung des Spiels sowie bei der Konfliktbearbeitung. Sie geben dem Protagonisten in dreifacher Weise Rückmeldung (sharing, Rollen- und Identifikations-Feedback; vgl. Abschnitt 3.2.). Aufgrund dieses mehrschichtigen feed-backs ist es dann möglich, in einer *Analyse des Spiels* dem Protagonisten seine Interaktionsmuster zu verdeutlichen und auf psychodynamische oder verhaltenstherapeutische Aspekte einzugehen. Die *psychodramatischen Techniken* dienen dem Leiter als Werkzeuge, therapeutische Prozesse in Gang zu setzen, zu steuern und aufzufangen. Nach ihrer Funktion unterscheidet man Initial-, Handlungs- und Abschlußtechniken. Die Initial- oder «Aufwärmtechniken» sollen Gemeinsamkeit und Kooperation stimulieren, Widerstände herabsetzen und den Protagonisten spielbereit machen. Hierzu gehören etwa der «leere Stuhl», die «psychodramatische Vignette», Fotoalbum usw. Wesentlicher für unser Anliegen sind die Handlungstechniken, die zur unmittelbaren Problembearbeitung in der Spielphase beitragen. Nur die wichtigsten können kurz erwähnt werden: bei der Technik des *Doppelgängers* (oder dem «Doppeln») werden Gefühle, die im Protagonisten vorhanden, aber durch Schuldgefühle oder Angst blockiert sind, vom Therapeuten oder einem Gruppenmitglied verbalisiert. Im *Monolog* verbalisiert der Protagonist seine Gedanken und Gefühle, die er in der Szene nicht aussprechen konnte. Im *Rollentausch* erlebt der Protagonist die Position des Gegenspielers (der Beziehungsperson) mit seinen Motiven, Gefühlen und Erwartungen. Durch den subtilen Einsatz dieser Basistechniken kann der Protagonist meist sehr schnell zu immer tieferen Traumata und verschütteten Erinnerungen vordringen. Andere Techniken wie etwa der *«Spiegel»* oder der *«hohe Stuhl»* sollen eine Konfrontation des Protagonisten mit seinem Verhalten bewirken. Die erwähnten Techniken sind *individuumzentriert* und werden vorwiegend im klassischen Psychodrama eingesetzt. Bei einem *gruppenzentrierten* Sitzungsverlauf kommen andere Techniken zum Einsatz wie etwa der «magic shop», der «psychodramatische Trip», das «Gespräch mit Gleichgesinnten» oder das Handlungssoziogramm, um nur einige zu nennen. Die Abschlußtechniken haben zum Ziel, emotionale Prozesse aufzufangen, zu evaluieren und Ausblicke in die Zukunft zu ermöglichen: das «play back» von Szenen, das «changing» von Situationen, im Sinne einer Neuorientierung, und die «Zukunftsprojektionen» sind hier zu nennen.

Das klassische Psychodrama kommt in verschiedenen Formen zur Anwendung, wobei zwei Vorgehensweisen besondere Bedeutung zukommt: dem protagonistzentrierten und dem gruppenzentrierten Spiel. Das individuum- oder *protagonistzentrierte* Psychodrama ist ein therapeutischer Prozeß, in dem die Problematik eines Teilnehmers behandelt wird; es ist also eine «Einzeltherapie in der Gruppe». Das *gruppenzentrierte* Psychodrama befaßt sich mit den Interaktionen der Mitglieder im «Hier und Jetzt» und den dynamischen Gesetzmäßigkeiten der Gruppe. Vorgänge, die die Gruppe als Ganzes betreffen, werden hier behandelt. Außerdem ist noch das themenzentrierte und das gruppengerichtete Vorgehen zu erwähnen. Letzteres nimmt eine Zwischenstellung ein: ein Konflikt wird mit einem Protagonisten durchgespielt, ist aber auch für die Mehrzahl der Gruppenmitglieder relevant.

Im Rahmen der gruppenzentrierten Verlaufsweise ist für unsere Belange das Stegreifspiel besonders hervorzuheben. Nichts ist vorgegeben, das Spiel entwikkelt sich spontan aus mehr oder weniger realitätsbezogencn oder völlig phantastischen Vorstellungen der Teilnehmer, die aufgrund ihrer Imaginationsfähigkeit etwa als Tiere, Pflanzen oder Menschen vergangener Epochen interagieren. Der beobachtende Psychodrama-Leiter kann aufgrund seiner soziometrischen Kenntnisse die Rolle des einzelnen und die sozioemotionale Struktur der Gruppe erkennen.

Die geschilderten Applikationen werden von verschiedenen Psychodrama-Therapeuten je nach Schulzugehörigkeit und therapeutischem Konzept unterschiedlich gewichtet und eingesetzt. So ist das klassische Psychodrama (MORENO 1973; LEUTZ 1974) in seiner Akzentsetzung häufiger protagonistzentriert, das «tetradische Psychodrama» (PETZOLD 1972) protagonistzentriert und gruppengerichtet, während andere Modelle wie die «tiefenpsychologisch fundierte Psychodrama-Therapie» (PLOEGER 1983) und das «triadische Psychodrama» (SCHÜTZENBERGER 1979) stärker gruppenzentriert angewendet werden und psychoanalytische Konzepte integrieren. Aufgrund der Definition des Krankheitsbegriffes unterscheidet STRAUB (1977) die Psychodrama-Therapie mit vorwiegend protagonistzentrierter Ausrichtung von der «psychodramatischen Gruppenarbeit» in Selbsterfahrungs- und Ausbildungsgruppen.

2.4. Katathymes Bilderleben und Psychodrama

Gemeinsamkeiten, Ergänzungen und Unterschiede

Die Verbindung des Katathymen Bilderlebens mit dem Psychodrama scheint naheliegend, wenn man sich die *Gemeinsamkeiten* zwischen beiden Methoden vergegenwärtigt. Sowohl bei H. LEUNER als auch bei J. L. MORENO findet sich das Bestreben, den Menschen als ganzen zu sehen, das Anliegen ihrer Methoden ist u. a. die Freisetzung innerer, heilender Kräfte zur Überwindung neurotischen Fehlverhaltens, die Individuation des Patienten und das Wiederfinden des Schöpferischen. Als besonders wertvolle und spezifisch menschliche Fähigkeiten werden hier wie dort Phantasie, Spiel, Kreativität und Spontaneität geschätzt und gefördert. So ist die Entfaltung eines Tagtraumes ein schöpferisches Werk, dessen kreative Breite im Verlauf der KB-Therapie zunimmt. Im Psychodrama wird die schöpferische Kraft des spontanen Spiels für den Erwachsenen wiederentdeckt und therapeutisch eingesetzt als ein «natürliches Mittel zur Entfaltung von Spontaneität und Kreativität, eine Möglichkeit neben dem Verhalten im sozialen Kontext auch dem Inneren Ausdruck zu geben und Zugang dazu zu finden» (MORENO 1973).

Beide Methoden gehen von der Existenz unbewußter Motivationen aus. Sich in eine Imagination oder ein Phantasiespiel einzulassen bedeutet, mit unbewußten Produktionen in Kontakt zu treten, ihnen eine Ausdrucksmöglichkeit zu geben. Daß das Katathyme Bilderleben dafür ein äußerst wirkungsvoller Weg ist, braucht hier nicht näher erläutert zu werden. Seine Zielsetzung dabei ist die Exploration des Unbewußten auf seine pathogenen Konfliktkerne hin und auf die Freisetzung positiver, korrigierender Erlebniskerne sowie die Mobilisierung der sich daraus ergebenden kreativen Lösungen neurotischer Konflikte (LEUNER

1985). Für den systematischen Umgang mit der Imagination stehen im Psychodrama mehrere methodische Möglichkeiten zur Verfügung (LEUTZ 1975): das Stegreif-Spiel, der Rollentausch, die symbolische Wunscherfüllung, der Zauberladen, der psychodramatische Trip, Realitäts- und Zukunftsprojektion sowie die Inszenierung von Träumen und katathymen Bildern. Letzteres sowie der Rollentausch werden unten diskutiert; das Stegreif-Spiel wurde bereits erwähnt (vgl. Abschnitt 2.3.). Nach LEUTZ (1974, 1975) ermöglicht es die Imagination dem Protagonisten, die Psychodramabühne in seinen Lebensraum zu verwandeln. Er deutet beispielsweise den Ort der Handlung an, beschreibt die mitspielenden Bezugspersonen oder zeigt im Rollentausch mit ihnen, wie er sich deren früheren Verhaltens entsinnt und künftiges Verhalten vorstellt. Dadurch und aufgrund ihrer Imaginationsfähigkeit könnten die Mitspieler (Hilfs-Ichs) die Konfliktpartner des Protagonisten so darstellen, daß dieser während der Spielphase nicht mehr zwischen seinen realen Bezugspersonen und deren Darstellern unterscheiden kann. Die Bezugspersonen sind im Psychodrama sozusagen semi-real vorhanden. Diese von LEUTZ (1974, 1975) als Imagination bezeichneten Prozesse erfassen meines Erachtens noch nicht die gesamte Komplexität der im KB ablaufenden Phänomene. Man könnte daher adäquater von Erinnerungsbildern oder «artifiziellen Bildern» (PETZOLD 1972) oder vom Umgang mit Phantasien sprechen und in Analogie zur Traumarbeit von einer «Phantasiearbeit» (SANDLER & NAGERA 1966), die mehr sekundär-prozeßhafte Elemente enthält. In diesem Sinne verstehe ich auch die Realitätsprobe und die Zukunftsprojektion sowie die symbolische Wuncherfüllung im Psychodrama. Die Unterscheidung zwischen Phantasie und Imagination, die zwar in enger Beziehung zueinander stehen, erscheint mir zum besseren Verständnis noch wichtig zu sein. Die imaginativen Vorgänge im KB ermöglichen offenbar einen Zugang zu tieferen unbewußten Schichten der primitiv-archaischen Primärorganisation des Ich. Unter diesem Gesichtspunkt finden wir KB-ähnliche imaginative Phänomene im Psychodrama insbesondere bei den Formen des Stegreif-Spiels, dem psychodramatischen «Trip» und bei der Inszenierung von Träumen und katathymen Bildern.

Weitere Gemeinsamkeiten ergeben sich aus dem Symbol- bzw. psychodramatischen Ablauf des Geschehens, das in beiden Verfahren durch entsprechend unterschiedliche Regieprinzipien beeinflußt wird. Im KB ist der Tagtraum die Bühne für die meist symbolisch ablaufenden therapeutischen Auseinandersetzungen. Die Bezeichnung des Verfahrens als «Symboldrama» besagt ja gerade, daß die «mobile Projektion» (LEUNER 1957, 1982) in den sich trägheitslos wandelnden katathymen Bildern zweckmäßigerweise in tiefenpsychologischen Symbolen in ihrer oft dramatischen Erlebnisentfaltung gelesen wird. Gerade hier ergibt sich eine der wesentlichsten Ergänzungen der beiden Verfahren. Im Psychodrama erfährt die Realität eine Erweiterung, die MORENO «Surplus-Reality» nannte. Neben realen Ereignissen können in diesem Rahmen alle Phantasien, Imaginationen, Träume und katathymen Bilder konkret dargestellt werden. Solche bildhaften Darstellungen innerseelischen Geschehens sind Sinnbilder für konflikthaftes Material, sie «wirken in uns nach, faszinieren uns, da sie etwas ausdrücken, das wir anfangs gar nicht bewußt erfassen können» (HENNE 1979). Die unbewußten Produktionen werden im Psychodrama äußerlich sichtbar, real greifbar und erlebbar, sie können dadurch besser verstanden und ins Bewußtsein integriert werden.

Damit ist das Phänomen des *Symbolismus* angesprochen. Der Umgang mit Symbolen, als Brücken zwischen dem Bewußtsein und dem Unbewußten, ist beiden Methoden vertraut. Auch im Psychodrama kann vieles erst über seinen Symbolgehalt richtig verstanden werden; es gleicht darin dem Traum und dem Kinderspiel und ist in gewissem Sinne auch dem Kult verwandt (MORENO 1973). Ergänzend dazu bietet das System des Katathymen Bilderlebens jedoch ein differenzierteres Verständnis des Phänomens der Symbolisation durch die integrativen Arbeiten LEUNERS (1978, 1980, 1985). Darüber hinaus bietet die Revision des Symbolbegriffes durch LORENZER (1983) wichtige Hilfen für das Verständnis imaginativer Phänomene.

In beiden Schulen nimmt die *Regression* als therapeutisches Prinzip eine Zentrale Stellung ein. Es ist eine Regression im Dienste der Therapie, eine Regression um der Progression willen (BALINT 1970), die mit unterschiedlichen Techniken induziert wird. Im KB kommt es bekanntlich zu einer kontrollierten Ich-Regression in eine sehr frühe, konfliktfreie Säuglingsphase. Darin eingebettet sind sogenannte Altersregressionen in konfliktbeladene Szenen der Kindheit (BAROLIN 1982, LEUNER 1978, 1980). Die nochmalige Rückkehr in die kleinkindliche Erlebniswelt ermöglicht eine Durcharbeitung von teils unbewußtem, frühem bis in die Gegenwart hineinwirkendem traumatischem Erleben. Dies ist auch eine bevorzugte Domäne des Psychodramas, das im Rahmen aufdeckender Spielszenen die Reaktualisierung infantilen konflikthaften Materials erlaubt, dabei Entladungen archaischer Gefühle (Abreaktionskatharsis) ermöglicht (BINSWANGER 1980) und dadurch den Patienten zur Neueinschätzung lebensgeschichtlicher Situationen führt. KRÜGER (1978) hat gezeigt, wie im psychodramatischen Spiel eine Regression vom Sekundär- auf den Primärprozeß erfolgt. Im Rahmen primär-prozeßhaften Erlebens kann es im KB zu intensiven Regressionen in primärnarzißtische und frühe orale Bereiche kommen mit der Möglichkeit der Regeneration, des Eintauchens in einen sehr tiefen, noch heilen mütterlichen Bereich völliger Geborgenheit und grenzenlos paradiesischer Fülle, also zur Befriedigung archaischer Bedürfnisse, was zu einer Ich-Stärkung und Ausweitung der Persönlichkeit führt (LEUNER & WÄCHTER 1975, LEUNER 1981, WÄCHTER 1984).

Die Bedeutung der *Katharsis* im Psychodrama wurde bereits diskutiert. Auch im KB kommt es durch Freisetzung von Ängsten und anderen negativen Affekten zu kathartischen Abreaktionen, wodurch emotionale Neuerfahrungen ermöglicht und eine strukturelle Neuordnung im regressiven Milieu durch Verschiebung der energetischen Besetzungen gefördert werden, was einem Entwicklungsprozeß von unreifen neurotischen zu maturen Ich-Anteilen entspricht (LEUNER 1980).

Im Hinblick auf die Notwendigkeit, das Erlebte auch verstehend *rational* zu *integrieren,* besteht in beiden Schulen Einmütigkeit. In beiden Verfahren steht grundsätzlich zunächst das Erleben (im Rahmen des Primärprozesses) im Vordergrund; sekundär ist dann die rationale Einsicht, wobei die unterschiedlichen Methoden der *Durcharbeitung* sich ergänzen können. Darauf wird im nächsten Kapitel noch einzugehen sein. Therapeutisches Ziel ist also, die unbewußten Produktionen menschlich erlebbar zu machen und sie ins Bewußtsein zu integrieren. Wenn auch ein Teil der metaphorischen Inhalte der Imagination nur partiell oder gar nicht bewußt wird, so geht es auch darum, daß sie symbolisch «verstanden» und assimiliert werden.

Neben einem schrittweise dosierten Aufdecken unbewußter Problematik und den mehrfach erwähnten korrigierenden emotionalen Neuerfahrungen ist in beiden Verfahren das *Probehandeln* auf der Phantasieebene von besonderer Wirksamkeit. Die Fähigkeit zum inneren symbolischen Probehandeln macht es möglich, Erfahrungen in der äußeren aktuellen Handlungssituation anzuwenden. Das imaginative Probehandeln im KB kann durch die Aktion im Psychodrama konkretisiert, Konfrontation und Auseinandersetzung mit der Realität handelnd verdeutlicht werden. Dazu stehen entsprechende Techniken wie Realitäts- und Zukunftsprobe oder Rollentraining zur Verfügung.

Durch das Element des konkreten Handelns wird im Psychodrama das Erleben der eigenen Person in der Bewegung, das Erspüren des eigenen Körpers in seiner *leib-seelischen Ganzheit* gefördert. Dies ergibt sich aus dem anthropologischen Ansatz der Methode. Außer wenigen Hinweisen wie bei LEUTZ (1974), daß die dargestellten Vorgänge «mit Leib und Seele bewußt erlebt werden», ist diese Problematik in der psychodramatischen Literatur wenig bearbeitet worden. Modernere Erkenntnisse der Entwicklungspsychologie wie die Modelle ERIKSONS (1973) und MAHLERS (1978) sowie Ergebnisse psychosomatischer Forschung haben die Bedeutung des Leib-Seelischen, der körperlichen Basis der Entwicklung und des non- und praeverbalen Erlebnisbereiches herausgestellt. Vieles deutet darauf hin, daß bei Patienten mit sogenannten frühen Störungen (schizoiden Neurosen, Borderline-Patienten und psychosomatischen Erkrankungen) nonverbale und praeverbale Bereiche in der Therapie besondere Bedeutung erlangen (BECKER 1981). Ähnliche Erfahrungen wurden durch den Einsatz des KB in der Behandlung psychosomatischer Störungen berichtet (BARTL 1984, KRAPF 1982, LEUNER 1981, WÄCHTER 1982, 1984, WILKE 1982). Auf die Dimension des Leibes im KB hat ROTH (1982) hingewiesen und dabei von einer materiellen und einer psychischen Leibrealität gesprochen. In beiden Methoden finden sich also hier Ansätze, die es noch zu vertiefen und zu erforschen gilt, zumal die klinische Erfahrung zeigt, daß die Kombination mit dem KB und dem Psychodrama in der Behandlung psychosomatischer Patienten gute Ergebnisse erzielen kann.

Die Liste der Gemeinsamkeiten und Ergänzungen beider Verfahren könnte noch fortgesetzt werden etwa im Hinblick auf die Integration von Introjekten, symbolische Wunscherfüllung oder die Regieprinzipien. Des weiteren gibt es ähnliche Einstellungen bei der Bewertung der zentralen Rolle der Persönlichkeit des Therapeuten und in Fragen der Ausbildung.

Unterschiede und Ergänzungen ergeben sich besonders hinsichtlich der theoretischen Fundierung. Das Psychodrama, als Aktionsmethode, ist an keine bestimmte tiefenpsychologische Richtung gebunden und daher von verschiedenen Gesichtspunkten aus anwendbar (LEUTZ 1979). So wurde das psychoanalytische Psychodrama (LEBOVICI 1972) beschrieben und über Kombinationen des Psychodramas mit der analytischen Psychologie von C.G. JUNG (HENNE 1979) und mit der Individualpsychologie (ESSEN 1979) berichtet. PETZOLD und OSTERHUES (1972) beschrieben eine verhaltenstherapeutische Anwendung von gelenkter katathymer Imagination und behavior-drama in einem Lebenshilfezentrum.

Das tiefenpsychologische Konzept des Katathymen Bilderlebens ist breit, fußt jedoch im wesentlichen auf der psychoanalytischen Theorie nach FREUD und ihren modernen Weiterentwicklungen (vgl. Kap. 1 dieses Buches). Diese im KB gut konzeptualisierte psychoanalytische Fundierung (LEUNER 1981, 1983) kann das Psychodrama gerade auch aufgrund der geschilderten Gemeinsamkeiten bereichern und entspricht modernen Tendenzen, dieses Verfahren vor einem tiefenpsychologischen Hintergrund anzuwenden.

Schließlich ist noch die Offenheit von MORENO (1973) und LEUNER (1985) für die kreative Weiterentwicklung ihrer Konzepte und die Toleranz gegenüber anderen therapeutischen Ansätzen hervorzuheben.

3. Die tiefenpsychologisch orientierte Gruppentherapie mit der Kombination Katathymes Bilderleben und Psychodrama

3.1. Theoretisches Konzept

Die Kombination der Gruppenimagination des Katathymen Bilderlebens mit dem Psychodrama ist eine tiefenpsychologisch orientierte Gruppenpsychotherapie (zur Terminologie vgl. auch Einleitung S. 134). Wie in der analytischen Gruppentherapie ist es ihr Ziel, dem Patienten Einsichten zu vermitteln in unbewußte, konflikthafte Objektbeziehungen, deren infantile Wurzeln und ihre aktuellen Auswirkungen in der Situation der Gruppe, um ihm dadurch korrigierende emotionale Neuerfahrungen und Änderungen im Denken und Verhalten zu ermöglichen. Dazu bedient sie sich der aus der analytischen Gruppentherapie bekannten Konzepte der Regression, der Übertragung und Gegenübertragung, des Übertragungsauslösers, des Widerstandes und der Arbeitsbeziehungen. Sie integriert Erkenntnisse über die Entwicklung der Gruppenphänomene in minimal strukturierten Gruppen, wie sie im «Göttinger Modell» (HEIGL-EVERS & HEIGL 1973, 1976, 1979) dargelegt wurden, und berücksichtigt die Entwicklungsphasen dieses Prozesses (BATTEGAY 1972, KÖNIG 1976, KUTTER 1976).

Vor diesem tiefenpsychologischen Hintergrund sind das Katathyme Bilderleben und das Psychodrama zwei zusätzliche Parameter, durch deren Anwendung der Gruppenprozeß intensiviert und strukturiert werden kann, wodurch aber auch Modifikationen des therapeutischen Vorgehens gegenüber der analytischen Gruppentherapie notwendig werden. Die Kombination von Katathymem Bilderleben mit Psychodrama gründet sich auf den im vorangegangenen Abschnitt dargestellten Gemeinsamkeiten und Ergänzungen. Zusammenfassend sind die Kreativität, der Erlebnisprozeß, die Phänomene von Regression und Katharsis und der Kontakt mit der Phantasie und den unbewußten Produktionen gemeinsame Anliegen beider Verfahren in Bezug auf eine Bewußtseinserweiterung und die erwähnten therapeutischen Ziele. Das KB ermöglicht im Rahmen des Primärvorganges einen schnellen Zugang zu vor- und unbewußten Konfliktkonstellationen. Dieses Material wird im Gruppen-KB, gemäß seiner theoretischen Fundierung, unter tiefenpsychologischen Gesichtspunkten durchgearbeitet. Durch die reale Darstellung der katathymen Imaginationen im Psychodrama wird das Erleben vertieft. In konkretem Handeln werden aktuelle Konflikte und der erlebnisnahe Zusammenhang zu ihren genetischen Wurzeln verdeutlicht und Handlungseinsichten (PLOEGER 1983) gewonnen, die, neben spezifischen Formen des feedback, die kognitive Integration des Materials erleichtern (vgl. Bearbeitungsphase).

154

Die Modifikation des Settings und der therapeutischen Vorgehensweise in der KBPD[1] lassen sich am besten anhand einiger Grundpositionen analytischer Gruppenpsychotherapie verdeutlichen.

Zur *inneren Strukturierung* der Gruppe: Die Grundregeln der Abstinenz, der Schweigepflicht und der freien Interaktionsregel (HEIGL 1972) werden durch die Regeln der freien Aktion (LEUTZ 1974) des Psychodramas und die drei Arbeitsebenen der KB-Gruppe ergänzt: das Liegen während des KB, das Auf-dem-Boden-Hocken zur Themenfindung und in der ersten Phase des Nachgesprächs das konventionelle Sitzen in der Hauptphase des Nachgesprächs (vgl. Kapitel II, 3.). Durch die formalen Aspekte des KB-Settings und des Psychodramas, insbesondere in seinem gruppenzentrierten Ablauf, wird das Prinzip der analytischen Minimalstrukturierung nicht wesentlich verändert, da es der Gruppe überlassen bleibt, diese äußere Strukturierung inhaltlich zu füllen. Die Situation ändert sich beim protagonistzentrierten Psychodrama und in der Bearbeitungsphase. Der Therapeut ordnet verschiedene Techniken an, um zu verdeutlichen und zu klären, möglichst ohne die Eigenaktivität des Protagonisten zu behindern. In der Abschlußphase leitet er das Feedback nach bestimmten Regeln, was ein strukturierendes und teilweise direktiveres Verhalten zum Schutze des Protagonisten impliziert. Das auch aus der Einzeltherapie mit dem KB bekannte strukturierende Vorgehen und die Schutzfunktion des Therapeuten sind in der Initialphase der Gruppenentwicklung besonders wichtig; bei einer streng abstinenten Haltung des Therapeuten und der damit verbundenen extremen oralen Frustration würde die Gruppenkohäsion und die narzißtische Phase der Gruppenentwicklung übersprungen (vgl. auch KÖNIG 1974, 1976). Dazu ist noch zu bemerken, daß auch der analytische Therapeut durch sein ungewohntes Verhalten und die Art seiner Interventionen Akzente setzt und sogar maximal strukturiert durch «das, was er anfangs nicht tut, und später durch das, was er vorbildhaft tut» (KÖNIG 1977). Wichtig erscheint, daß der Therapeut das erkennt und die manipulativen Anteile seines Verhaltens vermindert, indem er die Patienten immer mehr zu Mitarbeitern macht. Damit ist das Konzept der *Arbeitsbeziehungen* (KÖNIG 1974, 1977) angesprochen, das für die hier vorgestellte Kombination gleichermaßen zur Anwendung kommt. LEUNER (1982) spricht in diesem Zusammenhang von einer peer-Beziehung zwischen Therapeut und Patient, LEUTZ (1980) vom psychodramatisch-kollegialen Bündnis.

Wie in analytischen Gruppen kommt es auch im Rahmen des KBPD zu einer reversiblen *Regression* der Gruppenmitglieder und zu einer charakteristischen konflikthaften Grundspannung zwischen gruppenauflösenden und gruppenerhaltenden Tendenzen (HEIGL-EVERS & HEIGL 1976), zwischen Geborgenheit und Ausgeliefertsein (KÖNIG 1976). Auf die spezifischen Regressionsphänomene im Rahmen des KB und des Psychodramas sowie die entsprechende Literatur wurde im vorangegangenen Abschnitt schon hingewiesen. Das regressive Erleben wandelt sich im Verlauf der Gruppenentwicklung und führt zu spezifischen Übertragungskonstellationen, wie sie auch in der analytischen Gruppentherapie bekannt sind (vgl. unten). Im Rahmen der Regression im psychodramatischen Spiel übernimmt der Therapeut, wie im Einzel-KB, einen Teil der Ich-Funktionen des

---

1 Der Einfachheit halber soll im folgenden für die tiefenpsychologisch orientierte Gruppenpsychotherapie mit der Kombination KB und Psychodrama das Kürzel KBPD verwendet werden.

Protagonisten. Er wird zu einem stützenden und schützenden Hilfs-Ich (in psychoanalytischem Sinne), vergleichbar mit dem Arbeitsbündnis (GREENSON 1973). Der Therapeut kann darüber hinaus die Regression begrenzen (KÖNIG 1976) oder die Regressionstiefe steuern (HEIGL-EVERS & HEIGL 1976), was im Rahmen der Gruppenimagination auch durch die sekundärprozeßhafte Verbalisierung der Teilnehmer und die damit verbundene Notwendigkeit der Integration eigener und fremder Imaginationen geschieht.

Beim Umgang mit *Übertragung* und *Widerstand* ergeben sich in der Kombination KBPD einige Besonderheiten. Beide Phänomene sind in der Gruppentherapie Ausdruck und Folge der Abwehr, es sind «verschiedene Konzeptualisierungen oder Komplementärstücke ein und desselben Tatbestandes» (LOCH 1965). Im Katathymen Bilderleben ist die genetische Übertragung unter den Bedingungen der Dissoziation der Regressionsebenen und der «Projektionsneurose» (LEUNER 1980, 1981) modifiziert: der hauptsächliche Projektionsdruck zielt auf den projektiven Bildschirm der Imaginationen, und nur gewissermaßen ein Seitenast dieser Übertragung trifft den Therapeuten. Im Psychodrama wird die genetische Übertragung im Spiel manifest durch den direkten Umgang mit den eigentlichen Bezugspersonen; der Protagonist tritt gewissermaßen seinem Vater, dargestellt durch ein Gruppenmitglied, entgegen. Die Projektionen auf das Hilfs-Ich verdichten sich oft derart, daß «die Imago leibhaftig gesehen wird» (LEUTZ 1974). Die Annahme, daß der Therapeut von diesen Projektionen nicht berührt wird (LEUTZ 1980), und auch der Rat BINSWANGERs (1980), sich um eine «Minimierung der Übertragungsvorgänge» zu bemühen, vernachlässigt meines Erachtens die vielfältigen und somit auch auf den Therapeuten gerichteten Übertragungsprozesse in der Gruppe. Im Konzept der KBPD wird vom Prinzip der «Auffächerung der Übertragung» (KÖNIG 1974), also von multilateralen, teilweise parallel geschichteten Übertragungsvorgängen ausgegangen: Übertragungen zwischen den Gruppenmitgliedern, Übertragungen auf den Therapeuten und auf die Gruppe als Ganzes. Dies kommt splitting-Bedürfnissen der Patienten entgegen; Triebimpulse verlieren durch die Verteilung auf mehrere Objekte an Brisanz und wirken für die Betroffenen weniger verletzend und ängstigend. Die Übertragungen auf den Therapeuten und die ganze Gruppe werden in der KBPD in ähnlicher Weise beobachtet, wie sie KÖNIG (1976) für die Phasen des Gruppenprozesses in der analytischen Gruppentherapie beschrieben hat. In der Initialphase kann die Gruppe «wie eine Mutter» und der Therapeut in einer schützenden väterlichen Funktion erlebt werden. Dies entspricht der Übertragung vom Anlehnungstypus, wie sie auch in der Einzel-KB-Therapie bekannt ist (LEUNER 1983), oder der «holding function» (WINNICOTT 1976) und ermöglicht Prozesse von Symbiose und Individuation bei den Teilnehmern. Später kommt es zum Erleben oraler Dependenz und nach dessen Frustration durch den Therapeuten zu counter-dependenten Einstellungen und schließlich zu den Beziehungskonstellationen der «ödipalen Phase der Gruppe» (HEIGL-EVERS & HEIGL 1976, KÖNIG 1976). Diese Beziehungsmuster können oft schon früh in verschlüsselter Form in der Gruppenphantasie vom Therapeuten erkannt und je nach Bedarf einer Bearbeitung zugeführt werden (vgl. dazu auch Kapitel II, 4.1.3. dieses Buches sowie GREENSON 1973, HEIGL-EVERS 1978, KÖNIG 1974, KUTTER 1976). Selbstverständlich ist die Wahrnehmung der Gegenübertragungsgefühle des Therapeuten wichtig und bei Störungen ggf. die Bearbeitung der Übertragungsbereitschaften des Therapeuten und seines daraus resultierenden Verhaltens, unter Berücksichtigung einer Balance zwischen Übertragungsphänomenen und Arbeitsbündnis (vgl. dazu auch HEIGL-EVERS 1972, KÖNIG 1974, KUTTER 1976 und YALOM 1974).

Die latenten Übertragungsbeziehungen der Gruppenmitglieder untereinander manifestieren sich ebenfalls oft plastisch sowohl in der Gruppenphantasie des Gruppen-KB als auch im gruppen- und protagonistzentrierten Psychodrama etwa durch die Rollenzuweisungen, womit sie erkannt und aufgearbeitet werden können. Die Standardbearbeitung der Übertragungsbeziehungen ist ihre Klarifikation anhand der KB-Bilder, die Anreicherung von Einfällen zu ihrer Genese, eine dosierte Konfrontation und schließlich die Deutung. Dieser Prozeß der Auflösung der individuellen Projektionen wird intensiviert und beschleunigt durch den Einsatz psychodramatischer Mittel der konkreten Realitätsprüfung wie Rollentausch, Doppeln, Raumtechnik usw. So kann beispielsweise der Protagonist durch Rollentausch im Interagieren seine subjektive Realitätswahrnehmung konkret überprüfen. Dabei erlebt der Protagonist die individuelle Deutung der Realität des Antagonisten (der Bezugsperson) und nach dem Rollentausch in seiner eigenen Rolle seine eigene individuelle Deutung der Realität. Aus der individuellen Realitätsprüfung wird dadurch eine «inter-subjektive Deutung der Realität» (KRÜGER 1978), deren Ergebnis ist die «Versöhnung mit dem Introjekt» (LEUTZ 1974).[2] Der Protagonist kann dadurch Übertragungsbeziehungen aus der Vergangenheit oder Gegenwart lösen und so seine Realitätsprüfung von Fixierungen befreien.

Die Übertragungsbeziehungen im engeren Sinne zwischen dem Protagonisten und den Mitspielern werden durch das erinnernde Nacharbeiten im Rollen-Feedback der Gesprächsphase aufgehoben und somit die individuellen Projektionen aufgelöst.

Die Bearbeitung von *Widerständen* in der KBPD geschieht nach den bekannten Prinzipien analytischer Widerstandsanalyse: Erkennen, Demonstrieren, Klarifizieren, Deuten und Durcharbeiten (GREENSON 1975). Dazu bieten sich in der psychodramatischen Phase einige hilfreiche Möglichkeiten. So erfolgt beispielsweise im Rollentausch eine Konkretisierung des Abwehrmechanismus der Projektion oder der Identifikation mit dem Angreifer (KRÜGER 1978). Weitere Mittel zur Widerstandsbearbeitung sind unter anderem die Spiegeltechnik, der Rollentausch des Protagonisten mit seinen eigenen Ängsten und Blockierungen und die Konkretisierung von Körpergefühlen (BINSWANGER 1980). Beim Umgang mit Widerständen wird natürlich auch deren Schutzcharakter respektiert und betont.

Die Bearbeitung des *Traumes* erfolgt in der KBPD vorwiegend im Rahmen der individuumzentrierten Vorgehensweise. Die Einstellung des Nachttraumes in der Imagination, seine Fortsetzung und Bearbeitung ist ja aus der Einzel-KB-Therapie bekannt (LEUNER 1980, 1981). Wie ein katathymes Bild kann natürlich auch ein Traum im Psychodrama auf der Handlungsebene bearbeitet werden. Er wird durch die Darstellung unmittelbar aus dem emotionalen Erleben verstanden. Die Deutungen kommen vom Träumer selbst, die Traumgestalten werden transparent, ihre Bedeutung wird durch die spontane Aktion und durch den

---

2 Bei einer psychodramatischen Inszenierung wird natürlich nie ein «wirkliches» Ereignis inszeniert, und die Mitspieler stellen nie die wirklichen Bezugspersonen dar, sondern im psychoanalytischen Sinne deren Repräsentanzen, im Grunde genommen die Introjekte des Protagonisten.

Rollenwechsel erfaßbar und verstehbar. Auf der Ebene der Surplus-Reality erhalten auch Tiere und Objekte eine Sprache und Seele und werden zu lebendigen inneren Anteilen. Im Nacherleben des Traumes wird die Traumzensur überwunden und die latenten Traumgedanken verdeutlicht. Die Fortsetzung des Traumes im Spiel ist eine Eigenproduktion des Protagonisten, in häufigem Rollenwechsel gestaltet er die Situation, steht sich selbst Rede und Antwort und findet Lösungen. Die Bearbeitung eines Traumes oder eines szenisch dargestellten katathymen Bildes kann dann sowohl auf der Objektstufe als auch auf der Subjektstufe erfolgen, wie dies im Fallbeispiel 3 dargestellt wird.

Die *Aufgaben des Therapeuten* in der KBPD sind vielfältig und vielschichtig und sollen hier nur schlaglichtartig erwähnt werden unter Hinweis auf die Fallbeispiele, die einen Einblick in die praktische Arbeit gewähren. Der Therapeut stellt die Gruppe zusammen, achtet auf die Einhaltung der tiefenpsychologischen Grundregeln und des Settings in der geschilderten Modifikation und schafft ein tragendes, verständnisvolles Klima in Bezug auf das Verstehen und Verarbeiten dessen, was in der Gruppe geschieht. Dadurch fördert er eine vorurteilsfreie akzeptierende Grundhaltung bei den Teilnehmern und wirkt durch seine therapeutische Arbeit normbildend. Er kann die Entwicklung der Gruppe inhaltlich beeinflussen, indem er bei der Auswahl des Materials mehr auf die Gesamtgruppe oder mehr auf die einzelnen Gruppenmitglieder eingeht. Der Therapeut beachtet die Toleranzgrenze der Patienten und nimmt somit eine Schutzfunktion wahr, was teilweise ein direktives Verhalten (insbesondere in der psychodramatischen Phase) impliziert. Auf das strukturierende Vorgehen und den Umgang mit der Regression wurde schon hingewiesen. Der Therapeut orientiert sein Leiterverhalten und den Interventionsstil an der Zusammensetzung der Gruppe, d.h. am Schweregrad der psychischen Störung ihrer Mitglieder, KUTTER (1976) spricht in diesem Zusammenhang von einer «Optimalstrukturierung». Außerdem sollte der Therapeut sein Verhalten den Phasen des Gruppenprozesses anpassen (BATTEGAY 1972, KUTTER 1976, STRAUB 1975). In der Anfangsphase der Gruppe verhält er sich strukturierender und ermöglicht dadurch die Befriedigung von Geborgenheitsbedürfnissen der Teilnehmer, Entfaltung von Kreativität und Bearbeitung von nicht bewußt reflektierten Problemen, oft in symbolisch verkleideter Form. Nach einer Art «Kinderstubenzeit», die einen Zuwachs an Selbstsicherheit und Ich-Stärke begünstigt, können die Gruppenmitglieder später zu direkter Problembearbeitung, Austragung von aggressiven Auseinandersetzungen und Verhaltensänderungen kommen. Sie werden gegen Ende des Gruppenprozesses den Gruppenleiter zunehmend entbehren können.

Der Therapeut arbeitet in der KBPD auf unterschiedlichen Ebenen, wodurch seine diagnostischen und therapeutischen Funktionen, wie auch im GKB, auseinandertreten. Im Vorgespräch, während der Phase der Gruppenimagination und auch über weite Strecken während der psychodramatischen Phase (besonders im gruppenzentrierten Ablauf) übernimmt der Therapeut die Rolle des *teilnehmenden Beobachters* (RAPAPORT 1973, HEIGL-EVERS & HEIGL 1973). Er versucht, die Dynamik der sich in den Bildern und Szenen äußernden Impulse, Wünsche, Ängste und Abwehrkonfigurationen, der interaktionellen Struktur und der unbewußten Phantasien wahrzunehmen. Er begleitet kommentierend das Geschehen und schafft einen geschützten Raum für die Entwicklung des therapeutischen Prozesses. Die Gruppenmitglieder können einen Teil ihrer orientierenden Ich-

Funktionen an ihn delegieren und sich auf ihr regressives Erleben einlassen (HEIGL-EVERS & HEIGL 1972).

Aus den unter tiefenpsychologischen Aspekten gemachten Beobachtungen und seinen dabei erlebten Gefühlen leitet der Therapeut Schlußbildungen ab (hinsichtlich Übertragung und Widerstand), die er in therapeutische *Interventionen* transformiert. Diese sind unterschiedlich gemäß der therapeutischen Zielsetzung im Rahmen der verschiedenen Entwicklungsphasen des Gruppenprozesses: selektive Mitteilung von Gegenübertragungsreaktionen und von interaktionellen Gefühlen, Verdeutlichung der psychosozialen Abwehrmanöver, Demonstration und Konfrontation und schließlich die Deutung von unbewußten Phantasien und von Verhaltensweisen, die die gesamte Gruppe oder den Einzelnen betreffen. Dabei wird der Therapeut, gemäß dem Konzept der Arbeitsbeziehung, zunehmend von den Gruppenmitgliedern unterstützt. Bei dieser Arbeit, die vorwiegend im Rahmen der Bearbeitungsphase (vgl. Abschnitt 3.2.) stattfindet, muß der Therapeut auf das richtige Timing und die Dosierung seiner Interventionen achten. In der KBPD wird die Aufarbeitung des Materials durch den Einsatz des Psychodramas erheblich erleichtert, vorbereitet, teilweise sogar durch die beschriebenen Evidenzerlebnisse ersetzt. Neben der schon erwähnten Rolle als teilnehmender Beobachter stellt der Therapeut dem Protagonisten und der Gruppe das psychodramatische Instrumentarium zur Verfügung, gibt Anregungen, katalysiert und favorisiert Prozesse, die zur Verdeutlichung seiner Schlußbildungen beitragen. Anders als in der Phase der Gruppenimagination kann im protagonistzentrierten Psychodrama, ähnlich wie in der Einzel-KB-Therapie, direkt an den inneren Objekten und dem Selbst gearbeitet werden. Mit dem Einsatz der Handlungsanweisungstechnik und der Doppeltechnik kontrolliert der Therapeut die Nahtstelle zwischen innerem symbolischen Handeln und äußerem konkreten Handeln. Der Erfolg oder Mißerfolg seiner Bemühungen ist abhängig vom Grad der Realitätsprüfung des Therapeuten und seiner Einsicht in die Grenzen der eigenen Möglichkeiten.

KÖNIG (1977) vergleicht den Therapeuten metaphorisch mit einem Springer in einem Industriebetrieb, der jeden Platz vorübergehend einnehmen kann, oder mit einem Meister in einer Werkstatt, der seinen Mitarbeitern immer wieder «mit einem Handschlag zur Seite steht, ohne ihnen aber die Arbeit aus der Hand zu nehmen». Wie in anderen Gruppentherapieverfahren kann der Therapeut auch in der KBPD sich nur bemühen, ein Optimum anzustreben, ohne es ganz verwirklichen zu können. Mit KÖNIG (1977) bin ich der Meinung, daß der Gruppentherapeut immer einer bleiben muß, der unterwegs ist.

3.2.   Verlauf der Therapie

Die tiefenpsychologisch orientierte Gruppentherapie mit dem Katathymen Bilderleben und dem Psychodrama (KBPD) vollzieht sich in mehreren Phasen und unterschiedlichen Bewußtseinsebenen. Der Standardablauf gliedert sich folgendermaßen: Anwärmphase oder Vorgespräch, die Phase der Themenfindung, die Gruppenimagination, die Spielphase und schließlich die Bearbeitungs- oder Integrationsphase oder das Nachgespräch. Die Sitzungen dauern bei Teilnehmern von Selbsterfahrungs- und Fortbildungsgruppen zweieinhalb bis drei Stunden. In der ambulanten Arbeit mit Patientengruppen hat sich eine Sitzungsdauer von zwei Stunden bewährt. Im folgenden wird die Standardtechnik beschrieben, die vom erfahrenen Therapeuten entsprechend einer bestimmten Zielsetzung auch modifiziert werden kann.

In der *Anfangsphase* (Anwärmphase, Vorgespräch) findet die Gruppe sich zusammen. Die «Anwärmung» ergibt sich aus den Prozessen der minimalstrukturierten Gruppe und den oben dargestellten Spezifika und Ergänzungen der Kombination. Diese Anwärmung erfolgt *nicht* durch irgendwelche «Anwärmtechniken», wie im klassischen Psychodrama gebräuchlich. Vielmehr versucht der Therapeut als teilnehmender Beobachter (vgl. Abschnitt 3.1.), den Prozeß wahrzunehmen und zu Schlußbildungen hinsichtlich der vorherrschenden Dynamik und des «gemeinsamen Themas» zu kommen. Dadurch kann er gegen Ende dieser Phase diejenigen Anliegen der Teilnehmer hinsichtlich einer Gruppenphantasie favorisieren, die nach seiner Meinung den Gruppenprozeß fördern und verdeutlichen könnten.

In der Standardtechnik gehört in diesen ersten Abschnitt auch «die Phase der Themenfindung», die erleichtert wird, wenn die Gruppenmitglieder dazu auf dem Boden sitzen (vgl. dazu Kapitel II, 3.1.). Dieses Setting muß vom erfahrenen Therapeuten nicht immer eingehalten werden, wenn sich im Vorgespräch schon ein gemeinsames Thema abzeichnet.

Als Themen für die Gruppenphantasie kommen unterschiedliche Motive in Frage, die jeweils verschiedene Impulsbereiche ansprechen und ein unterschiedliches Maß an Ängsten auslösen. Je nach Entwicklungsphase und Gruppenzusammensetzung sind die Themen von unterschiedlicher Brisanz. So werden anfänglich oft Spaziergänge, Reisen oder ein Picknick auf der Wiese gewählt. Später kann sich die Gruppe auf immer diffizilere Aufgaben einlassen (vgl. die folgenden Fallbeispiele).

Es folgt die Phase der *Gruppenimagination* oder Gruppenphantasie. Die Teilnehmer liegen entspannt auf dem Boden, sternförmig mit den Köpfen in der Mitte des Kreises, geben sich ihren imaginativen Vorstellungen hin und teilen diese (gemäß einer Aufforderung des Therapeuten zu Beginn des Tagtraumes) den anderen mit. Dadurch erfolgt eine gewisse Steuerung des primärprozeßhaften Geschehens und eine Begrenzung der Regression. Der Therapeut greift in diese Prozesse nicht ein. Als teilnehmender Beobachter versucht er, die interaktionelle Struktur, die Rollenverteilung, Ängste und Abwehrkonstellationen in der Gruppenimagination zu erkennen und daraus Schlüsse zu ziehen. Zur Wahrnehmung dieser vielfältigen Aufgaben ist, vor allem für den Anfänger-Therapeuten, eine von SACHSSE entwickelte Tabelle (vgl. Kapitel II, 4.) sehr hilfreich.

Der Einsatz von Musik in dieser Phase kann die Gruppenphantasie vertiefen und in gewisser Hinsicht auch steuern. Diese Möglichkeit sollte jedoch dem erfahrenen Therapeuten überlassen bleiben. Hinweise für den Einsatz von Musik finden sich in KREISCHE (1977).

Eine Modifikation dieses Vorgehens ist auch gegeben, wenn die Verlaufsform des «Einzeltraumes in der Gruppe» (KREISCHE 1980) gewählt wird. Diese Möglichkeit ist besonders in der Anfangsphase einer Gruppe hilfreich zur Verstärkung der Gruppenkohäsion oder später zur Verdeutlichung von Widerständen, wenn z. B. kein gemeinsames Thema gefunden werden kann.

In der Standardtechnik wird dann der Tagtraum zurückgenommen und in ein *gruppenzentriertes Psychodrama* übergeleitet. Die Teilnehmer setzen aufgrund ihrer Imaginationsfähigkeit gewissermaßen die Gruppenphantasie im Rahmen der Surplus-Reality des Psychodramas fort. Dadurch werden die Situationen verdeutlicht, quasi real erlebbar, und ein neues Element – das der motorischen Handlung – tritt hinzu (vgl. Abschnitt 2.3. und 2.4.). Im Rahmen des Gruppenspiels können sich assoziativ kurze protagonistzentrierte Psychodramen entwikkeln – wie in Beispiel 2 geschildert wird.

Die Phantasien der Gruppe oder des Einzelnen, die im klassischen Psychodrama durch die dort praktizierte gezielte Steuerung (Anwärmtechniken usw.) oftmals verdeckt werden, bringen in der Kombination KBPD Szenen hervor, in denen sich die charakteristischen dynamischen Konflikte deutlicher konkretisieren, was oft auf einer symbolischen Ebene geschieht (vgl. Fallbeispiel 1 und 4). Dabei auftauchendes genetisches Material kann, in der Regel im Anschluß an die Bearbeitungsphase, in einem *protagonistzentrierten Psychodrama* dargestellt und somit die individuelle Problematik eines Mitgliedes fokussiert werden. In der Bearbeitung eines solchen individuellen Spieles wird dann aber auch immer auf den darin enthaltenen Gruppenaspekt geachtet.

Eine Modifikation des oben geschilderten Verlaufes besteht darin, daß nach der Phase der Gruppenimagination ein kurzes, emotionales Zwischen-Feedback eingeschoben wird und dann nur bestimmte Szenen des gemeinsamen Tagtraumes zur Verdeutlichung nachgespielt werden.

Die *Bearbeitungs- oder Integrationsphase* dient der bewußten psychischen Integration und Aufarbeitung des Erlebten unter Vermittlung von rationalen Einsichten. Das Erleben wird wieder sekundärprozeßhaft, die Abwehrorganisation und die synthetischen Funktionen des Ich werden wieder hergestellt. Die tiefenpsychologische Aufarbeitung erfolgt stufenweise, ähnlich wie im GKB, und wird ergänzt durch die psychodramatischen Möglichkeiten des feedbacks.

Im ersten Teil der Bearbeitungsphase kommt es zu einem emotionalen Nachklingen der Erlebnisse, zu Ergänzungen und Anreicherungen. Allmählich kommen die Teilnehmer auf bedeutsame Szenen zu sprechen, der Therapeut schafft ein akzeptierendes Klima für alle Beiträge, versucht Gefühle deutlicher herauszuarbeiten, Situationen zu klären, emotionale Inhalte zu verbalisieren und die Gestaltqualitäten von Symbolen zu erarbeiten (LEUNER 1978). Dadurch werden gemeinsame Assoziationen über die Szenen und die Trauminhalte angeregt, die einen hohen Grad an Evidenz haben und die Arbeit der nächsten Phase erleichtern.

Nach einem protagonistzentrierten Spiel steht in dieser Phase das Sharing im Vordergrund. Das Wort läßt sich schwer übersetzen, der Begriff «teilen» trifft nur einen Teil seiner Bedeutung. Im Sharing teilen die Gruppenmitglieder eigene Konflikte und lebensgeschichtliche Situationen, die durch das Spiel mobilisiert wurden, mit und vermitteln dem Protagonisten durch ihre Anteilnahme (supportive Funktion) das Gefühl, mit seinen Problemen nicht allein dazustehen. Das Sharing ermöglicht außerdem die Abgrenzung des Protagonisten von seinen im Spiel als Introjekte erlebten Hilfs-Ichs.

Nach dieser ersten Bearbeitungsphase und nach dem Sharing kann der Therapeut in der Regel die Sitzung abschließen, nachdem er sich vergewissert hat, daß die Gruppenmitglieder sich so weit vom Erlebten distanzieren konnten, daß sie im «normalen Leben» außerhalb der Gruppe wieder funktionsfähig sind.

Der zweite Teil der Bearbeitungsphase kann in der gleichen oder der folgenden Sitzung stattfinden, manchmal sich sogar über mehrere Sitzungen erstrecken. In diesem Hauptteil der Integrationsphase konfrontiert der Therapeut die Gruppe mit dem derzeitigen Konflikt, sofern er sich als bewußtseinsfähig erweist, bezieht diesen Konflikt auf das Hier und Jetzt der Gruppe und verdeutlicht die Beteiligung der einzelnen Gruppenmitglieder an diesem Konflikt und die wechselseitigen Übertragungen. In der weiteren Bearbeitung werden Verbindungen zur Genese und ein Transfer zu den derzeitigen Realbeziehungen hergestellt. Diese Bearbeitung erfolgt nach den Prinzipien tiefenpsychologischer und analytischer Gruppenpsychotherapie (vgl. Abschnitt 3.1., Rolle des Therapeuten, Fallbeispiele 1, 2 und 4 sowie Kapitel II, 3.4. dieses Buches). Je nach Entwicklungsphase und Bedürfnissen der Gruppe (YALOM 1974) sind die Interventionen des Therapeuten vorwiegend auf die Gruppe oder auf den Einzelnen gerichtet. Bei der individuumzentrierten Vorgehensweise kommen weitere Feedback-Möglichkeiten zur Anwendung: Im Rollen-Feedback teilen die Mitspieler dem Protagonisten ihre Erlebnisse und Erfahrungen während des Spiels mit, im Identifikations-Feedback berichten die nicht beteiligten Gruppenmitglieder über die Rollen, in die sie sich beim Zusehen eingefühlt haben. Bei der psychodramatischen Bearbeitung legt der Therapeut besonderen Wert auf den Schutz des Protagonisten innerhalb der therapeutischen Regression. Daher wird die Bearbeitungsphase direktiver gehandhabt. So werden beispielsweise im ersten Abschnitt (dem Sharing) deutende Bemerkungen seitens der Gruppenmitglieder, das vor allem in Psychotherapeuten-Kreisen gelegentlich so beliebte «fishing for clinical evidence», freundlich, aber bestimmt abgestellt. Der Protagonist könnte zu diesem Zeitpunkt solche Deutungen nicht annehmen. Abschließend sei noch darauf hingewiesen, daß die Klärung und tiefenpsychologische Bearbeitung in der Integrationsphase durch szenische Darstellungen ergänzt und unterstützt werden kann (vgl. Fallbeispiel 4). Die Entscheidung für den Einsatz tiefenpsychologischer oder interaktioneller Interventionen oder verdeutlichender psychodramatischer Inszenierungen (gruppenzentriert oder protagonistzentriert) richtet sich nach den Entwicklungsphasen des Gruppenprozesses und der sich daraus ergebenden therapeutischen Zielsetzung.

3.3. Die praktische Anwendung

Die folgenden klinischen Beispiele sollen einige Anwendungsmöglichkeiten der tiefenpsychologisch orientierten Gruppentherapie mit der Kombination Katathymes Bilderleben und Psychodrama in der therapeutischen Praxis verdeutlichen. Es geht dabei um die Frage, inwieweit Einsichts- und Erfahrungsprozesse durch dieses Modell vertieft und für den Patienten gewinnbringend therapeutisch eingesetzt werden können. Die Beispiele zeigen die Darstellung und den Umgang mit Prozessen der Gruppenentwicklung in der Anfangs- und Integrationsphase (YALOM 1974) und die Möglichkeiten der Kombination in der Mittelphase der Gruppe, in der neben Regression und Katharsis die Prozesse von Einsicht und Wandlung (BATTEGAY 1969) oder das auf FREUD zurückgehende «Erinnern, Wiederholen und Durcharbeiten» den Hauptschwerpunkt der Arbeit darstellen.

3.3.1. Fallbeispiel I:* die Bergbesteigung

Die Ebene der manifesten Aktion

Im folgenden werden Ausschnitte aus der zweiten Gruppensitzung einer gemischtstrukturierten Gruppe geschildert. Sie besteht aus Patienten und Studenten, die ihren latenten Selbsterfahrungswunsch kaschieren, indem sie als «Freiwillige» an einer methodischen Untersuchung über die Wirkung dieses Modells teilnehmen. Diese Unterschiede sind allerdings nach wenigen Sitzungen nicht mehr relevant.

In der Phase der Themenfindung einigen sich die Teilnehmer relativ schnell, eine gemeinsame Bergwanderung zu unternehmen. Der Vorschlag einer Hausbesichtigung erscheint dabei nicht kontrovers. Er wird im Sinne eines Kompromisses integriert («Auf dem Weg können wir ja vielleicht auch ein Haus oder eine Hütte finden»). Das gemeinsame Thema wird zunächst imaginiert, die Teilnehmer liegen sternförmig auf dem Boden, wie es der Standardtechnik des GKB entspricht. Zur Anregung des assoziativen Bildflusses und Stimulierung der Intensität der Imaginationen wird dabei auch Musik eingesetzt (mKB, vgl. auch KREISCHE 1976).

Theo beginnt und schildert ein Haus, das offenbar einen gemütlichen Wohnraum hat, es sei jedoch «keiner drin». Er selbst bleibt abwartend davor stehen.

Katrin kann Theo vor der Hütte sehen, setzt aber ihren Aufstieg fort.

Ulla kann Theo auch vor der Hütte sehen, kann aber nicht zu ihm gelangen, da sie an einem Bach entlang klettert.

Bruno sitzt auf einem Felsstück neben dem Wildbach. Er sieht Ulla weiter unten am Bach; die Hütte und Theo kann er nicht sehen, er weiß aber, wo die Hütte steht.

Während die Genannten damit beschäftigt sind, sich zu orientieren, ihren Platz zu finden und die Atmosphäre wahrzunehmen, sind Katrin und Gertrud schon weit oben, ohne daß deutlich wird, wie sie so schnell dahin gelangten. Sie sitzen auf einem Felsvorsprung und blicken ins Tal.

Theo (macht einen Annäherungsversuch): «Ich kann euch jetzt da so hängen sehen am Berg. Ich überlege, ob ich mir das zutraue, euch hinterher zu kraxeln.»

Katrin (lockt): «Ich hab' 'ne Flasche Rotwein dabei.»

Ulla: «Was hast du dabei?»

Katrin: «Rotwein, wir sitzen da oben auf dem Vorsprung und warten auf euch.»

Theo (erkundigt sich weiter): «Das Seil, wo ist das Seil?»

Katrin: «Das hängt noch nach unten!»

Theo: «Da muß man ganz alleine hoch?»

Katrin: «Mußt dich irgendwie festbinden.»

Theo antwortet nicht mehr und scheint mit Überlegungen beschäftigt, ob er es wagen soll, am Seil hochzuklettern. Die Mitteilungen der anderen Teilnehmer werden spärlicher, der Ablauf wirkt zunehmend statischer.

In dieser Phase wird, nach entsprechender Intervention des Therapeuten, der Tagtraum zurückgenommen und in ein «themenzentriertes Psychodrama» übergeleitet. In kleinen Episoden, die im gleichen Bild ablaufen, spielen die Teilnehmer eigene Variationen zum Thema «Berg», die ihre Problematik mit diesem Symbol erkennen lassen. Jeder Teilnehmer geht dabei spontan von der ihm am eindrücklichsten erscheinenden Stelle des Tagtraumes aus. Der Gruppenraum wird dabei zur Bühne, der Gruppenkreis ist deutlich abgesetzt, und er bietet einen erweiterten Raum, in dem das hic et nunc der Interaktionen zwischen den

---

* Zur Wahrung der Diskretion wurden die persönlichen Daten der Patienten abgeändert.

einzelnen Teilnehmern ausgedehnt und erweitert wird. Durch die psychodramatische Darstellung der Imaginationen werden diese sozusagen real. Die durch den Tagtraum angeregte Kreativität der Teilnehmer ermöglicht ihnen, zunehmend spontaner zu handeln und den vom Tagtraum vorgegebenen Inhalt weiter auszugestalten. Die «Psychodrama-Bühne» stellt Möglichkeiten zur Exploration der Wirklichkeit bereit, wobei einfache Versatzstücke ausreichen, in der «Semi-Realität» des Psychodramas Szenen zu konstellieren, deren Erlebnisgehalt demjenigen realer Situationen entspricht.

Katrin und Gertrud sitzen auf zwei Stühlen, die den schon erwähnten Felsvorsprung darstellen. Der Therapeut versucht mit klärenden Interventionen die Teilnehmer zur Beschreibung der Szene anzuregen (ähnlich wie auf der Grundstufe des KB), um deren Erlebnisgehalt noch zu vertiefen und das Spiel weiter anzuregen.

Therapeut: «Ist das so ganz steil hier?« (unterstrichen durch eine entsprechende Geste)

Katrin: «Es sind so Treppen drin, aber im Prinzip schon so» ... (zeigt mit der Hand steil nach unten).

Auf die Anregung des Therapeuten hin beschreiben Katrin und Gertrud die Szene weiter: Der Berggipfel ist noch etwa dreimal so hoch als der Felsvorsprung, vor dem weiteren Aufstieg wollen sie eine Ruhepause einlegen. Beim Blick ins Tal sehen die beiden Theo vor seiner Hütte, genau wie im vorhergehenden Tagtraum geschildert. Etwas weiter weg sehen sie Bruno am Bachufer sitzen.

An dieser Stelle greift Bruno eifrig gestikulierend in das Spielgeschehen ein.

Bruno: «Ich sitze hier auch so auf einem glatten Felsen ... in so einer Nische drin, und der Bach läuft so an mir vorbei, so steil hoch ...» Bruno zeigt den Verlauf des Baches an und «konstruiert» ihn mit Hilfe einer Decke, die er über eine Stuhllehne hängt. Er fährt dann in der Beschreibung fort ... «klares Wasser, so mit Steinchen drin und Felsplatten so daneben ... Felsplatten, die da so herausragen ... so Granitfelsen, so Platten, die übereinander sitzen.»

Therapeut: «Und der Berg, geht der noch weiter?»

Bruno (schaut nach oben): «Ja, der geht noch ziemlich steil hoch.» Er beschreibt daraufhin seine Sicht des Berges und sieht in weiter Ferne die beiden Bergsteigerinnen auf dem Felsvorsprung. Weiter unten sieht er Ulla und winkt ihr zu.

Theo sitzt in winterlicher Landschaft vor der Hütte. Er hat sich in eine Decke gewickelt und fröstelt. Ihn beschäftigt der Gedanke, ob er nicht doch auf den Berg klettern solle. Durch einfühlsames Doppeln versucht der Therapeut, ihm bei der Entscheidung zu helfen und die Ambivalenz zu überwinden.

Therapeut (doppelt): «Ich weiß gar nicht, ob ich mir das zutrauen kann.»

Theo: «Ja, hm, und außerdem finde ich Bergsteigen eigentlich auch ziemlich blöd.»

Therapeut: «Ich bleib' lieber hier in der Hütte.»

Theo (zuckt mit den Achseln): «Ja, ich bleib' erst mal sitzen, wärm' mich ein bißchen auf.» Dabei setzt er sich in die Stube neben einen imaginären Ofen. Der Gedanke an den Berg läßt ihn jedoch nicht los, und er entschließt sich dann doch, auf den Berg zu den anderen zu klettern. Relativ schnell erreicht er die Stelle, wo das imaginäre Seil herunterhängt, und bindet es sich um die Hüften. Katrin und Gertrud gehen auf das Spiel sofort ein.

Katrin (ruft von oben): «Theo, wir halten das Seil fest. Du kannst hochkommen.»

Theo: «Nein, ich möchte lieber, daß es irgendwo festgebunden ist.»

Katrin und Gertrud gleichzeitig: «Es ist ja festgebunden.»

Theo: «Kann ich mich nicht dranbinden und ihr zieht mich hoch?»

Katrin (lakonisch): «Nee ...»

Theo steigt daraufhin am Seil hoch und erreicht nach einigem Bemühen den Felsvorsprung, auf dem die beiden Frauen sitzen.

Nun bringt Ulla sich ins Spiel. Der Therapeut wendet sich ihr zu.

Ulla: «Ich hab' Katrin und Gertrud gesehen, wie sie da oben auf 'ner Platte saßen.»

Therapeut (reaktualisiert): «Sehen Sie sie jetzt auch noch?»

Ulla: «Ja, ich sehe sie mit diesen Kniebundhosen und den roten Strümpfen. Ich möcht' eigentlich jetzt auch ganz gern zu denen ... weil ich froh bin, daß ich jetzt jemand getroffen hab' ...»

Nach einigen Vorbehalten, die sie in einem vom Therapeuten angeregten Monolog zum Ausdruck bringt, begibt sich Ulla ebenfalls zu der Stelle, wo das imaginäre Seil immer noch nach unten hängt. Sie schlingt es sich um die Hüften und Schultern und sichert sich sehr gut ab, indem sie das Seil dreimal verknotet. Bei dieser und den folgenden Aktionen stellt sie sich recht unbeholfen an. Die Mitspieler auf dem Felsvorsprung intervenieren häufig und geben ihr technische Ratschläge. Ullas Aufstieg ist mühsam, sie stöhnt und muß sich etwa in der Hälfte des Weges ausruhen. Endlich oben angelangt, ist sie müde, aber stolz auf ihre Leistung.

Auf dem Felsvorsprung wird es nun relativ eng. Katrin und Gertrud versuchen, die anderen zum Weiterklettern zu überreden, was diese jedoch ablehnen. So beschließen die beiden, allein weiterzusteigen. Theo und Ulla bleiben zufrieden auf dem Felsvorsprung sitzen, um sich auszuruhen.

Die beiden aktiven Bergsteigerinnen erreichen bald den Gipfel (im Spiel steigen sie auf einen Tisch und die Stuhllehnen) und genießen einen schönen Ausblick ins Tal. Dabei erblicken sie Bruno, der unten immer noch «ganz lahm» am Bach sitzt. Daraufhin beginnen Theo und Ulla, von ihrem Felsvorsprung aus Bruno anzurufen, um ihn zu motivieren, ebenfalls hochzusteigen. Bruno lehnt das erst als zu anstrengend ab. Ulla zeigt ihm lachend die Rotweinflasche. Dies Angebot macht Bruno wankelmütig, der auch gern etwas «zur inneren Aufwärmung» hätte.

Bruno ist unschlüssig. Der Therapeut versucht, durch einfühlsames Doppeln und Einsatz der Technik des Monologs, Bruno aus seiner Ambivalenz zu helfen. Dieser kommt zu dem Entschluß, die Bergbesteigung zu wagen. Sein Weg ist allerdings sehr beschwerlich: um bis zur Stelle des Aufstiegs zu kommen, muß er ein Geröllfeld, einen reißenden Wildbach und andere Hindernisse überwinden. Dabei wird er vom Therapeuten in der Rolle eines «alter ego» begleitet; zeitweise setzt der Therapeut auch die Doppelgängertechnik ein, um das emotionale Erleben Brunos zu vertiefen. Die Überwindung der verschiedenen Hindernisse machen Bruno immer sicherer. Als er an die Stelle kommt, von der aus der Aufstieg der anderen stattfand, ist das Seil verschwunden (Widerstand). Nun versucht er selbst, den anderen ein Seil hochzuwerfen. Nach einigen mißlungenen Versuchen gelingt dies auch. Theo fängt das Seil auf und befestigt es an einem Felsvorsprung; Bruno ist jedoch ängstlich auf Sicherheit bedacht und veranlaßt Theo, es an einer anderen Stelle festzumachen und es noch zusätzlich zu sichern. Theo wird dabei von Ulla und den zurückkehrenden «Gipfelstürmerinnen» beraten. Nun bindet Bruno sich das Seil um die Hüften und beginnt einen außerordentlich mühseligen Aufstieg. Er klettert, in häufigem Dialog mit dem Therapeuten, den Hang hoch und läßt sich schließlich erschöpft zwischen die anderen fallen. Zur Belohnung bekommt er Rotwein aus der Flasche. Bruno ist von seiner Leistung selbst überrascht und froh, es wie die anderen «auch geschafft» zu haben.

Im *ersten Teil der* abschließenden *Bearbeitungsphase* schildern die Teilnehmer ihre Gefühle während der Bergbesteigung. Diese affektive Kommunikation (Sharing) der Gruppe führt, aufgrund des gemeinsamen Erlebens, zu einer emotionalen Annäherung. Die Gruppenmitglieder lassen Tagtraum und Spiel ausklingen und rekapitulieren die eindrücklichsten Momente ihres Erlebens.

So sagt beispielsweise Ulla: «... Ich dachte, was sollst du da eigentlich, die unterhalten sich ... ich wär' da ewig sitzen geblieben ... ich hatte aber große Angst vor diesem Abgrund, daß ich da rein falle ... und daß das Seil reißt und daß ich dann da unten zerschmettert liege. In der Realität wär' ich da nie hochgestiegen, aber irgendwie hab ich gedacht, soviel ist da ja nicht bei, die anderen haben's auch gemacht ...»

Schon in dieser ersten Phase treten Einfälle auf, die einen hohen Grad an Evidenz (LEUNER 1980) haben und zur *zweiten Bearbeitungsphase* überleiten. So wird in gemeinsamen Assoziationen beispielsweise symbolisch die Bedeutung des Seiles erfaßt als verdichteter Ausdruck der Bereitschaft der Gruppenteilnehmer, einander zu helfen und sich gegenseitig am Seil zu sichern, um die gemeinsame Aufgabe (Bergbesteigung) zu erfüllen. Bei der reflektierenden Bearbeitung des Erlebnismaterials ist es in dieser Phase weiterhin möglich, eine Beziehung herzustellen zwischen der allgemeinverständlichen Symbolik des Motives Berg (LEUNER 1981) und der derzeitigen persönlichen Problematik einzelner Teilnehmer (siehe auch Transfer bei FÜRSTENAU 1981). So erkennen beispielsweise die beiden «Gipfelstürmerinnen», daß sie sich «ähnlich verhalten», wenn auch die sich abzeichnende Geschwisterrivalität erst in einer späteren Sitzung bearbeitet werden kann. Ulla deutet ihre phobische Symptomatik an. Bei Theo, der gerade seine Examensarbeit schreiben soll, kommt eine Leistungsproblematik zur Darstellung. Auch diese Mitteilung eigener Probleme fördert unter den Teilnehmern die Gruppenkohäsion (YALOM 1974).

Diskussion

In diesem ersten Fallbeispiel sollte die Spiegelung der emotionalen Dynamik der Gruppe als Ganzes und der einzelnen Mitglieder sowie die Intensivierung des gefühlsmäßigen Erlebens mit Hilfe der KBPD und die sich daraus ergebenden Möglichkeiten der Bearbeitung gezeigt werden. Der Verlauf der Sitzung entspricht sowohl im KB- als auch im Psychodrama-Teil dem von LEUNER (1964, 1981) beschriebenen «assoziativen Vorgehen».

Beobachter dieses, auf den ersten Blick recht einfachen Szenarios (die Sitzung wurde in einem Demonstrationsfilm festgehalten), sind immer wieder beeindruckt von der spontan-spielerischen Leichtigkeit, der Authentizität und gleichzeitig dem Ernst und der Verbindlichkeit des Geschehens. Der Übergang von der Gruppenimagination des KB zum psychodramatischen Spiel ist von den Teilnehmern nahtlos, als *ein* zusammenhängendes Geschehen erlebt worden. Das kreative Potential der Teilnehmer wird im Gruppen-KB aktiviert durch die Regression und die emotionale Intensität der Bilder, die gewissermaßen Handlungscharakter haben (LEUNER 1981). Im nachfolgenden Psychodrama, das sowohl themen- als auch gruppenzentriert ist, stellen sich die verschiedenen Phänomene noch deutlicher dar, die Verhaltensmuster der Teilnehmer und die stattfindenden Interaktionen werden handelnd erlebt und somit noch plastischer.

Bei der *Analyse des Verlaufs* der Gruppensitzung ist folgendes zu erkennen: die Teilnehmer sind zunächst damit beschäftigt, sich zu orientieren, ihren Platz zu finden. Relativ bald kommt es zu vorsichtigen Kontaktangeboten, alle sind bemüht, aufeinander einzugehen, sie sehen sich gegenseitig (Katrin, Theo, Ulla), oder sie wissen, wo der andere sich befindet (Bruno). Einige sind dabei zögerndabwartend (Theo, Ulla); andere versuchen, forsch die Schwierigkeiten zu überspielen oder Hindernisse, wie bei der Bergbesteigung, einfach zu überspringen und damit zu leugnen (Katrin, Gertrud). Auf das eher regressive Kontaktangebot von Theo (die gemütliche, warme Hütte) wird nicht eingegangen, vielmehr wird die von den beiden Führerinnen der Gruppe (Katrin und Gertrud) vertretene Gruppennorm von allen befolgt, die etwa lautet: Wir wollen zusammenarbeiten, um das Ziel zu erreichen; alle sollen einbezogen werden. Wir wollen uns gegenseitig helfen und besonders die Schwachen (Bruno) unterstützen. Gefühle der Unsicherheit (Ulla), die Fremdheit und Kälte (Theo), Angst vor zuviel Nähe und Rivalitätsgefühle werden dabei nicht zugelassen und vorwiegend technisch gelöst: Katrin und Gertrud verlassen das Plateau, wo es zu eng geworden ist. Durch die erwähnte Gruppennorm werden Ängste, wie etwa enttäuscht, allein- oder fallengelassen zu werden (Ulla), bewältigt. Das Mitmachen bzw. Mitarbeiten wird oral belohnt (Rotweinflasche). Aufgrund dieser Norm kommt es aber auch zu einer Annäherung der Teilnehmer und zu einer Förderung der Gruppenkohäsion, was besonders in der psychodramatischen Phase der Sitzung verdeutlicht wird (siehe Umgang mit und Bedeutung des Seiles). Auf die «tragende» Funktion der Gruppe in der Anfangsphase einer Gruppenpsychotherapie haben u. a. BATTEGAY (1977) und KÖNIG (1976) hingewiesen.

Der Therapeut verfolgt als *teilnehmender Beobachter* (RAPAPORT 1973; HEIGL-EVERS & HEIGL 1973) den psychodynamischen Prozeß sowohl in der GKB-Phase als auch während der Spielphase, in der er, am Rande der Bühne, den Ablauf des Psychodramas beobachtet. Dadurch behält er den Überblick und kann aufgrund seiner Schlußbildung und der empathischen Erfassung des Geschehens stützend und ermutigend intervenieren, jedoch ohne den Verlauf der Szenen zu beeinflussen. So greift er als Doppelgänger in die Aktion ein oder bietet sich den Teilnehmern als stützender Begleiter oder Partner an. Der Therapeut interveniert also teilweise aus der Beta-Position (kommentierender, neutraler Fachmann), teilweise auch in der Gamma-Position (identifikatorische Teilnahme an der Aktion, Verbalisierung der Gefühle). Hier ergeben sich Parallelen zum Setting in der Einzel-KB-Therapie.

In der *Bearbeitungsphase* verfolgt der Therapeut das Ziel, die Aufmerksamkeit der Teilnehmer darauf zu lenken, wie sich ihr manifestes, also bewußtes (oder bewußtseinsfähiges) Verhalten in den Interaktionen der Gruppe darstellt und welche normative Verhaltensregulierung erkennbar ist; des weiteren, welcher Bezug zwischen diesen Phänomenen und den Symptomen bzw. der individuellen Problematik besteht. Dies wird erleichtert durch den schon beschriebenen Evidenzgrad des Materials und die dadurch angeregten Assoziationen. In dieser ersten Phase der Gruppenentwicklung verzichtet der Therapeut auf Deutungen und verwendet Interventionen wie Klärung, und die selektive Mitteilung von Gegenübertragungsreaktionen (HEIGL & HEIGL-EVERS 1973) sowie von interaktionellen Gefühlen. Dadurch und durch die besondere Strukturierung der Bearbeitungsphase zeigt der Therapeut, wie gearbeitet werden soll (KÖNIG 1977). In dieser *Anfangsphase der Gruppenentwicklung* verhält sich der Therapeut also vorwiegend supportiv. Er interveniert nach dem Modell der interaktionellen Gruppentherapie (HEIGL-EVERS & HEIGL 1973), wobei das KB und Psychodrama-Setting zusätzliche Möglichkeiten eröffnen.

3.3.2. Fallbeispiel II: Floßfahrt auf dem Urwaldfluß

Die Ebene der latenten Aktion

Das folgende Beispiel verdeutlicht, wie mit Hilfe der KB-Psychodramen die psycho-sozialen Abwehrmanöver (HEIGL-EVERS & HEIGL 1973, 1975) als interpersonelle Manifestationen der Konfliktthematik auf der sogenannten Ebene der latenten Aktion dargestellt und bearbeitet werden können. Darüber hinaus ist es ein Beitrag zu der in der Gruppentherapie bekannten Problematik Individuum versus Gruppe: es zeigt den Versuch, sowohl dem Verlauf des Gruppenprozesses als auch der speziellen Situation des einzelnen Rechnung zu tragen.

In der *vierten Sitzung* fühlt sich die im ersten Fallbeispiel geschilderte Gruppe relativ gefestigt und unternehmungslustig und möchte eine «Floßfahrt auf dem Urwaldfluß» unternehmen. In der Phase der Themenfindung fällt auf, daß viele Teilnehmer lebhaft gestikulieren und daß häufig lauthals gelacht wird. An der Gruppenimagination beteiligen sich sechs Gruppenmitglieder, während zwei Frauen (Ulla und Gertrud) einen Widerstand verdeutlichen und zunächst «kein KB mitmachen» wollen.

Während der gemeinsamen Gruppenübung mit dem KB fahren die Teilnehmer auf einem Floß, das auf einem breiten Fluß langsam in einem Urwald dahingleitet. Die üppige Vegetation ist beeindruckend, kräftige Blumen und farbige Papageien, die auf den Bäumen sitzen, unterstreichen das exotische Bild. Relativ schnell wird es jedoch unheimlich, die Luft ist drückend schwül, irgend etwas stört, im undurchsichtigen Wasser ist Bewegung. Katrin und Carla binden einen Strick an einen Stock und wollen damit angeln.

Christian: «Wollt ihr Piranhas angeln?»
Katrin: «Ja, wir hängen da unten einfach ein Stück Fleisch dran.»
Christian: «Hm, hm.»
Lilly: «Das geht ja nicht ... es ist zu gefährlich hier.»
Katrin: «Warum?»
Anna: «Na, wenn mal ein größerer anbeißt, liegste drin.»
Katrin: «Ach, wenn du kleine Stücke machst, da beißt kein großer an.»

Es wird dann doch nicht geangelt, und man einigt sich, ans Ufer zu fahren und einen Lagerplatz zu suchen. Die Atmosphäre bleibt weiterhin unheimlich, dicke, eklige Spinnen kriechen über den Weg.

Anna: «Vor allem diese dicken Viecher mit ihrem dicken Körper ... wenn man den zermanscht ...»
Katrin: «Die muß der Christian mit dem Buschmesser direkt in der Mitte durchstechen!»
Christian: «Nee, ich faß' keine Spinnen an!»
Fred: «Hab' dich mal nicht so!»
Christian (angeekelt): «Nee ...»
Fred: «Die tun doch gar nichts!»
Christian: «Los, Katrin, geh' mal vor!»
Katrin: «O ja, immer ich ...»
Christian: «Du bist doch sonst immer die mutigste von uns.»
Katrin (nimmt das Angebot an): «Dann gib mir auch das komische Messer!»

In der allgemeinen Unsicherheit übernimmt Katrin die Führung. Sie bahnt mit der Machete einen Weg durch den Urwald. Einige Teilnehmer verspüren Hunger. Das Angebot von Lilly, Bananen zu essen, die auf den Bäumen wachsen, wird überhört und nicht angenommen. Alle scharen sich zunehmend um Katrin, Lilly sagt nun gar nichts mehr. Schließlich finden die Teilnehmer eine Waldlichtung, einer hat plötzlich Fische dabei, die am Feuer gebraten werden sollen. Katrin koordiniert und kommentiert leitend auch diese Aktion. Die Atmosphäre bleibt jedoch nach wie vor ungemütlich und unheimlich. Man hört Geräusche und sieht in etwas weiterer Entfernung wilde Eingeborenengestalten durch den Urwald huschen. Die Gruppe setzt sich um das Feuer, um ihre Fische zu verspeisen.

An dieser Gruppenimagination läßt sich folgendes erkennen: Die bei der Mehrheit der Gruppe vorherrschenden Wünsche und Bedürfnisse entstammen dem oralen Antriebsbereich, es bestehen außerdem motorisch-expansive Wünsche, wie sie insbesondere im Vorgespräch während der Themenfindung deutlich wurden. Die Majorität der Gruppe ist auf Gemeinsamkeit bedacht, Bedürfnisse nach Harmonie und Geborgenheit sind vorherrschend. Diese in der Anfangsphase des Gruppenprozesses charakteristische orale Erwartungshaltung ist ausgedrückt in der paradiesischen Urwaldszenerie, wie auch in dem angenehmen Dahingleiten des Floßes auf dem Wasser. Beides kann die angesprochenen Wünsche partiell befriedigen. Selbstverständlich weisen auch die Phantasien im Zusammenhang mit Hunger und Essen auf das orale Geschehen hin.

Die Regression auf die orale Entwicklungsstufe hat jedoch auch die Unlustbetonten Ängste und aggressiven Regungen dieser Phase mobilisiert. Die oralkaptativen und oral-destruktiven Impulse können jedoch nicht wahrgenommen, sie müssen nach außen projiziert werden. Dies zeigt sich in der phantasierten unheimlichen Atmosphäre und den aggressiven Raubfischen, die wegen der starken Abwehr noch nicht einmal in Erscheinung treten können. Ein weiterer Abwehrmechanismus ist die besonders von Katrin praktizierte Verleugnung der Bedrohung: die Piranhas sind gar nicht so gefährlich, es wird kein größerer anbeißen, die in Baumkronen gesichteten Schlangen sind «schön».

Die Abwehr der andrängenden Angstgefühle und der aggressiven Triebkomponenten wird von der Gruppe zunächst mit Hilfe der nachfolgend beschriebenen «soziodynamischen Funktionsverteilung» geleistet. In dieser Gruppenphantasie sind diesbezüglich folgende Interaktionsmuster erkennbar:[3] Wie schon erwähnt, übernimmt Katrin die Führung und somit die Position des Initianten oder Repräsentanten der Gruppeninitiative, des Normensetzers (Alpha-Position). Die Position des Sich-Anschließens (Gamma) wird von Fred (kritisch-überwachendes Sich-Anschließen) und Carla (identifikatorisches Sich-Anschließen) eingenommen. Zwei weitere Teilnehmer befinden sich in der Beta-Position, der Realitätsprüfung bzw. des eingeschränkten distanzierten Engagements, wobei sie teilweise in den Subpositionen des bedingten Kontra (Christian) oder des bedingten Pro bzw. des Schwankenden (Anna) wechseln. Die schüchterne Lilly gerät, da sie Angst äußert, also das Abgewehrte vertritt, zunehmend in die Gegenaktion (Omega-Position).

Auf der Ebene der latenten Aktion wird die Abwehr der angstmachenden Impulse durch *psycho-soziale Kompromißbildungen* gestützt. Hier wird die Abwehrstrategie der «Aussonderung eines Einzelnen als Außenseiter» (HEIGL-EVERS & HEIGL 1975) deutlich. Die Gruppenteilnehmer ignorieren, wie in geheimer Übereinstimmung, zunehmend die schweigsame Lilly, die ihrerseits durch ihr Schweigen diese Rollenzuweisung annimmt. Es kommt dadurch etwa zu folgender unbewußter Interaktion: Durch ihr Schweigen signalisiert Lilly Mißbilli-

---

3 Die Beschreibung der Positionen ist nach dem Modell der «soziodynamischen Funktionsverteilung» (HEIGL-EVERS & HEIGL 1973) in Ergänzung zum Modell der «soziodynamischen Grundformel» (R. SCHINDLER 1957) aufgeschlüsselt.

gung des Verhaltens der anderen, sie wird von der Majorität entsprechend als Urheberin von Schuldgefühlen erlebt. Sie löst damit anal-eliminative Tendenzen aus. In der beschriebenen Abwehrstrategie werden diese Tendenzen realisiert in einer Einstellung des Aus-dem-Wege-Gehens, der Nichtbeachtung der Repräsentantin des «bösen Gewissens». Lilly muß offenbar in dieser Interaktion Impulse abwehren, die anderen mittels eines masochistischen Triumphes moralisch zu vernichten, einen Gewissensdruck auszuüben; sie realisiert einen solchen Triumph unauffällig, indem sie die Nichtbeachtung der anderen hinnimmt. Die individuellen intrapsychischen Abwehrmechanismen sind in dieser Strategie auf seiten Lillys Projektion eigener «böser» Impulse in die anderen und die Identifikation damit (Über-Ich-Identifikation) und der Abwehrmechanismus der Identifizierung mit dem Angreifer. Auf seiten der Mehrheit sind es Projektionen eigener Über-Ich-Anteile und deren Verdrängung.

In dem oben geschilderten Ausschnitt wird aber deutlich, daß in einer späteren Phase des Gruppentraumes die abgewehrten destruktiven Affekte teilweise zugelassen werden können im Kampf gegen eine äußere Bedrohung (Vernichtung der Spinnen). Die Gruppe konsolidiert sich gegen einen Außenfeind, und es kommt zu einer gewissen Abreaktion der Angstimpulse, so daß nun das abgewehrte Material nicht mehr auf archaische Symbolwesen, sondern auf Menschen projiziert werden kann. Das Auftreten der potentiell aggressiven Eingeborenen zeigt, daß die Gruppe aggressive Impulse als menschliches Verlangen phantasieren kann und sich somit auf die Bearbeitung dieser Problematik einlassen könnte. In der klassischen KB-Gruppentherapie (GKB) ergäben sich also wichtige Ansatzpunkte für die Bearbeitung dieser Gruppenimagination (vgl. Kapitel II, 3.3.). Die Kombination KBPD bietet zusätzliche Möglichkeiten der Bearbeitung wie die weitere Schilderung dieser Gruppensitzung zeigt.

Die Überleitung des Gruppentraumes in das Psychodrama ermöglicht es, die Imagination in Handlung umzusetzen, zu konkretisieren und weiter kreativ auszugestalten. Aufgrund ihrer Imaginationsfähigkeit verwandeln die Gruppenteilnehmer den freien Raum der psychodramatischen «Bühne» in den subtropischen Urwald und beginnen sich zu orientieren. Sie verständigen sich über die Lage des Flusses, der Waldlichtung, arrangieren die Feuerstelle und sind im Begriff, die Fische zu braten und zu verspeisen. Die Rolle der wilden Eingeborenen aus dem Tagtraum wird spontan von Gertrud und Ulla übernommen. Während sich die Floßfahrer um das Feuer unter Katrins Führung scharen, umschleichen die Eingeborenen die Gruppe und greifen schließlich an, indem sie imaginäre Pfeile abschießen. Es kommt zu einem Kampf, der zunächst mit Gesten gespielt und durch gellende Schreie der wilden Angreifer sowie Kampfrufe der Floßfahrer unterstrichen wird. Dann entstehen auch kleine Rangeleien. Eine der Angreiferinnen (Ulla) läßt sich zu Boden fallen und wird von mehreren Floßfahrern überwältigt (Fred, Katrin, Carla, Christian) und festgehalten. Damit findet der Kampf ein Ende, und die Parteien wenden sich zunächst der «Versorgung der Wunden» zu. Danach kommt es zu Kommunikationsversuchen und einem Friedensangebot. Einer der Eingeborenen (Gertrud) macht besänftigende Gesten mit den Armen und Händen und dann die Geste des Essens.

Fred: «Vielleicht wollen die was zu essen haben?»
Katrin: «Gib denen doch ein bißchen!»
Fred (zu Gertrud gewandt): «Fisch?!»

Gertrud lehnt mit einer energischen Geste ab. Nun laden die «Wilden» ihrerseits zum Essen ein, was Ulla mit schmatzenden und schnalzenden Lauten und der Geste des Trinkens unterstreicht. Die Floßfahrer sind unschlüssig. In einer vom Leiter initiierten Denkpause monologisiert jeder Teilnehmer seine Gefühle und Gedanken: vorwiegend Skepsis, Besorgnis, Unsicherheit, aber auch Neugierde. Lediglich Lilly vertraut bedingungslos den Wilden und fühlt sich emotional zu ihnen hingezogen. Dann geht das Spiel weiter und Katrin entscheidet: «Na schön, gehen wir, abhauen können wir immer noch.» Die Gruppe nimmt daraufhin die Einladung der Eingeborenen an und begibt sich in deren Lager. Alle setzen sich in den Kreis um ein imaginäres Feuer und essen die von den Eingeborenen angebotenen Speisen.

Nach dem Gastmahl wird die vorher isolierte Lilly spontan zur Protagonistin eines Spiels, als sie sich entschließt, bei den Eingeborenen zu bleiben. Die Floßfahrer sind bestürzt und drängen Lilly zum Mitgehen. Der Therapeut bestärkt Lilly in ihrem Entschluß durch stützendes Doppeln.

Therapeut: «Mir gefällt's hier.»
Lilly: «Ja, mir gefällt's hier!»
Carla: «Versteh' ich irgendwo nicht …»
Anna: «Kannst ja 'ne Nacht hierbleiben und es dir noch überlegen …»
Lilly (fällt ihr ins Wort): «Ich glaube nicht, daß das was nützt – ihr könnt ruhig nach Hause gehen!»

Von dieser Haltung beeindruckt, verlassen die Floßfahrer das Eingeborenendorf. Lilly fühlt sich bei den «Wilden» sichtbar wohl. Diese sitzen mit ihr auf dem Boden, füttern sie, spielen mit ihr und benutzen dabei ihre «Eingeborenensprache», die sie offenbar in eine kindlichere Sprache umwandeln mit Wörtern wie «baba, mana, nana» und «dada».

Die anderen sind unterdessen zum Floß zurückgekehrt. Sie sitzen unschlüssig und schuldbewußt herum und überlegen, «was überhaupt in ihr vorgeht» (Katrin), wie dies Verhalten Lillys zu erklären sei und «was wir falsch gemacht haben» (Christian). Plötzlich erfolgt ein neuer Angriff der Wilden, diesmal unter Lillys Führung. Unter einem Hagel von imaginären Pfeilen und Steinen entkommen die verwundeten Floßfahrer mit Mühe, indem sie den breiten Fluß zurückrudern.

In der nun folgenden Phase der *Bearbeitung* werden die habituellen Verhaltens- und Interaktionsmuster der Teilnehmer und die Abwehr-Arrangements der Gruppe im Sinne der weiter oben geschilderten Dynamik stufenweise erkannt und durchgearbeitet. Das Verhalten der Teilnehmer auf der Ebene der latenten Aktion und die sich in der Gruppenphantasie abzeichnenden Kommunikationsstrukturen sind im Stegreifspiel, im wahrsten Sinne des Wortes sichtbar, erlebt worden. So können die zunächst verdrängten, dann im letzten Spielabschnitt erlebten Schuldgefühle gegenüber Lilly nun deutlich artikuliert werden. Anna bringt diese Schuldgefühle in Zusammenhang mit ihrem Anspruch, sich für Schwächere verantwortlich zu fühlen, und hat dazu auch einen genetischen Einfall (Mutter-Problematik). Durch die Auseinandersetzung mit Lillys Verhalten und das diesbezügliche feed-back der beiden «Wilden» werden die soziodynamische Rangverteilung und die beschriebene Abwehrstrategie der «Aussonderung eines Einzelnen als Außenseiter» noch weiter verdeutlicht. Die Arbeit des Demonstrierens und Klarifizierens wird hierbei zu einem erheblichen Teil von den Gruppenmitgliedern, aufgrund ihrer Erlebnisse, erbracht. Der Therapeut versucht, die Verhaltensweisen der Majorität und der Außenseiterin als gemeinsame Leistung aufeinander zu beziehen und deren Anteile klarifizierend herauszustellen. Durch eine *bifokale Deutung* (HEIGL-EVERS 1967) werden die Außenseiterin und die im Spiel hinzugekommenen «Wilden» als wichtige Elemente der Gesamtgruppe und das Verhalten beider Parteien als gleichermaßen berechtigt und ergänzungsbedürftig angesprochen. Die Interpretation und Bearbeitung des genannten psychosozialen Abwehrmanövers bewirkt die «Umwandlung einer verfestigten interpersonellen Struktur in interpersonelle Dynamik» (HEIGL-EVERS & HEIGL 1975), d.h. eine relativ verfestigte Struktur der Gruppe wird im Sinne interpersoneller Auseinandersetzung aufgelockert, bei der die Beteiligten ihre eigenen Einstellungen und Affekte wie auch die der anderen zunehmend deutlicher erleben und identifizieren können. Dieser Prozeß ist bereits in der Spielphase eingeleitet worden.

Ein Beispiel dafür ist der Umgang mit den eingangs erwähnten motorisch-expansiven Wünschen, Ängsten und aggressiven Impulsen der Teilnehmer. In der Spielphase konnten diese handelnd erlebt, die Aggression in den «Kampfszenen» zugelassen und teilweise abreagiert werden. Mehrere Teilnehmer können sich im Nachgespräch zu diesem Verhalten bekennen, Kritik an anderen äußern und dabei korrigierende emotionale Neuerfahrungen machen. Die Bearbeitung aggressiver Verhaltensweisen wurde im Spiel auch dadurch ermöglicht, daß zwei Gruppenteilnehmer die Rolle der in der Tagtraumphase als potentiell aggressiv phantasierten Eingeborenen übernahmen. Sie wurden dadurch wieder in den Gruppenprozeß integriert. Gruppendynamisch gesehen rivalisierten die beiden «Eingeborenen» mit der führenden Katrin um die Alpha-Position. In ihrem anfänglichen Widerstand gegen das GKB äußert sich auch eine Protesthaltung gegenüber dem Therapeuten, die jedoch in dieser Phase noch nicht bewußtseinsfähig und somit nicht zu bearbeiten ist. Gleichzeitig stellt sich hier ein Übertragungskonflikt zwischen Katrin und Gertrud (Geschwisterrivalität) dar, der schon im ersten Beispiel erwähnt wurde; seine Bearbeitung geschah in einer späteren Gruppensitzung.

Diskussion

Die Dynamik des gruppenzentrierten Teils der Sitzung wurde sowohl für die Phase der Gruppenphantasie als auch für die Spielphase schon ausführlich diskutiert. Für die Bearbeitung sind die methodischen Ziele relevant, die auch für die tiefenpsychologisch fundierte Gruppenpsychotherapie gelten (HEIGL-EVERS & HEIGL 1973, 1975). Mit Hilfe des Katathymen Bilderlebens und durch den Einsatz des Stegreifspiels kommen die psycho-sozialen Abwehrmanöver der Gruppe (einschließlich der dazugehörigen Rollenzuteilungen und Rollenbereitschaften) plastisch zur Darstellung. Sie werden somit erlebt, erkannt und in interpersonelle Dynamik umgewandelt. In der Bearbeitungsphase kann dieser Prozeß durch Demonstration und Konfrontation (GREENSON 1973) weiter bewußt gemacht und die adaptive und psycho-soziale Funktion der geschilderten Abwehrformationen angesprochen werden. Damit wird indirekt auch auf die unbewußten intrapsychischen Abwehrmechanismen der Gruppenteilnehmer eingewirkt (HEIGL-EVERS &

Heigl 1973). Auf die Deutung der unbewußten Phantasien der Gruppe wird jedoch verzichtet.

Abschließend noch einige Bemerkungen zum individuumzentrierten Teil des Psychodramas. Wie berichtet, bestärkt der Therapeut durch einfühlsames Doppeln Lilly in ihrem Entschluß, bei den Eingeborenen zu bleiben. Für den Gruppenprozeß bedeutet dies eine Stärkung der Position der bisherigen Außenseiterin, es wird ein Zeichen gesetzt für ihre spätere Integration in die Gruppe.

Lilly war wegen ausgeprägter Arbeits- und Kontaktstörungen in die Therapie gekommen. Es bestanden eine erhebliche Selbstwertlabilität mit gestörter Selbsteinschätzung sowie oral-kaptative Störungen und eine Überkompensation im Leistungsbereich. Aufgrund dieser Persönlichkeitsstrukturmerkmale geriet Lilly leicht in die Außenseiterposition, war also für die Omega-Position gewissermaßen prädestiniert. Im Sinne einer Wiederholung destruktiver Familieninteraktionen erlebt Lilly auch in der geschilderten Gruppenphantasie die Gruppe unbewußt in der Position der sie ablehnenden Eltern und realisiert ihrerseits einen masochistischen Triumph.

Im protagonistzentrierten Psychodrama, das im Rahmen des Stegreifspiels der Gesamtgruppe stattfindet, kann Lilly nun eigene Wünsche nach Geborgenheit und zwischenmenschlichem Kontakt zulassen und befriedigen. Die beiden «Wilden» übernehmen intuitiv die Rolle von guten nährenden Eltern, die Lilly füttern, mit ihr spielen und dabei eine kleinkindliche Sprache benutzen. Die Patientin erlebt dadurch eine Ich-Stärkung und kann später ihre latenten aggressiven Impulse zulassen und im Spiel ausleben. Dies wäre der schizoid-depressiv strukturierten Lilly bei ausschließlicher Anwendung des Gruppen-KB über längere Zeit wahrscheinlich nicht möglich gewesen. Im Psychodrama gelingt es, das starre Erleben und die fixierte Rollenbereitschaft Lillys aufzulockern, sie erprobt neue Verhaltensmöglichkeiten, macht korrigierende emotionale Neuerfahrungen und findet aus der Omega-Position heraus. In der Bearbeitungsphase können diese Erfahrungen und Handlungseinsichten rational integriert und in der nächsten Sitzung durch die Herstellung von Verbindungen zur Genese weiter durchgearbeitet werden. In der Folgezeit war Lilly besser in die Gruppe integriert und entwickelte ein offeneres Sozialverhalten.

3.3.3. Fallbeispiel III: die individuumzentrierte Vorgehensweise

Das folgende Beispiel zeigt, wie auf die Problematik des Einzelnen im Rahmen der KBPD eingegangen werden kann. Es handelt sich um einen Ausschnitt aus der ambulanten Gruppentherapie von Patienten mit neurotischen und psychosomatischen Störungen. Die Gruppe tagt einmal wöchentlich über einen Zeitraum von zwei Stunden.

Im Rahmen einer Gruppenübung nach dem Modell des Einzeltraumes in der Gruppe, die unter dem Thema «was fällt mir ein, wenn ich an die Gruppe denke» durchgeführt wird, entwickelt Claudia folgende Imagination: sie sitzt an einem Waldrand und fühlt sich traurig und verlassen. Nur der kräftige Baum, an den sie sich anlehnt, bietet Halt und Rückenstärkung. Irgendwo vor ihr sind zwei schemenhafte Gebilde zu erkennen, die offenbar ihre beiden durch Schwangerschaftsabbruch verlorenen Kinder symbolisieren.

Im Nachgespräch drückt Claudia ihre Enttäuschung darüber aus, daß die von 173 ihr in der Anamnese angedeutete Problematik «Schwangerschaftsabbruch» in der Gruppe nicht aufgegriffen worden sei. Claudia hat diese Imagination anschließend gemalt und mit Ton gestaltet.

In der nächsten Gruppensitzung entschließt sich Claudia zu einer psychodramatischen Bearbeitung ihrer Problematik anhand des Materials aus den Tagträumen. Als Einstieg wählt sie die Zeichnung einer weniger brisanten Imagination, auf der u. a. vier Tannen zu erkennen sind.

In der ersten Szene arrangiert Claudia die erwähnte Baumgruppe: Zwei Mitspieler stellen die großen, zwei weitere die kleinen Tannen dar. Bei der Betrachtung dieses Gebildes aus der Distanz fällt Claudia sofort ihre Familie ein, und sie konstelliert die nächste Szene, ein Gespräch mit ihrer Mutter und ihrem Bruder. Dabei wirft sie beiden vor, daß in der Familie «alles unter den Teppich gekehrt» werde, Konflikte nicht zur Sprache kämen und Harmonisierungstendenzen alles überdeckten. Dadurch könne sie, Claudia, die immer die Rolle der Starken und des «Sonnenscheins» übernehmen müsse, nicht über ihre eigenen Probleme sprechen. Sie wirft der Mutter weiterhin vor, daß diese verständnislos und abwehrend auf den Schwangerschaftsabbruch Claudias reagiert habe (Claudia hat der Mutter nur einen der Aborte quasi als «Geburtstagsgeschenk» gebeichtet). Nun besäße die Mutter auch noch die Taktlosigkeit, immer wieder davon zu sprechen, daß sie sich Enkelkinder wünsche. Im Rollentausch mit der Mutter ist Claudia bestürzt und hat Mitleid mit der Tochter. Die Darstellerin der Mutter empfindet ähnlich, spürt aber auch eine emotionale Sperre, die es verhindert, Claudia spontan zu trösten oder etwa sie in den Arm zu nehmen. Ein zaghaftes Angebot der Mutter mobilisiert bei Claudia das Gefühl: «jetzt muß ich aufpassen, darf nicht schwach werden, sonst vereinnahmt sie mich wieder». Dieses Gefühl mobilisiert einen Einfall, aus dem sich die nächste Szene ergibt: Claudia, sechzehnjährig, wird von der Mutter zu einem Glas Sherry und einem freundschaftlichen Gespräch eingeladen. Darin wird deutlich, daß die Mutter, die offenbar die Beziehung Claudias zu ihrem Freund fördert und ermutigt, nun versucht, Claudia «auszuhorchen», sich Sorgen über deren längst überfällige Monatsblutung macht und sie überredet, zum Gynäkologen zu gehen. Claudia verhält sich angepaßt, ihre Gefühle sind zwiespältig. Einerseits kann sie die Besorgnis der Mutter, daß «was passiert sein könnte», nicht von der Hand weisen und fühlt sich schuldbewußt, andererseits spürt sie Ärger und Trotz in sich hochsteigen, weil die Mutter sich in ihre Intimsphäre einmischt. In einem Zwischendialog mit dem Therapeuten berichtet sie, daß sie wohl aus diesem Grunde und dem Gefühl der Freiheit heraus, nach ihrem Wegzug von zu Hause und dem Beginn des Studiums versucht habe, sich sexuell «auszuleben». Dabei seien dann die Schwangerschaften entstanden. Damit ist das eingangs erwähnte Thema «Schwangerschaftsabbruch» angesprochen.

Nach Anregung des Leiters wird die eingangs geschilderte *Imagination szenisch dargestellt:* Claudia sitzt ihren beiden ungeborenen Kindern gegenüber. Diese, im KB undeutlichen amorphen Gebilde, werden zunächst durch Stühle verkörpert; im weiteren Verlauf nehmen sie menschliche Züge an und werden von zwei Gruppenteilnehmern, die Claudia benennt, dargestellt. Außerdem erscheint Claudia die Anwesenheit ihrer Mutter erforderlich, die in der Imagination symbolisch verkleidet in der Baumgruppe erschienen war. In der Szene wird sie auf Wunsch Claudias von der Co-Leiterin dargestellt.

Die ungeborenen Kinder sind ein Junge und ein Mädchen. Im Gespräch mit ihnen wird deutlich, daß Claudia das Mädchen wenig beachtet und schließlich diesem Kind offen sagen kann, daß es ungewollt, aus der flüchtigen Beziehung zu einem ungeliebten Mann entstanden sei und der Schwangerschaftsabbruch daher logisch und notwendig war. Dem Jungen fühlt sich Claudia gefühlsmäßig stark verbunden. Auf die Frage des Mitspielers, warum sie die Schwangerschaft habe beenden lassen, antwortet Claudia verzweifelt, daß sie die Folgen gescheut, vor den Vorwürfen der Eltern Angst gehabt und sich noch nicht reif genug gefühlt habe. Jetzt denke sie aber oft an ihn und stelle sich gemeinsame Situationen vor.

Der Therapeut regt nun eine *imaginative Szene* mit dem Kind an und bittet Claudia dabei, die Augen zu schließen. In einer sich spontan einstellenden KB-Szene kommt Claudia von der Arbeit nach Hause und wird von ihrem sechsjährigen Knaben freudig empfangen. Glücklich schmust und spielt sie mit dem Kind.

Nach einiger Zeit wird das Symboldrama beendet, Claudia öffnet die Augen und befindet sich wieder in der bisher geschilderten psychodramatischen Szene. Sie sagt dem ungeborenen Knaben, wie sehr sie darunter leide, daß er nicht da sei, und wie sehr sie sich seine Anwesenheit wünsche. Dann wendet sie sich an die Mutter und macht sie mitverantwortlich:

«Sieh', was du angerichtet hast!» ruft sie ihr zu. Am liebsten würde sie die Mutter mit körperlicher Gewalt zwingen, sich die ungeborenen Kinder genau anzuschauen. Die Mutter (und auch Claudia im Rollentausch mit ihr) ist entsetzt; sie weist eine Schuld oder Mitschuld an den Ereignissen zurück, äußert aber ihr Mitgefühl für Claudia. Diese erkennt daraufhin, daß sie der Mutter ihre Schuld nicht anlasten könne, sie selbst dafür verantwortlich sei.

Nun schickt Claudia das ungeborene Mädchen weg und nimmt in einer bewegenden Szene Abschied von dem ungeborenen kleinen Jungen. Weinend umarmt sie ihn, und es scheint als ob sie Trost bei ihm suche. Schließlich kann Claudia sich lösen, von dem Kind trennen und die Szene beenden.

Im *Abschlußgespräch*, vor allem im ersten Teil, dem Sharing, teilen alle Gruppenmitglieder, einschließlich der Co-Leiterin und des Therapeuten, ihre Betroffenheit und Anteilnahme am Spielgeschehen mit. Claudia selbst ist erleichtert und müde wie nach schwerer Arbeit. Durch die emotionale Kommunikation der Gruppe fühlt sie sich getragen und gestützt.

Die weitere *Bearbeitung*, das auf Einsicht zielende «rationale Durcharbeiten» findet in der nächsten Sitzung, eine Woche später, statt. Nach der Handlungskatharsis im Psychodrama und der zeitlichen Distanzierung sind Einsichten in psychodynamische Zusammenhänge für Claudia eher möglich geworden. In der Bearbeitungsphase werden ihr diese Einsichten stufenweise vermittelt (Rollen-feedback, Identifikationen, Analyse von Verhaltensmustern, Klarifizierungen, Interpretationen). So erkennt sie beispielsweise, daß ihr manifestes Verhalten des starken, fröhlichen, lustigen und problemlosen Menschen, das sie auch in der Gruppe oft zeigt, der Abwehr tiefer liegender belastender Konflikte dient und in Zusammenhang steht mit der ihr in der Familie zugewiesenen Rolle des «Sonnenscheins». Ferner, daß sie in ihrem Leben Delegationen von der Mutter übernahm, etwa bei der Wahl des Studienfaches und den sexuellen Erlebnissen mit dem Freund, darüber hinaus jedoch auch, daß sie aufgrund der symbiotischen Beziehung zur Mutter und ihrem Nicht-abgelöst-Sein nicht verantwortungsbewußt und erwachsen handeln konnte; so hegte sie etwa die unbewußte Erwartung, daß die Mutter, obwohl am Studienort nicht anwesend, schon aufpassen wird, daß «nichts passiert». Es kommt weiterhin zur Sprache, daß Claudia die Schwangerschaftsabbrüche im Sinne eines «masochistischen Triumphes» dazu benutzte, der Mutter Schuldgefühle zu bereiten (Abort als «Geburtstagsge- 175 schenk»), die sich emotional stärker dem Bruder zuwandte. Aufgrund ihrer Handlungseinsicht im Psychodrama erkennt Claudia, daß neben der geschilderten massiven Weise auch andere Möglichkeiten bestehen, der Mutter deutlich zu machen, daß Claudia nicht nur «der Sonnenschein» sein kann, sondern auch ein Mensch mit Schwierigkeiten und Problemen ist.

Auf der Subjektstufe symbolisiert der «Junge» auch die Gefühlsseite Claudias, mit der sie im Psychodrama intensiven Kontakt aufnimmt. Dazu fällt ihr ein, daß sie auch in der Jetzt-Situation, etwa gegenüber ihrem Freund, tiefere Gefühle der Verbundenheit nicht so ohne weiteres zeigen kann.

Im weiteren wird ein Prozeß der Identifikation mit der Mutter dergestalt deutlich, daß Claudia sich quasi ähnlich verhält wie diese, zwei Kinder bekommt und sich stärker dem in der Phantasie ständig präsenten Sohn zuwendet. In einer von Claudia vollzogenen Über-Identifikation ist sie schon als Kind und Pubertierende «stärker» als die Mutter (die auch an ihrer Vergangenheit zu tragen hat) und kann es sich «nicht erlauben», Gefühle aufkommen zu lassen und somit «schwach» zu werden. In dieser Über-Identifikation mit der Mutter und dem Bestreben, eine «bessere Mutter zu sein», verbirgt sich natürlich der ödipale Konflikt, der im Spiel und in der Bearbeitungsphase zwar durchschimmert, aber noch nicht zur Bearbeitung kommt. Er zeigt sich auch in dem Übertragungsangebot an den Therapeuten als den «guten starken Vater», an den Claudia sich anlehnen möchte. In der KB-Szene ist dies symbolisiert in dem starken Baum; darüber hinaus betont Claudia im Nachgespräch, wie wichtig es für sie gewesen wäre, daß der Therapeut dauernd neben ihr und hinter ihr stand und ihr so die Stütze vermittelte, sich mit dem konflikthaften Material auseinanderzusetzen. Dies entspricht zwar der supportiven Funktion des Therapeuten und der realen Wahrnehmung seiner Hilfestellung, enthält aber auch das erwähnte Übertragungsangebot.

3.3.4. Fallbeispiel IV: «Der kleine Helmut, die Nixe und der Bauer»
Zur ödipalen Phase der Gruppenentwicklung

In tiefenpsychologisch orientierten und analytischen Gruppen sind beim einzelnen Teilnehmer immer gleichzeitig gruppenauflösende und gruppenerhaltende Tendenzen wirksam. Auf der Ebene von Übertragung und Widerstand entstehen irrationale Bedürfnisse nach Triebbefriedigung, die ursprünglich auf ödipale und präödipale Objekte gerichtet waren. Die Gruppe bietet einerseits Übertragungsauslöser für die Projektion der introjizierten allmächtigen Eltern-Imagines und andererseits Übertragungsauslöser für die ödipale Situation (HEIGL-EVERS & HEIGL 1976). Diese für die therapeutische Gruppe charakteristische konflikthafte Grundspannung formt sich in spezieller Weise aus. Die mobilisierten Triebwünsche und damit verbundene Neid- und destruktive Rivalitätsgefühle gefährden den Fortbestand der (narzißtisch besetzten) Gesamtkonstellation Gruppe und müssen daher abgewehrt werden. Dies geschieht in phasenspezifischen Verarbeitungsmodi. In der «ödipalen Phase» der Gruppenentwicklung (KÖNIG 1976) entstehen Beziehungsformen, die den Geschlechtsunterschied einschließen. Die dazugehörigen libidinösen und aggressiven Impulse können in dieser Phase rekapituliert und bearbeitet, daraus erwachsene Fehlhaltungen korrigiert werden.

Das folgende Fallbeispiel zeigt Ausschnitte aus dem Verlauf eines Wochenendes einer fraktionierten fortlaufenden Selbsterfahrungsgruppe von Teilnehmern in Psychotherapieausbildung. Die nach dem slow open-Prinzip geführte Gruppe trifft sich in Abständen von zwei bis drei Monaten jeweils für ein Wochenende (zehn Doppelstunden). Die Gruppe ist in die ödipale Phase ihrer Entwicklung gerade eingetreten.

Die nachfolgenden Ausschnitte sollen Möglichkeiten des KB-Psychodramas bei der schrittweisen Bewußtmachung und Bearbeitung ödipaler Triebkonflikte auf einem ödipalen Niveau der Ich- und der Gruppenentwicklung verdeutlichen.

Die *erste Gruppensitzung* wird nach längerem Schweigen von Ute mit der Feststellung eröffnet, daß sie aus familiären Gründen einen weiteren Gruppenblock (50 Doppelstunden) nicht, wie ursprünglich vorgesehen, mitmachen werde und dies also ihr vorletztes Wochenende sei. Sie bemerkt ferner, daß die Teilnahme an der Gruppe sich in ihrer privaten und beruflichen Entwicklung äußerst positiv ausgewirkt habe. Dieser Mitteilung folgt eine lebhafte Diskussion, in der Ute vorgeworfen wird, ihr Ausscheiden sei verfrüht, und mehrere Teilnehmer versichern, daß sie die Gruppe zu Ausbildungszwecken mitmachen. Dabei werden Ängste angedeutet, von den andern und dem Leiter «bewertet» zu werden. Rainer erinnert an die Grundregel, die eingehalten werden müsse, auch wenn man Angst verspüre. Der zunehmend theoretisierende Gesprächsverlauf wird unterbrochen von Vera, die, ihre innere Beteiligung nur mühsam verbergend, sagt, daß sie hier Selbsterfahrung, ja Therapie suche und diese Gruppe als letzte Möglichkeit zur Bewältigung ihrer eigenen Problematik ansehe. Nach längerem, betroffenen Schweigen äußert Christian ein «mulmiges Gefühl». Helmut, der sich etwas verspätete, aber schnell Anschluß an die theoretische Diskussion fand, wirft nun Vera vor, sie habe seine Teilnahme an einer anderen Supervisions- und Fortbildungsgruppe blockiert. Vera sagt ausweichend, es handele sich bei dieser anderen Gruppe eher um einen privaten Freundeskreis, den sie initiiert habe. Sie wird daraufhin von mehreren Männern scharf angegriffen, während einige Frauen sich mit ihr solidarisieren. Rainer fordert, daß das Problem «unbedingt in die Gruppe gehört».

Helmut und Vera beugen sich diesem normativen Druck. In einer kurzen psychodramatischen Szene wollen sie ihr Problem bewältigen. Die Auseinandersetzung der beiden ist gekennzeichnet von gegenseitigen Übertragungsangeboten und Projektionen und findet unter reger Beteiligung der anderen Gruppenmitglieder statt, die im Rahmen der Technik des Doppelns und des Alter ego in die Szene eingreifen.

Vera fühlt sich durch Helmut nicht ernst genommen, weil er nicht sie, sondern einen anderen Teilnehmer der Supervisionsgruppe, einen Mann, wie sie betont, beauftragt hatte, für ihn zu sprechen. Dadurch habe Helmut sie abgewertet und nicht als Menschen und auch nicht als Frau anerkannt. Sie unterstellt ihm Indiskretionen und befürchtet, daß er das Wissen um ihre Problematik, insbesondere über ihre Ehe, ausnutzen und sie vor andern bloßstellen könnte. Außerdem habe er ihre Signale nicht verstanden.

Helmut kritisiert Veras «gekränkte-Leberwurst-Haltung», ihre widersprüchlichen Aussagen, und versucht, sie taktisch in die Enge zu treiben mit dem Ziel, dennoch an der erwähnten Gruppe teilnehmen zu können. Seine im Vorgespräch geäußerte Wut und Kränkung ist dabei nicht zu spüren. Er lehnt es ab, Veras «Signale und Andeutungen» zu verstehen, da er dieses Verhalten «bis zum Exzeß» von seiner Mutter her kenne. Helmut macht dabei selbst ein verstecktes Angebot; er habe Vera kritisiert und sie «als graue Maus» bezeichnet, um sie zu provozieren, weil er es schade fände, wenn sie sich so unattraktiv gebe.

Im *Rollentausch* kann Vera die Position Helmuts besser verstehen und sich nach Zurücktauschen in ihrer eigenen Rolle eindeutiger verhalten. Sie sagt ihm deutlich, daß sie seine Teilnahme an der erwähnten Fortbildungsgruppe nicht wünsche. Helmut bleibt dagegen starr in seinem Verhalten verhaftet. Den genetischen Einfall möchte er nicht weiter verfolgen, sondern wünscht, die Szene zu beenden.

Im *Nachgespräch* ist Vera entlastet und zufrieden, die akute Spannung bewältigt zu haben. Mehrere Gruppenteilnehmer, auch solche, die Vera vorher angegriffen hatten, äußern Verständnis für ihre Haltung, andere sind erleichtert, daß «es so glimpflich abgelaufen sei». Es wird die Norm aufgestellt, außerhalb der Selbsterfahrungsgruppe keine privaten Kontakte intensiverer Art zu pflegen. Vera schließt sich dieser Forderung an. Helmut wirkt unschlüssig und versucht im Nachgespräch noch einmal, seinen Standpunkt zu erläutern.

Bei der *Analyse* dieser ersten Gruppensitzung läßt sich folgendes erkennen. Durch Utes Ankündigung sind Ängste mobilisiert worden: die manifest geäußerte Angst vor Bewertung und latent die Angst vor Auflösung der Gruppe. Dahinter wird das Gefühl der Abhängigkeit vom Gruppenleiter und der Gruppe deutlich als einem Medium, das ja auf rationaler Ebene die geäußerten Ziele (Fortbildung) gewährleisten soll und das unbewußt narzißtische Einheit bietet. Außerdem wird das Thema Vertrauen und Mißtrauen bzw. gegenseitiges Akzeptieren oder Ablehnung behandelt. Die dahinter zu vermutenden destruktiven und Rivalitätsgefühle, Neid und Eifersucht, müssen als gefährlich für das Fortbestehen der Gruppe erlebt und daher abgewehrt werden.

Die Gruppe geht nun mit dieser Situation folgendermaßen um: Das manifeste Verhalten ist gekennzeichnet durch normative Forderungen im Rahmen der soziodynamischen Funktionsverteilung (vgl. HEIGL-EVERS & HEIGL 1973, 1975). Rainer erinnert an die Grundregel, er und einige andere zwingen Helmut und Vera, ihr Problem in die Gruppe zu bringen. Außerdem signalisieren alle, daß sie sich fortbilden und somit «gelehrige Schüler» des Therapeuten sein wollen. Auf der Ebene der latenten Aktion wird das psychosoziale Abwehrmanöver der «Sündenbock-Suche» deutlich. Dafür bietet sich zunächst Vera an, die das Abgewehrte äußert (Therapiewunsch, Eingeständnis von Mängeln und Schwächen) und somit in die Omega-Position gerät. Sie wird von Helmut darüber hinaus angegriffen, weil sie ihn daran hinderte, an ihrer Fortbildungsgruppe teilzunehmen und somit noch mehr für das Gruppenziel zu tun.

In der Interaktion Vera–Helmut und besonders in der Spielszene wird dann zunehmend ein ödipaler Konflikt deutlich. Helmut, der bemüht ist, Rivalität und Konkurrenz zu vermeiden und sich dem Therapeuten gegenüber als «eifriger Schüler» zeigt, hat versucht, eine Beziehung zu Vera außerhalb der Gruppe, quasi «hinten herum», aufzunehmen. Damit vermeidet er eine aktive Auseinandersetzung mit den andern männlichen Rivalen in der Gruppe und rivalisiert unbewußt auch mit dem Vater/Therapeuten. Dieses Verhalten dient der Ausschaltung seiner Kastrationsängste. Gegen Ende der Psychodrama-Szene sind Helmuts libidinöse Impulse offenbar etwas bewußtseinsnäher, sein Annäherungsversuch an Vera ist jedoch eingekleidet in eine kritisierende Äußerung. Vera hat an Helmut ebenfalls «Signale» ausgesandt, die dieser jedoch nicht versteht. Durch ihr angepaßtes, als «graue Maus» apostrophiertes Verhalten vermeidet sie aber eine offene Beziehung zu Helmut und erspart sich somit Rivalität und Kämpfe mit anderen Frauen in der Gruppe. Sie stellt sich als um Anpassung bemühte Tochter dar, die vom Therapeuten «Heilung» erwartet. Unter dem Schutz seines väterlichen Wohlwollens ist sie gleichzeitig der Versuchung enthoben, den Vater/Therapeuten zu verführen oder von ihm verführt zu werden. Außerdem kann sie die Entfaltungsbemühungen Helmuts in Richtung Ausbildung verhindern und ihn somit depotenzieren.

Die Teilnehmer der Gruppe spüren den ödipalen Konflikt und versuchen, identifikatorisch daran teilzunehmen. Die damit verbundenen Gefühle und Impulse werden zunächst ebenfalls durch normative Regulierungen abgewehrt. Vera, die durch das Spiel und die Identifikationen vieler anderer Gruppenteilnehmer aus der Omega-Position herausgefunden hat, stellt sogar selbst die Norm auf, daß man die gegenseitigen Sympathien nicht mit «echter Freundschaft» verwechseln dürfe. Nach dem Spiel scheint es eher Helmut zu sein, der «quasi enttarnt» in Gefahr ist, in die Omega-Position zu geraten. Er wäre dann der potentielle neue Sündenbock.

Die Schiffsreise: In der nächsten Sitzung, die am darauf folgenden Morgen stattfindet, schildern mehrere Gruppenmitglieder Träume mit angstmachenden und aggressiven Inhalten. Aus einem Flugzeug wurde kurz vor dem Start eine rote Bombe entfernt, aus einer Runde betrunkener Bauarbeiter war einer in eine tiefe Grube gestürzt, bei einer Expedition in der Wüste überschlug sich ein Jeep mehrfach, ohne daß jedoch jemandem ein Leid geschah.

In der *Phase der Themenfindung* tauchen ähnliche Inhalte auf. Vorschläge wie «gefährliche Expedition», «unglückliche Ballonfahrt», «Reise ins Totenreich» werden jedoch mit Lachen und Witzeln abgelehnt. Man einigt sich schließlich auf eine gemeinsame Schiffsreise, eine Kreuzfahrt (Ute hatte «Kreuzritterfahrt» verstanden).

Nach Einleitung der Entspannung finden sich ziemlich bald alle auf einem Schiff ein, das an einem südländischen Kai vor Anker liegt. Es ist heiß, und an Deck herrscht eine träge Stimmung. Ute sitzt noch an der Mole, hat einen schweren Seesack dabei und kann sich nicht entschließen mitzufahren. Mehrere versuchen, ihr das Einsteigen zu erleichtern, der Seesack wird mit einem Kran auf das Schiff gehievt, reißt aber plötzlich, und goldene Taler fallen auf das Deck und zerschmelzen in der heißen Sonne zu Schokolade. Anne möchte darin matschen. Mehrere sitzen um einen Swimming-Pool herum, während ein Mann mit weißem Jackett angenehm kalte Drinks auf einem Silbertablett serviert. Helmut sitzt am Beckenrand und läßt sich von Ernst den Rücken eincremen. Anne sieht, daß er ein lustiges Hütchen aufhat, das von der Creme verschmiert wird. Vera schwimmt elegant im Wasser, sie hat einen schicken Badeanzug und lange goldblonde Haare und wird von Helmut und Ute als Nixe bezeichnet. Vera genießt dies offensichtlich und vergnügt sich weiter im Swimming-Pool. Dann schließen mehrere sich Ernas Phantasie an, daß «jemand» von einer großen, roten Wassermelone gut schmeckende Stücke abschneidet und verteilt. Vera trinkt von einem «gewissen roten Saft, der gesund schmeckt», und möchte auch anderen davon geben.

Während das Schiff Fahrt aufnimmt, imaginieren Vera und Erna, daß mehrere nach dem Baden in einer engen Kajüte drängen und eine «stickige, feuchte Wärme» durch die nassen Badeanzüge entstehe. Daraufhin bemerken Ute und Rainer, daß ein Unwetter aufzieht. Helmut, Christian und Rainer sehen Richard, der bisher noch nichts gesagt hatte, wie er als unbewegliche Figur auf einem sargähnlichen Kasten liegt. Einige überlegen, ob Richard schlafe, Rainer, Christian und Ernst meinen jedoch: «Der tut nur so, er will uns verarschen.» Richard setzt sich daraufhin auf die Kiste und schließt sie demonstrativ ab. Nun schleppen Vera, Erna, Ernst und Christian die Kiste an die Reling, um sie ins Wasser zu werfen, Rainer sieht sie schon kippen. Die Kiste fällt «von selbst» ins Wasser und schwimmt langsam fort, Richard sitzt darauf und sagt: «Ich genieß' das, aber das Volk hat sein Opfer.»

Das Schiff ist inzwischen «unmerklich an der Küste von Kreta gelandet», und einige Teilnehmer sitzen in einem Hafenrestaurant. Vera, Anne und später auch Rainer versuchen nun, Richard zu retten, indem sie ihn ins Schlepptau eines Ruderbootes nehmen. 179

Richard genießt es, untätig an den Strand gerudert zu werden, das Angebot von Helmut, der mit einem Motorboot heranbraust und helfen will, wird abgelehnt («Du mit Deinem imponierenden Brummer»). In der Gruppenphantasie der Schiffsreise erfährt die unbewußte Dynamik eine weitere Entwicklung.

Bei einer Analyse des Geschehens ergeben sich folgende *Schlußbildungen*: Die Gruppe versucht zunächst, die in den oben geschilderten Träumen spürbare Angst und aggressive Impulse durch die Wahl eines harmloseren Themas abzuwehren. Auch die zu Beginn herrschende Trägheit an Deck erfüllt eine Abwehrfunktion, denn solange nichts geschieht, bleibt die Angst verdrängt. Eine weitere Bewältigungsmöglichkeit ist die Regression auf anale Triebregungen: es kommt zu lustvollem Matschen in der Schokolade und Verschmieren der Sonnencreme (Anne, Helmut und Ernst). Im weiteren Verlauf der Imagination zeigen sich das Gefühl der Abhängigkeit und die Erwartungen an den Therapeuten. Dieser wird als Person phantasiert, die orale Versorgung anbietet (kühle Drinks, Wassermelone). In der Partyatmosphäre am Rande des Swimming-Pools verdichten sich auch unbewußte Verführungswünsche einiger Frauen. Hier kann Vera, als Nixe, ihre libidinösen Impulse und Verführungswünsche am deutlichsten zulassen und teilweise «ausleben». Ihre Phantasien und damit verbundene Wünsche nach körperlicher Nähe (warme Atmosphäre in der engen Kajüte), denen sich auch Erna anschließt, mobilisieren Über-Ich-Reaktionen (Gewitter) und das psychosoziale Abwehrmanöver der Sündenbock-Suche. Richard, dem neuen Sündenbock, wird vorgeworfen, daß er schlafe oder die andern nicht ernst nehme. In der gemeinsamen Aktion gegen diese Omega-Figur, die ins Wasser geworfen wird, können mehrere Teilnehmer ihre aggressiven Impulse teilweise realisieren. Die Aggression gilt sicher auch dem Therapeuten, der die Erwartungen der Gruppe frustriert hat. Richard nimmt die Rolle des «Opfers» an und mobilisiert damit Schuldgefühle bei einigen Teilnehmern, die ihn später wieder aus der Seenot retten.

In der *Bearbeitungsphase* werden die geschilderte Konfliktdynamik, die Verhaltensmuster der Teilnehmer und das psychosoziale Abwehrmanöver der Gruppe schrittweise wahrgenommen und durchgearbeitet. So erkennt beispielsweise Vera ihre libidinösen Strebungen, Rainer und Ernst akzeptieren ihre aggressiven Gefühle gegenüber Richard. Die unbewußten Ursachen der rivalisierenden Spannungen zwischen den Männern bleiben aber noch im Dunkeln. In einem zur Verdeutlichung eingesetzten *Psychodrama* wird die Szene mit der mysteriösen Kiste nach- und weitergespielt, die im KB begonnene aggressive Auseinandersetzung wird jedoch nicht weitergeführt. Vielmehr wandeln sich die vorher geäußerten gewalttätigen Phantasien in eine «Ehrfurcht vor der Kiste», also vor dem Verdrängt-Unbewußten des anderen, so daß die «persönliche Kiste» Richards nicht aufgebrochen wird. Dieser findet aus der Omega-Position heraus, und die Kiste wandelt sich im Spiel zu einer «Gruppenkiste». Die Gruppenmitglieder beteiligen sich, zunehmend fasziniert, an der kreativen Ausgestaltung einer von Richard angeregten gemeinsamen Phantasie: In voller Harmonie lagern sie an der malerischen Küste Kretas und trinken einen köstlichen «Jahrhundertwein», den die Kiste in unerschöpflicher Fülle spendet. In dieser Regression auf die *Ebene der unbewußten Phantasien* (HEIGL-EVERS & HEIGL 1976) werden der Therapeut und das Medium Gruppe, verdichtet im Symbol der Kiste, in ein primär-

narzißtisch besetztes omnipotentes Objekt verwandelt, das den Teilnehmern

Harmonie und orale Triebbefriedigung vermittelt. Dadurch werden die andrängenden ödipalen Rivalitätskonflikte abgewehrt. Der Genuß des Weines symbolisiert aber auch eine Auflockerung dieser Abwehr. Durch ihre konkrete Darstellung im Spiel ist die unbewußte Phantasie zur greifbaren Situation geworden und kann im Feedback weiter verdeutlicht und durchgearbeitet werden.

Auf dem Bauernhof: Zu Beginn der nächsten Sitzung wirkt die Gruppe offener und konfliktfreudiger. Im Vorgespräch kommt es zu Streitereien, insbesondere zwischen Richard, Ernst und Rainer, die sich gegenseitig Unaufmerksamkeit und mangelnde Beteiligung vorwerfen. Die Frauen beteiligen sich nicht an diesem Geplänkel.

In der Phase der Themenfindung erscheint die Assoziation «Hühnerhof», die jedoch mit der Begründung abgelehnt wird, es müßten dann «Hahnenkämpfe» ausgetragen werden. Helmut bemerkt dazu «beruhigend», das brauche man nicht zu befürchten, denn auf dem Hühnerhof gäbe es einen einzigen Hahn, dafür würde schon der Bauer sorgen, der andere Hähne rechtzeitig ausmerze. Die Gruppe signalisiert zunehmend Interesse an einem Thema, in dem Rivalität und «die Beziehung männlich–weiblich» vorkommen solle. Der Vorschlag, sich in wilde Tiere zu verwandeln, eine Urwaldexpedition und ähnliche werden jedoch abgelehnt, und man einigt sich schließlich auf das Thema «Bauernhof». Die Teilnehmer wollen sich in Tiere verwandeln, die auf einem Bauernhof leben, und damit versuchen, ihre Beziehungen untereinander zu klären.

Das *Gruppen-KB* wird eröffnet von Rainer, der sich in einen dicken, schwarzen Kater verwandelt hat und «leckere, fette Mäuse fängt». Die andern Teilnehmer schließen sich mit der Beschreibung ihrer Tiere an. Richard ist ein großer Papagei mit bunten Federn und einem großen Schnabel, er heißt Jockel. Helmut ist der Hofhund, ein nicht ganz reinrassiger Schäferhund, der an einer langen Kette angekettet hin und her läuft. In der Nähe seiner Hundehütte befindet sich ein Misthaufen, auf dem Ute, ein Huhn mit braunen, glänzenden Federn, scharrt. Vera liegt als schwarze Katze neben der Hundehütte und schlägt ärgerlich mit dem Schwanz auf die Erde. Christian hat sich in einen jungen, grauen Kater mit weißen Pfoten verwandelt, der sich auf dem Bauernhof noch nicht ganz zurechtfindet. Ernst ist ein braunes Pferd, das «gelegentlich ein bißchen ausschlägt». Anne wühlt als Ferkel in einer Pfütze und vermißt andere Exemplare ihrer Gattung.

Die Tiere erkunden die verschiedenen Bereiche des Bauernhofes und treten miteinander in Beziehung. Das Huhn flattert auf den Rücken des Pferdes, der Papagei setzt sich zu ihm und möchte es kraulen. Das Pferd protestiert und versucht unter dem beziehungsreichen Gelächter mehrerer anderer Tiere, die beiden «Federviecher» mit seinem Schweif «runterzuwischen». Diese Aktion wird unterbrochen durch den Bauern, der das Pferd vor einen Wagen spannt, um mit ihm aufs Feld zu fahren. Der Papagei fliegt zum Taubenschlag, um dort zu fressen, und wirft auch dem Huhn Körner hinunter. Der dicke schwarze Kater hat eine «graue Maus gefangen» und spielt mit ihr auf dem Hof. Der Hund findet: «es ist ja nichts dran an den Mäusen». Die schwarze Katze mag keine Mäuse und versucht, sich aus dem Futternapf des Hundes etwas zu holen. Dieser reißt sich von der Kette los, jagt die Katze, scheucht das Huhn, das ihm in die Quere kommt, und tollt dann im Hof umher. Die Katze entkommt, verpaßt vorher dem Hund jedoch noch einen Nasenstüber. Auch der Papagei beginnt ein Geplänkel mit den Katzen, das jedoch von der Heimkehr des Bauern und des Pferdes unterbrochen wird. Das Pferd trabt in den Stall an seinen Futtertrog. Von der warmen Stallatmosphäre fühlen sich die Katzen angezogen, und auch das gescheuchte Huhn findet hier Zuflucht in der Nähe eines Schafes, das in einer Ecke des Stalles steht. Die schwarze Katze streicht um die Beine des Pferdes, faucht den grauen Kater an und klettert dann aufs Dach, um sich dort zu sonnen. Der Hund hat sich inzwischen in die Hofeinfahrt gelegt.

Nach der Überleitung des Tagtraumes ins *Psychodrama* wird das Erleben handelnd vertieft, die symboldramatische Konfliktdynamik konkretisiert. Um den Primärprozeß zu intensivieren und nonverbales Erleben anzureichern, ordnet der Therapeut an, zunächst ohne sprachliche Kommunikation auszukommen. Die Teilnehmer explorieren daraufhin ihre «tierischen» Ausdrucksmöglichkeiten (Körperhaltung, Gesten, Tiersprache). Die Tiere grunzen, bellen, miauen, knurren, fauchen und gackern, das Pferd wiehert und schlägt mit den Hinterhufen aus. Als einziger beherrscht der Papagei die menschliche Sprache und äußert immer wieder: «Jockel ist lieb» und «Komm her». Das lebhafte Stegreifspiel schließt nahtlos an den Tagtraum an, die dort begonnenen oder angedeuteten Interaktionen werden deutlicher. Der junge graue Kater versucht, sich der Katze zu nähern, und nachdem der Papagei ihm deren Fauchen als Zuwendung deutet, gelingt es ihm, die Vorderpfote der Katze zu streicheln, was diese auch sichtlich genießt. Kurze Zeit später streunt die schwarze Katze jedoch über den Hof, lehnt die Einladung des Hundes mit dem Hinweis ab, sie tue nur, was verboten sei, und setzt sich in die Nähe des älteren schwarzen Katers. Sie animiert diesen, gemeinsame Katzenbuckel zu machen, was beide dann auch mit sichtlichem Vergnügen tun. Im weiteren Spielverlauf benutzen die Tiere zunehmend auch die menschliche Sprache. Das Huhn begibt sich in den Schutz des Hundes, beide beobachten kommentierend das Geschehen und nehmen später auch das Ferkel in ihre Gemeinschaft auf. Das Pferd stapft imponierend über den Hof und «äpfelt» vor die Hütte des Hundes, was dieser witzelnd geschehen läßt. Der Papagei kneift mehrere Tiere ins Ohrläppchen und versichert gleichzeitig «Jockel ist lieb».

Plötzlich verkündet das Pferd: «Mein Schwanz hängt lang und groß unterm Bauch und wird nicht kleiner.» Kichernd wird ihm geraten, es mit urinieren zu versuchen, was das Pferd unter dem Gelächter der Tiere ebenfalls vor der Hundehütte tut. Auch diesmal erfolgt keine aggressive Reaktion des Hundes, die Szene wird jedoch übertönt durch ein Wortgefecht zwischen dem schwarzen Kater und dem Papagei. Der Kater wirft dem Papagei Frechheit und Arroganz vor; er sei wohl nur dazu da, um mit der Bäuerin zu schäkern, trotz seines großen Schnabels sei aber wohl nicht viel los mit ihm. Der Papagei findet Mäuse-Fangen abscheulich und nicht mehr zeitgemäß, den frechen Kater müsse man in einen Sack stecken und ersäufen. Die anderen Tiere verfolgen den Streit mit Interesse und bewerten ihn als «unentschieden». Später stellt sich heraus, daß der junge Kater den Papagei angestiftet hatte, den schwarzen Kater ins Ohr zu kneifen, um sich dafür zu rächen, daß die Katze ihn sitzen ließ.

Aus der Sicht des teilnehmenden Beobachters ist die *Dynamik dieser Grup-pensitzung* anhand des symbol- und psychodramatischen Ablaufs unschwer zu erkennen. Die Gruppe ist risikofreudiger geworden, mehr noch als in der voran-gegangenen Sitzung ist sie kein einheitliches Gebilde mehr, sondern besteht aus individuellen Menschen, die miteinander rivalisieren, koalieren und ihre Bezie-hungen klären wollen. Vorherrschend sind erotische und aggressive Spannungen zwischen den Teilnehmern, die durch die Wahl des Themas die Bereitschaft signalisieren, ihre «tierisch-triebhaften» Bedürfnisse zu akzeptieren und auszule-ben. Durch die Verwandlung in Tiere können auch verpöntere Es-Impulse mit einer gewissen «verminderten Verantwortlichkeit» zugelassen werden. Aufgrund der offenbar starken unterschwelligen Aggressivität erscheint die Verwandlung in «wilde Tiere» zu riskant, daher werden Haustiere gewählt, die in einem über-schaubaren Rahmen (Bauernhof) interagieren. Die Aggression wird zusätzlich auch durch Reaktionsbildungen («Jockel ist lieb») und das Eingreifen einer väter-lichen Instanz (Bauer) abgewehrt. Im weiteren Verlauf der Imagination und besonders im Stegreifspiel können aggressive Impulse dann schrittweise zugelas-sen und ausgelebt werden. Nach dem spielerischen Geplänkel mit wechselnden

Interaktionen zwischen dem Hund, dem Papagei, den Katzen, dem Huhn und dem Ferkel, in dem sich Geschwister-Rivalitäten widerspiegeln, kommt es zur deutlich anal- und urethral-getönten Aggression des Pferdes. Diese gilt in hohem Maße auch dem Bauern (Therapeuten), wird aber auf den Hund verschoben. Mit seiner phallischen Demonstration kaschiert das Pferd Kastrationsängste, rivalisiert aber auch eindeutig mit den anderen Männern. Die Wiederbelebung seines phallischen Stolzes ist für den sonst überangepaßten und intellektualisierenden Ernst ein befreiender Durchbruch zu seinen aggressiven Strebungen. In dem heftigen Streit zwischen Kater und Papagei können Rainer und Richard ihre seit der Schiffsreise fällige Auseinandersetzung führen, somit ihre aggressiven und rivalisierenden Impulse annehmen und ihnen kräftigen Ausdruck verleihen. Der Zeitpunkt und der Inhalt dieses Streits (es geht offenbar um die Gunst der Bäuerin) verdeutlicht jedoch auch seinen Abwehrcharakter. Bei allen diesen Auseinandersetzungen handelt es sich um reifere sekundäre Aggressionsformen (KUTTER 1976), die der Abwehr sexueller und homosexueller Wünsche und der Kastrationsangst dienen, somit also dem Ödipus-Komplex entstammen.

Neben den aggressiven Entladungen und dem Ausleben motorisch-expansiver Wünsche werden in dieser Gruppensitzung auch starke Bedürfnisse nach Nähe und Zärtlichkeit geäußert und teilweise auch befriedigt (kraulen, streicheln, warme Stallatmosphäre). Insbesondere die schwarze Katze und die beiden Kater können ihre libidinösen Impulse wahrnehmen und im Stegreifspiel, teilweise im Sinne eines Probehandelns direkt oder symbolisch verkleidet, ausleben (Katzenbuckel). Vera, die schwarze Katze, kann darüber hinaus ihre Verführungskünste ausprobieren und auch Racheimpulse (die dem früh verlorenen Vater und dem Therapeuten gelten) in ihren sorglosen Flirts mit den Männern zulassen. Andere Frauen vermeiden rivalisierende Auseinandersetzungen durch Regression (Ferkel) oder Abwesenheit (Erna, die an der Sitzung nicht teilnahm und als Schaf in die Ecke gestellt wird). Das Huhn kann anfänglich sexuelle Impulse zulassen, später werden aber in seinem Erleben das Brüten und die Bemühung um Geborgenheit und Nestwärme wichtiger, was einer Bejahung ihrer Mutterrolle (Ute erwartet ein Kind) entspricht.

Die Wiederbelebung der schon genannten ödipalen Konflikte zeigt sich in der Gruppenphantasie und im Stegreifspiel auch in den immer wiederkehrenden typischen Dreieckskonstellationen zwischen Huhn, Papagei und Pferd, wobei Ernst in positiver ödipaler Konstellation Ute als abweisende Mutter und Richard als den verhaßten Vater erlebt. Eine ähnliche Konstellation ergibt sich zwischen dem grauen Kater, der Katze und dem dicken schwarzen Kater, wobei Christian die beiden anderen in positiver ödipaler Konstellation erlebt. In der Interaktion zwischen dem Papagei, der imaginierten Bäuerin und dem schwarzen Kater ist letzterer der ausgeschlossene Dritte; gleichzeitig aber erleben sowohl Richard als auch Rainer in positiver ödipaler Konstellation den Bauern (Therapeuten) als den verhaßten Vater und die Bäuerin als die abweisende Mutter. In der Konstellation zwischen der Katze, dem dicken Kater und dem Hund ist Helmut der ausgeschlossene Dritte.

Im *Nachgespräch* können die oben geschilderten Impulse und Strebungen stufenweise rational integriert werden. Aufgrund des emotionalen Erlebens und von Handlungseinsichten im Spiel ist ihre Durcharbeitung erheblich erleichtert, wobei einiges auch «symbolisch verstanden» wird. Wie schon erwähnt, sind sexuelle Wünsche im Rahmen der wiederbelebten ödipalen Konstellation sowie Kastrationsängste noch nicht voll bewußtseinsfähig. Ihre Abwehr findet, neben den schon geschilderten Prozessen, auch durch die Identifikation mit dem Therapeuten statt. Dieser erscheint in der Gruppenimagination als Bauer, der dafür sorgt, daß «alles seine Ordnung hat» (Über-Ich-Identifikation). Aggressionen (Pferd) und rivalisierende Impulse, die dem Vater-Therapeuten gelten, wie auch sexuelle Wünsche (Katze) werden verschoben. Kastrationsängste werden verleugnet, in der Gruppenphantasie daran erkennbar, daß nun gar kein Hahn auf dem Bauernhof vorkommt. Die Identifikation mit dem Bauern (Helmut, Rainer) in der Gruppenphantasie und mit dem Therapeuten, dem im Nachgespräch subtile und einfühlsame Leitung bescheinigt werden (Helmut, Richard, Rainer), beinhaltet aber auch eine Ich-Stärkung der männlichen Teilnehmer im Sinne einer größeren Stabilität in der eigenen Geschlechtsidentität.

Der kleine Helmut: In der folgenden Sitzung findet der *zweite Teil der Bearbeitungsphase* statt, das Bauernhofspiel wird durch weitere Einfälle angereichert, die oben geschilderten Dreieckskonstellationen werden konfrontierend und klarifizierend angesprochen und dadurch die Beziehungsstrukturen verdeutlicht.

Helmut ist betroffen, sich nicht gegen den «äpfelnden und pinkelnden Gaul» gewehrt zu haben, und äußert: «Ich kann nicht so blödsinnig rivalisieren, schon gar nicht, wenn eine Frau das von mir erwartet.» Im weiteren Verlauf des Gespräches wird er zunehmend unruhiger und erzählt unvermittelt einen Einfall aus seiner Genese. Im Alter von etwa fünf Jahren sei er in einer Scheune von einem kleineren Mädchen zu Doktorspielen «verführt» worden und habe dies noch später in der Schule und im Religionsunterricht als große Sünde erlebt. Dieses Thema findet großen Anklang bei den Teilnehmern, und da es zum Kontext des Gruppenprozesses paßt, regt der Therapeut ein Spiel an. Es kommt nun zu einem protagonistzentrierten Psychodrama.

In der ersten Szene sitzt Helmut «danach» mit seiner kleinen, lebhaften Freundin im Hühnerstall. Er ist etwa fünf Jahre alt. Für die Rolle des viereinhalbjährigen Mädchens wählt er Vera (siehe Spiel am ersten Abend). Das Mädchen ermuntert ihn zu «weiteren Zärtlichkeiten», sie werden aber von einem kleinen Jungen überrascht, der nach einem beziehungsreichen «Aha» wieder wegläuft. Helmut erlebt dumpf, daß er etwas Schuldhaftes getan haben müsse. Dies leitet über zur nächsten Szene: hier sitzt Helmut einige Zeit später in der Küche und wird von seiner Mutter gefragt, mit wem er denn «Unkeuschheit» getrieben habe. Helmut ist verletzt und enttäuscht, weil die Mutter das ihm gegebene Versprechen brach und den verschlossenen Brief öffnete, in dem Helmut diesen Vorfall für seine erste Beichte aufgeschrieben hatte. Auf die Frage der Mutter schweigt er trotzig und verstockt.

In einigen weiteren kurzen Szenen, die zwischen dem siebenten und 15. Lebensjahr spielen, geht es immer wieder darum, daß die Mutter von Helmut gutes Benehmen und gute Schulleistungen verlangt. So geht der sechsjährige Helmut beispielsweise mit seiner Mutter auf der Straße spazieren. Sie begegnen einer Tante. Helmut muß artig die Hand geben, sich Lobpreisungen über seine Bravheit und guten Schulleistungen anhören und wird insgeheim von der Mutter mit Gesten und festem Händedruck gezwungen, sich ruhig und brav zu verhalten. In anderen Szenen behandelt die Mutter Helmut wie einen Erwachsenen, beklagt sich über den arbeitswütigen Vater, der sonst keine Interessen habe, deutet an, daß dieser sie sexuell vernachlässige und klagt über verschiedene körperliche Beschwerden. So etwa ruft sie den 14jährigen Helmut, der abends vor dem Fernsehgerät sitzt, in eine Ecke des Zimmers, wo sie sich entkleidet, um ihm eine Stelle am Unterarm zu zeigen, wo es ihr weh tue. Helmut ist angewidert und rät ihr unwirsch, einen Arzt aufzusuchen. In einer weiteren Szene sitzt Helmut morgens beim Frühstück und beobachtet die Mutter, die in nachlässiger Kleidung, in der Hand das Nachtgeschirr, an ihm vorbeidefiliert. Voller Ekel sagt er sich, daß er nie heiraten wolle, wenn alle Frauen so seien.

Eine andere Szene zeigt die Familie beim Mittagstisch. Die Mutter versucht, Anerkennung für ihr Essen (ihre Zuwendung) zu erhalten, und bedrängt Helmut und seinen Vater mit Fragen, ob es ihnen schmecke. Der Vater ißt schweigsam und appetitlos, Helmut antwortet formal und lustlos. Insgeheim identifiziert er sich mit dem arbeitsamen Vater und findet die Mutter zu aufdringlich. In allen Szenen fällt auf, daß Helmut beim Rollentausch mit der Mutter diese negativ und eher karikierend darstellt, sich also offenbar schlecht in ihre Position einfühlen kann, während ihm das bei der kurzen Darstellung des Vaters gelingt.

Im Anschluß an die geschilderten Szenen verbalisiert Helmut in einem Monolog, der später zu einem Dialog mit dem Leiter ausgeweitet wird, seine tiefe Enttäuschung, seinen Ärger und sogar Haß auf die Mutter, spricht aber auch über seine Sehnsucht nach deren Liebe und Verständnis. Auf die Frage des Leiters nach einer positiven Erinnerung an die Mutter hat Helmut spontan einen Einfall, der in der nächsten Szene dargestellt wird:

Helmut ist erneut etwa fünf Jahre alt und geht an einem schönen Frühlingstag mit seiner Mutter spazieren. Er ist sehr stolz, findet seine Mutter schön und begehrenswert, möchte sie später heiraten. Nachdem sie ihm ein Eis gekauft hat, begegnen sie erneut der Tante, wie in der oben geschilderten Szene. Nach kurzer Begrüßung verabschieden sich diesmal jedoch beide recht bald und gehen wie zwei Geheimbündler verschwörerisch kichernd auf der Straße weiter. Helmut ist sehr glücklich.

Im *Sharing* zeigen mehrere Gruppenmitglieder ihre gefühlshafte Anteilnahme mit Helmut und berichten über eigene Kindheitserlebnisse mit Doktorspielen und Beziehungen zum gegengeschlechtlichen Elternteil (Rainer, Vera, Ute, Christian). Helmut fühlt sich dadurch bestärkt und erleichtert. Er hat seine erotischen Gefühle für die Mutter wieder entdeckt und kann jetzt die Natürlichkeit dieser Wünsche akzeptieren und auch die damit verbundene Angst vor dem Inzest wahrnehmen. Im weiteren Verlauf der *Bearbeitungsphase* erkennt Helmut, daß seine Aggressionen gegen die Mutter und sein Haß Ausdruck infantiler Abhängigkeitswünsche und einer persistierenden ödipalen Bindung sind und der Abwehr seiner inzestösen Phantasien dienten. Die letzte Spielszene vermittelt ihm eine korrigierende emotionale Neuerfahrung. Im weiteren Feedback kann dann auch die ambivalente, sado-masochistisch getönte Übertragungsbeziehung Helmuts zu Vera aufgelöst werden (vgl. Szene zwischen beiden am Beginn dieses Beispiels). Dies wird erleichtert durch die Tatsache, daß Helmut Vera sowohl in die Rolle des kleinen Mädchens als auch in die seiner Mutter gewählt hatte. Schließlich kann Helmut andeutungsweise erkennen, daß die Wurzeln seines Rivalitätskonfliktes vorwiegend auf seinen negativen Ödipuskomplex zurückgehen. Die Tendenz, «Vaters Bester» zu sein, zeigte sich sowohl in einer der kurzen Spielszenen als auch in der Übertragungsbeziehung zum Therapeuten. Helmut hat an dieser Problematik später weitergearbeitet.

Die Analyse von Helmuts protagonistzentriertem Psychodrama hat im Kontext des Gruppenprozesses eine wichtige Funktion, da sie die Wiederbelebung ödipaler Konstellationen im Hier und Jetzt der Gruppe weiter verdeutlicht. Die Gruppenmitglieder erkennen in dem oben geschilderten Geflecht von Dreiecksbeziehungen die ödipale Problematik. Bei ihrer Durcharbeitung werden nun auch die im Spiel erlebten Rivalitäts-, Neid- und Eifersuchtsgefühle besser integriert. Die dahinter verborgenen Wünsche im Sinne des negativen Ödipuskomplexes, passive Wünsche nach Akzeptiert-, Geliebt- und Bewundertwerden sollten jedoch erst im weiteren Verlauf des Gruppenprozesses durchgearbeitet werden. Das gleiche gilt auch für rivalisierende Auseinandersetzungen mit dem Gruppenleiter.

Die *Diskussion* dieses Fallbeispieles kann wiederum kurz gehalten werden unter Hinweis auf die ausführliche Analyse der Dynamik bei den beschriebenen Sitzungen. Das Hauptthema der Gruppe ist in dieser Phase die Wiederbelebung   185

des Ödipuskomplexes und das intensive Erleben der damit verbundenen Triebkonflikte. Das Fallbeispiel zeigt die Möglichkeiten der KBPD bei der Bearbeitung der ödipalen Triebkonflikte, die sich schon in der ersten Sitzung andeuten
und während der Schiffsreise verstärkt andrängen. Neben der schrittweisen Aufdeckung der Abwehrarrangements der Gruppe auf allen drei Verhaltensebenen
(vgl. HEIGL-EVERS & HEIGL 1973 und Abschnitt 3.2.4.) geht es in der Bearbeitung
darum, die unbewußten Motive stufenweise ins Bewußtsein zu heben. Dieser
Prozeß wird in der Kombination von Gruppenphantasie und Psychodrama emotional gefördert und offenbar auch beschleunigt. Die Teilnehmer können sich
zunehmend aus oralen Fixierungen und passiven Wünschen lösen und auf ihre
aggressiven und libidinösen Impulse einlassen. Im Bauernhofspiel werden ödipale Dreieckskonstellationen und unbewußte inzestuöse Bindungen an den gegengeschlechtlichen Elternteil handelnd erlebt, das protagonistzentrierte Psychodrama Helmuts trägt zur weiteren Klärung und Verdeutlichung bei. Die Natürlichkeit der ödipalen Wünsche und Impulse mit der dazugehörigen Eifersucht und die
Angst vor dem Inzest können bewußt gemacht und bearbeitet, anachronistische
Übertragungsbeziehungen aufgelöst werden. Bei der tiefenpsychologischen
Durcharbeitung erfährt die zentrale psychoanalytische Technik der Deutung mit
ihren von GREENSON (1973) beschriebenen Phasen (Demonstration, Konfrontation, Klärung, Deutung und Durcharbeiten) somit eine Ergänzung durch die
Möglichkeiten der KBPD (vgl. auch Abschnitt 3.1. und 3.2.).

In die geschilderten ödipalen Dreieckskonflikte waren die einzelnen in wechselnden Positionen verstrickt. Gemeinsam war allen der ödipale Konflikt und die
Gefühle von Wut über die Zurückweisung des ausgeschlossenen Dritten und das
frustrierende Objekt, die nach und nach bewußt gemacht und damit überwunden
werden konnten. Dies sollte die Gruppe in ihren weiteren Sitzungen noch beschäftigen, wobei die Durcharbeitung sowohl hinsichtlich persönlicher Konflikte
einzelner als auch der Gesamtgruppe erfolgte.

4. Indikationen, Kontraindikationen

Die Indikation für ein Psychotherapieverfahren beruht auf dem prognostischen
Urteil über die Wirksamkeit dieser Therapie und ist von der therapeutischen
Zielsetzung sowie von der theoretischen Konzeption abhängig. Für die Leistungs-
fähigkeit eines psychotherapeutischen Verfahrens sind eine größere Anzahl von
Faktoren aus dem intrapsychischen, somatischen, interpersonellen und sozialen
Bereich des Patienten bedeutsam. Sie beeinflussen die Erfolgschancen einer Behandlung, können sich ergänzen, potenzieren oder ausgleichen. In der psychotherapeutischen Literatur werden diese Faktoren allgemein unter Prognosegesichts-
punkten betrachtet. Die Komplexität dieser Faktoren erschwert eine präzise Indikationsstellung bei psychotherapeutischen Verfahren allgemein. Für die Einzeltherapie mit dem Katathymen Bilderleben hat LEUNER (1982, 1985) diese Schwierigkeiten aufgezeigt und differenzierte Indikationskriterien dargelegt. Die Indikation zur analytischen Gruppentherapie und die Differentialindikation für die
Einzel- und Gruppenanalyse sind sehr ausführlich von HEIGL und HEIGL-EVERS
(in F. HEIGL 1978) erarbeitet worden. Auf diese Autoren werde ich mich in
186 meinen folgenden Erörterungen vorwiegend beziehen.

Die allgemeinen Prognosekriterien der Neurosentherapie sowie die Indikationskriterien für die tiefenpsychologisch fundierte und analytische Gruppentherapie haben natürlich volle Gültigkeit auch für die Indikationsstellung für die tiefenpsychologisch orientierte Gruppentherapie mit der Kombination Katathymes Bilderleben und Psychodrama (KBPD). Zum gegenwärtigen Zeitpunkt ist es wegen der Komplexität der oben skizzierten Faktoren schwierig, eine systematische und genaue Differentialindikation für die KBPD in Abgrenzung zu der Einzeltherapie einerseits und anderen Gruppentherapieformen andererseits zu stellen. Aufgrund der bisherigen empirisch-klinischen Erfahrungen mit dieser Gruppentherapieform und der vorliegenden Literatur zum KB und Gruppen-KB können dennoch für die Praxis praktikable Kriterien für die Indikation zur KBPD aufgestellt werden.

Meine bisherigen Erfahrungen mit dieser Form der Gruppentherapie erstrecken sich auf ambulante Gruppen von Teilnehmern in Psychotherapieausbildung und die Durchführung von ambulanten Gruppentherapien bei Patienten mit unterschiedlichen Störungen. Diese Therapien wurden in der Ambulanz einer universitären Abteilung für Psychotherapie und Psychosomatik durchgeführt. Es handelte sich um gemischt zusammengesetzte Gruppen (Psychoneurosen, psychosomatische Erkrankungen, leichtere Borderline-Fälle) mit jeweils sechs bis neun Patienten. Die Gruppen wurden nach dem «slow-open-Prinzip» über einen Zeitraum von etwa eineinhalb Jahren geführt, wobei wöchentlich eine Gruppensitzung von 90−100 Minuten stattfand. Aufgrund der Erfahrungen und der vorliegenden Ergebnisse mit diesen Patientengruppen lassen sich im Hinblick auf *Diagnosen* folgende Indikationen für die KBPD aufstellen:

(1) Psychoneurotische Störungen leichten und mittleren Ausmaßes: Angstneurosen und Phobien (insbesondere Herzphobien), neurotische Depressionen, Zwangsneurosen leichteren Grades, Arbeitsstörungen.
(2) Psychosomatische Krankheitsbilder vor allem aus dem Bereich der funktionellen Syndrome (z. B. Magenbeschwerden, funktionelle Herz-, Atem-, Schluckstörungen, Spannungskopfschmerzen), vegetative Störungen und Konversionssymptomatik.
(3) Charakterneurosen leichten und mittleren Ausmaßes.
(4) Narzißtische Neurosen, in begrenztem Maße auch Borderline-Störungen.

Die oben genannten Störungen sind natürlich auch einer Psychoanalyse zugänglich. Die KBPD bietet, aufgrund ihrer zwei zusätzlichen Parameter und der sich daraus ergebenden Spezifika (vgl. Abschnitt 3. dieses Kapitels), zusätzliche Möglichkeiten bei Personen, die aus verschiedenen Gründen für eine psychoanalytische Gruppentherapie nicht in Frage kämen. Hier sind vor allem Patienten mit psychosomatischen Störungen zu nennen, bei denen eine alexithyme Einstellung sehr häufig ist, wie auch einfacher strukturierte Personen (niedriger IQ) beispielsweise, die in der Analyse keine genügende Kommunikationsbasis zum Therapeuten finden können. Insoweit hat die Kombination KBPD einen breiteren Anwendungsbereich, wie das auch vom Einzel-KB und dem Gruppen-KB bekannt ist.

Insbesondere bei *psychosomatischen Patienten*, die wenig introspektionsfähig sind und nur eine bedingte Einsicht in die Psychogenese haben (Festhalten an der Somatogenese als Abwehrverhalten), kann die Teilnahme an einer therapeutischen Gruppe mit der KBPD sehr hilfreich wirken. Das Abwehrverhalten kann in der Gruppe leichter relativiert werden, die Erkenntnis, daß auch andere Menschen seelische Schwierigkeiten haben, erleichtert die Einsicht in die eigene Problematik und ist weniger demütigend. Diese Patienten finden auch über die Interaktionen in der Gruppe leichter Zugang zu ihren abgewehrten Erlebnisbereichen als auf dem Weg der Introspektion. Auch HEIGL-EVERS & HEIGL (in HEIGL 1978) sehen bei psychosomatischen Patienten allgemein eine Indikation zur Gruppentherapie. Diese Patienten können in der KBPD darüber hinaus ihr Verhalten über die spontanen affektiven Antworten der anderen erfassen und verstehen (Rückspiegelung). Sie profitieren besonders durch das psychodramatische Element und können im Rahmen von Stegreifspielen stufenweise mit der Sprache ihrer Gefühle vertraut gemacht werden, worauf EIBACH (1980) hingewiesen hat.

Interessante theoretische Überlegungen ergeben sich aus den Beobachtungen über die Wirkung dieser Gruppentherapieform bei den genetisch gewachsenen Charakterstrukturen im Sinne der Strukturlehre von SCHULTZ-HENCKE (1970). Die Aussage LEUNERS (1985), daß bei Mischstrukturen, die auch einen hysterischen Strukturanteil aufweisen, prognostisch günstigere Aussichten für die Indikation zur KB-Therapie bestehen, läßt sich auch für die KBPD bestätigen. Für ungünstig erachtet LEUNER (1985) Kombinationen von ausgeprägter depressiver mit schizoider oder zwanghafter mit schizoider Struktur und schließlich ausgeprägt schizoide Strukturen, bei denen die KB-Therapie auf Schwierigkeiten stößt. Für das Einzel-KB-Setting ergeben sich daraus bestimmte Modifikationen in der Haltung des Therapeuten. Aus den Erfahrungen mit der Anwendung der KBPD lassen sich diese Aussagen ergänzen und teilweise auch modifizieren.

Bei ausgeprägt *schizoiden Persönlichkeitsstrukturen*, vorwiegend auch solchen mit narzißtischen Persönlichkeitsanteilen sind bei jeder Art von Psychotherapie eine total verläßliche Aufmerksamkeit und Zuwendung des Therapeuten bei einem eine mittlere Distanz einhaltenden Interventionsstil erforderlich. In der KBPD können narzißtische Erwartungen und Bedürfnisse sowie Ansprüche dieser Patienten auf verläßliche Aufmerksamkeit und Gefühlszuwendung von Seiten der anderen teilweise befriedigt werden (vgl. auch Kapitel 3.1.). Andererseits bedeutet ihre Teilnahme in der Gruppe, das «Unter-mehreren-Sein» (HEIGL-EVERS & HEIGL 1972) auch eine Frustration der narzißtischen Zuwendungserwartungen. Die charakteristische Abwehr-Substruktur solcher Patienten, ein partieller schizoider Objektverlust («selektive Unaufmerksamkeit», SULLIVAN 1955) tritt deutlicher in Erscheinung. Daher wird dies Verhalten schneller konflikthaft und Ich-dyston und kann bearbeitet werden. Die Patienten erhalten einen Anreiz für eigene intentionale und emotionale Aktivität.

Depressive Persönlichkeitsstrukturen arbeiten mit der Methode relativ leicht und können davon profitieren. Bei ausgeprägt depressiven Strukturen sowie in Fällen von *neurotischer Depression* gibt es deutliche Grenzen der Indikation, wenn das Ich der Person noch mangelhaft entwickelt ist und starke symbiotische Tendenzen bestehen. Bei diesen Patienten wird man die Indikation sehr sorgfältig stellen müssen (vgl. auch LEUNER 1985 und andere Kapitel dieses Buches). Mit dem Einzel-KB sind in solchen Fällen bei präziser Indikation gute Therapieerfolge erzielt worden (WÄCHTER 1982).

Ausgeprägt *zwanghafte Persönlichkeiten,* die den Abwehrmechanismus der Affektisolierung aufweisen, können sich im KB nur schwer auf Gefühle einlassen. Auch im Gruppen-KB fehlt ihnen die notwendige emotionale Beteiligung.

Bei der manifesten Zwangsneurose ist dies prognostisch sehr belastend (LEUNER 1985). Das Verhalten solcher Patienten ist durch die Tendenz bestimmt, weder bei sich noch in ihrer Umwelt Veränderungen und Wandel zuzulassen. In der KBPD erleben diese Patienten einen gewissen Schutz und eine Ausweichmöglichkeit bei Einsatz der psychodramatischen Elemente. Eine Indikation zur Gruppentherapie bei diesen Patienten besteht auch unter dem Aspekt der Unvorhersehbarkeit der Folgen des eigenen Tuns (HEIGL-EVERS & HEIGL 1972). In der Pluralität der Gruppe geschieht früher oder später Unvorhergesehenes beispielsweise im Sinne spontaner Feedbacks, das Stegreifspiel kann es diesen Patienten erleichtern, sich schrittweise auf mehr einzulassen und das Risiko zu akzeptieren, das für sie im Probieren und Experimentieren liegt.

Die Unvorhersehbarkeit der Folgen des eigenen Tuns als charakteristisches Merkmal der Pluralität (HEIGL-EVERS & HEIGL 1972) bildet auch die Grundlage für die Indikation von Gruppentherapie bei Patienten mit ausgeprägter bzw. stark vorherrschender *hysterischer Persönlichkeitsstruktur.* Dies sind Patienten mit Abwehr-Substrukturen, die durch Leugnung unliebsamer Aspekte der Realität mit Hilfe der Phantasie charakterisiert sind. In der Einzel-Therapie (auch in der Einzel KB-Therapie) besteht bei diesen Patienten die Gefahr, daß sie das verbindliche Engagement zur Substrukturierung ihres Ich vermeiden oder in ihrem Übertragungsangebot im Sinne einer vermehrten «Rollentüchtigkeit» abwehren (LEUNER 1985). Ihr Abwehrverhalten ist oft auch durch eine Überproduktion von imaginativem Material gekennzeichnet, was bei der Durchführung des Gruppen-KB oft anregend, aber auch hinderlich sein kann. In der Pluralität einer therapeutischen Gruppe erleben diese Patienten die Folgen ihres Tuns, ihre Tendenz des «Nicht-ernst-Nehmens» (HEIGL-EVERS 1967) oder des «Nicht-wahrhaben-Wollens» wird ihnen allmählich bewußt. Bei diesen Patienten können in der Kombination ihre oft sehr eindrucksvollen KB-Inhalte mit Hilfe des Psychodramas konkretisiert und damit realitätsnäher gemacht werden.

Bei *Ich-strukturell gestörten* Patienten (Borderline-Fällen und narzißtischen Syndromen) sollte eine Indikation für die KBPD sehr sorgfältig gestellt werden. Diese Patienten können häufig plastisch imaginieren, sie erfahren durch das KB oft eine schnelle Entlastung (LEUNER 1985). Andererseits können starke regressive Tendenzen und damit archaisches, extrem affektgeladenes Material mobilisiert werden. Schon diese Tatsache erfordert auch in der Einzel-KB-Therapie einen klinisch erfahrenen Therapeuten. Auch bei diesen Patienten kann der Einsatz der Kombination und somit auch der psychodramatischen Techniken deutlichen Realitätsbezug herstellen und Struktur vermitteln.

Bei den oben aufgeführten Indikationen, die sich auf gebräuchliche Diagnosen bzw. eine vorherrschende Leitsymptomatik sowie auf die verschiedenen Persönlichkeitsstrukturen beziehen, sind für die Behandlungsprognose noch einige weitere Schwerpunkte wichtig, die ich nur kurz skizzieren möchte (vgl. LEUNER 1985).

Positiv zu bewerten sind eine relativ kurze Dauer der Symptomatik, hoher Leidensdruck, Fähigkeit und Bereitschaft zur Mitarbeit. *Belastend* für die Prognose sind: eine länger dauernde Symptomatik (über vier bis fünf Jahre), fehlender Leidensdruck, passive Erwartungshaltungen, starke Gefügigkeit und Neigung zu Bequemlichkeit, Zeichen der Verwöhnung, Koppelung der Symptomatik mit

Charakterstörungen, hoher sekundärer Krankheitsgewinn, schwere, nicht aufhebbare äußere Schicksalssituationen.

Schließlich sind für die Indikation zu dieser Form von Gruppentherapie noch einige Merkmale und Bedingungen wichtig, die auch von anderen Formen der ambulanten Gruppentherapie bekannt sind:

Die Patienten sollten unter den Bedingungen des Alltags ihr Leben noch gestalten können (beispielsweise hinsichtlich der Arbeitssituation). Sie sollten über ausreichende Ich-Stärke verfügen, um die Psychotherapie in einer Gruppe auszuhalten, sowie die Motivation mitbringen, sich von ihren Störungen zu befreien. Schließlich ist die absolute Freiwilligkeit der Behandlung hervorzuheben, aufgrund derer auch die Mitverantwortung für Therapie und Behandlungserfolg dem Patienten übertragen werden kann.

Die *Kontraindikationen* der KBPD sind deutlicher abzugrenzen und entsprechen im Grunde genommen auch den Kontraindikationen zum Einzel- und Gruppen-KB (vgl. LEUNER 1985 sowie andere Kapitel dieses Buches). Folgende Diagnosen erscheinen kontraindiziert:

(1) akute Psychosen
(2) schwere (auch neurotische) Depressionen mit Suicidalität
(3) schwere narzißtische Neurosen und ausgeprägte Borderline-Störungen
(4) schwere charakterneurotische Veränderungen (etwa ausgeprägte hysterische Charakterneurosen)
(5) schwere Psychosomatosen (etwa Colitis ulcerosa und Asthma bronchiale) in akuten Stadien
(6) hirnorganische Syndrome
(7) stark belastende, akute Konfliktsituationen, bei denen die Patienten Gefahr laufen, mit Konfliktmaterial überschwemmt zu werden. Hier ist eine Einzel-Therapie (Krisenintervention) günstiger.

Ein weiterer Gesichtspunkt, der für die Indikationsstellung und Gruppenzusammensetzung wichtig erscheint, sind die anvisierten *therapeutischen Ziele*. Die Kombination kann folgendermaßen eingesetzt werden:

– langfristig die Lebensgeschichte aufdeckend und durcharbeitend, wobei ähnliche Phänomene wie bei der Analyse auftreten, Regression, Übertragung und Widerstandsarbeit;
– konfliktzentriert und gegenwartsbetont im Sinne einer Fokaltherapie;
– verhaltensmodifizierend und im Sinne eines übenden Verfahrens; und
– zukunftsbezogen, wobei das konkrete Durchspielen einer gegenwärtigen oder in naher oder ferner Zukunft anstehenden Problemsituation anschaulicher und wirksamer gemacht werden kann als das Probehandeln im Denken oder in der Imagination.

Aufgrund dieser Möglichkeiten ergibt sich auch die Indikation, das Verfahren in der *Selbsterfahrung* bei Kandidaten in psychotherapeutischer Ausbildung einzusetzen. Auch hiermit konnte ich langjährige Erfahrungen sammeln. Die fraktionierten Selbsterfahrungsgruppen (in der Regel über einen Zeitraum von eineinhalb bis zwei Jahren) umfaßten 70–100 Doppelstunden und wurden teils als geschlossene, teils als langsam offene Gruppen durchgeführt. Über diese Erfahrungen wird gesondert berichtet werden.

Wie schon mehrfach erwähnt (vgl. Kapitel 3.1., 3.2.), kann in dieser Form der Gruppentherapie durch seine konstituierenden Elemente (KB und Psychodrama) wie in anderen intensiven Erlebnistherapien Konfliktmaterial schneller aufgefunden werden. Die notwendige Durcharbeitung dieses Konfliktmaterials kann jedoch nicht mit technischen Kunstgriffen verkürzt werden, sie ist wie in jeder ernst zu nehmenden Psychotherapie nur durch ruhige, kontinuierliche Arbeit in kleinen Schritten zu erreichen, um einen Prozeß des persönlichen Wachstums bzw. der Nachreifung beim Patienten zu ermöglichen.

Die Arbeit mit *ambulanten Patientengruppen* in dem oben geschilderten Setting hat sehr ermutigende Erfahrungen und Resultate erbracht. Es konnten eine Reihe von Patienten behandelt werden, die üblicherweise für eine analytische Therapie nicht geeignet erschienen, andererseits von einer rein stützenden oder auch psychiatrischen Behandlung zu wenig profitiert hätten. Die detaillierten Ergebnisse dieser Arbeit auch im Sinne eines prä/post-Vergleiches von Testuntersuchungen und illustrative Fallbeispiele sollen in einer gesonderten Arbeit (WÄCHTER 1986) behandelt werden, da sie den Rahmen dieses Beitrages sprengen würden. Die hier vorgestellten Vorgehensweisen, Konzeptualisierungen und technischen Möglichkeiten dieses integrativen Modells sind sicherlich noch weiter ausbaufähig und ergänzungsbedürftig. Weitere Studien zur Wirksamkeit dieser Gruppentherapieform sind geplant.

5.   Zusammenfassung

Die Kombination der Gruppenimagination des Katathymen Bilderlebens mit dem Psychodrama ist eine tiefenpsychologisch fundierte Gruppenpsychotherapie. Ihr Ziel ist, wie in der analytischen Gruppentherapie, dem Patienten Einsichten in unbewußte, konflikthafte Objektbeziehungen zu vermitteln, deren infantile Wurzeln und aktuelle Auswirkungen in der Gruppensituation. Damit sollen ihm korrigierende emotionale Erfahrungen sowie Änderungen im Denken und Verhalten ermöglicht werden. Die tiefenpsychologisch fundierte Gruppentherapie der Kombination des Katathymen Bilderlebens mit dem Psychodrama (KBPD) bedient sich der aus der analytischen Gruppentherapie bekannten Konzepte, integriert Erkenntnisse über die Entwicklung der Phänomene in minimal strukturierten Gruppen und berücksichtigt die Entwicklungsphasen dieses Prozesses. Sie orientiert sich an den Erklärungsprinzipien und Zielsetzungen des «Göttinger gruppentherapeutischen Modells» von HEIGL-EVERS & HEIGL (1973, 1976, 1979). Vor diesem tiefenpsychologischen Hintergrund wird das Katathyme Bilderleben in der Gruppe (GKB) nach den dafür erarbeiteten Prinzipien angewandt (vgl. Kapitel II dieses Bandes) und mit Elementen des klassischen Psychodramas (MORENO 1973; LEUTZ 1974) kombiniert. Das Katathyme Bilderleben und das Psychodrama sind zwei zusätzliche Parameter in der Gruppenarbeit, durch deren Anwendung der Gruppenprozeß strukturiert und intensiviert werden kann. Dadurch ergeben sich Modifikationen des therapeutischen Vorgehens im Vergleich mit der analytischen Gruppentherapie.

In den ersten Kapiteln werden die Prinzipien analytischer Gruppenpsychotherapie, des Katathymen Bilderlebens in der Gruppe und des Psychodramas sowie Gemeinsamkeiten und Ergänzungen dieser Methoden zusammenfassend beschrieben. Anschließend wird das theoretische Konzept, das Setting und werden einige Möglichkeiten der von mir entwickelten tiefenpsychologisch fundierten Gruppentherapie mit der Kombination Katathymes Bilderleben und Psychodrama dargestellt. Die praktische Anwendung dieses integrativen Modells wird an vier Fallbeispielen erläutert. Abschließend werden die Indikationen und Kontraindikationen diskutiert.

Anhang I

Bücher zum KB

Leuner, H.: Katathymes Bilderleben, Grundstufe – ein Seminar. Thieme, Stuttgart 1982[3].
Leuner, H. (Hrsg.): Katathymes Bilderleben, Ergebnisse in Theorie und Praxis. Huber, Bern/Stuttgart/Wien 1983[2].
Leuner, H.: Lehrbuch des Katathymen Bilderlebens. Huber, Bern/Stuttgart/Toronto 1985.
Leuner, H., Horn, G., Klessmann, E. A.: Katathymes Bilderleben mit Kindern und Jugendlichen. Reinhardt, München/Basel 1978[2].
Leuner, H., Lang, O. (Hrsg.): Psychotherapie mit dem Tagtraum, Katathymes Bilderleben, Ergebnisse II, Fallanalysen, Theorie. Huber, Bern/Stuttgart/Wien 1982.
Roth, J. W. (Hrsg.): Konkrete Phantasie, neue Erfahrungen mit dem Katathymen Bilderleben. Huber, Bern/Stuttgart/Toronto 1984.

Zusammenfassende Darstellungen in Handbüchern

Bastine, R. (Hrsg.): Grundbegriffe der Psychotherapie. Edit. Psychologie, Verl. Chemie, Weinheim 1982.
Battegay, R. (Hrsg.): Handwörterbuch der Psychiatrie. Enke, Stuttgart 1984.
Corsini, R. J. (Hrsg.): Handbuch der Psychotherapie. Beltz, Weinheim/Basel 1983
Toman, W., Egg, R. (Hrsg.): Handbuch der Psychotherapie. Kohlhammer, Stuttgart 1985.

Anhang II

Zur Weiterbildung in dem Verfahren des Katathymen Bilderlebens in der Gruppe

In der Bundesrepublik Deutschland werden regelmäßige Weiterbildungsseminare mit jeweils 50 Doppelstunden in München, Düsseldorf, Bonn, Karlsruhe, Hamburg, Berlin und Göttingen abgehalten. Diese sind gefordert für die Weiterbildung zum Therapeuten im Katathymen Bilderleben.

Auskunft in Deutschland erteilt das Institut für Katathymes Bilderleben, 3400 Göttingen, Friedländer Weg 30, Tel. 0551/46754. Auskunft in Österreich erteilt das Sekretariat der Österreichischen Arbeitsgemeinschaft für Katathymes Bilderleben (ÖAGKB), c/o Prof. Dr. O. Lang, Bayernstr. 19, A-5020 Salzburg, Tel. 0043-662-845435.

Zur Weiterbildung zum Gruppentherapeuten im Katathymen Bilderleben ist ein curriculares Weiterbildungsprogramm aufgestellt worden.

Unabhängig davon wird in allen zentralen und regionalen Weiterbildungsseminaren des Institutes für Katathymes Bilderleben und der der Internationalen Gesellschaft angeschlossenen Arbeitsgemeinschaften in Österreich und der Schweiz ein auf zehn Doppelstunden begrenztes Gruppenseminar angeboten. Es soll die Weiterbildungskandidaten mit der Gruppentechnik vertraut machen und Selbsterfahrung vermitteln.

Literatur

Alexander, F.; French, Th. M.: Psychoanalytic therapy, principles and application. Ronald Press, New York 1946.

Anastasi, A.: Fields of applied psychology. New York 1964. Deutsch: Angewandte Psychologie. Beltz, Weinheim, Basel 1973.

Arendt, H.: Vita activa oder vom tätigen Leben. Piper, München 1960.

Argelander, H.: Gruppenanalyse unter Anwendung des Strukturmodells. Psyche, *22*, 913–933, 1968.

Argelander, H.: Gruppenprozesse. Wege zur Anwendung der Psychoanalyse in Behandlung, Lehre und Forschung. Rowohlt, Reinbek 1972.

Argyle, M.: Bodily communication. London 1975.

Arlow, J. A.: Konflikt, Regression und Symptombildung. Psyche, *17*, 23, 1963.

Bales, R. F.: Personality and interpersonal behavior. New York 1970.

Bales, R. F.; Strodtbeck, F. L.: Phases in group problem solving. In: Carthwright, D.; Zander, A. (eds.): Group Dynamics in research and theory. Evanston, Ill. 1953.

Balint, M.: Der Arzt, sein Patient und die Krankheit. Klett, Stuttgart 1957.

Balint, M.: Die Urformen der Liebe und die Technik der Psychoanalyse. Huber/Klett, Bern/Stuttgart 1966.

Balint, M.: Therapeutische Aspekte der Regression. Klett, Stuttgart 1970.

Bandura, A.: Principles of behavior modification. Holt, Rinehart & Winston, London, New York 1969.

Barolin, G. S.; Bartl, G.; Krapf, G.: Spontane kontrollierte Altersregression im Katathymen Bilderleben. Psychoth. med. Psychol., *32*, 111–117, 1982.

Bartl, G.: Persönliche Mitteilung. Zitiert nach H. M. Wächter, 1984a.

Bartl, G.: Der Umgang mit der Grundstörung im Katathymen Bilderleben. In: Roth, J. W. (Hrsg.): Konkrete Phantasie. Neue Erfahrungen mit dem Katathymen Bilderleben. Huber, Bern, Stuttgart, Wien 1984b.

Bateson, G.: Ökologie des Geistes. Suhrkamp, Frankfurt 1981, S. 270–301.

Battegay, R.: Der Mensch in der Gruppe, Band I–II. Huber, Bern, Stuttgart 1967 u. 1969.

Battegay, R.: Gruppendynamische Prozesse II: Katharsis – Einsicht – Wandlung. In: Preuss, H. G. (Hrsg.): Analytische Gruppenpsychotherapie. Rowohlt, Reinbek 1972.

Battegay, R.: Erinnern, Einsicht, soziales Lernen in der therapeutischen Gruppe – vom Umgang mit den Informationen in der Gruppe. Praxis d. Psychother., *4*, 165–178, 1977.

Becker, H.: Konzentrative Bewegungstherapie (KBT). Thieme, Stuttgart 1981.

Bennis, W. G.; Shepard, H. A.: A Theory of group development. Human Relations, *9*, 415–457, 1956.

Berger, M.; Rosenbaum, M.: Notes on help-rejecting complainers. Int. J. Group Psychother., *17*, 357–370, 1967.

Berne, E.: Spiele für Erwachsene. Rowohlt, Reinbek 1967.

Binswanger, R.: Widerstand und Übertragung im Psychodrama. Gruppenpsychother. Gruppendynamik, *15*, 222–242, 1980.

Bion, W. R.: Erfahrungen in Gruppen und andere Schriften. Klett, Stuttgart 1971.

Brenner, C.: On the Nature and Development of Affects: A Unified Theory. Psychoanalytic Quarterly, *43*, 532–556, 1974.

Breuer, K.; Kretzer, G.: Beziehungen zwischen Gesprächspsychotherapie und Katathymem Bilderleben. In: Ausgewählte Vorträge der Zentralen Weiterbildungsseminare der AGKB. Selbstverlag, Göttingen 1974.

Brody, S.: Syndrome of the treatment-rejecting patient. Psychoanal. Rev., *51*, 75 81, 1964.

Ciompi, L.: Psychoanalyse und Systemtheorie – ein Widerspruch? Ein Ansatz zu einer psychoanalytischen Systemtheorie. Psyche, *35*, 66–86, 1981.

Ciompi, L.: Affektlogik. Klett-Cotta, Stuttgart 1982.

Cohn, R. C.: Das Thema als Mittelpunkt interaktioneller Gruppen. Gruppenpsychother. Gruppendynamik, *3*, 251–259, 1970.

Cohn, R. C.: Von der Psychoanalyse zur themenzentrierten Interaktion. Klett, Stuttgart 1975.

Danis, J.: Symbolik. Selbstverlag Danis, München 1977.

Danis, J.: Narzißmus und Abhängigkeit. Diotima, München 1981.

Dührssen, A.: Analytische Psychotherapie in Theorie, Praxis und Ergebnissen. Vandenhoeck und Ruprecht, Göttingen 1972.

Eckert, J. et al.: Heilfaktoren in der Gruppenpsychotherapie. Gruppenpsychother. Gruppendynamik, *17*, 142–162, 1981.

Eibach, H.: Der Einsatz des Psychodramas bei Psychosomatikern in Bezug auf die Kriterien der analytischen Kurztherapie. Gruppenpsychother. Gruppendynamik, *15*, 315–329, 1980.

Eibach, H.: Die Psychodynamik einer chronischen Herzneurose im Lichte des Katathymen Bilderlebens – Behandlung und zugleich ein Beitrag zur «endlichen Analyse». In: Leuner, H.; Lang, O. (Hrsg.): Psychotherapie mit dem Tagtraum. Huber, Bern, Stuttgart, Wien 1982.

Eidelberg, L.: A contribution to the study of the masturbation phantasy. Int. J. Psychoanal., *26*, 127, 1945.

Enke, H.: Die analytische Orientierung des Gruppentherapeuten in der Klinik. In: Heigl-Evers, A. (Hrsg.): Psychoanalyse und Gruppe. Vandenhoeck & Ruprecht, Göttingen 1971, 88–100.

Enke, H.: Ferchland, E.: Analytische Gruppenpsychotherapie und deren Soziodynamik in der psychotherapeutischen Klinik. In: Preuss, H. G. (Hrsg.): Analytische Gruppenpsychotherapie, Grundlagen und Praxis. Rowohlt, Reinbek 1972.

Erikson, E. H.: Das Problem der Identität. Psyche, *10*, 114–176, 1956/1957.

Erikson, E. H.: Kindheit und Gesellschaft. Klett, Stuttgart 1961.

Erikson, E. H.: Identität und Lebenszyklus. Suhrkamp, Frankfurt/M. 1973.

Ermann, M.; Göllner, R.; Schütte-Klinckwort, G.; Seifert, Th.: Pragmatismus und Methodenpluralismus in der analytischen Gruppenpsychotherapie. Gruppenther. Gruppendyn., *9*, 1973.

Ermann, M.: Zur analytischen Psychotherapie von Patienten mit strukturellen Ich-Störungen in der Gruppe. Gruppenpsychother. Gruppendynamik, *18*, 84–91, 1982.

Ertel, S.: Neue soziometrische Perspektiven. Psychol. Forsch., *28*, 329–362, 1965.

Essen, S.: Individualpsychologie und Psychodrama. Int. Ther., *5/1–2*, 99–118, 1979.

Ezriel, H.: Bemerkungen zur psychoanalytischen Gruppentherapie. Psychiatry, *15*, 119–126, 1952.

Fairbairn, W. R. D.: Psychoanalytic Studies of the Personality. Tavistock-Publication, London 1952.

Foulkes, S. H.; Anthony, E. J.: Group psychotherapy. Penguin Books [2]1965.

Foulkes, S. H.: Gruppenanalytische Psychotherapie. Reinhardt, München 1974.

Franzke, E.: Zur Indikation gestalterischer Verfahren in der analytischen Psychotherapie. Z. Psychosom. Med. u. Psychoanal., *18*, 29–47, 1972.

Freiwald, M.; Liedtke, R.; Zepf, S.: Die Imagination des erkrankten Organs von Patienten mit Colitis ulcerosa und funktionellen Herzbeschwerden im Experimentellen Katathymen Bilderleben. Psychoth. med. Psychol., *25*, 15, 1975.

Freud, A. (1936): Das Ich und die Abwehrmechanismen. Kindler, München 1975[7].

Freud, A.: Wege und Irrwege in der Kinderentwicklung. Huber, Bern/Klett, Stuttgart 1968[2].

Freud, S. (1895): Studien über Hysterie. GW. I. Imago, London 1952.

Freud, S. (1900): Die Traumdeutung. GW. II/III. Imago, London 1942.

Freud, S. (1914): Erinnern, Wiederholen und Durcharbeiten. GW. X. Imago, London 1952, 125–136.

Freud, S. (1916/17): Vorlesungen zur Einführung in die Psychoanalyse. GW. XI. Fischer, Frankfurt/M. 1966[4].

Freud, S. (1923): Das Ich und das Es. GW. XIII. Imago, London 1955[3].

Freud, S. (1937): Die endliche und die unendliche Analyse. GW. XVI. Imago, London 1950.

Freud, S. (1938): Der Moses des Michelangelo. GW. X. Imago, London 1946, 172–201.

Freud, S. (1940): Abriß der Psychoanalyse. GW. XIII. Imago, London 1952.

Friedemann, A.: Psychodrama und sein Platz in der Psychoanalyse. Gruppendyn. Forsch. Prax., *2*, 92–96, 1975.

Fromm, E.: Märchen, Mythen, Träume. Eine Einführung in das Verständnis einer vergessenen Sprache. In: Fromm, E.: Sozialistischer Humanismus und humanistische Ethik. Gesamtausgabe, Bd. 9. DVA, Stuttgart 1981.

Fürstenau, P.: Praxeologische Grundlagen der Psychoanalyse. In: Pongratz, C. J.; Wewetzer, K. H. (Hrsg.): Handbuch der Psychologie, Bd. 8.1: Klinische Psychologie I. Hogrefe, Göttingen 1976.

Fürstenau, P.: Analysieren als Beruf. Vortrag gehalten auf der Arbeitstagung der Deutschen Psychoanalytischen Vereinigung in Stuttgart, Nov. 1979.

Fürstenau, P.: Konsequenzen der systemtheoretischen Orientierung für die psychoanalytische Gruppentherapie. Gruppenpsychotherapie und Gruppendynamik, *18*, 1982.

Fürstenau, P.: Paradigmawechsel in der Psychoanalyse. In: Studt, H. H. (Hrsg.): Psychosomatik in Forschung und Praxis. Urban & Schwarzenberg, München 1983.

Gitelson, M.: Zitiert nach Kutter, P., 1976.

Greenson, R. R.: Technik und Praxis der Psychoanalyse. Klett, Stuttgart 1975.

Grinerg, L.; Langer, M.; Rodrigué, E.: Psychoanalytische Gruppentherapie. Klett, Stuttgart 1960.

Grünholz, G.: Vom LSD zur Selbsthypnose in katathymer Erfahrung, Kunst und Therapie. Z. Psychoth. med. Psychol., *21*, 74, 1971.

Grunebaum, H.: A soft-hearted review of hard nosed research on groups. Internat. J. Group Psychother., *25*, 185–197, 1975.

Guntern, G.: Die kopernikanische Revolution in der Psychotherapie: der Wandel vom psychoanalytischen zum systemischen Paradigma. Fam. dyn., *5*, 2–41, 1980.

Hadden, S. B.; Preuss, H. G.: Möglichkeiten der Gruppenpsychotherapie im Allgemeinkrankenhaus (zur Grppenpsychotherapie psychosomatischer Krankheiten). In: Preuss, H. G.: Analytische Gruppenpsychotherapie, Grundlagen und Praxis. Rowohlt, Reinbek 1972.

Haley, J.: Direktive Familientherapie. Pfeiffer, München 1977.

Haley, J.: Gemeinsamer Nenner Interaktion. Pfeiffer, München 1978.

Heigl, F.: Zum strukturellen Denken in der Psychoanalyse. In: Schelkopf, A.; Elhardt, S. (Hrsg.): Aspekte der Psychoanalyse. Vandenhoeck & Ruprecht, Göttingen 1969.

Heigl, F.: Dauer und Wandel, Struktur und Prozeß in der Gruppenpsychotherapie. Prax. Psychother., *6*, 241–248, 1977.

Heigl, F.: Indikation und Prognose in Psychoanalyse und Psychotherapie. Vandenhoeck & Ruprecht, Göttingen 1978[2].

Heigl-Evers, A.: Zur Behandlungstechnik in der analytischen Gruppentherapie. Z. psychosom. Med., *13*, 266–276, 1967.

Heigl-Evers, A.: Die Gruppe unter soziodynamischem und antriebspsychologischem Aspekt. In: Preuss, H. G. (Hrsg.): Analytische Gruppenpsychotherapie. Rowohlt, Reinbek 1972.

Heigl-Evers, A.: Konzepte der analytischen Gruppenpsychotherapie. Vandenhoeck & Ruprecht, Göttingen 1978[2]a.

Heigl-Evers, A.: Was ist Gruppenpsychotherapie? Prinzipien der Psychotherapie in Gruppen. Prax. Psychother., *23*, 53–62, 1978b.

Heigl-Evers, A.; Heigl, F.: Für wen ist Gruppenpsychotherapie geeignet? In: Heigl-Evers, A.: Psychoanalyse und Gruppe. Vandenhoeck & Ruprecht, Göttingen 1971.

Heigl-Evers, A.; Heigl, F.: Rolle und Interventionsstil des Gruppenpsychotherapeuten. Gruppenpsychother. Gruppendynamik, *5*, 152–171, 1972.

Heigl-Evers, A.; Heigl, F.: Gruppentherapie: Interaktionell-tiefenpsychologisch fundiert (analytisch orientiert) – psychoanalytisch. Gruppenpsychother. Gruppendynamik, 7, 132–157, 1973.

Heigl-Evers, A.; Heigl, F.: Zur tiefenpsychologisch fundierten oder analytisch orientierten Gruppenpsychotherapie des Göttinger Modells. Gruppenpsychother. Gruppendynamik, *9*, 237–266, 1975.

Heigl-Evers, A.; Heigl, F.: Zum Konzept der unbewußten Phantasie in der psychoanalytischen Gruppentherapie des Göttinger Modells. Gruppenpsychother. Gruppendynamik, *11*, 6–22, 1976.

Heigl-Evers, A.; Heigl, F.: Die Initialphase in der Arbeit mit Gruppen. Gruppenpsychother. Gruppendynamik, *14*, 105–116, 1979a.

Heigl-Evers, A.; Heigl, F.: Interaktionelle Gruppenpsychotherapie. In: Heigl-Evers, A.; Streeck, U. (Hrsg.): Psychologie des 20. Jahrhunderts, Bd. VIII: Lewin und die Folgen. Kindler, München 1979b, 850–858.

Heigl-Evers, A.; Heigl, F.: Die psychosozialen Kompromißbildungen als Umschaltstellen innerseelischer und zwischenmenschlicher Beziehungen. Gruppenpsychother. Gruppendynamik, *14*, 310–325, 1979c.

Heigl-Evers, A.; Heigl, F.: Konzepte der analytischen Gruppenpsychotherapie. In: Heigl-Evers, A. (Hrsg.): Psychologie des 20. Jahrhunderts, Bd. VIII. Kindler, Zürich 1979/1980.

Heigl-Evers, A.; Heigl, F.: Zum interaktionellen Prinzip in der Psychoanalyse. Schleswig-Holsteinisches Ärzteblatt, *4*, 234, 1980.

Heigl-Evers, A., Heigl, F.: Tiefenpsychologisch fundierte Psychotherapie – Eigenart und Interventionsstil. Ztschr. Psychosom. Med., *28*, 160–175, 1982.

Heigl-Evers, A.; Heigl, F.: Das interaktionelle Prinzip. Ztschr. Psychosom. Med., *29*, 1–14, 1983a.

Heigl-Evers, A.; Heigl, F.: Was ist tiefenpsychologisch fundierte Psychotherapie? Psychother. med. Psychol., *33*, 63–68, 1983b.

Heigl-Evers, A.; Schulte-Herbrüggen, O.: Zur normativen Verhaltensregulierung in Gruppen. Gruppenpsychother. Gruppendynamik, *12*, 226–241, 1977.

Henle, I.: Die Anwendung des Katathymen Bilderlebens bei der Therapie der ehelichen Virginität.

In: Leuner, H.; Lang, O. (Hrsg.): Psychotherapie mit dem Tagtraum. Katathymes Bilderleben, Ergebnisse II, Fallanalysen, Theorie. Huber, Bern, Stuttgart, Wien 1982.

Henne, A.: Psychodramatherapie im Rahmen der analytischen Psychologie von C. G. Jung. Integr. Ther., *1/2*, 72−98, 1979.

Heuner, K.: Expression in music: A discussion of experimental studies and theories. Psychoanal. Rev., *42*, 186−204.

Holfeld, H.; Leuner, H.: Die Behandlung einer chronisch rezidivierenden psychogenen Psychose. In: Leuner, H.; Lang, O. (Hrsg.): Psychotherapie mit dem Tagtraum. Katathymes Bilderleben, Erlebnisse II, Fallanalysen, Theorie. Huber, Bern, Stuttgart, Wien 1982.

Horn, G.: Therapie eines schwer gestörten Jugendlichen mit dem Katathymen Bilderleben. In: Leuner, H.; Horn, G.; Klessmann, E.: Katathymes Bilderleben mit Kindern und Jugendlichen. Reinhardt, München/Basel 1978[2].

Hubschmid, T.: Psychiatrisches Denken − Systemisches Denken. Fam. dyn., *6*, 366−378, 1981.

Hurvich, M.: Zum Begriff der Realitätsprüfung. Psyche, *26*, 853, 1972.

Jacobson, E.: Das Selbst und die Welt der Objekte. Suhrkamp, Frankfurt/M. 1973.

Jung, C. G.: Der Mensch und seine Symbole. Walter, Olten 1968.

Jung, C. G.: Zitiert n. Franz, M.-L. v.: Die aktive Imagination in der Psychologie C. G. Jungs. In: Bitter, W. (Hrsg.): Meditationen in Religionen und Psychotherapie. Klett, Stuttgart 1957.

Kellermann, P. F.: Übertragung, Gegenübertragung und Tele − eine Studie der therapeutischen Beziehung in Psychoanalyse und Psychodrama. Gruppenpsychother. Gruppendynamik, *15*, 188−205, 1980.

Kernberg, O. F.: Borderline-Störungen und pathologischer Narzißmus. Suhrkamp, Frankfurt/M. 1978.

Kernberg, O. F.: Objektbeziehungen und Praxis der Psychoanalyse. Klett/Cotta, Stuttgart 1981.

Klein, H.; Steglich, W.: Mündliche Mitteilungen zu Versuchen einer modifizierten stationären Gruppenpsychotherapie mit dem GKB bei psychotischen Patienten. Gießen 1976.

Klein, M.: Das Seelenleben des Kleinkindes. Klett, Stuttgart 1962.

Klessmann, E.: Therapiemöglichkeiten bei jüngeren Drogenkonsumenten in der Erziehungsberatungsstelle einer Kleinstadt. Prax. Kinderpsychol., *22*, 225−230, 1973.

Klessmann, E.: Katathymes Bilderleben in der Gruppe bei jüngeren Drogenkonsumenten. In: Leuner, H.; Horn, G.; Klessmann, E.: Katathymes Bilderleben mit Kindern und Jugendlichen. Reinhardt, München 1977.

Klessmann, E.: Möglichkeiten der Integration einzel- und familientherapeutischer Ansätze. Ein Erfahrungsbericht. Fam. dyn., *7*, 139−149, 1982.

Koch, W.: Kurztherapie einer zwangsstrukturierten Neurose mit dem Katathymen Bilderleben. Z. Psychoth. med. Psychol., *19*, 187, 1969.

König, K.: Theoretisches Konzept und Interventionstechnik des Gruppentherapeuten unter Berücksichtigung seiner gruppendynamischen Position. Gruppenpsychother. Gruppendynamik, *7*, 158−179, 1973.

König, K.: Arbeitsbeziehungen in der Gruppenpsychotherapie − Konzept und Technik. Gruppenpsychother. Gruppendynamik, *8*, 152−166, 1974a.

König, K.: Induzierte szenische Spontandarstellungen (ISS) in therapeutischen Gruppen. Gruppenpsychother. Gruppendynamik, *1*, 15−21, 1974b.

König, K.: Der Gebrauch von Rekonstruktionen in der analytischen Gruppenpsychotherapie. Gruppenpsychother. Gruppendynamik, *9*, 26−31, 1975.

König, K.: Übertragungsauslöser − Übertragung − Regression in der analytischen Gruppe. Gruppenpsychother. Gruppendynamik, *10*, 220−232, 1976.

König, K.: Strukturierende Faktoren in Gruppenpsychotherapie und Gruppenarbeit − Wer oder was strukturiert einen Gruppenprozeß? Gruppenpsychother. Gruppendynamik, *11*, 211−220, 1977a.

König, K.: Der Therapeut als Beobachter, Interpret, Schrittmacher und Teilnehmer der Gruppe. Prax. Psychoth., *6*, 249−256, 1977b.

König, K.; Sachsse, U.: Zeitlimitierung in der klinischen Psychotherapie. In: Heigl, F.; Neun, H. (Hrsg.): Stationäre Psychotherapie, Bd. II. Vandenhoeck & Ruprecht, Göttingen 1980.

Kohut, H.: Narzißmus. Eine Theorie der psychoanalytischen Behandlung narzißtischer Persönlichkeitsstörungen. Suhrkamp, Frankfurt/Main 1973.

Kornadt, H.-J.: Experimental excited images an function of dynamic systems. Proceedings of the XIII. Congress Int. Ass. Applied Psychol., Rom 1958.

Kornadt, H.-J.: Der Zusammenhang zwischen allgemeinem Anspruchsniveau und bestimmten Merkmalen bildhafter Vorstellungen. Bericht XVI. Kongreß Internat. Psychologie, Bonn 1960.

Kosbab, F. P.: Symbolismus, Selbsterfahrung und die didaktische Anwendung des Katathymen Bilderlebens in der psychiatrischen Ausbildung. Z. Psychoth. med. Psychol., *22*, 210, 1972.

Kottje-Birnbacher, L.: Ein Instrumentarium zur kontrollierten Erfassung von Gruppenprozessen und seine Erprobung in einer Längsschnittstudie. Psychol. Diss., Hamburg 1977.

Kottje-Birnbacher, L.: Paartherapie mit dem Katathymen Bilderleben — eine Falldarstellung. Z. Familiendyn., *6*, 160, 1981.

Kottje-Birnbacher, L.: Erste Ergebnisse der Paartherapie mit dem Katathymen Bilderleben. In: Leuner, H. (Hrsg.): Katathymes Bilderleben, Ergebnisse in Theorie und Praxis. Huber, Bern, Stuttgart, Wien 1983[2].

Kottje-Birnbacher, L.: Das Katathyme Bilderleben (KB) der Dyade als Spiegel von Paarbeziehungen. In: Leuner, H.; Lang, O. (Hrsg.): Psychotherapie mit dem Tagtraum. Katathymes Bilderleben, Ergebnisse II, Fallanalysen, Theorie. Huber, Bern, Stuttgart, Wien 1982.

Krapf, G.: Autogenes Training aus der Praxis. Ein Gruppenkurs. König, München 1973.

Krapf, G.: Hypnose, Autogenes Training, Katathymes Bilderleben. In: Eicke, D. (Hrsg.): Psychologie des 20. Jahrhunderts, Bd. III: Freud und die Folgen. Kindler, Zürich 1978.

Krapf, G.: Kompensation als ein Wirkungsprinzip im Katathymen Bilderleben. In: Leuner, H.; Lang, O.: Psychotherapie mit dem Tagtraum. Huber, Bern, Stuttgart, Wien 1982.

Kreische, R.: Gruppentherapie mit dem Katathymen Bilderleben — Bericht über die Arbeit mit ambulanten Gruppen. Vortrag, 8. Zentrale Weiterbildungsseminare über KB, Bad Lauterberg 1977 (unveröffentlicht).

Kreische, R.: Die Behandlung von drei unausgelesenen Gruppen neurotischer Patienten mit dem musikalischen Katathymen Bilderleben (mKB). Med. Diss. Göttingen 1976. Selbstverlag der AGKB, Göttingen 1980.

Kreische, R.; Sachsse, U.: Gruppentherapie mit dem Katathymen Bilderleben. Vortrag gehalten auf dem Internationalen Kongreß für Katathymes Bilderleben in Göttingen 1978 (unveröffentlicht).

Kreische, R.; Sachsse, U.: Neue Ergebnisse der Gruppenpsychotherapie mit dem Katathymen Bilderleben. Vortrag, 2. Internationaler Kongreß für KB, Salzburg 1980 (unveröffentlicht).

Kreitler, S.: Symbolschöpfung und Symbolerfassung. München 1965.

Kretschmer, E.: Medizinische Psychologie. Thieme, Stuttgart 1950[10].

Kris, E.: Psychoanalytic exploration in art. Int. Univ. Press, New York 1952.

Krüger, R. T.: Die Mechanismen der Traumarbeit und ihre Beziehung zu den heilenden Vorgängen im Psychodrama. Gruppenpsychother. Gruppendynamik, *13*, 172–208, 1978.

Kulessa, Ch.; Jung, F. G.: Die Effizienz einer 20stündigen Kurzpsychotherapie mit dem Katathymen Bilderleben. Z. psychosom. Med. Psychoanal., *25*, 274, 1979.

Kutter, P.: Übertragung und Prozeß in der psychoanalytischen Gruppentherapie. Psyche, *25*, 856–873, 1971.

Kutter, P.: Elemente der Gruppentherapie. Vandenhoeck & Ruprecht, Göttingen 1976.

Kutter, P.: Modelle psychoanalytischer Gruppenpsychotherapie und das Verhältnis von Individuum und Gruppe. Gruppenpsychother. Gruppendynamik, *13*, 134–151, 1978.

Kutter, P.: Die Interaktionen des Gruppenleiters in der analytischen Selbsterfahrungsgruppe. Gruppenpsychother. Gruppendynamik, *14*, 132–145, 1979.

Landau, E.; Leuner, H.: Persönliche Mitteilung und gemeinsame Kreativitätsseminare. Göttingen 1978 (unveröffentlicht).

Lang, I.: Beiträge zu einer tiefenpsychologischen Anthropologie des Katathymen Bilderlebens. Med. Diss. Salzburg 1979. VWGÖ, Wien 1979.

Lang, O.: Behandlung einer schweren narzißtischen Störung bei hysterischer Persönlichkeitsstruktur — zugleich ein Beitrag zur Eigenart der Übertragung im Katathymen Bilderleben. In: Leuner, H.; Lang, O. (Hrsg.): Psychotherapie mit dem Tagtraum. Huber, Bern, Stuttgart, Wien 1982.

Laplanche, J.; Pontalis, J. B.: Das Vokabular der Psychoanalyse. Suhrkamp, Frankfurt/Main 1972.

Lebovici, S.: Das psychoanalytische Psychodrama. In: Petzold, H. (Hrsg.): Angewandtes Psychodrama in Therapie, Pädagogik, Theater und Wirtschaft. Junfermann, Paderborn 1972.

Lermer, S.: Zur nicht-verbalen Kommunikation in der analytischen Gruppenpsychotherapie. Gruppenpsychother. Gruppendynamik, *14*, 38–63, 1979.

Leuner, H.: Kontrolle der Symbolinterpretation im experimentellen Verfahren. Z. Psychoth. med. Psychol., *4*, 201, 1954.

Leuner, H.: Genitalstörungen durch Vergewaltigung, ihre Manifestation und Psychotherapie. Z. Psychosom. Med., *2*, 28−34, 1955 a.

Leuner, H.: Symbolkonfrontation, ein nicht-interpretierendes Vorgehen in der Psychotherapie. Schweiz. Arch. Neurol. Psychiatr., *76*, 23, 1955 b.

Leuner, H.: Symboldrama, ein aktives nicht-analytisches Verfahren der Psychotherapie. Z. Psychother. med. Psychol., *7*, 221, 1957.

Leuner, H.: Das Landschaftsbild als Metapher dynamischer Strukturen. In: H. Stolze (Hrsg.): Arzt im Raum des Erlebens. Lehmann, München 1959.

Leuner, H.: Die experimentelle Psychose. Springer, Berlin, Heidelberg 1962.

Leuner, H.: Das assoziative Vorgehen im Symboldrama. Z. Psychother. med. Psychol., *14*, 196−211, 1964.

Leuner, H.: Die Bedeutung der Musik in imaginativen Techniken der Psychotherapie. In: Revers, W. J.; Harrer, G.; Simon, W. C. M.: Neue Wege der Musiktherapie. Econ, Düsseldorf 1974 a, 178−200.

Leuner, H.: Grundzüge der tiefenpsychologischen Symbolik. In: Ausgewählte Vorträge der Zentralen Weiterbildungsseminare der AGKB. Eigenverlag AGKB, Göttingen 1974 b.

Leuner, H.: Imagination als Spiegel unbewußten Seelenlebens. Angelsachsen Verlag, Bremen 1974 c.

Leuner, H.: Das musikalische Katathyme Bilderleben, seine Bedeutung und Probleme. Vortrag, gehalten auf den 2. Zentralen Weiterbildungsseminaren der AGKB, Willingen 1975 (unveröffentlicht).

Leuner, H.: Grundzüge der tiefenpsychologischen Symbolik (unter Berücksichtigung des Symbolismus im Katathymen Bilderleben). Materialien zur Psychoanalyse, *4*, 166−187, 1978 a.

Leuner, H.; Horn, G.; Klessmann, E.: Katathymes Bilderleben mit Kindern und Jugendlichen. Reinhardt, München/Basel 1978[2] b.

Leuner, H.: Regression. Die Entwicklung des Begriffes und ihre Bedeutung für therapeutische Konzepte. Z. Psychosomat. Med. Psychoanal., *24*, 301, 1978 c.

Leuner, H. (Hrsg.): Katathymes Bilderleben. Ergebnisse in Theorie und Praxis. Huber, Bern, Stuttgart, Wien 1980.

Leuner, H.: Das Katathyme Bilderleben in der klinischen Psychotherapie. In: Heigl, F.; Neun, H. (Hrsg.): Psychotherapie im Krankenhaus. Vandenhoeck & Ruprecht, Göttingen 1981 a.

Leuner, H.: Die Tagtraumtechnik des Katathymen Bilderlebens in der Behandlung psychovegetativer und psychosomatischer Erkrankungen. In: Jores, A.: Praktische Psychosomatik. Huber, Bern, Stuttgart, Wien 1981 b.

Leuner, H.: Katathymes Bilderleben, Grundstufe − Kleine Psychotherapie mit der Tagtraum-Technik − Ein Seminar. Thieme, Stuttgart 1982[3].

Leuner, H.: Zur psychoanalytischen Theorie des Katathymen Bilderlebens (KB). In: Leuner, H.: Katathymes Bilderleben. Ergebnisse in Theorie und Praxis. Huber, Bern, Stuttgart, Wien 1983[2].

Leuner, H.: Guided Affective Imagery, mental imagery in short-term psychotherapy. Thieme/Stratton Inc., New York 1984.

Leuner, H.: Lehrbuch des Katathymen Bilderlebens. Huber, Bern, Stuttgart, Toronto 1985.

Leuner, H.; Lang, O. (Hrsg.): Psychotherapie mit dem Tagtraum. Katathymes Bilderleben, Ergebnisse II, Fallanalysen, Theorie. Huber, Bern, Stuttgart, Wien 1982.

Leuner, H.; Wächter, H.-M.: Kurzpsychotherapie einer Acne exkoritée mit chronischer Neurose mit dem Katathymen Bilderleben. 1975 (unveröffentlicht).

Leutz, G. A.: Psychodrama. Theorie und Praxis. Springer, Berlin, Heidelberg, New York 1974.

Leutz, G. A.: Imagination und Psychodrama. Gruppendyn. Forsch. Prax., *6*, 97−104, 1975.

Leutz, G. A.: Die integrative Kraft des Psychodramas in der heutigen Psychotherapie. Integrat. Ther., *1/2*, 3−13, 1979.

Leutz, G. A.: Das psychodramatisch-kollegiale Bündnis. Gruppenpsychother. Gruppendynamik, *15*, 176−187, 1980 a.

Leutz, G. A.: Übertragung, Einfühlung und Tele im Psychodrama. Gruppenpsychother. Gruppendynamik, *15*, 206−221, 1980 b.

Lieberman, M. A.; Yalom, I. D.; Miles, M. B.: Encounter groups: first facts. Basic Books, New York 1973.

Lieberman, M. A.: Change induction in small groups. Ann. Rev. of Psychol., *27*, 217−250, 1976.

Lindemann, E.: Psychiatric problems of ulcerative colitis. Arch. Neurol. Psychiat., *53*, 322−324, 1945.

Loch, W.: Übertragung − Gegenübertragung. Anmerkungen zur Theorie und Praxis. Psyche, *19*, 1−23, 1965.

Loch, W.: Der Analytiker als Gesetzgeber und Lehrer. Legitime oder illegitime Rollen? Psyche, *28*, 431−460, 1974.

Lorenzer, A.: Symbol, Vermittlung von Sinnlichkeit und Bewußtsein. In: Leuner, H.(Hrsg.): Katathymes Bilderleben. Ergebnisse in Theorie und Praxis. Huber, Bern, Stuttgart, Wien 1983[2].

Mahler, M. S.: Symbiose und Individuation. Klett, Stuttgart 1972.

Mahler, M. S.; Pine, F.; Bergman, A.: Die psychische Geburt des Menschen, Symbiose und Individuation. S. Fischer, Frankfurt/M. 1978.

Maier, H. W.: Über katathyme Wahnbildung und Paranoia. Z. Ges. Neurol. Psychiatr., 1912.

Mann, J.: Psychotherapie in zwölf Stunden. Walter, Olten/Freiburg i. Br. 1978.

Merl, H.: Die Omega-Position in der analytischen Gruppe. Gruppenpsychother. Gruppendynamik, *1*, 51−67, 1968.

Metzger, W.: Psychologie. Steinkopf, Darmstadt 1954[2].

Minuchin, S.: Familie und Familientherapie. Lambertus, Freiburg i. Br. 1978.

Moreno, J. L.: Gruppenpsychotherapie und Psychodrama. Thieme, Stuttgart 1973[2].

Nerenz, K.: Die musikalische Beeinflussung des Experimentellen katathymen Bilderlebens und ihre psychotherapeutische Wirkung. Med. Diss. Göttingen 1965.

Osgood, C. E.; Suci, G. J.; Tannenbaum, P. H.: The measurement of meaning. Urbana 1957.

Pahl, J.: Über narzißtische Entwicklungslinien während des Katathymen Bilderlebens. In: Leuner, H.: Katathymes Bilderleben. Ergebnisse in Theorie und Praxis. Huber, Bern, Stuttgart, Wien 1983[2].

Perls, F. S.: Gestalttherapie in Aktion. Klett, Stuttgart 1974.

Petzold, H., Osterhues, U. J.; Zur verhaltenstherapeutischen Verwendung von gelenkter katathymer Imagination und Behaviourdrama in einem Lebenshilfezentrum In: Petzold, H. (Hrsg.): Angewandtes Psychodrama in Therapie, Pädagogik, Theater und Wirtschaft. Junfermann, Paderborn 1972.

Petzold, H.; Schulwitz, J.: Tetradisches Psychodrama in der Arbeit mit Schulkindern. In: Petzold, H.: Angewandtes Psychodrama in Therapie, Pädagogik, Theater und Wirtschaft. Junfermann, Paderborn 1972.

Plaum, G.: Erste Ergebnisse des musikalisch katathymen Bilderlebens in seiner Anwendung als Gruppentherapie. Med. Diss. Göttingen 1967.

Ploeger, A.: Tiefenpsychologisch fundierte Psychodramatherapie. Kohlhammer, Stuttgart, Berlin, Köln, Mainz 1983.

Pohlen, M.; Plänkers, T.: Familientherapie. Von der Psychoanalyse zur psychosozialen Aktion. Psyche, *5*, 416−452, 1982.

Preuss, H. G. (Hrsg.): Analytische Gruppenpsychotherapie. Grundlagen und Praxis. Rowohlt, Reinbek 1972.

Preuss, H. G.: Gruppenpsychotherapie und Psychosomatik. Gruppenpsychother. Gruppendynamik, *9*, 191−211, 1975.

Prindull, E.: Die Manifestation der depressiven Verstimmung im Katathymen Bilderleben. Med. Diss. Göttingen 1964.

Quint, H.: Eine Gruppe erhält neue Mitglieder. In: Heigl-Evers, A. (Hrsg.): Psychoanalyse und Gruppe. Vandenhoeck & Ruprecht, Göttingen 1971.

Rapaport, D. A.: Die Struktur der psychoanalytischen Theorie. Versuch einer Systematik. Klett, Stuttgart 1973[3].

Rauchfleisch, U.: Möglichkeiten und Gefahren der Gruppenpsychotherapie. Gruppenpsychother. Gruppendynamik, *14*, 289−309, 1979.

Rauchfleisch, U.: Traum und bildhafte Intervention als Kommunikationsmittel in der Psychotherapie dissozialer Persönlichkeiten. Prax. Psychother. Psychosom., *27*, 51−55, 1982.

Riemann, F.: Grundformen der Angst. Pfeiffer, München/Basel 1975[10].

Rogers, C. R.: Die klient-bezogene Gesprächstherapie. Kindler, München 1973.

Rogers, C. R.: Die nicht-direktive Beratung. Pfeiffer, München 1972.

Roth, J. W.: Katathymes Bilderleben als Kurzpsychotherapie in der psychosomatischen Gynäkologie. Schw. Rundsch. Med. Praxis, *65*, 252, 1976.

Roth, J. W.: Die Dimension des Leibes und ihre Bedeutung im Katathymen Bilderleben. Schw. Arch. f. Neurol. Neurochir. Psychiat., *131*, 69−80, 1982.

Roth, J. W.: Das Katathyme Bilderleben bei psychosomatischen Frauenkrankheiten und Sexualstörungen beiderlei Geschlechts. In: Leuner, H.: Katathymes Bilderleben. Ergebnisse in Theorie und Praxis. Huber, Bern, Stuttgart, Wien 1983[2].

Rüger, U.: Die Kombination von aufdeckender analytischer Psychotherapie mit direktiven und sozialen Maßnahmen − Widerspruch? Zur Dialektik zwischen äußerer und innerer Realität. Psychiat. Prax. *8*, 125−130, 1981 a.

Rüger, U.: Stationär ambulante Gruppenpsychotherapie. Springer, Berlin, Heidelberg, New York 1981 b.

Sachsse, U.: Über die Psychodynamik in der Gruppentherapie mit dem KB. In: Ausgewählte Vorträge der Zentralen Weiterbildungsseminare der AGKB. Eigenverlag AGKB, Göttingen 1974.

Sachsse, U.: Das Katathyme Bilderleben der Gruppe (GKB). Die Gruppenimagination und die Analyse ihrer Dynamik. Med. Diss. Göttingen 1979.

Sachsse, U.: Das Borderline-Syndrom als relative Kontraindikation für das Katathyme Bilderleben. Seminar zur speziellen Neurosenlehre auf den 13. Zentralen Weiterbildungsseminaren der AGKB. Bad Lauterberg 1980a (unveröffentl.).

Sachsse, U.: Katathymes Bilderleben in der Gruppe. Workshop beim VII. International Congress for Groups Psychotherapy, Kopenhagen 1980b (unveröffentl.).

Sachsse, U.: Symbolgestalten in der Gruppenimagination. In: Roth, J. W. (Hrsg.): Konkrete Phantasie. Huber, Bern, Stuttgart, Wien 1984.

Sachsse, U.; Kottje-Birnbacher, L.: Gruppenpsychotherapie mit dem Katathymen Bilderleben. In: Kutter, P. (Hrsg.): Methoden und Theorien der Gruppenpsychotherapie. Frommann-Holzboog, Stuttgart 1985.

Sachsse, U.; Wilke, E.: Theoretische Überlegungen und praktische Ergebnisse in der Behandlung psychosomatischer Erkrankungen mit dem Katathymen Bilderleben (in Vorbereitung).

Salvisberg, H.: Therapie von Zwangsneurosen mit dem Katathymen Bilderleben − ein Beitrag zur Kasuistik und Theorie. In: Leuner, H.; Lang, O. (Hrsg.): Psychotherapie mit dem Tagtraum. Katathymes Bilderleben, Ergebnisse II, Fallanalysen, Theorie. Huber, Bern, Stuttgart, Wien 1982.

Sandler, J.; Nagera, H.: Einige Aspekte der Metapsychologie der Phantasie. Psyche, *20*, 188, 1966.

Sandner, D.: Theoriebildung in der Gruppenanalyse. Gegenwärtiger Stand und Perspektiven. Gruppenpsychother. Gruppendynamik, *17*, 234−250, 1981.

Sarro, R.: Das Wesen des Psychodramas − Versuch einer psychodramatischen Trilogie. In: Petzold, H. (Hrsg.): Angewandtes Psychodrama in Therapie, Pädagogik, Theater und Wirtschaft. Junfermann, Paderborn 1972.

Seithe, A.: Psychotherapie des Falles einer chronischen Anorexia nervosa mit dem Katathymen Bilderleben. In: Leuner, H.; Lang, O. (Hrsg.): Psychotherapie mit dem Tagtraum − Katathymes Bilderleben, Ergebnisse II, Fallanalysen, Theorie. Huber, Bern, Stuttgart, Wien 1982.

Selvini-Palazzoli, M. et al.: Paradoxon und Gegenparadoxon. Klett, Stuttgart 1977.

Selvini-Palazzoli, M. et al.: Hypothetisieren − Zirkularität − Neutralität. Fam. Dyn., *6*, 123−139, 1981.

Shainberg, D.: Work with imagination in the treatment of borderline patients. J. Amer. Academy Psycho-Anal., *7*, 419−435, 1979.

Silberer, A.: Symbolik des Erwachsenen und Schwellensymbolik überhaupt. J. Psychoanal. Psychopath. Forsch., *3*, 621−660, 1912.

Singer, J. L.: Phantasie und Tagtraum. Imaginative Methoden in der Psychotherapie. Pfeiffer, München 1978.

Slavson, S. R.: Analytische Gruppentherapie. Suhrkamp, Frankfurt/M. 1977.

Spector, J. J.: Freud und die Ästhetik. Psychoanalyse, Literatur und Kunst. Kindler, München 1973.

Speierer, G.: Gruppenpsychotherapie. In: Baumann, U.; Berbalk, H.; Seidensticker, G. (Hrsg.): Klinische Psychologie. Trends in Forschung und Praxis. Huber, Bern, Stuttgart 1978.

Spitz, R.: Übertragung und Gegenübertragung. Psyche, *10*, 63−82, 1956/1957.

Schindler, R.: Grundprinzipien der Psychodynamik in der Gruppe. Psyche, *11*, 308−314, 1957/1958.

Schindler, R.: Die Soziodynamik in der therapeutischen Gruppe. In: Heigl-Evers, A.: Psychoanalyse und Gruppe. Vandenhoeck & Ruprecht, Göttingen 1971.

Schindler, R.: Störungen der Selbstfindung in der Gruppe − Behinderungen und Widerstände. Prax. Psychother., *4*, 159−164, 1977.

Schindler, R.: Über den wechselseitigen Einfluß von Gesprächsinhalt, Gruppenposition und Ichgestalt in der analytischen Gruppentherapie. Psyche, *14*, 382−392, 1960/1961.

Schindler, W.: Theorie und Technik der Gruppenpsychotherapie. Gruppenpsychother. Gruppendynamik, *9*, 227−236, 1975.

Schindler, W.: Übertragung und Gegenübertragung in der «Familien-Gruppentherapie». Praxis Kinderpsychol., 4, 101, 1955.

Schützenberger, A.: Psychodrama. Ein Abriß. Hypokrates, Stuttgart 1979.

Schultz, J. H.: Das autogene Training. Thieme, Stuttgart 1979[16].

Schultz-Hencke, H.: Lehrbuch der analytischen Psychotherapie. Thieme, Stuttgart 1970[2].

Schutz, W. C.: FIRO: A threedimensional theory of interpersonal behavior. New York 1958.

Stamm, S.: Die psychodynamische Wirkung der Hypnose im Spiegel des Katathymen Bilderlebens. In: Leuner, H. (Hrsg.): Katathymes Bilderleben. Ergebnisse in Theorie und Praxis. Huber, Bern, Stuttgart, Wien 1983[2].

Stettler, C.: Zur Indikation des Katathymen Bilderlebens bei Suchtpatienten. In: Roth, J. W. (Hrsg.): Konkrete Phantasie. Neue Erfahrungen mit dem Katathymen Bilderleben. Huber, Bern, Stuttgart, Wien 1984.

Stierlin, H.: Von der Psychoanalyse zur Familientherapie. Klett, Stuttgart 1975.

Stock-Whitaker, D.; Lieberman, M. A.: Psychotherapy through the group process. Tavistock Publications, London 1965[5].

Stokvis, B.; Langen, D.: Lehrbuch der Hypnose. Karger, Basel 1965[2].

Straub, H. H.: Vom Leiterverhalten abhängige Entwicklungsprozesse in Psychodrama-Gruppen. Gruppendyn. Forsch. Prax., 2, 104–108, 1975.

Straub, H. H.: Das Psychodrama als Therapieform und − in Modifikation − als Mittel zur Erlangung sozialer Kompetenz. Gruppenpsychother. Gruppendynamik, 11, 293–301, 1977.

Streeck, U.: Interaktionelle Gruppenpsychotherapie. Eine Methode des Göttinger Modells der Gruppenpsychotherapie. Vortrag auf dem VII. Internat. Kongreß für Gruppenpsychotherapie, Kopenhagen 1980.

Sturm, M.: Über die Kasuistik der psychotherapeutischen Behandlung mit dem Katathymen Bilderleben und ihre Auswertung. Med. Diss. Göttingen 1984.

Tausch, R.: Gesprächspsychotherapie. Hogrefe, Göttingen 1970.

Truax, C. B.; Carkhoff, R. R.: Toward effective counseling and psychotherapy: training and practice. Chicago 1967.

Van der Chijs, A.: An attempt to apply objective psychoanalysis to musical composition. Int. J. Psychoanal., 4, 379–380, 1923.

Volkan, V. D.: Psychoanalyse der frühen Objektbeziehungen. Zur psychoanalytischen Behandlung psychotischer, präpsychotischer und narzißtischer Störungen. Klett-Cotta, Stuttgart 1978.

Volkan, V. D.: The «glass-bubble» of the narcissistic patient. Advances in Psychotherapy of the Borderline Patient. In: LeBoit, J.; Capponi, A. (eds.): Jason Aronson, New York 1979.

Wächter, H.-M.: Das Katathyme Bilderleben (KB) nach Leuner. AGKB Selbstverlag, Willingen 1974.

Wächter, H.-M.: Gruppenpsychotherapie mit dem Katathymen Bilderleben und dem Psychodrama. Vortrag bei den Zentralen Weiterbildungsseminaren der AGKB, Bad Lauterberg 1977 (unveröffentlicht).

Wächter, H.-M.: Kurztherapie einer neurotischen Depression mit narzißtischen Persönlichkeitsanteilen. In: Leuner, H.; Lang, O.: Psychotherapie mit dem Tagtraum. Huber, Bern, Stuttgart, Wien 1982.

Wächter, H.-M.: Möglichkeiten des Katathymen Bilderlebens in der Behandlung psychosomatischer Krankheiten. In: Roth, J. W. (Hrsg.): Konkrete Phantasie. Neue Erfahrungen mit dem Katathymen Bilderleben. Huber, Bern, Stuttgart, Wien 1984.

Wächter, H.-M.; Leuner, H.: «Kurzpsychotherapie» eines Rauschmittelusers mit dem Katathymen Bilderleben (Unterstufe). Prax. Kinderpsychol., 23, 81–88, 1974.

Wächter, H.-M.; Leuner, H.: Kurztherapie eines Drogensüchtigen mit dem Katathymen Bilderleben. In: Leuner, H.; Horn, G.; Klessmann, E.: Katathymes Bilderleben mit Kindern und Jugendlichen. Reinhardt, München, Basel 1977.

Wächter, H.-M.; Pudel, V.: Kontrollierte Untersuchung einer extremen Kurzpsychotherapie (15 Stunden) mit dem Katathymen Bilderleben. Psychoth. Med. Psychol., 30, 193–205, 1980.

Watzlawick, P. et al.: Menschliche Kommunikation. Huber, Bern, Stuttgart, Wien 1969.

Wilke, E.: Das Katathyme Bilderleben bei der konservativen Behandlung der Colitis ulcerosa. Schriftenreihe der AGKB, Bd. 2. Eigenverlag, Göttingen 1979.

Wilke, E.: Eine psychotherapeutische Behandlung von Colitis ulcerosa mit dem Katathymen Bilderleben. In: Leuner, H.; Lang, O.: Psychotherapie mit dem Tagtraum. Ergebnisse II. Huber, Bern, Stuttgart, Wien 1982.

Willi, J.: Die Zweierbeziehung. Rowohlt, Reinbek 1975.

Winnicott, D. W.: Reifungsprozesse und fördernde Umwelt. München 1974.

Winnicott, D. W.: Von der Kinderheilkunde zur Psychoanalyse. München 1976.

Wittich, G. H.: Mehrdimensionale klinische Therapie von Herz-Kreislauf-Störungen und Herzneurosen. Verh. Ges. innere Med., *73*, 226–229, 1967.

Wittich, G. H.: Die Stellung der Gruppentherapie im Rahmen der mehrdimensionalen Behandlung der Colitis ulcerosa. Wiss. D. Roche, 121–128, 1968.

Wolf, A.; Schwartz, E. K.: Psychoanalysis in groups. Grune & Stratton, New York, London 1962.

Wolpe, J.: Psychotherapy by reciprocal inhibition. Stanford Univ. Press 1958.

Yablonsky, L.: Psychodrama, die Lösung emotionaler Probleme durch das Rollenspiel. Klett-Cotta, Stuttgart 1978.

Yalom, I. D.: Gruppenpsychotherapie. Grundlagen und Methoden. Ein Handbuch. Kindler, München 1974.

Zaltman, G.; Kotler, P.; Kaufmann, I.: Crating social change. New York 1972.

Zenz, H.: Empirische Befunde über die Gießener Fassung einer Beschwerdenliste. Z. Psychother. med. Psychol., *21*, 7–13, 1971.

Zepf, S.: Das Katathyme Bilderleben in der Erforschung der Psychodynamik des Asthma bronchiale. In: Leuner, H.: Katathymes Bilderleben. Ergebnisse in Theorie und Praxis. Huber, Bern, Stuttgart, Wien 1980.

Sachregister